# TARÔ
## ARQUETÍPICO

# ANDRÉ MANTOVANNI

# TARÔ
## ARQUETÍPICO

Um Estudo Sobre as Correlações Simbólicas
dos 78 Arcanos com a Psicologia
Analítica de Carl G. Jung

– TEORIA – ASPECTOS PRÁTICOS – MÉTODOS DE TIRAGEM E INTERPRETAÇÃO –

Editora
Pensamento
SÃO PAULO

Copyright © 2022 André Mantovanni.

Copyright © 2023 Editora Pensamento-Cultrix Ltda.

1ª edição 2023.

Todos os direitos reservados. Nenhuma parte deste livro pode ser reproduzida ou usada de qualquer forma ou por qualquer meio, eletrônico ou mecânico, inclusive fotocópias, gravações ou sistema de armazenamento em banco de dados, sem permissão por escrito, exceto nos casos de trechos curtos citados em resenhas críticas ou artigos de revista.

A Editora Pensamento não se responsabiliza por eventuais mudanças ocorridas nos endereços convencionais ou eletrônicos citados neste livro.

**Editor:** Adilson Silva Ramachandra
**Gerente editorial:** Roseli de S. Ferraz
**Preparação de originais:** Karina Jannini
**Revisão técnica:** Jorge Miklos
**Gerente de produção editorial:** Indiara Faria Kayo
**Capa e projeto gráfico:** Marcos Fontes / Indie 6 – Produção Editorial
**Revisão:** Adriane Gozzo

**Ilustrações das cartas:** Cristina Martoni
**Foto André Mantovanni:** Leandro Teixeira

Dados Internacionais de Catalogação na Publicação (CIP)
(Câmara Brasileira do Livro, SP, Brasil)

Mantovanni, André
    Tarô arquetípico : um estudo sobre as correlações simbólicas dos 78 arcanos com a psicologia analítica de Carl G. Jung / André Mantovanni ; ilustrações das cartas Cristina Martoni. -- 1. ed. -- São Paulo : Editora Pensamento, 2023.

    ISBN 978-85-315-2263-5

    1. Arquétipo 3. Jung, Carl G. 1875-1961 - Psicologia analítica 4. Tarô I. Martoni, Cristina. II. Título.

22-138595                                                                            CDD-133.32424

Índices para catálogo sistemático:

1. Tarô : Artes divinatórias : Ciências esotéricas
133.32424
Inajara Pires de Souza - Bibliotecária - CRB PR-001652/O

Direitos reservados
EDITORA PENSAMENTO-CULTRIX LTDA.
Rua Dr. Mário Vicente, 368 – 04270-000 – São Paulo – SP – Fone: (11) 2066-9000
http://www.editorapensamento.com.br
E-mail: atendimento@editorapensamento.com.br
Foi feito o depósito legal.

*"Até você se tornar consciente, o inconsciente irá dirigir sua vida e você vai chamá-lo de destino."*

– CARL G. JUNG

# DEDICATÓRIA

Aos meus pais, Laércio (*in memoriam*) e Claudirce,
com todo o amor que houver nesta vida.

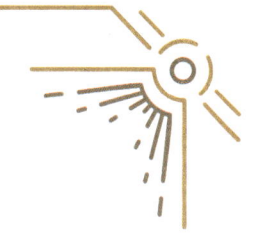

# SUMÁRIO

AGRADECIMENTOS ................................................................. 12

APRESENTAÇÃO ..................................................................... 13

PREFÁCIO ................................................................................ 15

INTRODUÇÃO ......................................................................... 21

## CAPÍTULO 1
**Definição, Origens e História do Tarô** ............................... 26
   Definindo o tarô ................................................................. 28
   Buscando as origens do tarô ............................................. 29
      • Os Arcanos Menores e os jogos de cartas ............... 31
      • As cartas mamelucas e as influências orientais ....... 33
      • Os Arcanos Maiores e a popularização do jogo ...... 34
   O tarô e o esoterismo moderno ......................................... 37
   Glossário .............................................................................. 39

## CAPÍTULO 2
**O Tarô e o Inconsciente** ....................................................... 40
   As origens da psicologia analítica ..................................... 40
   Jung: um psicólogo místico? .............................................. 42
      • A psique como campo de pesquisa ........................... 45
      • O inconsciente – um território misterioso ................ 46

## CAPÍTULO 3

Arquétipo, Símbolo e Sincronicidade no Tarô:
O Mundo das Formas e as Imagens Arquetípicas .................. 50
    O mundo das formas .................................................. 50
    Os arquétipos ............................................................. 52
    Os símbolos ................................................................ 55
    A sincronicidade ........................................................ 56

## CAPÍTULO 4

A Dimensão Simbólica do Tarô ........................................... 59
    A jornada do Louco .................................................... 60
    O simbolismo e a imagética dos Arcanos Maiores ..... 61
        • Figuras humanas .............................................. 62
        • Construções humanas ...................................... 64
        • Animais ............................................................ 65
        • Corpos celestes ................................................ 65

## CAPÍTULO 5

Os Arcanos Maiores: Sentido Geral – Significados – Despertar Interior –
Simbologia – As Cores – O Arquétipo – Aspectos Mitológicos ........... 70
    Arcano 0 – O Louco ................................................... 70
    Arcano 1 – O Mago .................................................... 76
    Arcano 2 – A Papisa ................................................... 82
    Arcano 3 – A Imperatriz ............................................. 89
    Arcano 4 – O Imperador ............................................. 94
    Arcano 5 – O Papa ...................................................... 99
    Arcano 6 – Os Enamorados ........................................ 105
    Arcano 7 – O Carro .................................................... 111
    Arcano 8 – A Justiça .................................................. 116
    Arcano 9 – O Eremita ................................................ 122
    Arcano 10 – A Roda da Fortuna ................................. 128
    Arcano 11 – A Força .................................................. 133
    Arcano 12 – O Enforcado .......................................... 139
    Arcano 13 – A Morte ................................................. 145

Arcano 14 – A Temperança............................................................. 153
Arcano 15 – O Diabo..................................................................... 160
Arcano 16 – A Torre..................................................................... 166
Arcano 17 – A Estrela.................................................................. 174
Arcano 18 – A Lua....................................................................... 180
Arcano 19 – O Sol....................................................................... 187
Arcano 20 – O Julgamento............................................................ 194
Arcano 21 – O Mundo................................................................... 200

# CAPÍTULO 6
Os Arcanos Menores e as Quatro Dimensões da Vida...................... 215
   Quatro naipes e a jornada quaternária da alma............................ 216
   As quatro funções psicológicas................................................. 218
   Compreendendo a estrutura de cada naipe................................. 220
   A energia de cada número........................................................ 221
   As figuras da corte.................................................................. 222
   Trabalhando com os quatro naipes (Ideia central –
   Significados – Simbologia – Despertar interior)........................... 223
      O naipe de Paus................................................................. 223
         • A função Intuição........................................................ 225
         • A imagem arquetípica do naipe de Paus......................... 226
         • Cartas numeradas (do Ás ao Dez de Paus)..................... 228
         • Cartas da corte (Valete, Cavaleiro, Rainha e Rei)............ 249
      O naipe de Ouros................................................................ 258
         • A função Sensação...................................................... 260
         • A imagem arquetípica do naipe de Ouros....................... 261
         • Cartas numeradas (do Ás ao Dez de Ouros)................... 263
         • Cartas da corte (Valete, Cavaleiro, Rainha e Rei)............ 285
      O naipe de Espadas............................................................ 295
         • A função Pensamento.................................................. 297
         • A imagem arquetípica do naipe de Espadas.................... 298
         • Cartas numeradas (do Ás ao Dez de Espadas)................ 300
         • Cartas da corte (Valete, Cavaleiro, Rainha e Rei)............ 320

    O naipe de Copas .................................................................................. 330
        • A função Sentimento ................................................................. 332
        • A imagem arquetípica do naipe de Copas ............................. 332
        • Cartas numeradas (do Ás ao Dez de Copas) ......................... 335
        • Cartas da corte (Valete, Cavaleiro, Rainha e Rei) ................. 358

## CAPÍTULO 7

**INTERPRETAÇÃO E MÉTODOS DE TIRAGEM** ....................................................... 369
    Iniciando a leitura ................................................................................. 369
    Como conduzir a leitura de tarô ........................................................ 370
    Começando a interpretar .................................................................... 370
    Orientações de interpretação para o tarólogo iniciante ............... 371
    Métodos de tiragem ............................................................................. 371
        • Mandala astrológica .................................................................. 372
    Correspondências elementais ............................................................ 374
    Correspondências da qualidade ........................................................ 374
        • Como montar a mandala astrológica ..................................... 375
        • Pergunte ao tarô: passado, presente e futuro ....................... 376
        • Respostas objetivas: o tarô e as chaves de reflexão ............. 377
    As previsões e a contagem do tempo no tarô ................................ 377
    Tempo dos acontecimentos com cartas da corte ........................... 378
    Tempo dos Arcanos Maiores .............................................................. 378

## CAPÍTULO 8

**ASPECTOS PRÁTICOS PARA A LEITURA DO TARÔ** .............................................. 379
    Consagração do tarô ........................................................................... 379
    Exercício de contemplação das lâminas do tarô ............................ 380
    Preparando o ambiente para as consultas de tarô ........................ 383
    Início e término de uma leitura de tarô ........................................... 384

## CAPÍTULO 9

**ESCLARECENDO DÚVIDAS: AS PERGUNTAS MAIS COMUNS**
**RELACIONADAS À LEITURA DO TARÔ** ............................................................... 386
    Tarô é adivinhação? ............................................................................. 386

A leitura de tarô anula o livre-arbítrio de uma pessoa? ............................. 387
O tarô está ligado a alguma religião? ......................................................... 387
Uma consulta de tarô pode ser cobrada? .................................................. 387
Mulheres menstruadas ou grávidas podem consultar o tarô? ................... 387
Pode-se consultar o tarô para si mesmo? ................................................. 388
As fases da Lua interferem na leitura de tarô? .......................................... 388
Ler o tarô pode ser considerado um dom espiritual? ................................ 388
Podemos fazer leituras de tarô para amigos e familiares? ......................... 388
Os acontecimentos e as situações reveladas pelo tarô são inevitáveis? ..... 389
Deve-se manter abstinência sexual e evitar ingerir carne vermelha
ou bebidas alcoólicas antes de uma leitura de tarô? ................................. 389
Podemos emprestar o tarô para que outras pessoas façam consultas? ..... 390
Cada carta tem inúmeros significados. Como saber qual
resposta é a mais adequada à pergunta feita? ........................................... 390
É possível realizar uma leitura de tarô para uma pessoa ausente?
Consultas de tarô por telefone ou internet são confiáveis? ....................... 390
A leitura de tarô precisa ser realizada em algum horário apropriado
ou em um dia específico? .......................................................................... 391
De quanto em quanto tempo deve-se fazer uma consulta de tarô? .......... 391
Existe a possibilidade de captar energias negativas
durante uma consulta de tarô? .................................................................. 391
O que fazer quando uma carta sai invertida no meio de uma leitura? ...... 391
Em uma consulta, é aconselhável que esteja presente somente
a pessoa que vai se consultar? ................................................................... 392
O que fazer com o tarô caso não queira mais consultá-lo? ....................... 392
Quanto tempo, aproximadamente, dura uma consulta de tarô? ............... 392
O baralho de tarô pode ser comprado ou deve ser ganhado de presente? ...392

## CONSIDERAÇÕES FINAIS ............................................................. 393

## BIBLIOGRAFIA .................................................................................. 395

# AGRADECIMENTOS

Este livro é o registro de muitos caminhos percorridos e o resultado de grande parte da minha história pessoal – a eterna jornada do herói retratada nas cartas de tarô.

O tarô me fez chegar aonde estou, e acredito que ainda me levará para muitas outras experiências de luminosidade interior.

Minha eterna gratidão aos amigos e mestres que me ajudaram a ter coragem de viver: Humberto Rodrigues, Bruna Bartolli de Noronha, Josana Camilo, Priscila Pontes, Regina Maura, Tulio Cézar, Alice Betânia, Alexandra Delfino, Roberto Rosas Fernandes, Jorge Miklos, Marcel Moreira e Leonardo Lemos.

Um agradecimento especial ao meu editor Adilson Ramachandra por sonhar comigo este projeto.

# APRESENTAÇÃO

## Um Tarô Para Sonhar

*"Não creio ser um homem que saiba. Tenho sido sempre um homem que busca (...)"*

– Hermann Hesse[1]

Há muito tempo eu sonhava em poder publicar um tarô autoral, com elementos e símbolos que traduzissem o universo íntimo que me habita nesses anos de caminhada e estudo dos arcanos do tarô, os quais vejo como portais iniciáticos da nossa existência. Algo que fosse diferente de todos os tarôs que eu conhecia, que mostrasse em suas imagens uma simbólica muito particular. Em parte, seria uma releitura de tudo o que eu havia aprendido, como também uma expressão exteriorizada e imagética daquilo que sinto em mim com relação a esse instrumento de transformação e autoconhecimento que é o tarô.

Mesmo não tendo talento para a pintura, como apreciador das artes em todas as suas expressões, ainda assim sonhava em concretizar este projeto. Atento aos sinais, segui realizando outras histórias muito especiais, como o *Baralho Cigano* e o *Tarô dos Anjos*, ambos ao lado de uma artista plástica talentosa, por quem tenho muito respeito e admiração, e que, de maneira afetuosa e conectada, vem transformando meus sonhos e minhas inspirações em realidade.

---

1. Hermann Hesse. *Demian*. Rio de Janeiro: Record, 44ª edição, 2012.

Cristina Martoni é uma artista rara, comprometida com seu ofício e dedicada ao autoconhecimento. Estudiosa do tarô, das cartas ciganas, da numerologia e da espiritualidade, sempre teve consciência da nobreza e da importância dessas ferramentas simbólicas e arquetípicas para o desenvolvimento da consciência humana.

Para além de nossa conexão de amizade e parceria, tivemos inúmeras conversas e fizemos muitos rascunhos do projeto e tentativas de traduzir o divino em arte autoral. Por isso, atravessamos um longo período de criação até o término de todo o tarô.

As parcerias com Cristina sempre foram pautadas na liberdade de criação. Exceto por um detalhe ou outro, essencial para determinadas questões, seguimos nossas intuições e partilhamos ideias com muita sinceridade. Desse modo, tudo sempre fluiu como a correnteza de um rio de águas claras e calmas. Para o *Tarô Arquetípico*, pedi a ela que se inspirasse nas cenas e imagens do Tarô Waite-Smith, por ter sido um dos tarôs que sempre me acompanhou em minha jornada. Propus diversas referências à astrologia, à literatura, à música e às artes visuais, que ajudaram a compor meu olhar pessoal sobre o tarô.

Além da inspiração, Cristina tinha referências próprias e o desejo de criar o tarô com sua identidade artística. Dessa forma, as 78 cartas foram pintadas à mão, com técnica mista sobre papel, aquarela e lápis aquarelável, colagens de tecido e detalhes em tinta acrílica para compor as imagens tal como foram idealizadas por ela.

As imagens e figuras do *Tarô Arquetípico* nasceram intuitivamente, com um estilo leve, colorido, lúdico e estilizado, não só pelo formato dos rostos e corpos, mas também por tudo o que o compõe, reafirmando uma assinatura única para a obra artística de Cristina Martoni.

Este é um tarô feito de sonhos, alma e muita poesia, que nos ajuda a perceber a vida verdadeira e essencial de forma onírica, que está contida nos mistérios de nosso inconsciente coletivo e individual.

André Mantovanni
*primavera de 2022*

# PREFÁCIO

*"O inconsciente [é] capaz de comunicar-nos aquilo que, pela lógica, não podemos saber. Pensemos nos fenômenos de sincronicidade, nos sonhos premonitórios e nos pressentimentos!"*

– Carl G. Jung[2]

Quando penso em tarô, levo em conta algumas características de sua lógica e o sentido que as cartas podem ter para as pessoas que o consultam. Foi com esses dois aspectos em mente que me aproximei do *Tarô Arquetípico*, livro que nos permite vislumbrar André Mantovanni para além de sua faceta de tarólogo e refletir sobre o tarô para além da visão rasa e equivocada que o reduz a um recurso de adivinhação. Li este livro do meu lugar de analista, cientista da religião e pesquisador da psicodinâmica, e é dessa perspectiva que teço algumas apreciações dirigidas a tarólogos e consulentes.

Podemos começar pensando sobre a atitude e a disposição interna da pessoa que deseja consultar o tarô. Em primeiro lugar, é importante que ela esteja aberta para uma comunicação simbólica com seu inconsciente profundo. Convém, ainda, que esteja ancorada no princípio de realidade, que a prevenirá de tomar as cartas em sentido literal.

Não é raro que uma pessoa de consciência mais frágil interprete a mensagem do tarô de forma literal. Nesse caso, podemos imaginá-la abrindo o baralho, deparando com a carta da Morte e pensando que sua morte será iminente. Ela entrará, então, em um estado de paranoia e ansiedade que

---

**2.** Carl G. Jung. *Memórias, Sonhos, Reflexões.* Rio de Janeiro: Nova Fronteira, 1986, p. 34.

a levará a um lugar oposto ao esperado: em vez de uma reconciliação com seu eu profundo, que talvez seja a meta maior do autoconhecimento, ela estará ainda mais alienada e distante de si.

Falar logo de início sobre a carta da Morte não é obra do acaso. Escolhi-a porque a morte simbólica está ligada à grande questão do tarô: a transformação. Trata-se da transformação da consciência ao longo do processo de individuação, isto é, do processo em que nos tornamos quem somos de fato, como ensinado por Jung. A transformação é aqui entendida, então, como um desenrolar, um movimento que resulta em outro estado, e não como um momento mágico que tudo soluciona.

As cartas do tarô veiculam imagens que representam situações ou ações psíquicas necessárias para a superação de dificuldades. Estamos sujeitos a permanecer paralisados em nosso amadurecimento ou, se preferirmos, no desenvolvimento de nossa consciência. Podemos, por exemplo, ficar presos a uma paixão ou a idealizações e passarmos anos em um relacionamento pouco transformador ou até abusivo. No entanto, algo dentro de nós pedirá a renovação que só mesmo a morte provocada pela elaboração simbólica será capaz de trazer.

Assim, talvez o amor possa morrer, e não a pessoa que está consultando o baralho arquetípico. É como na canção: "O nosso amor morreu, mas, cá para nós, antes ele do que eu". Quem sabe, ainda, esse amor precise ser transformado para ser vivido de outro modo.

Esperamos deixar mais claro que as cartas do tarô, como os sonhos, falam de maneira simbólica e, portanto, precisam ser entendidas simbolicamente. À luz da psicologia analítica, sabemos que sonhar com a morte do namorado não significa que ele esteja correndo perigo de vida, mas talvez indique que algo na relação com ele precisa morrer, ou melhor, ser transformado. Essa é apenas uma possibilidade, pois os sonhos dizem respeito ao sonhador, e não há uma chave universal para desvendá-los.

Na recordação de um sonho ou na consulta ao tarô, uma pessoa extremamente literal dirá: "Não acredito nisso, é bobagem" ou "Estou perdido, isso vai me acontecer". Ambas as falas denotam falta de abstração simbólica.

Muitos recorrem ao tarô como arte divinatória, buscando respostas objetivas para questões da realidade comum: Devo me casar? Devo mudar de emprego? Compro aquela casa? Em suma, a pergunta é: "Vou me dar bem?". Tais pessoas não buscam renovação nem transformação, mas alívio e gratificações narcísicas imediatas, isto é, benefícios à imagem que têm de si mesmas, ao valor que atribuem a si, à estima que têm por si. Fazem perguntas a um grande mago idealizado, que talvez lhes responda de maneira mágica e aquiete, momentaneamente, uma angústia. É possível que disso surja uma aliança sombria: a sombra do tarólogo e a do consulente se unem no escuro. Talvez seja dessa sombra que provenha a carta do Diabo. O diabo é aquele que divide, enquanto o simbólico é o que une. O que forma um todo está próximo do divino.

O bom astrólogo e o bom tarólogo, bem como o bom terapeuta, devem acompanhar seus clientes na elaboração de suas experiências e na ampliação de seu mundo simbólico sem se deixarem seduzir pelo lado sombrio de seu narcisismo. Assim, esses profissionais do espírito evitarão fazer afirmações metafísicas para aqueles que neles confiam em momentos de dúvida e angústia.

Não é incomum, porém, observarmos profissionais nessas áreas almejando ser indispensáveis a quem os procura. Identificam-se com o manto sagrado da sabedoria ou da cura, preocupando-se mais em ser gratificados de alguma maneira do que em orientar a pessoa em direção à luz da consciência. Essa pode ser a sombra daquele que ocupa o lugar do suposto saber para a pessoa que procura ajuda, seja ele médico, cientista, pároco, médium ou astrólogo.

Pessoas que ocupam lugares como esses recebem a projeção do arquétipo do Todo-poderoso (o *self*), o que as coloca num papel de muita responsabilidade em relação ao outro. No entanto, quando forem possuídas pela sombra e desejarem ser mais importantes do que de fato são ou fingirem saber mais do que podem sobre o sujeito ou o futuro, elas poderão sucumbir à vaidade e à ânsia de poder. Estarão em inflação de ego e identificação com o *self*, o centro psíquico que tudo rege e organiza. A tendência, então, é que reforcem as aspirações infantis de seus consulentes, em vez de promoverem seu crescimento.

Mas não precisa ser assim. O encontro em torno do tarô pode ser – e quero crer que o seja muitas vezes – entre um consulente aberto ao mundo simbólico, desejoso de autoconhecimento e expansão da consciência, e um tarólogo disposto a facilitar esse processo por meio da empatia e da intuição, entre outros atributos necessários a quem tem como ofício o trabalho com a alma humana.

As cartas do tarô nos apresentam muitas possibilidades arquetípicas – isto é, típicas desde tempos imemoriais – de mudança de atitude em relação ao que estamos vivendo ou sobre o sentido em que devemos caminhar para a expansão de nossa consciência. Às vezes, diante de certos obstáculos igualmente arquetípicos, precisamos ter a sabedoria do Mago. Outras vezes, a irreverência do Louco. "Meter o louco", como dizem os jovens de hoje, numa situação em que estávamos comportados demais e pouco criativos.

Assim, o Mago, o Louco, o Diabo e a Morte, para citar apenas algumas cartas, são imagens arquetípicas que vemos no baralho do tarô e se apresentam como possibilidades de transformação de nossa consciência. Essas imagens provêm de um grande arcabouço psíquico de arquétipos, coletivo e típico de todas as épocas e culturas. A esse conjunto de arquétipos estruturantes, Jung deu o nome de "inconsciente coletivo", e sobre ele você lerá em *Tarô Arquetípico*.

O inconsciente coletivo é a principal hipótese de Jung, à qual o psiquiatra e psicoterapeuta se dedicou a vida toda, buscando comprová-la cientificamente. Ela abrange a existência de um arquétipo central, ou *self*, representado psiquicamente por figuras sagradas, como Cristo ou Buda, ou por alguém de grande importância no mundo afetivo do sujeito. Por meio dos demais arquétipos, o central organiza as experiências da vida e promove sua integração à consciência, que se dá por meio da elaboração simbólica. Podemos, portanto, chamá-los de arquétipos estruturantes da consciência.

Os que trabalham em psicoterapia sabem que são as dores narcísicas a maior motivação para a busca por análise ou oráculos. O objetivo de quem sofre é ver aplacada a ansiedade que afeta seu equilíbrio narcísico. Querer saber o que se passa pela cabeça do ser amado, controlar seus passos ou trazê-lo de volta rapidamente é o que motiva a grande procura por recursos mágicos, ou seja, não transformadores. Essas pessoas entendem que seus problemas têm causas apenas externas e não se envolvem na leitura que fazem de seus conflitos. "Qual a sua responsabilidade na desordem da qual você se queixa?", perguntou Freud a uma paciente[3]. Essa deve ser a indagação profunda de quem busca a si mesmo, seja em seu processo de psicoterapia, seja em seu caminho espiritual ou no relacionamento com o tarólogo.

As pessoas só amadurecem e diminuem o sofrimento provocado pela ansiedade quando enfrentam seus problemas, passam por experiências e as integram à sua consciência, como dissemos, por meio da elaboração simbólica dessas vivências. É a busca pelo próprio centro que devemos ter em mente quando recorremos às cartas do tarô. Como disse Jesus, "Buscai em

---

[3]. Sigmund Freud. Fragmento da Análise de um Caso de Histeria (1905 [1901]). *Edição Standard Brasileira das Obras Completas de Sigmund Freud*, vol. VII. Rio de Janeiro: Imago, 1996.

primeiro lugar o Reino de Deus e a sua justiça e todas estas coisas vos serão dadas em acréscimo"[4]. Em resumo, o restante virá como consequência. Essa integração de experiências dará origem a uma psique mais evoluída e com mais capacidade simbólica, pois a pessoa viveu de corpo inteiro o que era para ser vivido. Evoluiu porque não fugiu de seu destino.

Mas, como sabemos, os obstáculos no percurso do herói são muitos. Suas aflições, às vezes, despertam um nível de angústia quase intolerável, o qual, por sua vez, se encontra na raiz da ansiedade, do medo e do pânico. Quando não conseguimos superar essas dificuldades, seja por covardia, por fragilidade diante de um oponente, do reconhecimento de nossa precariedade, de um inimigo, seja pela sensação de derrota, podemos nos deprimir. Somos seres continuamente tomados pela angústia em suas múltiplas formas, em múltiplos contextos.

Somos, portanto, seres angustiados e inseguros na jornada da vida, desamparados, como ensina Freud, num mundo perigoso em que devemos nos firmar e nos desenvolver. Nessa caminhada, podemos nos beneficiar do inconsciente coletivo para adquirirmos a coragem que nos falta. Podemos nos sentir menos sozinhos ao nos abrirmos para a mensagem simbólica que as imagens do inconsciente coletivo e o fenômeno da sincronicidade procuram nos transmitir.

A sincronicidade, presente no fundamento do tarô, é a relação entre acontecimentos ligados por um sentido comum para quem os experimenta, e não por causa e efeito. São as coincidências significativas. Por exemplo, um casal não pretendia ir ao cinema e, em cima da hora, já às portas do local, resolve entrar e assistir a um filme. Qual não é seu susto ao perceber que a história trata especificamente do conflito vivido por esse homem e essa mulher. Espera-se que ambos percebam o significado profundo dessa coincidência e intuam que fazem parte de um todo em aparente comunicação com eles. Nesse caso, houve uma sincronicidade que foi simbolizada. Com sorte, eles elaborarão o conflito juntos e, talvez, com seu terapeuta.

No Oriente, o I Ching é um oráculo de grande importância. É um livro que conversa conosco de maneira simbólica, e não causal. Por meio de um jogo com moedas, chega-se à raiz de um conflito vivido pelo indivíduo. Essa lógica é reproduzida pelo tarô no Ocidente. Há uma relação entre as cartas selecionadas "ao acaso" e o que está constelado no inconsciente de quem abriu o baralho.

---

**4.** Mateus 6, 33 (Bíblia Ave Maria).

Outra pessoa, ao fazer o mesmo, receberá outra sequência de cartas. Por que eu abri essa sequência e meu amigo abriu outra? O sentido de cada um será dado pela sintonia fina e empática do tarólogo com quem busca a resposta.

A grande questão é: conseguimos elaborar de maneira satisfatória as mensagens vindas do inconsciente? Conseguimos fazer a leitura apropriada do mundo simbólico? Essa é, de fato, uma tarefa difícil. Tal como ocorre entre o analista e o analisando, acredito que a conexão entre tarólogo e consulente também deva ser profunda.

Entre as qualidades de André Mantovanni, sua ética na busca espiritual é particularmente valiosa. Sou testemunha de sua dedicação ao mundo simbólico, do qual ele se aproxima, inclusive, por meio da psicologia analítica, como você verá neste livro. Aberto ao sagrado, nosso autor oferece a quem o procura uma intepretação simbólica das cartas do tarô. Seu intuito não é outro senão o de estimular a relação da pessoa com seu mundo interior.

Transformar a realidade interior em algo "visível" ou "palpável" é fortificar, antes de mais nada, a capacidade simbólica daquele que busca o autoconhecimento. Como tarólogo, astrólogo, terapeuta e poeta, André trabalha nesse sentido, iniciando seus consulentes no mundo da subjetividade e mostrando-lhes que a relação apenas pragmática e literal com o ambiente que os cerca não é a única possível. Por esses motivos, recomendo a leitura de *Tarô Arquetípico*.

ROBERTO ROSAS FERNANDES
*janeiro de 2021*

Pós-doutor em Psicologia (USP), doutor e mestre em Ciências da Religião (PUC-SP) e psicólogo clínico. É analista junguiano pela Sociedade Brasileira de Psicologia Analítica (SBPA), membro da International Association for Analytical Psychology (IAAP) e autor de diversos artigos e livros já publicados.

# INTRODUÇÃO

*"E vou escrever esta história para provar que sou sublime. [...]."*

– Álvaro de Campos, 1928[5].

O tarô chegou em minha vida em 1993 e, desde essa data, continua sendo um importante caminho para todo o meu processo de autotransformação e um farol para momentos muito significativos da minha jornada de individuação.

Com ele, venho desempenhando meu ofício sagrado de servir ao mundo com algo que possa fazer a diferença na minha vida e na de muitas pessoas.

Durante toda a trajetória que percorri pelos caminhos da espiritualidade e do autoconhecimento, na busca por me aprofundar na compreensão da alma humana, o tarô foi a ponte que me permitiu conhecer e estudar diversos outros sistemas simbólicos, que também são artes poderosas de autoconhecimento e transformação interior, como é o caso da astrologia, da numerologia e de tantos outros oráculos e saberes da alma. Enquanto me dedicava a diferentes atividades, sempre me surpreendia ao encontrar nelas também o tarô: na arte, na literatura, na filosofia, na psicologia e mesmo em situações do cotidiano. Lá estavam os arcanos, apresentando-se em uma miríade de formas, alimentando em mim o interesse e o desejo de continuar aprofundando-me em seus mistérios.

Seguindo o caminho que as próprias lâminas me apresentavam, vi-me trilhando a jornada que elas abriam à minha frente e experimentando a profunda sabedoria contida em cada uma de suas figuras. Quanto mais

---

**5.** Fernando Pessoa. *Poesias de Álvaro de Campos*. Lisboa: Ática, 1944 (imp. 1993), p. 252.

prosseguia por esse caminho, maior se tornava também minha vontade de beber do conhecimento simbólico a ser desvendado em cada lâmina do tarô.

Logo cedo compreendi que, para além de um mero instrumento de adivinhação e previsão do futuro, como muitas vezes o tarô é pensado e praticado, havia nesse livro sem palavras um valioso tesouro, que no tarô podemos explorar muito mais do que sua simbologia previsional, pois ele contém uma dimensão *arquetípica* e é um depositário da história e da experiência da humanidade, que se registra no infinito do tempo.

Muitos anos se passaram, e somente em 2018 recebi uma intuição muito clara de que essa busca à qual sempre me senti convocado – como no arcano O Louco, que nos leva a percorrer o desconhecido – precisava de uma nova transformação. Sem demora, passei também a me dedicar ao estudo da psicologia analítica de Carl G. Jung e nela encontrei a fundamentação teórica necessária para desenvolver uma visão mais profunda sobre o tarô.

A obra *Tarô Arquetípico*, que agora você tem em mãos, é fruto dessa história – uma relação intensa e íntima que desenvolvi ao longo de mais de duas décadas com esse instrumento tão sagrado que é o tarô e com tudo o que ele despertou em mim.

Ao receber o convite da Editora Pensamento para desenvolver este projeto, sabia que estava diante de um grande desafio: como traduzir em palavras uma experiência que não era simplesmente teórica, mas visceral e íntima?

O tarô é um desses sistemas de conhecimento que exige de nós uma vida inteira de dedicação e esforço – quase um sacerdócio, no verdadeiro sentido da palavra –, e, quanto mais avançamos, mais percebemos que ainda há muito que explorar e conhecer. Por meio deste livro, especialmente preparado após uma longa jornada pessoal, sinto que posso não apenas compartilhar com você um pouco de tudo o que aprendi e experimentei com cada arcano do tarô, mas também reunir em uma mesma obra diversos aspectos do conhecimento, muito valiosos e raros a mim.

O *Tarô Arquetípico* acompanha um baralho com as 78 lâminas coloridas do tarô, sonhadas por mim, desenhadas pela artista plástica Cristina Martoni especialmente para esse projeto e nascidas de um lugar de intimidade com sua simbologia.

O baralho que exerceu grande influência em minha formação como tarólogo e inspirou o nascimento do *Tarô Arquetípico* foi o clássico Rider-Waite, idealizado por Arthur Waite[6] e ilustrado por Pamela Colman Smith[7], impresso pela primeira vez em 1909.

O trabalho de Waite e Pamela foi pioneiro em ilustrar as cartas dos Arcanos Menores com cenas relacionadas a seu significado, influenciando para sempre a história e a compreensão desse oráculo. A artista plástica responsável por ilustrar cada uma das cartas do *Tarô Arquetípico* foi capaz de capturar a essência do que acredito estar representado em cada arcano e, ao mesmo tempo, conferir a elas uma identidade que refletisse também minha relação e minhas fontes de inspiração ao trabalhar com o tarô e que estão presentes em meu universo pessoal.

Dedicamos aproximadamente três anos de muito trabalho e pesquisa à elaboração deste livro e do baralho, muitas vezes passando por desertos, outras, por grandes oásis, num exercício de paciência com o ritmo de um tempo para além da nossa compreensão consciente.

O *Tarô Arquetípico* impôs seu tempo, que respeitei, entrando em acordo com ele e seguindo o curso do rio interior. No Capítulo 1 (Definição, Origens e História do Tarô), percorreremos a história do tarô, buscando desfazer as lendas sobre suas origens e mostrar as diversas influências responsáveis por seu surgimento. No Capítulo 2 (O Tarô e o Inconsciente), conheceremos as origens da psicologia analítica e as contribuições que ela pode trazer ao estudo e à compreensão do tarô como ferramenta de autoconhecimento. No Capítulo 3 (Arquétipo, Símbolo e Sincronicidade no Tarô: O Mundo

---

**6.** Arthur Edward Waite (02/10/1857-19/05/1942) nasceu nos Estados Unidos, mas, após a morte prematura do pai, retornou com a mãe inglesa para Londres. Desde cedo, manifestou interesse por ocultismo e espiritualidade graças ao contato com a obra de Éliphas Lévi. Foi membro da Ordem Hermética da Aurora Dourada e participou ativamente da maçonaria e do Rosacrucianismo. Publicou diversos títulos sobre diferentes temas relacionados ao ocultismo, como a cabala, a astrologia, a teosofia e a alquimia. Entretanto, Waite eternizou seu nome ao idealizar o famoso baralho de tarô que ficou conhecido como Rider-Waite, que inovou ao criar cenas ilustradas para os Arcanos Menores, com imagens criadas pela artista plástica e ilustradora Pamela Smith. Seu baralho estava repleto de símbolos astrológicos e ocultos, fazendo com que rapidamente se popularizasse. Hoje, entre todos os baralhos de tarô o mais famoso é conhecido como Waite-Smith, em homenagem a Pamela Smith, sem o nome Rider, que era apenas o editor da obra.

**7.** Pamela Colman Smith (16/02/1878-18/09/1951) viveu na Inglaterra e desde cedo se interessou por desenvolver seus talentos artísticos. Participou das atividades do Lyceum Theatre, em Londres. Aos 15 anos, foi estudar arte no Pratt Institute e voltou para Londres após concluir sua formação. Em 1901, ingressou no templo Ísis-Urânia da Ordem Hermética da Aurora Dourada, onde conheceu Arthur Edward Waite. Com ele trabalhou na criação do famoso baralho Rider-Waite e foi responsável por criar suas ilustrações, que passariam a inspirar todos os estudiosos da arte do tarô e os baralhos desenvolvidos a partir de então.

das Formas e as Imagens Arquetípicas), entenderemos o sentido de símbolo, arquétipo, imagem arquetípica e sincronicidade, todos conceitos fundamentais para que possamos analisar o tarô à luz da teoria da psicologia analítica e estabelecer um diálogo entre ambos.

No Capítulo 4 (A Dimensão Simbólica no Tarô) vamos abordar a jornada do arcano O Louco e sua trajetória pelos Arcanos Maiores como fases de um ciclo de desenvolvimento interior dentro de uma perspectiva simbólica e arquetípica. Aqui poderemos aprofundar todos os elementos que compõem a imagética do Tarô - figuras e construções humanas, animais e corpos celestes. No Capítulo 5 (Os Arcanos Maiores) inicia-se nossa jornada através das cartas. Nele, exploraremos cada uma das 22 lâminas dos Arcanos Maiores, discutindo seus significados oraculares, olhando atentamente para os seus principais elementos simbólicos e refletindo sobre o sentido das cartas na busca pelo desenvolvimento humano e das lições de vida que podemos aprender com as expressões arquetípicas e mitológicas contidas em cada uma delas. No Capítulo 6 (Os Arcanos Menores e as Quatro Dimensões da Vida), voltaremos nossa atenção às cartas que compõem os naipes de Paus, Ouros, Espadas e Copas, visando a uma maior compreensão das diversas áreas da experiência humana, contidas em cada uma delas no processo de amadurecimento no reino arquetípico dos quatro elementos – Fogo, Terra, Ar e Água. Ao mesmo tempo, estabeleceremos um paralelo entre esses quatro elementos e os quatro tipos psicológicos presentes na teoria junguiana – intuição, sensação, pensamento e sentimento, respectivamente –, para que possamos compreendê-los não apenas como forças externas e atuantes na natureza, mas também interiormente, na alma humana.

Após discutirmos cada uma das 78 lâminas do tarô, exploraremos as maneiras de utilizar as cartas em diversos métodos de tiragem e interpretação. A isso é dedicado o Capítulo 7 (Interpretação e Métodos de Tiragem). Já no Capítulo 8 (Aspectos Práticos para a Leitura), você encontrará informações sobre a preparação, o início e o término de uma leitura de tarô. E no Capítulo 9 estão as respostas para as dúvidas mais comuns sobre o trabalho com esse oráculo.

Despedimo-nos com as considerações finais, nas quais deixo a você minhas palavras de encerramento.

Ao longo de minha trajetória, pude desenvolver um incontável número de cursos, palestras e atendimentos e falar sobre o tarô em diversos veículos midiáticos, como rádio, televisão e internet. Sempre utilizei todas essas oportunidades para tentar inspirar as pessoas a buscar mais e se aprofundar no conhecimento desse oráculo, embora nem sempre fosse possível expressar toda sua complexidade e riqueza simbólica nesses meios de comunicação. Este livro é um convite para que possamos estabelecer um diálogo mais profundo, capaz de enriquecer tanto os que já se dedicam ao estudo do tarô há algum tempo quanto os que ainda estão dando os primeiros passos nesse caminho.

Fazer essa conexão do tarô com alguns conceitos da psicologia analítica também me permite ampliar sua compreensão, validá-lo com seriedade e talvez até abrir caminhos para que novos estudos e pesquisas acadêmicas nos revelem mais dessa dimensão integrativa e ampla que encontramos no tarô.

Nas próximas páginas, compartilharei com você algumas pequenas gotas de todo conhecimento guardado pela imensidão oceânica que é o tarô. Que as palavras presentes nesta obra possam orientá-lo e inspirá-lo a navegar cada vez mais longe pela inesgotável busca da sabedoria!

Graças ao tarô, conheci meu destino e minha humanidade com suas luzes e sombras. Dele nasceu todo o propósito da minha alma. Sigo nessa eterna jornada, buscando iluminar um pouco mais o mundo e a mim mesmo.

André Mantovanni
*verão de 2020*

# CAPÍTULO 1
## Definição, Origens e História do Tarô

O tarô é, sem dúvida, o depositário de um antigo conhecimento arcano, que acompanha a humanidade desde tempos imemoriais – cada carta é como uma obra de arte que não apenas toca nossa mente e desperta nossa curiosidade, mas também, de alguma maneira, nos convida a mergulhar em seu universo e a desvendar seus segredos. Ainda hoje, suas imagens evocativas são poderosas, e mesmo entre aqueles que de tarô pouco entendem, ele permanece como um símbolo de sabedoria e orientação. Essa é a prova de que, muito mais que um mero conjunto de cartas, o tarô é um dos guardiões das profundezas da alma humana.

De origem latina e muitas vezes usada para se referir a cada carta do tarô, a palavra "arcano", significa "mistério". Esse termo, por sua vez, tem origem na língua grega, μυστήριον (mustḗrion ou mýein, que significa fechar) e diz respeito ao conhecimento sagrado que estava protegido por juramentos de silêncio e segredo, reservados aos Iniciados, os *mystai*[8]. É justamente com essa postura de reverência e quietude que devemos nos aproximar do tarô – como alguém que está prestes a entrar em contato com algo

---

8. *Mystai* é o plural de *mystae*, palavra grega para quem passasse pelos rituais de iniciação e que deu origem ao termo "mistério". Desse modo, os iniciados eram aqueles que conheciam o mistério.

sublime e numinoso[9]. Não se deve passar rapidamente por suas imagens buscando significados imediatos, pois cada arcano é como um templo onde permanecem guardados saberes antigos que só podem ser aprendidos por meio da meditação e da contemplação. O tarô é um tesouro que precisa de tempo para ser aberto, descoberto e apreciado.

Muitos o procuram pelas respostas que ele é capaz de fornecer como oráculo de previsões, mas, na verdade, os que tentarem olhar para além dos véus que ocultam sua sabedoria, entenderão que são as próprias cartas, com suas imagens simbólicas, a nos encarar e, no fundo, a nos fazer as perguntas e os questionamentos capazes de conduzir à grande jornada de autoconhecimento. Portanto, não inicie essa viagem como alguém que busca apenas um saber técnico ou teórico, pois o tarô é, na realidade, a chave capaz de abrir os portais da compreensão da natureza humana e dos mistérios da vida. Prossiga, então, com reverência, enquanto viajamos no tempo para conhecer a história dessa tão importante e sagrada ferramenta.

Há muitas teorias e histórias sobre as origens do tarô, mas a criação de suas cartas tão misteriosas ainda permanece envolta nas brumas do desconhecido. Para muitos, ele não passava de um simples jogo de passatempo; para outros, tratava-se de um livro criptografado com a sabedoria mágica do Antigo Egito. Alguns diriam que ele expressa a linguagem arquetípica da alma e funciona como um mapa para as jornadas e dramas da vida humana, enquanto outros ainda diriam que é uma ferramenta bastante efetiva para adivinhar o futuro, mas sabemos que o tarô serve profundamente para ambas as finalidades.

Toda a riqueza de conhecimento simbólico, psicológico, mágico e sagrado, desenvolvida a partir das cartas de tarô, nos transmitem uma importante mensagem: sejam quais forem as suas origens, esse baralho se comunica com nossa alma e consegue estabelecer uma ponte de conexão entre nós e o Desconhecido – seja ele sagrado, psicológico, místico ou divinatório.

O fato de as origens do tarô permanecerem envoltas no véu do mistério talvez seja importante para a própria definição desse baralho, porque é exatamente disso que ele parece emergir: da sabedoria oculta do inconsciente

---

[9]. Numinoso é o que provém do divino, do misterioso. Originário do latim *numen*, o termo se refere a uma divindade que preside sobre determinado espaço e se popularizou graças às obras do teólogo Rudolf Otto, bem como de Mircea Eliade e Carl G. Jung.

coletivo, a alma da humanidade. Cada carta do tarô é chamada de "arcano", palavra que também vem do latim (*arcanus*) e significa "baú, arca ou caixa", assim como "algo misterioso, velado, encoberto, protegido". Quando mergulhamos no rico e interminável estudo de suas cartas, é exatamente isto que percebemos: cada uma delas guarda de maneira velada um conhecimento que está protegido por uma grande riqueza de imagens, símbolos, cores e números. Não se trata aqui da linguagem da mente racional e consciente, e sim da própria linguagem da alma.

Cada arcano do tarô é como uma pequena arca que contém um tesouro imensurável esperando para ser revelado. E, se quisermos abrir as fechaduras que nos permitirão conhecer o valioso conhecimento de cada carta, não bastará apenas o uso de nossas faculdades mentais. Será preciso entender a linguagem própria, do baralho. Mas, afinal, o que é o tarô?

## Definindo o tarô

O tarô é um baralho composto por **78 cartas**:

- 22 trunfos conhecidos como **Arcanos Maiores**, cada um deles com um nome próprio e uma simbologia;
- 56 trunfos conhecidos como **Arcanos Menores**, que se dividem em quatro conjuntos de 14 cartas cada um, chamados de naipes: ouros, copas, espadas e paus. Cada naipe é formado por **dez cartas numeradas**, do Ás ao Dez, e por mais **quatro cartas da corte**: Valete, Cavaleiro, Rainha e Rei.

O uso de cartas para adivinhação é chamado de "cartomancia". E, apesar de hoje existirem muitos baralhos usados para esse fim, nem todos podem ser considerados tarô, pois não apresentam a estrutura específica das 78 cartas divididas em Arcanos Maiores e Menores. Entretanto, com o passar do tempo, diversos tipos de tarô surgiram, cada um dando um toque pessoal à estrutura das cartas e à simbologia usada para enfatizar temáticas variadas, mas sempre mantendo a mesma estrutura original. Hoje é possível encontrar baralhos dos mais variados tipos e temas. Uma vez que a linguagem do tarô é abstrata, como veremos no Capítulo 3, cada estudioso deverá encontrar o baralho com o qual se identifica e se sinta mais confortável para usar.

Na verdade, poderíamos pensar os diferentes baralhos de tarô como diferentes vestimentas e roupagens para esse conhecimento velado, oculto por trás de cada carta. Esses símbolos são justamente as chaves que nos permitirão abrir o baú para encontrar a sabedoria arcana que ali repousa.

## Buscando as origens do tarô

Os mistérios do tarô iniciam-se com o seu nome. Ao longo do tempo, muitas etimologias e explicações para essa palavra têm sido apresentadas por seus estudiosos; no entanto, não podemos afirmar conclusivamente como ele se originou.

Por isso, ainda hoje são incertas as origens do termo francês *tarot*, do qual deriva a palavra "tarô" em português. Sabemos que na língua italiana o jogo que usava suas cartas era chamado de *tarocco*, cujo plural, usado para se referir às cartas, era *tarocchi*, ou às vezes *trionfi*, que deu origem à palavra "trunfo" – termo usado ainda hoje para se referir à carta de baralho.

Ao pesquisarmos as primeiras tentativas de elucidar seu nome, descobrimos Francisco Berni, que em 1526 escreveu em seu *Capitolo del Gioco della Primiera* que a palavra *tarocco* significa "idiota, tolo", e que o termo era usado apenas pela parte mais popular da sociedade. Nesse sentido, o nome do baralho significaria algo como "cartas dos tolos". Isso tem sido interpretado como uma referência aos jogos de azar que poderiam ser feitos com o baralho, mas é algo inconclusivo. Ao longo da história, possíveis etimologias foram listadas, e muitas delas, refutadas por outros estudiosos.

Há quem diga que a origem do termo vem do grego *hetairochoi*, que significa "companheiros de jogo", fazendo alusão ao fato de que o jogo de cartas dependia da presença de mais pessoas para poder ser jogado. Outro termo grego, *tarichos*, que significa "temperos", foi apontado como uma possível origem para o nome – uma provável referência ao fato de que cada carta apresentava uma temática – ou um "sabor" – única.

O termo latino *rota* significa "roda" e foi considerado uma origem para o nome do *tarot* e sua sequência de cartas. Também os termos italianos *tara* (redução de valor), *taroccàre* (contestar), *taroch* (tolice) e *tarochus* (imbecil) foram apontados como possíveis raízes etimológicas que fazem referência ao jogo de azar e ao ato de enganar o oponente para vencer a partida.

Para os que defendiam uma origem egípcia das cartas (o que já foi refutado como evidência histórica, como veremos a seguir), as palavras *tar* e *ro* foram identificadas como as origens do nome, significando "caminho real". Nesse sentido, o tarô seria um baralho que contaria a história de um rei ou de uma divindade transmitindo sua sabedoria. Outros termos orientais já sugeridos por estudiosos incluem os árabes *taraha* e *turuq*, respectivamente "rejeitado" e "quatro caminhos". Tudo isso nos leva a crer que as origens do nome "tarô" estão perdidas no tempo. Prossigamos, então, em nossa investigação.

Quando nos voltamos às origens das cartas de tarô, as evidências nos conduzem ao norte da Itália, na primeira metade do século XV, por volta de 1420. Sabemos que nesse período ocorreram muitos fatos historicamente importantes envolvendo a arte, a cultura e o pensamento político, filosófico, científico e religioso. É interessante notar que, ao relacionarmos o tarô a essa época e a esse lugar, colocamos esse misterioso baralho em um tempo e em um espaço de profundas mudanças, no seio do Renascimento, que marcou a transição entre a Idade Média e a Idade Moderna.

Esse foi o século que testemunhou nomes importantes como Michelangelo, Leonardo da Vinci, Botticelli e Rafael de Sanzio. Outra característica marcante da época foi o resgate de conhecimentos pré-cristãos oriundos tanto da Grécia quanto do próprio judaísmo, que já encontrava refúgio e abrigo nessa região do norte da Itália. É desse momento importante, marcado por uma transição e uma transformação revolucionária no pensamento ocidental e com uma diversidade cultural e intelectual, que o tarô parece emergir e se firmar em sua estrutura – não como filho de um ou outro tempo, mas como um viajante intermediário da ruptura entre ambas as eras, em um momento histórico que nos lembra da jornada do Louco – o Arcano 0 do tarô, no qual a viagem pelos Arcanos Maiores tem início.

Contudo, se tentarmos entender quais origens antecedem esse instigante baralho de 78 cartas, além de nos perguntarmos onde e como o tarô surgiu, teremos de considerar outra pergunta bastante importante: *com que finalidade* o tarô foi criado? Como vimos, hoje é possível estabelecer um diálogo bastante profundo entre os arcanos e muitas outras áreas do saber, como a filosofia hermética, a cabala e até mesmo a psicologia profunda. No entanto, a dúvida permanece: *quais eram a finalidade e a proposta original do baralho de tarô?* Até onde sabemos, essa pergunta ainda não pode ser completamente respondida, pois os indícios apontam para diferentes possibilidades: a adivinhação, o simples jogo de cartas, a narração de histórias, a educação moral ou mesmo a transmissão de um conhecimento secreto. Exploraremos esses possíveis usos ao longo das próximas páginas.

## Os Arcanos Menores e os jogos de cartas

Quem se aproximar do tarô pela primeira vez notará que há uma semelhança entre os Arcanos Menores e o baralho comum usado para jogos de cartas, com algumas pequenas diferenças: os quatro naipes se mantêm, bem como suas cartas numeradas de ás a dez, mas, enquanto no tarô temos quatro cartas da corte, no baralho comum encontramos apenas três: o Valete, a Dama e o Rei, que poderiam ser pensados como os arcanos do Valete, da Rainha e do Rei, respectivamente. Porém, como veremos a seguir, era bastante comum os primeiros baralhos europeus retratarem apenas três figuras da corte, sempre masculinas. Para desfazer esse mal-entendido, observemos mais a fundo a relação existente entre o tarô e os jogos de cartas presentes na Antiga Europa.

Os jogos de cartas tornaram-se bastante populares nos séculos XIV e XV na Europa, o que nos leva a acreditar que as origens das cartas do tarô não estavam relacionadas diretamente à ideia de adivinhação do futuro, mas serviam para algum tipo de divertimento. Muitos estudiosos também defendem que as 78 cartas não surgiram todas ao mesmo tempo. Os Arcanos Maiores e Menores teriam se desenvolvido separadamente e só mais tarde foram combinados para compor o que hoje conhecemos como o baralho de tarô. Nesse sentido, os primeiros tarôs seriam formados apenas pelos Arcanos Menores, em uma estrutura bastante similar ao nosso baralho comum.

A mais antiga referência a um baralho, com cartas muito semelhantes aos Arcanos Menores, encontra-se nos registros de um monge alemão chamado Johannes von Rheinfelden, que em 1377, na Suíça, escreveu sobre um jogo de cartas que havia chegado até ele e seus companheiros. O monge não sabia quais eram as origens desse *ludus cartarum* (jogo de cartas), tampouco quem o criara, mas descreveu que as cartas eram ricamente pintadas e usadas em diferentes formas de jogos. Esse baralho consistia em quatro naipes de 13 cartas cada um, sendo as dez primeiras numeradas e as outras três correspondentes a figuras da corte. Mais tarde, esse mesmo monge escreveu que essas cartas eram uma valiosa ferramenta para ensinar ética e moral. Além disso, falou dos símbolos de cada naipe como possuidores de uma natureza boa ou má, o que também passou a ser questionado pela elite eclesiástica da época.

Apesar de divertirem a população, os jogos de cartas encontraram grande resistência por parte da Igreja, que condenava e proibia seu uso. É bastante famoso o sermão de São Bernardino de Siena, pregador franciscano que viveu na Itália no século XV e associava a criação do jogo de cartas ao próprio diabo. Em seu discurso, ele atribuiu cada naipe a um tipo de pecado e exagero humano: o naipe de ouros estava relacionado à avareza e à paixão pelas riquezas materiais; o de copas fazia referência às taças que embebedavam os homens e ao pecado da gula; o de espadas remetia à guerra, ao ódio e às disputas; e o de paus tratava da ferocidade e das paixões animais no ser humano.

Era muito comum que esses sermões fossem seguidos da queima em praça pública de baralhos e outros itens repreendidos pela fé. Mas, ao contrário do que se pode pensar, os motivos que levavam a Igreja a condenar esses baralhos não estavam no uso como instrumento de adivinhação, e sim por serem usados como jogos de azar. Ao que tudo indica, a associação das cartas com a capacidade de prever o futuro só veio mais tarde.

Ao estudarmos a relação entre a história do tarô e o jogo de baralho comum, encontramos a ideia de que a carta do curinga teria origem no arcano do Louco – ambos sendo normalmente representados como um bobo da corte. Entretanto, esse é apenas mais um dos mitos popularizados sobre nosso misterioso oráculo. Como vimos, as raízes do tarô estão na Itália renascentista, enquanto a carta do curinga no baralho convencional surgiu apenas no século XIX, nos Estados Unidos, ou seja, uma adição moderna para alguns dos populares jogos que podem ser realizados com o baralho.

Mas teriam as primeiras cartas de tarô sido usadas para prever o futuro? Ao que tudo indica, o uso do tarô como instrumento oracular se desenvolveu mais tarde e não estava diretamente associado às cartas desde o seu surgimento. As primeiras evidências do uso de um baralho para adivinhar o futuro são do século XV e acontecem entre as camadas mais populares da sociedade. Entretanto, também sabemos que o tarô era bastante apreciado pela nobreza; por isso, é bastante provável que cada classe social dava ao baralho uma finalidade e compreensão distintas.

## As cartas mamelucas e as influências orientais

Se as origens do tarô parecem estar nos jogos comuns de cartas que se popularizavam pela Europa, é para eles que devemos olhar, a fim de entendermos melhor suas raízes. De onde teria se originado o conceito de naipes e figuras numeradas? A resposta para essa pergunta aponta para o Oriente e é encontrada em um conjunto de cartas do século XIII que ficaram conhecidas como "cartas mamelucas" ou "cartas sarracenas".

A origem dessas cartas está na cultura árabe, na atual região do norte do Egito, mas a falta de registros locais sobre seu uso ou sua história colabora para manter as brumas que ocultam o surgimento do tarô. Entretanto, a importância das cartas mamelucas, hoje parte do acervo do Palácio de Topkaki, em Istambul, está no fato de sua estrutura ser idêntica à dos primeiros baralhos europeus: quatro naipes com cartas numeradas de um a dez, com mais quatro cartas da corte. Cada naipe também é representado com um símbolo idêntico ao dos baralhos tradicionais da Itália e da Espanha: moedas, taças, espadas e bastões. Os últimos, que costumavam ser retratados como tacos de polo (jogo que, na época, já era bastante popular), mais tarde tornaram-se bastões cerimoniais ou de batalha. As cartas da corte traziam para cada naipe um rei e dois assistentes, e talvez aqui esteja a resposta para a origem de uma das palavras associadas ao tarô: o termo árabe usado para se referir a esses assistentes reais era *nā'ib*, que na Espanha foi levemente modificado e transformou-se no termo "naipe".

Há quem diga que a origem dos naipes é ainda mais antiga, e que as cartas mamelucas estariam relacionadas a um tipo de baralho chinês, cujas cartas também eram numeradas e se dividiam em quatro agrupamentos, cada um deles fazendo referência a um valor financeiro. Os que defendem essa hipótese estabelecem uma relação interpretativa entre os nomes das cartas chinesas e mamelucas, bem como entre os ideogramas chineses e os nomes árabes para os naipes. Embora essa relação entre os baralhos chinês e mameluco não seja completamente comprovada, é interessante deixarmos sua possibilidade em aberto. Sabemos que os jogos de cartas na China existem desde pelo menos o século IX, o que tornaria ainda mais antiga a origem dos símbolos que mais tarde comporiam o tarô.

| NAIPE MAMELUCO | SÍMBOLO MAMELUCO/EUROPEU | NAIPE MODERNO |
|---|---|---|
| *Daráhim* (moeda) | Moedas | Ouros |
| *Túmán* (multidões) | Taças | Copas |
| *Suyúf* (Cimitarra) | Cimitarras/Espadas | Espadas |
| *Jawkán* (Taco de polo) | Bastões | Paus |

## Os Arcanos Maiores e a popularização do jogo

Da mesma maneira que os Arcanos Menores, há quem diga que os Maiores também se desenvolveram apenas como um conjunto de cartas para a finalidade lúdica dos jogos e entretenimento. Eles eram conhecidos como *trionfi* ou "triunfos" (o que deu origem ao nosso termo "trunfo") e, quando acrescentados ao conjunto já bastante popular dos naipes, compunham o que ficou conhecido como *carte de trionfi* ou "cartas do triunfo", usadas para jogar o jogo conhecido como *tarocchi*, bastante popular entre as elites. O baralho era ricamente adornado e pintado à mão e se tornou mais acessível somente após o surgimento da imprensa.

Por volta de 1420, Marziano da Tortona descreveu um conjunto de cartas bastante parecido com o que conhecemos dos Arcanos Maiores, mas ainda com algumas peculiaridades, como um número reduzido de trunfos e a presença de deuses gregos em sua representação. O historiador Giordano Berti atribui o surgimento do baralho de tarô à corte de Filippo Maria Visconti, duque de Milão. O próprio duque teria encomendado um baralho, hoje conhecido como Tarô Visconti-Modrone, também chamado de Cary-Yale, pertencente ao acervo da Biblioteca de Yale. Já o baralho que ficou conhecido como Visconti-Sforza e é popular até os dias atuais teria sido encomendado pela filha do duque, Bianca Maria Visconti, e por seu marido, Francesco Sforza. Aqui notamos uma distinção clara entre os baralhos comuns à nobreza e isentos da censura da Igreja e os disponíveis para as camadas mais baixas da população e que eram perseguidos e proibidos.

Com o surgimento da imprensa, o tarô começou a ser distribuído em massa, e o jogo se popularizou em diferentes regiões da Europa. Nessa época, percebeu-se uma maior padronização de suas cartas, apesar de cada região ainda apresentar pequenas variações tanto nas regras e na ordem dos trunfos quanto na arte de seus baralhos. E foi justamente em meio a toda essa popularização do tarô que surgiu o tão conhecido Tarô de Marselha, produzido na cidade de mesmo nome, no sul da França, que influenciou a produção do jogo em toda a Europa. Esse aspecto lúdico das cartas de tarô sobrevive até hoje em algumas regiões da Europa, e baralhos específicos para o jogo ainda são produzidos e comercializados, além dos baralhos divinatórios que se tornaram tão populares no nosso tempo.

Mas e quanto à arte e aos personagens que ilustram os Arcanos Maiores? Há diversas teorias para as origens da estrutura padronizada dos Arcanos Maiores como as conhecemos hoje, porém talvez a resposta esteja propriamente no antigo nome usado para designar essas cartas: *trionfi*. Essa também era a designação atribuída aos festivais e às paradas carnavalescas que envolviam desfiles, dos quais participavam todas as figuras importantes da época e cujas fantasias retratavam planetas e vários personagens mitológicos. Em 1966, a pesquisadora Gertrude Moakley estabeleceu uma relação entre as imagens dos Arcanos Maiores, essas festividades históricas e o famoso poema de Francisco Petrarca, *Triunfos*, evidenciando uma conexão entre as figuras dos Arcanos Maiores e o imaginário popular da época.

Também é importante destacar que algumas das cartas ilustradas de trunfos que surgiram no século XV parecem não ter uma finalidade lúdica ou oracular, mas educacional, o que nos remete à primeira referência aos jogos de cartas, escrita pelo monge Johannes. Em 1459, o papa Pio II encomendou um conjunto de 50 cartas pintadas que, apesar de não apresentar a estrutura de um tarô, tinha muitas de suas imagens bastante semelhantes às dos Arcanos Maiores. Esse baralho era composto de cinco conjuntos de dez cartas cada um e retratava a hierarquia do universo.

O primeiro conjunto ilustrava as posições e ocupações humanas. Já o segundo trazia em suas dez cartas Apolo, deus da inspiração, das artes e do pensamento lógico, e as nove musas inspiradoras da humanidade, a ponte entre a realidade humana e os níveis mais sutis de realidade. O terceiro conjunto de cartas dizia respeito às artes e às ciências, como a lógica, a aritmética, a retórica, a gramática, a música, a poesia e a geometria. As dez cartas subsequentes tratavam das artes liberais e das virtudes do cristianismo. Por fim, as últimas dez cartas retratavam o sistema celeste, com dois luminares, cinco planetas e três cartas para representar a essência divina. Evidências apontam que esse era um baralho usado para transmitir ensinamentos religiosos e morais às pessoas, representando a estrutura do universo e a ascensão aos céus. O cardeal Nicolau de Cusa, renomado filósofo do humanismo renascentista, registrou que esse não era um jogo usado apenas para o divertimento, mas que suas cartas ilustravam a criação do mundo. Esse fato é bastante importante para a história do tarô, pois, embora esse baralho mencionado pelo cardeal tivesse uma estrutura bem diferente, já atestava o uso de cartas ilustradas para transmitir ensinamentos espirituais, filosóficos e morais, e não apenas para o mero entretenimento por meio de um jogo lúdico.

Muitos elementos desse antigo conjunto de cartas foram vistos mais tarde na estrutura do tarô convencional. Considerando essa ocorrência, não parece absurdo pensar que, posteriormente, os trunfos que se tornariam os Arcanos Maiores também tivessem outras funções que não apenas o divertimento das camadas mais nobres da sociedade. Na verdade, as ilustrações eram um depositário das crenças, dos valores e dos princípios espirituais daquela época.

Por isso, há quem defenda que os Arcanos Maiores tenham sido criados originariamente para fins meditativos e contemplativos, tal como as cartas do papa Pio II. A riqueza de material obtida por meio da análise esotérica dos arcanos parece sustentar a ideia de que as temáticas, as imagens e a sequência numérica dos Arcanos Maiores não sejam mera coincidência, o que leva muitas pessoas de nosso tempo a defenderem uma origem mística para elas. Como vimos, havia outros tipos de baralho criados especificamente para a educação e o aprendizado espiritual. Portanto, essa não é uma hipótese completamente impossível. A falta de evidências para comprová-la é justificada por muitos de seus defensores modernos com a necessidade de discrição e segredo que tal tipo de conhecimento precisava ter na época, fazendo com que o uso místico do tarô fosse velado e, por isso, não constasse do material histórico sobre o uso popular das cartas. Apenas no século XVIII o tarô passou a ser abertamente associado às artes divinatórias e usado por um público maior.

## O tarô e o esoterismo moderno

Para entender como o tarô migrou de um mero jogo lúdico com cartas para uma poderosa ferramenta espiritual, temos de nos voltar ao movimento esotérico e entender como diferentes pensadores contribuíram para a compreensão atual que temos desse oráculo.

Ainda que o tarô não tenha sido usado como ferramenta mística desde suas origens, há muito tempo ele é amplamente difundido nas artes esotéricas e dialoga muito bem com outras áreas do conhecimento mágico, como a astrologia, a cabala, a numerologia e até mesmo a alquimia. Para essa última, há ainda outra relação bastante significativa: muitos dos tratados de alquimia eram conhecidos como "livros sem palavras", pois traziam apenas uma série de imagens que descreviam e ilustravam de maneira críptica as operações alquímicas. Quem não tinha acesso ao conhecimento alquímico jamais conseguiria decifrar o conteúdo de tais obras. A mesma situação poderia ter acontecido com o tarô. Talvez por isso ele tenha ficado conhecido como O *Livro de Thoth*, em referência ao deus egípcio da palavra e do conhecimento mágico e considerado a verdadeira identidade do personagem mítico Hermes Trismegisto, a quem é creditada a criação do hermetismo e sua filosofia mágica. Em 1775, Court de Gebelin, estudioso e entusiasta do Antigo Egito, propôs em seu livro *Le monde primitif analysé et comparé avec le monde moderne* uma origem para os Arcanos Maiores nos mistérios egípcios.

Mais tarde, no século XIX, Éliphas Lévi, célebre ocultista da época, popularizou as associações dos Arcanos Maiores às tradições místicas, relacionando-os diretamente à cabala hermética, ao alfabeto hebraico e ao conhecimento dos quatro elementos. Nessa ocasião, cada naipe ganhou uma correspondência elemental: Ouros para a Terra, Espadas para o Ar, Paus para o Fogo e Copas para a Água. Seu famoso livro publicado em 1854, *Dogma e Ritual da Alta Magia*[10], divide-se em duas partes, sendo a primeira dedicada ao dogma, e a segunda, ao ritual. Ambas são compostas de 22 capítulos, cada um deles equivalente a uma letra hebraica, um caminho da Árvore da Vida e um dos Arcanos Maiores. Assim, Lévi usou o tarô como um mapa e um *livro sem palavras* que transmite e explica a doutrina da magia cerimonial do Ocidente em dois

---

10. São Paulo: Pensamento, 2ª edição, 2017.

níveis: a teoria e a prática. Lévi defendia uma origem dos Arcanos Maiores na mística egípcia, conhecida como o berço das tradições de mistério ocidentais.

A partir de então, o estudo do tarô se difundiu amplamente nas escolas místicas e de magia da Europa, chegando até a famosa Ordem Hermética da Aurora Dourada, popularmente conhecida como Golden Dawn. Essa ordem esotérica dedicava-se a organizar e reinterpretar todo o conhecimento místico, mágico e ritualístico do Ocidente para que fosse transmitido de maneira ordenada e estruturada. Seu objetivo era reunir o conhecimento esotérico de diferentes vertentes e sintetizá-los em um único corpo interdependente e de caráter universal.

A Golden Dawn compreendia o tarô como o receptáculo de todas as tradições místicas do Ocidente e a chave para a compreensão do universo como um todo. Suas imagens misteriosas eram as chaves para o entendimento dessa sabedoria. Nela nasceu um dos baralhos de tarô mais famosos do mundo, o Rider-Waite-Smith, ou simplesmente Waite-Smith, cujo nome faz referência às pessoas que o criaram, o místico britânico e idealizador do baralho, Arthur Edward Waite, e a artista Pamela Colman Smith, que o ilustrou. O tarô foi publicado pela editora Rider Company. Waite fez várias adaptações à simbologia dos Arcanos Maiores, reduzindo a influência cristã sobre as imagens e adaptando-as ao conhecimento místico do Ocidente, popularizado pela Golden Dawn, em especial à cabala e à astrologia. Figuras como o Papa e a Papisa tornaram-se o Hierofante e a Sacerdotisa. É também desse baralho a famosa inversão entre os arcanos VIII e XI para manter uma correlação astrológica entre as cartas. Outra grande inovação desse baralho é que antes os Arcanos Menores eram comumente ilustrados apenas pelo número e pelo naipe ao qual pertenciam, como ainda se faz com o nosso baralho comum. Arthur e Pamela criaram ilustrações para cada uma das cartas numeradas dos Arcanos Menores, traduzindo o significado místico de cada um deles e cruzando o significado dos números com o elemento associado a cada naipe. Essa inovação tornou o conhecimento do tarô mais acessível para o grande público e, por isso, foi considerado um marco em sua história.

Como podemos perceber, as origens do tarô ainda permanecem obscuras e envoltas no véu do mistério. Não poderia ser diferente; afinal, esse é um oráculo capaz de nos conduzir por uma jornada em direção ao centro de nosso ser, transmitindo mensagens do nosso eu profundo. Como um instrumento capaz de estabelecer uma ponte de comunicação entre o conhecido e o desconhecido, o visível e o invisível, suas origens também parecem estar no limiar entre o saber e o não saber. Uma ferramenta tão poderosa como essa emerge não apenas dos fatos históricos, mas também da beleza da alma humana.

No próximo capítulo, veremos como o tarô serve de mapa para essa caminhada de transformação pessoal e sua relação com a psicologia profunda de Carl G. Jung.

## Glossário

**ARCANO:** significa "mistério". É a representação simbólica, o conteúdo e o conjunto de significados presentes em cada lâmina. Nome alternativo para a carta de tarô. Divide-se em Arcanos Maiores e Menores.

**CARTOMANCIA:** adivinhação através das cartas. O tarô é um tipo de cartomancia, mas nem todo oráculo de cartas é um tarô.

**CONSULENTE:** quem passa por uma consulta de tarô.

**DIVINAÇÃO:** ato de prever o futuro por meio de um sistema definido, como o tarô, as runas, a bola de cristal, a borra de café ou outras técnicas.

**LÂMINA:** a carta de tarô.

**MANCIA:** sufixo que se refere aos sistemas de adivinhação, como a cartomancia, a cristalomancia, a bibliomancia, a astromancia, a cleromancia etc.

**TARÓLOGO:** pessoa que se dedica ao estudo e à prática do tarô como ferramenta divinatória.

**TIRAGEM:** método para dispor as cartas, no qual cada posição indica um aspecto da leitura do jogo de tarô.

# CAPÍTULO 2
## O Tarô e o Inconsciente

*"Minha vida é a história de um inconsciente que se realizou."*

– Carl G. Jung[11]

## As origens da psicologia analítica

Paralelamente ao crescimento do movimento esotérico na Europa, do qual tratamos no capítulo anterior, acontece o desenvolvimento dos estudos psicológicos, em especial da psicanálise, que pretendia lançar uma nova luz sobre o funcionamento psicológico do ser humano e a estrutura psíquica presente em cada um de nós.

O neurologista e psiquiatra austríaco Sigmund Freud (1856-1939), também conhecido como "pai da psicanálise", dedicou-se a compreender a origem e a causa do sofrimento de seus pacientes, uma vez que muitos de seus transtornos não podiam ser explicados por causas unicamente biológicas ou fisiológicas. Por meio de seus estudos e experimentos, ele desenvolveu o método de compreensão, interpretação e cura psicológica que ficou conhecido como *psicanálise*.

---

11. Carl G. Jung. *Memórias, Sonhos e Reflexões*, compilação e prefácio Aniela Jaffé. Tradução de Dora Ferreira da Silva. Rio de Janeiro: Nova Fronteira, 1985.

Um dos conceitos revolucionários postulados por Freud é o do *inconsciente*: em cada ser humano, para além de sua consciência, identidade pessoal e percepção, há uma região psíquica muito mais ampla, na qual atuam forças poderosas e que, sem percebermos, desempenham um papel determinante no comportamento humano. Segundo Freud, no inconsciente se encontravam as razões para os sofrimentos psíquicos que acometiam seus pacientes. Posteriormente, a obra e o pensamento de Freud tiveram um papel importante para o surgimento de uma segunda escola de psicologia, chamada de "psicologia analítica" ou "profunda", desenvolvida por um de seus mais queridos colaboradores, o psiquiatra Carl G. Jung.

Carl G. Jung (1875-1961) nasceu na Suíça e, desde muito jovem, manifestou interesse pela natureza da condição humana. Filho de pai pastor da Igreja Reformada e de mãe bastante interessada no movimento espiritualista, Jung cresceu em meio a discussões que tratavam do que estava além da realidade concreta e material, o que contrariava a tendência do materialismo racionalista daquele tempo. Jung vem de uma época em que a ciência buscava, de toda maneira, desvencilhar-se do pensamento religioso, místico ou mágico por meio do cientificismo[12], que, como sugere o nome, se dedica apenas ao estudo e à observação daquilo que é concreto, racional e visível. Um claro contraste com a experiência familiar de Jung.

Apesar das expectativas para que ele se dedicasse à carreira eclesiástica, seguindo os passos do pai, Jung dedicou-se ao estudo da medicina na Universidade da Basileia e, antes mesmo de se formar, teceu duras críticas ao pensamento excessivamente materialista que buscava compreender a realidade apenas por meio dos elementos biológicos e fisiológicos da vida humana.

Do mesmo modo, Jung criticou o pensamento puramente teológico, que também parecia excluir um aspecto da vida – o mundo concreto e exterior – para basear-se apenas na fé. Portanto, ele defendia uma visão de mundo no campo do intermediário, contemplando as realidades externa e interna como indissociáveis e que se integram.

---

12. O cientificismo é, segundo o filósofo da ciência Karl Popper, uma crença dogmática na autoridade do método científico e em seus resultados. Trata-se de uma concepção filosófica, de matriz positivista, que afirma a superioridade da ciência sobre todas as outras formas de compreensão humana da realidade que nos cerca, assim como a única forma de interpretação do conhecimento e dos fenômenos existentes na natureza, que deixa de lado a filosofia, a metafísica, o misticismo e a religião, preconizando o uso do método científico, tal como é aplicado às ciências naturais em todas as áreas do conhecimento. (N. do E.)

Levando isso em consideração, é natural que tenha decidido se especializar em psiquiatria – justamente a área da medicina capaz de contemplar tanto a condição fisiológica do ser humano quanto sua subjetividade. Em 1900, continuou seus estudos na Universidade de Zurique e trabalhou na clínica psiquiátrica Burghölzli, onde conduziu muitos estudos e experimentos em sua busca para compreender a condição dos pacientes psiquiátricos.

Nessa época, já era um ávido leitor e estudioso da obra de Freud, mas foi apenas alguns anos mais tarde, em 1907, que Jung foi a Viena para conhecê-lo e tornar-se seu discípulo. Apesar de nutrirem uma relação bastante próxima, em 1913, quando o pensamento teórico de Jung já havia ganhado características muito próprias e distintas, ambos se separam, e Jung deu início à sua linha teórica dentro do saber psicológico, conhecida como "psicologia analítica" ou "psicologia profunda". A partir de então, diversos conceitos inéditos desenvolveram-se em sua teoria, entre eles a noção de inconsciente coletivo, arquétipo, sincronicidade, *animus*, *anima*, *persona* e individuação.

## Jung: um psicólogo místico?

É muito comum ouvir críticas a Jung e sua teoria analítica por ele ter se distanciado do campo científico e psicológico e adotado uma postura excessivamente "mística", o que não é verdade. Para entender as origens dessa afirmação, precisamos perceber o contraste entre seu pensamento e o ambiente acadêmico e científico do qual participava.

Sobre a natureza de suas pesquisas, Jung diz em uma carta de 1935 endereçada ao pastor Jahn:

> Sou, em primeiro lugar, um empírico que chegou à questão da mística ocidental e oriental somente através da empiria. Eu não me baseio de forma nenhuma, por exemplo, no Tao ou em qualquer técnica de yoga, mas descobri que a filosofia taoista, bem como o yoga, têm muitos paralelos com os processos psíquicos que podemos observar nas pessoas ocidentais. Eu, por exemplo, não forço ninguém a desenhar ou contemplar figuras de mandalas, como faz o yoga, mas acontece que as pessoas, na medida em que forem isentas de preconceitos,

lançam mão naturalmente desses meios auxiliares para orientar-se no caso dos processos inconscientes que querem vir à luz. Um ponto que os teólogos muitas vezes desconsideram é a questão da realidade de Deus. Quando falo de Deus, faço-o sempre como psicólogo, e enfatizo isso expressamente em muitas passagens de meus livros. Para o psicólogo, a imagem de Deus é um fato psicológico. Sobre a realidade metafísica de Deus ele nada sabe dizer, pois isso ultrapassaria de longe os limites epistemológicos. Como empírico, só conheço as imagens que surgem originalmente no inconsciente, imagens que a pessoa se faz da divindade ou, melhor, que são feitas a respeito da divindade no inconsciente; e essas imagens são, sem dúvida, muito relativas [...][13].

O pensamento de Jung não é místico, pois, antes de tudo, ele era um empírico, e suas pesquisas se voltavam para a observação da prática clínica. O próprio Jung fez questão de dizer que não ultrapassava os limites da ciência, mas percebeu que o misticismo era um aspecto da psique e passou a tomá-lo como objeto de estudo para conhecer melhor e mais claramente a psicodinâmica humana. Vale lembrar que Jung era um grande intuitivo/introvertido – tipologia psicológica dos místicos e profetas.

Como vimos, apesar de ter crescido em um ambiente onde esses assuntos despertavam grande interesse, ele mesmo fez críticas a uma visão de mundo pautada apenas pelo pensamento religioso, que descarta a ciência e o mundo exterior. Jung enxergava o aspecto espiritual (que mais tarde chamou de "psicológico") como um fenômeno que tinha lugar em uma realidade subjetiva, e não externa e objetiva.

Ao contrário do pensamento científico da época, Jung também se interessou em estudar e compreender tais fenômenos, que faziam parte da experiência humana tanto quanto a biologia ou a fisiologia. Enquanto a tendência científica da época era pensar na subjetividade como falsa e fantasiosa, a visão de Jung era integrativa, compreendendo que ambas as realidades são indissociáveis, pois, assim como nossa condição física atua sobre o nosso mundo interior, nossas disposições internas também têm um efeito direto na nossa maneira de perceber e interagir com o mundo à nossa volta.

---

13. Carl G. Jung. *Cartas – Volume 1: 1906-1945*. Tradução de Edgard Orth. Petrópolis: Vozes, 2018.

Desse modo, quando ouvimos críticas a Jung como um psicólogo religioso ou místico, ainda estamos escutando os ecos do passado, emitidos por uma crítica que não foi capaz de entender o posicionamento desse importante pensador. Seu interesse nunca esteve em provar ou não a existência concreta de uma força superior externa, mas em entender como a ideia do sagrado se constituía como experiência humana. Em toda a sua teoria, não encontramos o tarô como parte de seu legado, por exemplo. Apenas mais tarde os estudiosos do tarô se voltaram ao pensamento da psicologia analítica para aprofundar sua compreensão a respeito dessa ferramenta.

Enquanto a comunidade científica descartava qualquer tipo de experiência subjetiva como objeto de estudo ou dados para a compreensão da realidade, a comunidade esotérica em desenvolvimento na Europa naquela época acolheu com muito entusiasmo o trabalho de Freud e, posteriormente, o de Jung, que passaram a influenciar o pensamento místico de seu tempo com conceitos e postulações bastante inovadoras. Muitas personalidades influentes no meio esotérico da época, como a célebre autora Dion Fortune, voltaram-se para a psicologia buscando uma compreensão mais estruturada dos fenômenos psíquicos que vivenciavam.

É dessa maneira que nos aproximaremos da obra junguiana e dos conceitos de sua psicologia analítica – não como psicólogos ou cientistas, mas como estudiosos e estudantes da sabedoria do tarô; não para tentar provar a eficácia dessa ferramenta de um ponto de vista psicológico, mas para complementar e enriquecer nossa experiência com cada arcano.

Talvez as primeiras perguntas de qualquer curioso que se aproxime do tarô para estudá-lo pela primeira vez sejam: como esse oráculo funciona? Qual mecanismo por trás do jogo de tarô transforma simples cartas de papel em um instrumento capaz de nos dar respostas sobre nossa vida e abrir as portas interiores do caminho da autotransformação? Muitas pessoas tentaram responder a essas perguntas ao longo do tempo, mas, se buscarmos a teoria de Carl G. Jung como a lente teórica que nos permitirá compreender o tarô, será preciso começar pela compreensão do inconsciente.

## A psique como campo de pesquisa

*"A psique é o eixo do mundo."*

– Carl G. Jung, VIII/2, § 423[14].

A obra junguiana é extremamente extensa, rica, profunda e complexa para que tentemos transmiti-la por inteiro em poucas páginas. Isso poderia dar ao leitor a impressão de que a teoria da psicologia analítica é bastante simples – o que seria um grande equívoco e até mesmo uma imprudência de minha parte. Assim como estudar a arte do tarô exige tempo e dedicação, a psicologia analítica também exige um trabalho contínuo e inesgotável de estudo para seu verdadeiro entendimento.

O próprio Jung reconheceu em alguns de seus escritos que ele mesmo não seria capaz de explicar e esgotar os conceitos nos quais sua teoria se fundamenta, dadas a enorme riqueza da psique humana e as limitações de nossa mente para compreender a fundo todas as suas implicações e os seus significados. Ao longo de sua vasta obra, ele revisitou muitos de seus conceitos para alterá-los e aprofundá-los à medida que continuava sua busca pessoal na compreensão desses saberes. Reconhecia que esse era um trabalho vivo e em constante construção. Mesmo após sua morte, muitos psicólogos analíticos dedicaram-se a continuar a explorar todo o potencial deixado pela obra junguiana.

Em uma visão popular, a psicologia é pensada como o "estudo da mente humana". Jung nos diz que o objeto de seu estudo é não apenas a mente, mas também o que é chamado de "psique", ou seja, a totalidade do aparelho psíquico. Ela inclui a mente, mas vai além dela, uma vez que a mente corresponde apenas à parcela consciente dos processos psíquicos. A psique seria, então, como uma função matemática que reúne dois conjuntos de processos psíquicos, conscientes e inconscientes:

> Por "função transcendente" não se deve entender algo de misterioso e, por assim dizer, suprassensível ou metafísico, mas uma função que,

---

**14.** Carl G. Jung. *A Natureza da Psique. In: Obras Completas de Carl G. Jung*, vol. VIII/2. Petrópolis: Vozes, 2011.

> por sua natureza, pode-se comparar com uma função matemática de igual denominação, e é uma função de números reais e imaginários. A função psicológica e "transcendente" resulta da união dos conteúdos conscientes e inconscientes.
>
> Carl G. Jung, VIII/2, § 131[15].

O ser humano é constituído pela presença destes dois elementos: um corpo biológico e uma psique, a qual, por sua vez, é preenchida por um tipo de energia chamada de "energia psíquica" ou libido. Nas palavras de Jung, "a alma humana vive unida ao corpo, numa unidade indissolúvel"[16], e sua separação é apenas didática. O termo "psique" vem do grego *psychè*, que significa alma, ou seja, aquilo que anima e dá vida ao corpo biológico. Por isso, quando Jung se refere à parcela espiritual da vida do ser humano, ou mesmo ao falar da própria alma, ele está, na verdade, se referindo ao seu aspecto psicológico ou, como poderíamos pensar, ao nosso "mundo interior".

## O inconsciente – um território misterioso

Para Jung, o inconsciente representa a instância psíquica que pode ser acessada pela consciência através dos símbolos. Estes, por sua vez, são expressões tanto do inconsciente pessoal como do coletivo.

Jung expande essa compreensão do termo dizendo que, "além do material reprimido, o inconsciente contém todos aqueles componentes psíquicos subliminares, inclusive as percepções subliminares dos sentidos"[17], ou seja, além do conteúdo evitado pela consciência, também se encontram no nível do inconsciente todas as nossas experiências esquecidas e todos os estímulos sensoriais que recebemos, mas que não foram processados pela consciência, bem como tudo aquilo que está tomando forma dentro de nós, mas ainda não emergiu à consciência, como pequenas sementes que estão para germinar e

---

15. Carl G. Jung. *A Natureza da Psique. In: Obras Completas de Carl G. Jung*, vol. VIII/2. Petrópolis: Vozes, 2011.
16. *Idem*. VIII/2, § 232.
17. *Idem*. *O Eu e o Inconsciente. In: Obras Completas de Carl G. Jung*, vol. VII/2. Petrópolis: Vozes, 2011, p. 13.

irromper na superfície do solo. Para ele, o inconsciente é sempre dinâmico, nunca estático[18]. Nele residem as imagens que surgem em nossos sonhos, todas as nossas qualidades, nossos talentos e nossas potencialidades, aos quais, de alguma maneira, renunciamos ao longo de nossa história de vida.

O inconsciente pessoal faz uma referência simbólica da experiência pessoal do sujeito, conteúdos que por algum motivo foram recalcados. Além desse aspecto, segundo Jung, o inconsciente buscaria compensar a consciência quando ela se torna unilateral, ou seja, muito distante do caminho do meio.

Para Jung, "devemos afirmar que o inconsciente contém não só componentes de ordem pessoal, mas também impessoal, coletiva, sob a forma de categorias herdadas ou arquétipos"[19].

Nesse momento, entra em cena o conceito de inconsciente coletivo, que revolucionaria tanto o pensamento da psicologia quanto das tradições esotéricas que mais tarde se apoiariam nas teorias de Jung para explicar seus fenômenos e experiências: "Mas assim como além do indivíduo há uma sociedade, do mesmo modo, além da psique pessoal há uma psique coletiva: o inconsciente coletivo".[20]

Podemos ainda pensar que o inconsciente coletivo é uma herança. Da mesma maneira que nosso DNA é uma herança biológica em nosso corpo, definindo estruturas e padrões que são compartilhados por nossa espécie desde o seu surgimento, o inconsciente coletivo também representa uma herança de determinadas estruturas e padrões, mas em nível psicológico. Essas estruturas dizem respeito às experiências humanas universais e às forças instintivas, compartilhadas por aqueles que vieram antes de nós e parecem embasar a vida de nossa espécie. Esses são os arquétipos, aos quais dedicaremos uma seção exclusiva no próximo capítulo. A presença do inconsciente coletivo, herdado de nossos ancestrais, e o arcabouço de imagens psíquicas que surgem de suas experiências com as forças instintivas que nele atuam criam em nós uma série de predisposições para compreender e interagir com a realidade externa. Para deixar o assunto mais claro, podemos dizer que Jung postula que os arquétipos são regidos por um arquétipo central, também denominado *self*.

---

18. *Ibid.*
19. *Ibid.*, p. 24.
20. *Ibid.*, p. 31.

Ajustar a consciência a esse *self* seria o objetivo da análise junguiana. Nesse sentido, ela guarda algo religioso: os sonhos, por exemplo, são maneiras pelas quais o *self* busca se comunicar com a consciência.

Os sonhos não podem ser explicados apenas pelo conteúdo individual da história de vida, armazenado pelo inconsciente pessoal, pois tem suas raízes nos símbolos e nas imagens depositados no inconsciente coletivo. Há também outra produção típica dessa instância da psique: os mitos. Enquanto o sonho convencional pode ser pensado como uma produção das imagens do inconsciente coletivo, o mito seria um "sonho comunitário", que emerge do inconsciente coletivo e, por ser composto de símbolos compartilhados por todos, torna-se atraente e significativo para toda uma comunidade.

Dessa maneira, os mitos na linguagem primitiva desenhavam conflitos humanos que sempre se repetem em todas as gerações por tratarem da matriz arcaica da consciência. Portanto, os dramas da humanidade se repetem por terem essa base arquetípica, e o tarô busca acessar essa base comum a todos.

Essa é uma das razões pelas quais nunca sabemos as origens específicas dos mitos – eles são um produto coletivo, e não individual. O mesmo poderia ser dito da estrutura e das imagens que compõem o tarô: elas não são mera produção de um ou outro artista, mas símbolos arquetípicos retratados em pinturas, imagens primordiais compartilhadas por todos nós e, por isso, tão significativas e poderosas. Também é do inconsciente coletivo que emergem todas as potentes imagens das mais diversas manifestações religiosas e folclóricas em todo o mundo.

O próprio fato de o tarô ter sobrevivido depois de tanto tempo e ainda hoje ser usado como uma ferramenta não apenas de adivinhação, mas também de meditação, misticismo e autoconhecimento, revela-nos que sua simbologia é bastante instigante para a alma. Ela faz com que algo ressoe dentro de nós, despertando memórias e sentimentos que estão além de nossa consciência.

De um ponto de vista psicológico, observamos as camadas mais profundas da psique, não diretamente acessíveis pela consciência, manifestarem-se pela lei da sincronicidade nas cartas do tarô. Tais potências se expressam pelos símbolos. No entanto, para que ocorra uma leitura simbólica do tarô, é necessário que o tarólogo esteja em ressonância empática e atenção flutuante com o consulente.

Essa dimensão mais sutil da realidade foi chamada no esoterismo de "plano astral" ou "planos interiores". Trata-se de uma camada subjacente da realidade que só pode ser acessada por meio da linguagem dos símbolos, e não da palavra. As energias em movimento nessa camada da realidade têm influência direta na maneira como a vida se manifesta no plano material, ou seja, na realidade cotidiana que podemos observar e compreender com nossa mente racional, do mesmo modo que as marés invisíveis no fundo do mar são as verdadeiras provocadoras das ondas na superfície do oceano.

Compreender como esses poderes se movimentam em um plano invisível nos auxilia a entender como e por que os acontecimentos se manifestam em nossa vida. Quando conhecemos as energias que estão atuando por trás do véu das aparências do nosso cotidiano, também somos capazes de entender o que está se formando em níveis mais sutis e que, se tudo permanecer como está, se manifestará na nossa realidade tridimensional, o plano físico/material da existência. Quando místicos, esotéricos e estudiosos do tarô dizem que esse plano é fruto do inconsciente coletivo, querem dizer que a linguagem naturalmente simbólica do tarô é o depositário de uma série de padrões de experiências humanas comuns a todos nós e, por isso, está diretamente relacionada à nossa vida. Se a linguagem do tarô é simbólica, isso significa que a única maneira de ser compreendida é por meio do entendimento dos símbolos e das imagens, assunto sobre o qual vamos falar no capítulo a seguir.

# CAPÍTULO 3

## Arquétipo, Símbolo e Sincronicidade no Tarô: O Mundo das Formas e as Imagens Arquetípicas

### O mundo das formas

Ao longo de sua obra, Jung sempre enfatizou quanto o arquétipo era um tema inesgotável e difícil de ser delineado objetivamente. O termo *arquétipo* tem sua origem no prefixo grego *arkhé*, que significa primeiro, original, e no sufixo grego *typos*, modelo, molde e forma. Isso quer dizer que arquétipo pode ser compreendido como a forma primordial ou o primeiro modelo.

O conceito de arquétipo tem um papel bastante importante na psicologia analítica, e, apesar de ter sido formulado por Jung à maneira como hoje o conhecemos, é possível rastrear as origens da compreensão dos arquétipos até a Grécia Antiga, no pensamento do filósofo Platão e no que ficou conhecido como a teoria das ideias ou teoria das formas.

Ao observar o mundo concreto, os filósofos perceberam que tudo estava em constante transformação e modificação: uma semente logo se transformava em um broto, que podia crescer e se tornar uma imensa árvore; um bebê se desenvolvia e se tornava uma criança, depois um adulto e, por fim, um idoso, e assim por diante. Logo, se tudo está em constante mudança, a essência do ser não pode estar na aparência das coisas.

Segundo Platão, as ideias existem em um mundo. Apesar de não ser uma realidade concreta, esse plano pode ser intuído por nós quando contemplamos conceitos abstratos como a beleza, a justiça ou o bem. Mas onde estão todas essas coisas? Vejamos a seguir.

Elas não existem fisicamente no mundo material por si, mas podem expressar-se por meio dele. No mundo inteligível, mais sutil do que o plano físico denso, encontramos as ideias perfeitas ou originais, eternas e imutáveis, que dão forma ao mundo material em constante transformação. Entretanto, por nossa realidade física ser um nível mais denso da existência, ela não pode corresponder perfeitamente ao que existe no mundo das ideias; por isso, tudo o que existe no plano material não passa da sombra de uma imagem perfeita, de uma forma original, que existe eternamente na esfera das ideias, as quais, por sua vez, podem refletir tanto conceitos abstratos quanto entes concretos.

Desse modo, haveria no plano das ideias uma forma definida para conceitos abstratos como a beleza, a verdade, a coragem ou a sabedoria. Todas elas seriam formas perfeitas, ideias originais, e, quando algo no mundo manifestado as expressa de alguma maneira, isso é para nós como um rastro da perfeição e da sutileza do mundo das ideias, sempre imutáveis. Mera sombra da forma original que nos coloca em contato com o mundo inteligível.

Se tudo isso parece muito abstrato para você, pense nas formas do mundo inteligível como grandes projetos de arquitetura que deverão ser construídos não no mundo das ideias, mas no plano manifestado. No entanto, por ser mais grosseiro, o mundo concreto não dispõe dos materiais que seriam necessários para construir obras tão perfeitas, como foram idealizadas no mundo inteligível. Por isso, sempre que esse projeto, a forma perfeita, é aplicada no nosso mundo, será um produto imperfeito, com origem naquele modelo original.

Além disso, podemos perceber no próprio tarô a teoria platônica das ideias. Consideremos que existe de maneira abstrata, no mundo inteligível, a forma do tarô: não um baralho, mas um conjunto de 78 ideias perfeitas, cada uma expressando e condensando muitos conceitos e princípios próprios. Entretanto, quando buscamos o tarô no mundo manifestado, nós o encontramos não de maneira abstrata, mas concretamente, como diversos baralhos que têm sido desenhados ao longo do tempo tentando exprimir, por meio de um conjunto de símbolos e imagens, todas as ideias por trás de cada lâmina.

Muitos baralhos são produzidos, muitos livros a respeito do tarô são escritos, e, ainda assim, a sabedoria e o conhecimento dele provenientes não se esgotaram e nunca se esgotarão, pois a aparência das coisas manifestadas jamais será capaz de reproduzir a perfeição do mundo inteligível. Porém, podemos usar as cartas de tarô para acessar esse plano das ideias e sorver cada vez mais conhecimento. Por isso dizemos que o tarô é arquetípico.

## Os arquétipos

O conceito de arquétipo na perspectiva junguiana não é exatamente como vemos no pensamento platônico. Porém, uma vez que entendemos a teoria das ideias, é muito mais fácil nos aproximarmos do conceito de arquétipo – sem nunca o esgotar, já que essa é uma tarefa que nem mesmo Jung foi capaz de fazer. A ideia de arquétipo é bastante elaborada e de difícil apreensão; por isso, aqui nos limitaremos ao que nos interessa: a relação do arquétipo com as imagens do tarô.

No capítulo anterior, falamos sobre como o inconsciente coletivo foi compreendido por Jung como uma herança psíquica, da mesma maneira que o nosso DNA é uma herança biológica.

O inconsciente coletivo é formado por estruturas primordiais que dão origem não ao nosso corpo, mas às nossas experiências psicológicas. Essas formas primordiais, assim como os nossos genes, são herdadas de nossos antepassados. Esses modelos primitivos existem na psique que Jung chamou de arquétipo. Eles correspondem a possibilidades da experiência humana – predisposições para agir e se comportar, ações instintivas ou mesmo memórias coletivas das quais não temos consciência.

Isso quer dizer que todos nós temos em nossa psique as mesmas estruturas originais. Entretanto, a maneira como essas formas serão preenchidas é única e depende de nossas experiências de vida.

Existem incontáveis arquétipos: a mãe, o pai, a criança, o herói, o velho sábio, a morte, a *anima*, o *animus*, e assim por diante. Cada um deles corresponde a um elemento da experiência humana coletiva. Entretanto, como dizia Jung, o arquétipo é uma "forma sem conteúdo", ou seja, vazia. Como exemplo, podemos considerar o arquétipo da Grande Mãe: a mãe se torna sagrada porque o arquétipo da mãe no filho foi projetado nela, conferindo-lhe uma importância afetiva que a diferencia de outras pessoas. À medida que temos experiências com nossa mãe, nosso arquétipo, que teve uma forma originária, vai sendo preenchido de maneira única e individual. O produto disso é uma *imagem arquetípica* – uma representação simbólica que, apesar de ser dotada de características próprias, é formada de acordo com um "molde" universal, presente na psique.

São essas imagens arquetípicas, carregadas de força emocional, que atuam em nossa psique de maneira positiva ou negativa, de acordo com o tipo de experiência que tivemos ao longo da vida. Seguindo nosso exemplo, é com base nisso que diferentes pessoas explicam sua ideia de "mãe": para algumas, ela é uma figura terrível e autoritária, enquanto para outras representa o amor incondicional.

Todo o universo simbólico do ser humano é um produto das imagens arquetípicas enraizadas em nossa alma. Por essa razão, nas mitologias de diferentes povos e culturas, muitas vezes separados por grandes distâncias e até por longos períodos, percebemos que os temas se repetem. Mesmo sob a roupagem cultural específica de cada povo, a mitologia trata dos dramas da experiência humana, fundamentada nas estruturas arquetípicas, compartilhadas por todos nós. Cada mitologia seria, então, um conjunto de imagens arquetípicas capazes de atuar como um roteiro da vida e um conjunto da sabedoria de nossos ancestrais. O mesmo acontece com o tarô.

Já falamos de uma compreensão do tarô de um ponto de vista da teoria das ideias, mas agora, somando o conceito de arquétipo, podemos ampliar ainda mais nossa compreensão acerca desse oráculo. É possível pensar que, de maneira abstrata, cada arcano do tarô representa não apenas uma ideia perfeita, mas também um conjunto de experiências humanas coletivas: o trabalho, a família, o romance, a mentira, os desentendimentos, as parcerias, a sorte, a desilusão, ou seja, um arquétipo. Já a representação artística da carta que temos em nossas mãos é uma imagem arquetípica, capaz de nos colocar em contato com as estruturas fundamentais existentes em nossa psique.

Por isso, sob uma perspectiva junguiana, para fazermos uma leitura do tarô, não basta apenas estudarmos o simbolismo e o significado técnico e teórico de cada carta. Se ele descreve as potencialidades da experiência humana, devemos também aprofundar nossa vivência pessoal. Apenas assim, quando cada arcano passar a ser vivido e percebido no mundo, é que os mistérios do tarô começarão a se revelar a nós. Olhe para as pessoas ao seu redor: todas elas são arcanos vivos caminhando pelo mundo e podem nos ensinar coisas sobre o tarô que você nunca poderá aprender em um livro.

Cada lâmina do tarô se torna muito mais do que um conjunto de ideias abstratas; é um mapa para nos ajudar a compreender a complexa teia de experiências humanas herdadas de nossos antepassados e compartilhadas por aqueles que vieram antes de nós. Assim, o tarô é o depositário da sabedoria do ser humano, de nossos sorrisos, lágrimas, conquistas, medos e desejos mais profundos e os caminhos de transformação e iluminação interior. Ao explorar o significado de cada arcano, descobrimos um novo potencial humano latente em nossa alma. Ao compreender como cada um deles é vivido por nós, contribuímos com esse grande livro sem palavras que conta a história da humanidade e o alimentamos.

Na psicologia analítica, o *self* (ou si mesmo) é o arquétipo da totalidade que atua como o centro regulador da psique. Enquanto o ego (ou eu) é compreendido como uma pequena parcela do psiquismo, o complexo central de nossa consciência, o *self* corresponde ao centro da personalidade e da psique como um todo, englobando tanto seus aspectos conscientes quanto inconscientes. Jung afirma:

> "O *self* não é apenas o ponto central, mas também a circunferência que engloba tanto a consciência como o inconsciente. Ele é o centro dessa totalidade, do mesmo modo que o ego é o centro da consciência"[21].

Na primeira fase da vida, o ego como noção da individualidade se cristaliza, diferenciando-se a partir do *self* e ancorando-se no mundo exterior. Na segunda fase da vida, cabe ao ego realizar uma tarefa de integração de aspectos inconscientes, um processo chamado de "individuação", que é produzido a partir do *self*, visando à expansão da consciência em direção à totalidade.

> "O *self* é o homem total e atemporal [...] que representa a integração mútua entre consciente e inconsciente."[22]

---

[21]. Carl G. Jung. *Psicologia e Alquimia. In: Obras Completas de Carl G. Jung*, vol. XII. Petrópolis: Vozes, 2011, p. 51.
[22]. *Idem. Psychology of the Transference. In: Collect Works of C. G., Jung*, vol. XVI. Nova Jersey: Princeton University Press, 1969, p. 311.

## Os símbolos

Como já discutimos, a linguagem do tarô não é objetiva nem literal como as palavras de um livro, mas simbólica. Isso significa que, para compreendermos como o tarô opera, precisamos compreender melhor o que são os símbolos e como podemos ser capazes de exercitar a nossa capacidade de pensar simbolicamente.

O termo "símbolo" vem do grego *symbolon*, que significa "colocar junto". Também designava um pequeno objeto, como uma moeda, partido ao meio, criando uma estrutura de encaixe perfeito. Graças a esse objeto, pessoas ou famílias havia muito tempo sem contato poderiam se reconhecer após longos períodos de afastamento, ou seja, tratava-se de um objeto concreto, capaz de expressar um elo emocional ou subjetivo. O símbolo é justamente isso: uma representação capaz de aglomerar em si um conjunto de significados diferentes, fazendo uma ligação entre a realidade visível e a invisível.

Quando falamos em símbolo, talvez a maioria das pessoas tenha como primeiro pensamento imagens religiosas, místicas ou esotéricas, mas é preciso perceber que os símbolos não se restringem a esses contextos. Na verdade, todos nós lidamos com diferentes símbolos em nosso cotidiano, fora de ambientes ligados à espiritualidade. Alianças e anéis de compromisso, medalhas, prêmios e troféus, músicas, poemas e obras de arte, cores, cargos e titulações, um buquê de rosas, o uso de determinadas peças de roupa ou adereços – todas essas coisas representam algo que não é físico nem palpável. O símbolo é uma condensação de representações psíquicas. Isso significa que cada carta do tarô é simbólica, no sentido de reunir diversos elementos cujos significados expressam ideias e sentimentos. O símbolo é a porta para a realidade invisível, e é por isso que o tarô pode ser uma abertura para a realidade inconsciente.

Outra característica importante do símbolo é que ele nunca pode ser esgotado. Isso significa que não podemos "traduzir" o símbolo de uma única maneira. Isso é verdade para qualquer instância em que o símbolo apareça, seja em uma leitura de tarô, seja em uma conversa do dia a dia ou mesmo em um sonho. Todo símbolo representa não apenas *uma única* ideia, mas um conjunto de possibilidades. É por isso que se trata de uma linguagem tão rica e poderosa, fonte de um conhecimento e também inesgotável.

Estudar uma lâmina do tarô não é como estudar um texto em outro idioma que precisa ser traduzido; é, na verdade, explorar camadas cada vez mais profundas de sentido e significado.

Todo símbolo provoca em nós uma resposta emocional imediata. Quanto mais poderosa for essa resposta afetiva, mais poderosa será a atuação do símbolo sobre nós. Pense, por exemplo, no sinal do crânio com dois ossos cruzados para indicar uma área de risco. Ao nos depararmos com essa imagem, ela automaticamente provoca em nós uma resposta emocional de medo ou cuidado, indicando, sem palavras, que estamos em um ambiente que oferece algum tipo de risco. A ação do símbolo é sempre imediata, não passa pelas vias do pensamento organizado e lógico. Símbolos atuam no plano das sensações e dos sentimentos; por isso, nos ajudam a compreender o que nem sempre pode ser percebido de maneira racional.

À medida que os símbolos se encontram e se combinam, seus múltiplos sentidos e significados também se associam. Assim funciona a leitura de tarô: por meio da combinação e do diálogo estabelecido entre cada símbolo, uma imensa gama de possibilidades começa a se apresentar diante de nós. Uma história passa a ser contada, e essa narrativa é trazida até nós pela sincronicidade.

## A sincronicidade

Definida como uma "coincidência significativa de dois ou mais acontecimentos, em que se trata de algo mais do que uma probabilidade de acasos"[23], a sincronicidade acontece quando há uma sobreposição de sentido entre um fenômeno físico e outro psicológico, sem que haja uma relação causal entre eles. Isso quer dizer que, de maneira aparentemente aleatória, um acontecimento que testemunhamos na realidade externa parece ressoar com o que se passa em nosso mundo interior, como se de algum modo houvesse uma sincronia entre ambos, o que explica o nome "sincronicidade".

Para que algo possa ser considerado uma sincronicidade, e não apenas uma coincidência, é preciso que os dois acontecimentos, um interno e

---

**23.** Carl G. Jung. *A Dinâmica do Inconsciente.* In: *Obras Completas de Carl G. Jung*, vol. VIII, § 959. Petrópolis: Vozes.

outro externo, sejam semelhantes não somente na forma, mas também no significado. Por exemplo, quando sonhamos com uma pessoa importante em nossa vida, que não vemos há algum tempo, e no dia seguinte recebemos uma mensagem ou ligação dela. Outra ocorrência bastante comum é quando determinado símbolo passa a se repetir e a cruzar nosso caminho várias vezes ao longo do dia, sem que as ocorrências tenham nenhuma relação entre si.

As sincronicidades são mais facilmente observadas quando o indivíduo está em conexão com seu mundo interno, ou seja, com seus símbolos, mais precisamente com seus sonhos, suas fantasias, suas memórias e seus desejos. Quando um evento acontece no mundo externo e tem o mesmo significado do que está acontecendo no mundo interno, parecendo ser uma coincidência, ele pode ser chamado de sincronicidade. Uma carta do tarô fará sentido para o consulente se ele prestar atenção ao que se passa em sua subjetividade; do contrário, a leitura será superficial e quase literal, perdendo, assim, toda a sua potência simbólica, que une a pessoa ao próprio *self*. Nesse caso, a leitura do tarô será esvaziada de sentido profundo. Um dos termos utilizados por Jung para tratar disso é o antigo conceito medieval do *unus mundus*, ou seja, um só mundo, um princípio originador e unificador da experiência. Citando o filósofo grego Teofrasto, Jung afirma que "o suprassensível e o sensível estão unidos por um vínculo de comunhão"[24] e, ao explicar a origem das "coincidências significativas", ele cita Agrippa:

> "Existe, portanto, a alma do mundo, uma espécie de vida única que enche todas as coisas, penetra todas as coisas, liga e mantém unidas todas as coisas, fazendo com que a máquina do mundo inteiro seja uma só"[25].

É pelo princípio da sincronicidade que a leitura de tarô pode ser explicada. Nela, as cartas são selecionadas ao acaso pelo consulente ou pelo tarólogo, mas, de alguma maneira, correspondem aos acontecimentos e processos internos que estão sendo vivenciados pelo consulente.

---

24. *Ibid.*, § 917.
25. *Ibid.*, § 921.

Para Jung, a sincronicidade não se refere apenas a eventos isolados e especiais. Ela é, antes, um indicativo da presença de um princípio ordenador da realidade, como também fazem os conceitos de tempo e espaço. Dessa maneira, o uso do tarô ou de qualquer outra ferramenta oracular é possível e eficaz justamente porque há, de alguma forma, uma ressonância e uma sincronia entre as lâminas escolhidas e as forças que estão atuando sobre a vida do consulente naquele momento. A sincronicidade é o fio condutor que torna possível estabelecer uma relação entre as cartas em uma leitura e a situação analisada.

Por isso, quanto mais analisamos, conhecemos e interpretamos os diferentes elementos que constituem cada uma das imagens arquetípicas do tarô e todo o seu universo simbólico, tanto mais podemos ler esse livro sem palavras. Aos poucos, os véus da ilusão se levantam, e somos capazes de contemplar o mistério. Podemos vislumbrar as profundezas da alma humana, e nossas palavras podem ser a ponte entre os mundos que vão ajudar o consulente a mergulhar na imensidão e na riqueza de seu mundo interior.

# CAPÍTULO 4
## A Dimensão Simbólica do Tarô

*"O verdadeiro tarô é simbolismo; ele não fala outra língua e não oferece outros sinais. Dado o significado interno de seus emblemas, eles se tornam uma espécie de alfabeto que é capaz de criar um número indefinido de combinações, todas elas dotadas de verdadeiro sentido. No mais elevado dos planos, ele oferece uma chave para os mistérios."*

– A. E. Waite[26]

Este conjunto de 22 cartas, com suas figuras icônicas que há muito tempo fascinam a humanidade, são as lâminas mais conhecidas do baralho de tarô. Entre elas estão O Louco, O Mago, A Papisa, A Imperatriz, O Imperador, O Papa, Os Enamorados, O Carro, A Justiça, O Eremita, A Roda da Fortuna, A Força, O Enforcado, A Morte, A Temperança, O Diabo, A Torre, A Estrela, A Lua, O Sol, O Julgamento e O Mundo.

Ao iniciarem seus estudos sobre esse oráculo, muitas pessoas dedicam boa parte do tempo ao aprendizado e à prática das leituras utilizando apenas os Arcanos Maiores, deixando as outras 56 cartas, os Arcanos Menores, para um segundo momento de estudo. Isso acontece porque os Arcanos Maiores

---

26. Arthur Edward Waite. *The Pictorial Key to the Tarot.* Whitefish: Kessinger Publishing, 2010.

expressam os diferentes e complexos estados interiores e exteriores da vida humana, ilustrando muitos de seus aspectos de maneira bastante completa. As imagens que compõem suas lâminas são evocativas e repletas de simbologias sagradas que esperam ser desvendadas por nós de maneira profunda.

É impossível que um livro resuma e expresse todos os inúmeros sentidos e significados dos Arcanos Maiores, pois, como vimos, sua linguagem arquetípica e sua estrutura simbólica nos levam sempre a observar e a aprender cada vez mais com cada uma de suas lâminas. Por isso, em referência aos Arcanos Maiores, muitos chamaram o tarô de "o livro sem palavras".

Aprender a interpretar cada lâmina do tarô não é um mero processo de tradução, e sim de diálogo com seu universo imagético e espiritual. Quando dispostos em uma tiragem, os elementos de cada arcano passam a expressar não apenas seus sentidos individuais, mas também sua relação com as outras cartas, estabelecendo conexões de múltiplos significados.

Dizemos que o tarô é "lido". Verdadeiras narrativas se formam por meio das imagens e contam uma história diante de nossos olhos.

## A jornada do Louco

Existem muitas maneiras de compreender e pensar a estrutura das 22 lâminas dos Arcanos Maiores, e você encontrará em diferentes obras e autores explicações variadas sobre as divisões e os processos representados por cada arcano. Muitos deles descrevem os Arcanos Maiores como "a jornada do Louco", pois entendem que sua estrutura é formada pelas cartas numeradas de 1 a 21, mais a figura do Louco, conhecida como Arcano 0 (às vezes, também identificado como Arcano 22). Por estar fora do circuito sequenciado das lâminas, o Louco seria o herói dessa jornada.

Nesse sentido, as cartas numeradas representariam o caminho atravessado pelo Louco na busca pela totalidade do ser, descrevendo as diferentes experiências que atuam como catalisadoras de processos de transformação da alma e que, pela natureza arquetípica, são sujeitas e compartilhadas por todos os seres humanos.

Outro ponto importante para compreendermos os Arcanos Maiores como o caminho do Louco é o de que cada carta não trata de processos isolados e estáticos, mas de eventos fluidos, que naturalmente poderão nos conduzir pela jornada, impulsionando nosso movimento rumo à individuação. Assim como em nossa vida nada existe ou acontece de maneira isolada, também os processos descritos para cada lâmina dos Arcanos Maiores estão em relação dinâmica. Desse modo, a sequência de 21 cartas junto à carta do Louco nos serve como um mapa da jornada de transformação da alma, indicando não apenas o trajeto, mas também a saída para os momentos de paralisação e estagnação.

Pensando dessa forma, todos nós somos o Louco trilhando sua jornada, porém é um engano acreditar que atravessamos esse processo uma única vez, como se houvesse uma "linha de chegada psíquica" que devemos atingir durante a vida, encerrando os processos de transformação da alma. Como o Arcano 0, o Louco nos ensina que seu trajeto não é necessariamente linear, e, como ele mesmo está além dos limites temporais e espaciais representados pelas sequências numéricas dos outros Arcanos Maiores, pode ser acionado a qualquer momento em nossa vida, ativando o início de novos ciclos de mudança e passando por caminhos diversos e repetidos.

Como um instrumento arquetípico de contemplação e transformação, a sequência dos Arcanos Maiores pode ser pensada tanto como o grande ciclo de uma vida humana, ou seja, os estágios de desenvolvimento da consciência que atravessaremos ao longo da vida, quanto como os pequenos ciclos de nossos planos, projetos, objetivos e momentos da vida. Por isso, o tarô é pensado por muitas pessoas simplesmente como um instrumento divinatório, quando, na verdade, é uma ferramenta de potencial muito mais significativo e profundo, pois trata não só dos eventos e acontecimentos exteriores. Contudo, para que possamos utilizar o tarô dessa maneira, devemos primeiro nos familiarizar com sua linguagem simbólica. Assim, antes de iniciarmos o estudo das cartas, é importante compreendermos os principais elementos encontrados em cada uma delas.

## O simbolismo e a imagética dos Arcanos Maiores

As cartas dos Arcanos Maiores trazem diversas ilustrações de personagens sociais, ideais humanos, acontecimentos inevitáveis ou mesmo corpos celestes. À primeira vista, todas elas parecem tratar de elementos que estão fora do ser, descrevendo os componentes sociais e físicos do mundo ao nosso redor.

Mas pensar o tarô de maneira arquetípica significa compreender que cada lâmina trata de partes da alma humana e, por isso, constituintes de todos nós. Para que sejamos capazes de compreender o diálogo dos símbolos e das imagens presentes nos Arcanos Maiores, devemos buscar o sentido que cada um deles pode assumir.

Vejamos, então, os principais componentes encontrados no estudo das lâminas e seus significados gerais.

## Figuras humanas

A primeira coisa a chamar atenção quando observamos o conjunto de cartas dos Arcanos Maiores é a presença de diversas figuras humanas. Algumas delas são apresentadas em pares de gêneros opostos, como a Papisa e o Papa, ou a Imperatriz e o Imperador, mas outras são únicas, como o Mago ou a Força.

Muito tem sido discutido sobre a diferença de gêneros expressa no tarô, e inúmeros baralhos modernos também subvertem sua simbologia original, invertendo ou alternando o gênero de diversas lâminas.

No entanto, se nos ativermos à representação tradicional de cada arcano, é importante nos perguntarmos qual é o sentido da presença de um homem ou de uma mulher em determinado arcano e qual é a implicação desse fato no significado das cartas.

Se o tarô se refere não apenas a homens e mulheres do mundo externo ou ao nosso redor, mas também a imagens arquetípicas, às quais todos estamos sujeitos, que papel tem o gênero de cada figura humana em suas ilustrações?

Podemos encontrar luz para essa pergunta nas obras de Erich Neumann, psicólogo alemão que foi aluno de Jung e contribuiu para a teoria analítica com seu estudo do desenvolvimento da consciência humana. Para Neumann, independentemente de nosso sexo biológico de nascimento ou do gênero com o qual nos identificamos, a oposição básica entre o inconsciente e a consciência foi representada na mitologia pelas imagens arquetípicas da mulher e do homem, respectivamente.

A figura da mulher assume o papel de representante dos potenciais do inconsciente, pois a característica fundamental que diferencia o corpo feminino do masculino é a capacidade de gerar e produzir uma nova vida, ou seja, de servir como um receptáculo para *conter*.

Assim como a vida biológica dos seres humanos pode ter sua origem traçada de volta ao ventre feminino, também pode a origem de nossa consciência ser vista como um fruto do inconsciente, que é anterior a ela. O útero feminino, onde a vida é gerada de maneira invisível, e todos os símbolos associados a ele, como o cálice, o oceano ou a caverna, surgem na mitologia como representações clássicas e imagens do potencial criativo do inconsciente. Por isso, sempre que virmos uma figura feminina como imagem central em um Arcano Maior, devemos pensar que essa lâmina trata de elementos mais próximos da linguagem afetiva, simbólica e lúdica do inconsciente.

As palavras-chave para pensar todas as figuras femininas nas lâminas do tarô são integração, fecundidade, emotividade, sonhos e gestação.

Da mesma maneira, as figuras masculinas presentes no tarô são representantes do potencial da consciência e tratam de seus atributos. Todos os atributos fálicos associados ao masculino revelam a capacidade de foco, direcionamento e atenção, tipicamente vinculadas à consciência.

Os homens representados nas lâminas dos Arcanos Maiores expressam nossas capacidades de raciocínio lógico e percepção clara, trabalho ativo da mente e do pensamento, ação e vontade. Em contraste com as imagens femininas e sua função de *conter*, que sempre nos moverão para dentro, as representações masculinas têm a função simbólica de *projetar*, ou seja, do movimento direcionado para o mundo externo.

Por essa razão, o Louco é representado por um homem, apesar de corresponder a todos nós, homens e mulheres: assim como todas as outras cartas dos Arcanos Maiores, ele não trata da totalidade do ser, mas de uma parcela de nossa constituição psíquica.

Entretanto, devemos tomar cuidado para que esta não se torne uma interpretação limitante ou demasiado rígida. Os processos psíquicos que ocorrem na alma humana são fluidos, sempre estabelecendo um diálogo entre consciência e inconsciente. Por isso, é mais sensato pensarmos em termos de *predominância* de ações da consciência, ao nos depararmos com as figuras masculinas, e de impulsos do inconsciente, quando encontramos as figuras femininas.

Essa distinção se torna evidente no Mundo, última carta numerada dos Arcanos Maiores, que em muitos baralhos clássicos é representado como o Andrógino, ou seja, a união das polaridades psíquicas que simboliza a totalidade interior. Esse é também um símbolo potente encontrado na alquimia e na mitologia.

Além do simples gênero das figuras humanas no tarô, também podemos pensar no papel social desempenhado por seu personagem. Pense sempre nos tipos de ação e nas atitudes que podem ser associados a cada figura humana que surge nas cartas dos Arcanos Maiores. Que atitudes se espera que elas desempenhem? Como estão posicionadas na imagem? Como interagem com outros elementos presentes na carta? São figuras jovens ou velhas? Indicam maturidade ou imaturidade? Essas indagações devem ser feitas diante de cada lâmina durante a leitura.

## Construções humanas

Outro tipo de elemento que está presente nas lâminas dos Arcanos Maiores são os objetos e construtos criados pela ação humana. Eles surgirão de maneira direta, representando a temática principal da carta, como acontece no caso do Carro e da Torre, mas também de maneira indireta, ocupando papel importante na interpretação dos símbolos da imagem, como é o caso da balança da Justiça ou das ânforas da Temperança.

Todos eles podem ser pensados e interpretados como *instrumentos* nos processos de transformação da carta. A função da lamparina carregada pelo Eremita é trazer luz, ou seja, possibilitar uma visão mais clara, direcionada e focada. A trombeta, vista na carta do Julgamento, é um instrumento musical cuja finalidade é chamar atenção, marcar momentos importantes e solenes, ou seja, emitir um tipo de chamado. A função de uma torre é criar tanto uma separação das influências externas quanto elevar do chão, ou seja, acima da realidade concreta. A função de um carro é impulsionar, mover, deslocar, e assim por diante.

Sempre que um objeto ou uma construção humana chamar sua atenção em um Arcano Maior, tente pensar no que está sendo feito com ele e qual função ele naturalmente desempenha. Enquanto as figuras humanas de homens ou mulheres representam as tendências dos impulsos da consciência ou do inconsciente, os objetos indicam a ação e o movimento simbolizados pela carta.

## Animais

Também poderemos nos deparar, em diferentes cartas, com a presença de certos animais. Como representantes dos aspectos mais primitivos de nosso ser e símbolos das forças irracionais e instintivas da psique, eles indicarão quais são as emoções e os afetos em ação em cada lâmina.

Para explorarmos o simbolismo de cada um deles, devemos nos voltar às associações que cada animal carrega. Pense se ele habita no plano aquoso das emoções e do inconsciente, na terra firme da vida prática e do mundo material, ou se é capaz de se mover pelo ar, que representa os planos intelectuais da mente racional. Ele é feroz ou manso, agressivo ou pacífico? É diurno ou noturno? Seu movimento é ágil? Ele se desloca de maneira vagarosa ou mostra tendência à inércia e à estagnação? É selvagem ou domesticado? De que maneira as figuras humanas estão interagindo com ele? Essas são perguntas que podemos nos fazer diante dos animais que surgirem nas lâminas dos Arcanos Maiores, a fim de esclarecer seu significado.

## Corpos celestes

Outro elemento simbólico constantemente presente nas lâminas dos Arcanos Maiores refere-se aos corpos celestes. Eles surgem de maneira específica, tematizados em determinadas cartas, como o Sol, a Lua e a Estrela. Há muito tempo os movimentos celestes inspiram e fascinam a humanidade. Seu movimento rítmico e previsível no céu simbolizava a passagem cíclica do tempo, seja nos pequenos ciclos mensais da Lua e suas fases, seja nos grandes ciclos anuais do Sol e suas quatro estações, ou no movimento conjunto das estrelas e constelações, que desenhavam símbolos e padrões em contraste com o céu noturno.

Esses corpos celestes não podem ser tocados, apenas contemplados a distância. Portanto, representam os padrões cíclicos e os impulsos anímicos que atuam sobre a consciência, sobre os quais não temos nenhum poder nem controle. Além disso, apresentam um princípio fundamental que os une, apesar de suas diferenças essenciais: todos podem ser visíveis porque emitem um tipo de luz. Dessa maneira, podemos tentar interpretá-los pelo modo como iluminam a cena representada na carta.

Quando estamos sob a luz do Sol, o mundo ao nosso redor é iluminado e se torna visível; somos capazes de descrever, observar e explorar a realidade à nossa volta com atenção e cuidado. A luz solar torna os limites entre todas as coisas mais discerníveis, nos mostrando onde algo começa e termina. Ao mesmo tempo, o Sol ofusca tudo o que está além dele – durante o dia, o brilho das estrelas se torna invisível para nós. Tudo isso nos faz associar a luz solar ao potencial da consciência racional e linear que usamos no dia a dia e às habilidades típicas da mente consciente.

Já a Lua é a regente da noite, quando o mundo à nossa volta se torna difuso e confuso, e os limites parecem misturar-se na penumbra. Entretanto, essa escuridão da noite revela o brilho oculto das estrelas, permitindo que contemplemos os padrões celestes e estudemos sua sabedoria. Por isso, tanto a Lua quanto a noite são símbolos do inconsciente e das imagens nele contidas. Assim, as cenas noturnas do tarô nos revelam que essas lâminas tratam de processos de imersão nas sombras e das forças do inconsciente.

Quando vistas coletivamente, as estrelas simbolizam as forças e os padrões constelados no inconsciente e que atuam sobre nós. Também simbolizam a sabedoria, que pode ser obtida por meio da observação tanto do céu quanto do ser humano. Se vistas individualmente, as estrelas podem ser compreendidas como o ponto luminoso circular que projeta luz em todas as direções, ou seja, uma representação do centro da personalidade e seu núcleo organizador. Contemplar uma estrela no céu significa observar a essência humana.

Com todas essas informações em mente, é chegada a hora de iniciarmos nosso caminho pelas 22 lâminas dos Arcanos Maiores e explorarmos com mais profundidade os significados simbólicos de cada uma delas. Use todas as ideias expressas nas páginas anteriores para percorrer essa jornada e expandir sua capacidade de entendimento, mas não se deixe limitar por elas. Permita que as imagens e os temas de cada arcano dialoguem com você e busque compreendê-las não só individualmente, mas também como um processo natural em que cada carta é capaz de nos conduzir à próxima, como uma estrada que se abre à nossa frente.

# OS ARCANOS MAIORES

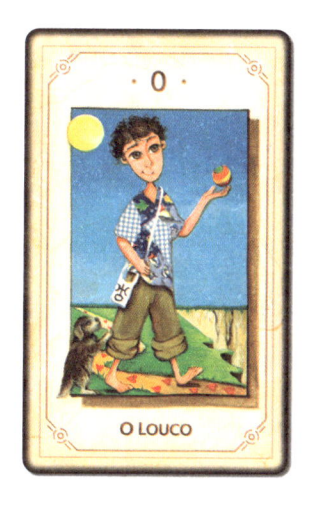

· 0 ·
O LOUCO

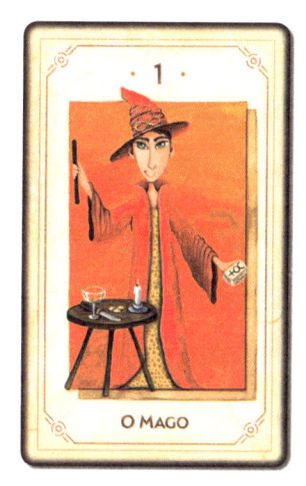

· 1 ·
O MAGO

· 2 ·
A PAPISA

· 3 ·
A IMPERATRIZ

· 4 ·
O IMPERADOR

CAPÍTULO 5
OS ARCANOS MAIORES

| · 5 · | · 6 · | · 7 · |
|---|---|---|
| O Papa | Os Enamorados | O Carro |

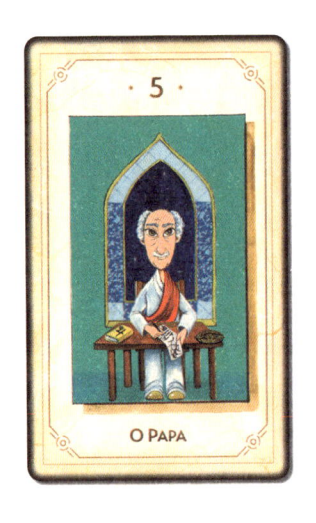

| · 8 · | · 9 · | · 10 · |
|---|---|---|
| A Justiça | O Eremita | A Roda da Fortuna |

| · 11 · | · 12 · | · 13 · |
|---|---|---|
| A Força | O Enforcado | A Morte |

TARÔ ARQUETÍPICO

| · 14 · | · 15 · | · 16 · |
|---|---|---|
| A Temperança | O Diabo | A Torre |

| · 17 · | · 18 · | · 19 · |
|---|---|---|
| A Estrela | A Lua | O Sol |

| · 20 · | · 21 · |
|---|---|
| O Julgamento | O Mundo |

CAPÍTULO 5
OS ARCANOS MAIORES

# CAPÍTULO 5

## Os Arcanos Maiores

Sentido Geral – Significados – Despertar Interior – Simbologia – As Cores – O Arquétipo – Aspectos Mitológicos

## Arcano 0 – O Louco

*"[...] Se não conheço os mapas, escolho o imprevisto: qualquer sinal é um bom presságio."*

– Lya Luft, *Para não Dizer Adeus*[27].

### Sentido geral

Irreverência, ousadia, impulsividade, ação destemida, instinto, criança interior, imaturidade, aventura, curiosidade, espontaneidade, sinceridade, criatividade, alegria de viver, entusiasmo (fogo de palha), prazer, falta de estratégia, loucura, liberdade para falar, sentir, viver e interagir no mundo.

Novos horizontes, abertura de caminhos, viagens, abandono das coisas que perderam o significado, tolice, ingenuidade, aprender brincando, franqueza, entusiasmo, inconstância, desprendimento, jovialidade, sem parada, busca, impulso e inconsequência.

---

27. Rio de Janeiro: Record, 2005, p. 33.

## Significados

Chamado interior. Necessidade de liberdade e rompimento com as estruturas estabelecidas, quando ousamos transgredir os padrões convencionais em busca da realização pessoal e da fidelidade ao chamado da alma. O Louco abre novas perspectivas; impulsiona-nos a dar os primeiros passos e nos coloca à disposição do livre-arbítrio. O Louco é o ganho de consciência que antecede os inícios – o momento da escuridão primordial antes da explosão do *Big Bang*, que continha em si o potencial para fazer surgir galáxias inteiras, mas estava essencialmente vazio.

Do ponto de vista negativo, o Louco nos adverte sobre as ações que não levam em conta o futuro, bem como sobre a imaturidade, a irresponsabilidade e a ansiedade diante dos acontecimentos da vida, alertando-nos para que não sejamos inconsequentes. Ele nos ensina que a ignorância pode nos levar à autodestruição, colocando um fim em nossa jornada antes mesmo que ela aconteça.

O conselho geral desse arcano é que, ao assumirmos um risco, precisamos ter coragem para seguir em frente e arcar com as consequências, mesmo não sabendo para onde essa escolha nos levará. Essa carta promete surpresas agradáveis e nos aconselha a ouvir os interesses de nosso coração, permanecendo sempre fiéis a eles.

## Despertar interior

Quando o Louco surge em uma leitura relacionada ao nosso despertar e desenvolvimento interior, ele é um sinal da necessidade de romper as estruturas rígidas e limitantes. O Louco é o convite para que possamos ganhar um novo estado de consciência, mas, para isso, precisaremos ousar ir além e expandir nossos horizontes. Ele nos lembra de que onde há muita estabilidade não pode haver mudança, e onde não há mudança também não pode haver a possibilidade de amadurecimento. Apenas nas instabilidades da vida, quando vivemos cercados por incertezas, podemos encontrar nossos potenciais interiores e crescer verdadeiramente.

Dessa forma, o Louco simboliza as crises e os momentos nos quais a vida pode perder o sentido e somos chamados a encontrar uma nova trajetória, uma nova trilha, um novo caminho repleto de desafios, para que possamos desvelar as forças ainda ocultas em nosso inconsciente e expressá-las no mundo.

## Simbologia

| | |
|---|---|
| O CÉU | O mundo superior, a abertura do plano espiritual, representada pelo vazio capaz de conter o ar (o sopro da vida), e o domínio onde o sol pode ser encontrado. O céu é a imagem espelhada e polarizada do abismo diante do Louco, tão característica desse arcano, e revela que, ao lançar-se para baixo, ele estará em contato com a mesma essência dos poderes superiores. |
| O CAMINHO | O mundo físico e concreto, marcado pela materialidade do corpo físico e representado pela terra firme e verde, enquanto o caminho amarelo simboliza o plano mental e a psique que animam a matéria, o fluxo de consciência humana que constitui a vida. Os corações ao longo do caminho representam as aspirações interiores e o caminho de realização pessoal da alma. |
| O ABISMO | O mundo inferior, a abertura em direção aos aspectos mais profundos da vida, o mergulho no reino do inconsciente, simbolizando a própria jornada rumo à individuação e a busca pelos aspectos desconhecidos do ser. Também representa as crises da vida e os momentos nos quais "perdemos o chão", sendo privados dos aspectos já conhecidos da vida, quando somos tirados de nossa zona de conforto. A queda iminente do Louco representa a perda de controle no processo de amadurecimento. |
| O JOVEM | O Louco representado pelo jovem simboliza a identidade centrada no ego e indica a consciência inocente e virginal que ainda desconhece as profundezas da vida interior e deve trilhar o caminho de descoberta rumo à totalidade do ser. A juventude também é um símbolo dos potenciais não realizados, que esperam para ser descobertos e se expressarão nos arcanos seguintes. |
| PÉS DESCALÇOS | Os pés descalços seguindo o caminho do coração representam a ausência de definições sociais e a identificação com papéis da vida cotidiana, em alusão à alma que se despe de todos os preconceitos para seguir seu verdadeiro caminho interior. Também representam a pureza dos ideais e o contato com a verdade da alma. |
| O SOL | Formas circulares ou esféricas são representações do si mesmo, a totalidade do ser que impulsiona o processo de individuação e ilumina nossa jornada interior, mostrando o caminho do ego e guiando seu desenvolvimento. Simboliza o chamado espiritual para a descoberta. |

| A BOLA | Esta segunda esfera na imagem, agora palpável e carregada pelo Louco, contrapondo-se ao sol distante e intocável, representa os estágios de desenvolvimento já trilhados pelo ego e sua história pessoal. As quatro cores representam os quatro chakras inferiores, que no esoterismo ocidental indicam a consciência básica da humanidade já estabelecida e que agora deve continuar seu processo de ascensão. |
|---|---|
| A BOLSA | A memória e a bagagem espiritual. Leva o glifo do planeta Urano (que na mitologia romana era o céu), representando a necessidade interna de crescimento, liberdade, desapego e expansão da consciência, bem como a busca pelo idealismo interior. Urano representa a transgressão e o impulso interior em lançar-se ao desconhecido para encontrar o novo, aconselhando-nos a escolher com cuidado o que levaremos em nossa bagagem. |
| O CÃO | O cão no caminho do coração representa a lealdade de espírito à nossa verdade interior e o comprometimento com nosso caminho pessoal em direção à realização pessoal e à felicidade. |
| OS PEIXES E OS PÁSSAROS | O inconsciente pessoal, o plano emocional e a subjetividade da história de vida estão em contraste com os pássaros do outro lado da camisa, que representam o plano mental e a leitura de mundo de um ponto de vista objetivo e consciente. |

## As cores

O verde da terra representa os aspectos concretos da vida e do mundo convencional, enquanto o amarelo do caminho e do sol indica a trilha mental de pensamentos e reflexões, o fio condutor da narrativa de nossa história pessoal.

O azul se expressa de duas maneiras: no céu, o azul-celeste indica a clareza e a leveza do plano mental, bem como a imensidão do céu. Já o azul profundo da camisa, decorada com uma temática marinha, indica a consciência emocional que reveste o Louco e é levada junto ao peito. A calça marrom, mesma cor do cão ao seu lado, indica os aspectos físicos, concretos e práticos da vida, que conduzem nossos passos e equilibram as emoções. O branco da bolsa acrescenta à personalidade o aspecto espiritual e a pureza do espírito.

O vermelho dos corações indica as paixões interiores mais profundas, enquanto a bola colorida representa os diferentes níveis da consciência humana e a multiplicidade de suas experiências.

## O arquétipo

O Louco é uma imagem arquetípica que expressa a ideia do potencial interior ainda não realizado, muito bem representado pela imagem do número 0. Muitas vezes chamado de "Arcano Zero", o Louco está fora da sequência numérica dos Arcanos Maiores, indicando que se encontra além dos aspectos lineares da consciência – ele ainda não é o início propriamente dito, mas o despertar para uma nova possibilidade, a percepção de que há um novo horizonte a ser explorado. Contudo, o Louco é apenas o vislumbre, a oportunidade, não a aventura em si. Como um arcano que enfatiza a liberdade, ainda não é a certeza de um início, e sim o potencial, assim como o número 0 expressa um vazio que contém a possibilidade infinita para todos os outros números. O zero, representado por uma forma elíptica, indica exatamente o símbolo esférico da totalidade, revelando que, como um ovo que contém a potência da vida, o Louco é o arcano que contém o potencial de todos os outros Arcanos Maiores, sintetizando em apenas uma lâmina toda a sabedoria do tarô.

O Louco é o viajante que pode escolher lançar-se em direção ao desconhecido, respondendo a um chamado interior e indicando a necessidade do abandono de uma situação do passado (ou um estado de consciência) para que algo novo possa ser descoberto. O nome "Louco" evoca em nós a ideia de alguém desajustado, que vive "fora da realidade". Isso acontece porque, ao vislumbrar o potencial interno para a totalidade, o Louco deixa de responder e atuar no mundo de acordo com os paradigmas "normais" da vida exterior e mundana e passa a agir segundo os impulsos do si mesmo, representado pelo sol que ilumina a cena. A busca pela realização pessoal muitas vezes nos leva por caminhos muito distintos dos convencionais, desviando-nos do que é compreendido como normalidade para nos lançar no desconhecido interno.

A viagem que se apresenta ao Louco só poderá ser realizada com pureza de espírito. Por isso, esse arcano também evoca a imagem da criança que observa o mundo com olhar inocente, a que vive em cada um de nós e não é contaminada pelas expectativas externas, mas entra em contato com seus instintos e desejos.

O Louco e seu abismo simbolizam o esvaziamento da consciência perante os mistérios da vida e a necessidade de caminhar segundo suas aspirações. Porém, onde ele aparece há instabilidade, incerteza e insegurança. Esse arcano representa o caos interior que traz a possibilidade de um novo ordenamento. Sua imagem nunca é definida, sem contorno nem limites. Ele simboliza o necessário rompimento de estruturas e paradigmas para que o novo possa acontecer.

Esse é o arcano dos chamados espirituais e do sentimento de insatisfação que nos faz realizar grandes mudanças em nossa vida. É o chamado à aventura, ouvido por todo herói antes de empreender sua jornada pessoal, e nos lembra de que cada um de nós é o herói da própria história.

## Aspectos mitológicos

O Louco pode ser encontrado na mitologia na figura de diversos heróis que empreendem uma jornada de transformação e descoberta pessoal. Entre os gregos, encontramos Dioniso, deus do vinho e da loucura, que representa a ruptura com a consciência convencional estabelecida para mergulhar no desconhecido interior. Ao estudarmos a mitologia, descobrimos que a humanidade foi feita a partir das cinzas dos Titãs, que devoraram o primeiro Dioniso, conhecido como Zagreu. Por isso todos nós carregamos em nós o potencial divino, representado por esse deus.

Os rituais dionisíacos dos tempos antigos aconteciam durante a noite e eram verdadeiras experiências de êxtase regadas a música e vinho, dois elementos, segundo a crença, que continham o espírito desse deus. O objetivo dessas experiências era não apenas a diversão profana, que poderia levar à destrutividade interior (expressando o potencial negativo desse arcano), mas também o rompimento com as estruturas convencionais de identidade por meio de técnicas extáticas que provocavam um estado dissociativo da consciência, fazendo com que seus participantes pudessem se libertar e transcender temporariamente os limites do ego para experimentar a união divina com Dioniso. Nesses rituais, todos se tornavam o Louco e tinham a oportunidade de fazer emergir um novo eu. Apenas na loucura dionisíaca, na qual as cargas emocionais podem ser liberadas pela catarse, pode surgir uma nova consciência.

Além de Dioniso, outra divindade para os gregos representava os poderes da loucura: Pã, deus bode e pastor, que com a música de sua flauta encantada trazia a loucura à consciência humana. Seu nome significa "tudo", indicando que, para podermos tocar a totalidade interior, temos de estar dispostos a abandonar a noção estruturada de identidade e a segurança de seus contornos. Além disso, Pã estava associado aos pesadelos e medos irracionais que assombravam a humanidade, revelando que sua música também é o chamado ao inconsciente e ao desconhecido.

Na mitologia nórdica, Loki é quem desempenha o papel do Louco. Conhecido por pregar peças em todos e subverter a ordem estabelecida, Loki era quem trazia a instabilidade necessária para que muitas das aventuras narradas pudessem de fato acontecer. Se por um lado suas brincadeiras parecem negativas e às vezes até mesmo maléficas, por outro esse deus usa o caos para permitir a abertura para a mudança, a transformação e o desenvolvimento da sabedoria.

## Arcano 1 – O Mago

*"Deus quer, o homem sonha, a obra nasce."*

– Fernando Pessoa[28]

### Sentido geral

Conquistas, criatividade, espírito de liderança, concretização rápida, novas ideias, inícios com boas perspectivas, favorecimento, habilidades/potenciais (que podem ainda não ser conscientes), destreza, rapidez, desenvolvimento, capacidade para aceitar riscos, coragem, determinação, força de vontade, individualidade, vigor, poder de convencimento, agilidade, autoconfiança e boas oportunidades para o desenvolvimento de si mesmo ou de algo importante. Necessidade de encontrar as verdadeiras vontades do espírito para iniciar a iluminação.

---

28. Fernando Pessoa. *Mensagem*. Lisboa: Parceria António Maria Pereira, 1934. São Paulo: Ática, 10ª ed., 1972, p. 57.

## Significados

Assim como o número 1, o primeiro arcano do tarô traz o poder da fecundação e do início. Indica que o caminho está pronto e que esse é o momento de agir, anunciando a possibilidade de realização se houver dedicação. Esta carta de autonomia nos informa que dispomos das ferramentas necessárias para fazer com que nossos objetivos possam se concretizar.

Representa algo que está em seu estágio inicial – um projeto, uma ideia, um sentimento ou uma intenção – e que carrega em si um grande potencial a ser trabalhado para que se manifeste em sua plenitude. Portanto, requer cuidado, atenção, dedicação e persistência. Também alerta para a necessidade de usar a razão e o raciocínio lógico para tomar decisões e insiste na importância da iniciativa para que tenhamos atitude e ação, sempre orientados pelos princípios interiores. O Mago é o conhecimento aplicado de maneira prática na vida, não simplesmente uma ação impensada ou inconsequente. Representa o aprendizado e o desenvolvimento por meio da experiência, não apenas da teoria.

Em sentido negativo, pode mostrar a cegueira do ego diante de si mesmo e o excesso de autoimportância – o primeiro arcano do tarô é sempre um alerta de que ainda há uma grande jornada à nossa frente, e esse é apenas o primeiro passo. O Mago pede cuidado com a vaidade, o egoísmo e a arrogância. Ainda há muito que aprender e aperfeiçoar. Negativamente, também representa o ilusionista, o prestidigitador, capaz de enganar e manipular os outros com sua perspicácia.

## Despertar interior

Nas tradições esotéricas, o primeiro arcano representa o recém-iniciado, que ainda está no início do processo de aprendizado, conhecendo seus potenciais interiores e começando a entender os mecanismos que fazem o universo operar. Como já tem certos conhecimentos e ferramentas à sua disposição, ele pode fazer transformações significativas na vida, mas deve tomar cuidado para não se esquecer de que ainda está no início do processo de desenvolvimento.

Da mesma maneira, quando pensamos em nosso desenvolvimento interior como seres humanos, o Mago é sempre um convite para que possamos refletir sobre nossa verdadeira vontade: nosso grande propósito de vida, nossa vocação interior e a verdade que existe em nosso coração. O Mago nos pergunta se estamos vivendo de acordo com esses ideais interiores e colocando nossas forças a seu serviço. A lição que ele tem para nos ensinar é a integridade, para que possamos sempre permanecer leais aos propósitos e valores fundamentais de nosso ser, e nos exorta a ser líderes e senhores de nossa história.

## Simbologia

| | |
|---|---|
| O CHAPÉU | A consciência centrada e elevada, capaz de receber os impulsos do plano espiritual e ancorá-los no mundo. |
| A LEMNISCATA | O símbolo do infinito, do movimento, do movimento do mundo e do equilíbrio dinâmico entre as polaridades. Representa a totalidade e a unidade. |
| AS VESTES | A investidura. A capacidade e a autoridade interior para exercer sua função e manifestar seu poder. O ego identificado com seu papel e fortalecido para operá-lo. As duas camadas representam o conhecimento exotérico e esotérico, revelando as camadas consciente e inconsciente da vida. Os círculos representam a conexão com o si mesmo e a totalidade da alma, a verdadeira fonte de seu poder. |
| OS BRAÇOS | O direito para cima e o esquerdo para baixo representando o axioma hermético "o que está em cima é como o que está embaixo" e enfatizando, mais uma vez, a conexão com os diferentes planos da realidade e o conhecimento sobre as leis interiores que regem a vida. |
| AS CARTAS | A sabedoria simbólica manifestada. Trazem o glifo de Mercúrio, mensageiro dos deuses e criador da magia, protetor dos caminhos e condutor dos vivos e dos mortos. Também representa o domínio e a destreza da mente consciente, a compreensão e o entendimento. |
| O BASTÃO | O *axis mundi*, o eixo do mundo, conectando os planos superior, físico e inferior – ou o consciente e o inconsciente. É o cajado de Hermes, que consegue viajar entre os mundos e cruzar os planos de consciência para comunicar uma mensagem. |
| A TAÇA | O plano emocional, o coração, o equilíbrio interior. A função Sentimento do Ego. |

| | |
|---|---|
| A ADAGA | O plano mental, a destreza de pensamento. A função Pensamento do Ego. |
| A VELA | O plano espiritual, a conexão com os ideais interiores. A função Intuição do Ego. |
| AS MOEDAS | O plano material, o ancoramento e a prosperidade. A função Sensação do Ego. |
| A MESA | A própria vida e as forças criativas de todo o universo, com os quatro planos sobre ele. Mais uma vez, seus três pés representam os três mundos. |

## As cores

O laranja do fundo indica o potencial mercurial desse arcano, também representado com o glifo de Mercúrio nas cartas em sua mão esquerda. O vermelho das vestes do Mago expressa seu potencial de ação e atitude, a capacidade de iniciar e criar movimento. O dourado da lemniscata e das vestes representa o poder divino e a conexão com a força espiritual. Os olhos verdes do Mago revelam seu olhar sobre a natureza manifestada e sua capacidade de compreender as leis que regem o mundo.

O bastão preto apontado para cima, em contraste com as cartas de cor branca apontadas para baixo, representa a dualidade do mundo e as polaridades fundamentais que movem a vida, bem como os planos do inconsciente e do consciente. A mesa marrom enfatiza novamente o plano físico e a capacidade do Mago de atuar sobre ele.

## O arquétipo

O arquétipo do Mago envolve o poder da criação. Ele é capaz de manipular os elementos a seu favor e fazer algo novo emergir do caos. Com seu arsenal mágico, é uma versão microcósmica da potência criadora, trazendo ao mundo aquilo que determina mediante sua vontade. O Mago nos convida a acessar nosso potencial criativo e nos lembra de que somos os responsáveis por criar e moldar nossa realidade.

Sua qualidade mercurial nos revela que ele tem um pé em cada mundo e é capaz de fazer com que as forças dos planos sutis se materializem e ganhem forma no plano físico. Isso nos arremete à função de Hermes/Mercúrio não apenas como aquele que viaja do Olimpo ao mundo dos homens, conectando o céu à terra, mas também como o psicopompo, que conduz a alma dos mortos para o outro mundo. Usando sempre seus domínios e suas competências como recurso, ele é o mensageiro capaz de acessar o inconsciente e ativar os símbolos de poder que criarão a mudança necessária em nossa personalidade.

Esse mesmo arquétipo aparece na cultura como xamã, alquimista e iniciado. É o detentor de um conhecimento oculto que o investe de certo poder, e entre seus atributos estão o ensino da linguagem, da tecnologia, da medicina e de tantas outras ciências. O Mago nos ensina que o conhecimento tem o poder de nos permitir manipular diferentes aspectos da vida. Quando vivenciamos esse arquétipo em nossa vida, somos agentes de mudança e transformação. Nada pode permanecer idêntico em sua presença. Ele também nos impele à ação, rompendo as barreiras da inércia.

Muito carismático, o Mago sabe bem como atrair a atenção e o apreço de seu público. É muito comum que seja representado como o mágico de palco, revelando seu poder de atuar não só sobre o mundo concreto, mas também sobre o campo mais sutil da percepção humana. Aqui, o arquétipo se manifesta em seu aspecto sombrio, e o Mago se torna o ilusionista, o prestidigitador, capaz de enganar a todos com seu atraente espetáculo. Faz com que os outros percebam apenas o que ele mesmo deseja demonstrar, desvia a atenção do que é verdadeiramente importante e, em vez de revelar o conhecimento das forças operativas do mundo, mantém os outros presos em uma teia de ilusões.

Nesse sentido, a verdade interior é substituída pela ilusão. Quando estamos sob o domínio do aspecto sombrio do Mago em nossa vida, mantemo-nos apegados às ilusões e mentiras porque, de alguma maneira, elas são prazerosas, agradáveis e nos trazem algum tipo de ganho emocional. Quantos de nós já não fechamos os olhos diante de uma difícil verdade? A arte de sustentar uma ilusão vem do arquétipo do Mago, como dele também é o poder de romper esse padrão. O aspecto sombrio do Mago é que ele "sabe tudo", em contraste direto com a figura do Louco, que, em sua inocência, nada sabe.

Sob a influência do aspecto luminoso do Mago, temos a possibilidade de acessar nossas ferramentas interiores para que sejamos agentes causadores das mudanças positivas que buscamos em nossa vida. Os instrumentos sobre o altar do Mago representam exatamente diferentes aspectos da nossa personalidade, colocados a serviço da consciência para gerar transformação: mente afiada, vontade firme, emoções límpidas e ideais elevados do espírito. Esse é o arcano que nos ensina a encontrar as forças necessárias para transcender a realidade externa por meio das mudanças iniciadas na consciência.

É importante entender que o arquétipo do Mago está sempre voltado para fora, para o mundo e para as outras pessoas. Seu princípio é a ação, não a contemplação ou a reflexão. O Mago não deseja mergulhar em seu interior. Por ser um líder nato, seu objetivo final é ter poder para manipular a realidade do lado de fora, os acontecimentos ou mesmo as pessoas. Por isso, esse arcano é vivenciado em nossas relações sociais e nos papéis que desempenhamos no mundo. Quando estamos diante do arquétipo do Mago, devemos olhar para os papéis sociais, para a imagem que projetamos no mundo e para nossa maneira de atuar sobre ele.

## Aspectos mitológicos

Mitologicamente, o Mago está associado ao poder de Hermes, deus da comunicação e da magia, capaz de viajar entre os mundos e cruzar os planos para levar as mensagens divinas. Na astrologia, esse deus é associado a Mercúrio, regente de dois signos: Gêmeos, signo do Ar, associado ao plano das ideias e ao aprendizado, e Virgem, signo da Terra, associado aos aspectos práticos da vida. Da mesma maneira, o Mago é capaz de estabelecer uma conexão entre os planos interiores da mente e os planos interiores do mundo concreto, operando segundo suas leis de funcionamento e usando essa compreensão do mecanismo interno da realidade para manipulá-la e alterá-la.

No entanto, quando nos aprofundamos na mitologia de Mercúrio e de seu correlato grego, o deus Hermes, descobrimos que ele também era o deus protetor dos ladrões. Nesse sentido, simboliza os aspectos negativos que o arcano do Mago carrega e nos ensina que seu potencial não é essencialmente positivo nem negativo, pois dependerá de nossas verdadeiras intenções e de nosso trabalho interior.

Ainda em relação à cultura romana, encontramos uma variação dessa figura mítica: Hermes Trismegisto, grande mago que caminhou pelo mundo e ensinou a magia à humanidade como filosofia ordenada, regida por leis e princípios. Esse impulso esotérico recebeu o nome de "hermetismo" e permeou os conhecimentos ocidentais relacionados às ciências ocultas.

Hermes Trismegisto está relacionado a Thoth, deus egípcio da palavra e do conhecimento. De acordo com a mitologia, Rá, deus do Sol, teria impedido que Nut, deusa do céu estrelado, desse à luz. Para evitar que sua soberania fosse desafiada, Rá decretou que os filhos de Nut não poderiam nascer durante todo o ano solar. Presos no ventre da deusa, os filhos cresciam e faziam com que a mãe sofresse grandes dores. Para ajudar a resolver a situação, Thoth desafiou Rá para um jogo e, enganando o deus do Sol com sua astúcia, roubou parte de seus raios e se apoderou de luz solar suficiente para cinco dias. Nesses cinco dias extras do calendário os filhos de Nut puderam nascer.

Além de nos mostrar o Mago desempenhando o papel do trapaceiro, esse mito representa a energia do arcano. Ele é o enganador, o manipulador e o ilusionista que traz a ruptura causadora da mudança. É o trapaceiro quem traz movimento e mudança quando tudo parece estático e sem vida. Sempre fiel à sua vontade e natureza, ele faz o que for preciso para conseguir o que deseja.

## Arcano 2 – A Papisa

*"Procura sentir dentro de ti a presença daquela de onde provém as tuas sensações. Considera que ela é tua vidente nos eventos que prenunciam o futuro, tua intérprete nos vaticínios, e aquela que vela por ti nos acontecimentos posteriores."*

– Tertuliano, *De testimonio animae*

### Sentido geral
Intuição, emoção, confiança na voz interior, sensação, receptividade, compreensão, doação verdadeira, gestação, atributos maternais de acolhimento, espera, paciência, o desconhecido, sabedoria divina, silêncio, inação, mergulho nas profundezas da alma, mistério, segredo, afetuosidade, sinceridade, proteção, não exterioriza os sentimentos, cuidados, dedicação, mensagens do inconsciente e visão interior.

## Significados

Também conhecido como A Sacerdotisa, este arcano indica a necessidade de paciência e contemplação interior. As respostas buscadas são fornecidas pela intuição, não pela mente racional. Por ter sua energia voltada para dentro, esta carta também indica a elaboração de projetos, metas e objetivos no mundo interior que precisarão de tempo para se manifestar do lado de fora, no mundo concreto.

Do ponto de vista negativo, pode ser um arcano que nos faz mergulhar no reino do invisível. A Papisa também representa segredos ou até mesmo sentimentos e intenções não ditos nem comunicados de maneira explícita, permanecendo represados. Nesse sentido, essa é uma carta que alerta para a frieza emocional e a falta de manifestações de afeto. Pode ainda indicar a necessidade de nos afastarmos de situações externas ou de outras pessoas para nos voltarmos a nós mesmos.

Esse não é um arcano de manifestação concreta, mas de elaboração interna.

Quando precisamos fazer uma escolha, a Papisa não nos pede ações nem decisões imediatas, mas nos aconselha a manter o silêncio para que possamos mergulhar em nosso mundo interior e avaliar nossas motivações mais profundas. Também sugere que não comuniquemos nossos planos ou ideias às outras pessoas, mantendo nossas intenções veladas e ocultas. Sempre que aparece em uma leitura, a Papisa nos pergunta se estamos sendo fiéis à voz de nosso propósito interior.

## Despertar interior

Enquanto o Mago está sempre voltado ao mundo exterior, buscando modificá-lo com seu ofício, a Papisa emerge das profundezas da alma para nos lembrar de que todas as nossas ações devem ser imbuídas de propósitos profundos. Esse arcano nos faz um convite para que possamos penetrar os escuros e desconhecidos domínios de nosso ser para buscar a verdade interior.

Quando vivenciamos a Papisa, aprendemos que de nada valem as aparências da realidade concreta quando não há profundidade espiritual.

Esse arcano vem para nos ensinar que todos nós podemos acessar um lugar interior de sabedoria e equilíbrio – basta que fechemos os nossos olhos e caminhemos pelas vias interiores. Seu reino é o mundo dos sonhos, e a Papisa nos convida a imaginar, criando as imagens psíquicas que mais tarde poderão se manifestar no mundo concreto. Ela nos ensina que, antes do primeiro passo do lado de fora, nossos planos precisam ser gestados e cuidados com atenção e delicadeza do lado de dentro, e isso só pode acontecer quando nos colocamos em um estado de receptividade.

Ela nos convida a permanecer ancorados na realidade subjetiva e a caminhar pelo mundo, nutridos e guiados pelas mensagens de nosso inconsciente. A Papisa nos lembra de que estamos sempre vivendo paralelamente em dois mundos e nos desafia a remover a venda que cobre nossos olhos para compreendermos como o visível é o tempo todo sustentado pelo invisível.

## Simbologia

| | |
|---|---|
| A MANDALA | Atrás da Sacerdotisa, a mandala está centralizada na cabeça dela. Reflete a busca do ego pelo centro do próprio ser, o si mesmo. Com seu formato circular, sem começo nem fim, a mandala é uma representação abstrata que reflete a integridade interior e a totalidade da vida. Sua posição nos revela que essa é a força interna que impulsiona a consciência, esteja ela consciente disso ou não. Seu padrão quaternário reflete as estruturas que sustentam o mundo físico e a realidade observável. |
| AS FLORES | Representam a beleza alcançada no estado de introspecção e contemplação. |
| A MULHER | A mulher representa a receptividade e a fecundidade do espírito que existe em todos nós, independentemente do gênero, e que busca ser fertilizado pelas potências espirituais interiores. A representação feminina desse arcano indica seu potencial criativo. |
| OLHOS FECHADOS | Indicam a interiorização e o desligamento das distrações e dos ruídos do plano material. Simbolizam a autocontemplação, quando a atenção se volta para dentro e nos revela o potencial para o mundo interior. O ego se volta ao interior e às camadas mais sutis da personalidade. Também representam a receptividade, a criatividade, a busca pelo conhecimento intuitivo e simbólico, que pode ser experimentado por meio do sono ou da meditação – ambas atividades feitas de olhos fechados. |
| VESTES BRANCAS | A pureza do espírito que reveste a consciência. A neutralidade de suas roupas revela o ego não identificado com os papéis sociais que desempenha nos planos exteriores e a ausência de uma identidade construída com base nas ocupações mundanas. |

| | |
|---|---|
| **A PILHA DE LIVROS** | Do lado esquerdo da Papisa, vemos uma pilha de livros, representando a ideia de que o conhecimento e a sabedoria são pilares de sua função. Os livros representam o conhecimento comunicado ao mundo, mas também refletem a busca pelo entendimento, pela reflexão e pela sabedoria. |
| **OS DOIS LIVROS** | O livro vermelho diante da Papisa traz o símbolo de Netuno, que representa o inconsciente, o mergulho nos planos interiores, o universo simbólico e onírico existente em nós e o contato com as realidades mais profundas. O livro azul traz o símbolo do Om, que na cultura oriental representa a eternidade e o primeiro som que faz nascer todo o universo, revelando-nos que a Papisa busca não o conhecimento técnico, mas o das leis que regem e estruturam o universo. |
| **O GATO** | O gato representa a conexão com os planos mais sutis de consciência. Sempre foi associado à magia, aos poderes divinatórios e à capacidade de enxergar o invisível. Do lado oposto à pilha de livros e com os olhos voltados para cima, ele nos revela que o segundo pilar que sustenta a experiência da Papisa refere-se à intuição e à tentativa de enxergar na realidade os princípios do mundo espiritual. |
| **A VELA** | Representa a busca pela iluminação, o desejo de trazer luz à escuridão e a intenção orientada a um propósito. O fogo indica a elevação da consciência em direção aos planos superiores e o desprendimento da materialidade. |

## As cores

O roxo da mandala em diferentes tons reflete a consciência elevada e a busca pela sabedoria espiritual. Nas culturas orientais, essa é a cor do chakra coronário, localizado no topo da cabeça, que representa a conexão do ser humano com as forças divinas.

O azul no fundo da parede indica a consciência tranquila e focada, enquanto o tom mais escuro em um dos livros diante da Papisa reflete o azul profundo do mar e a conexão com os planos interiores. Ele está em contraste com o livro vermelho, representando a dualidade do mundo.

Já o branco de suas vestes simboliza a pureza, uma vez que essa é a cor da neutralidade e da receptividade, capaz de receber outras cores e preservar a sua essência. Também sabemos que, quando pensada na forma de luz, o branco representa a união de todas as outras cores e, portanto, a totalidade e a unidade.

O chão marrom indica o plano físico, revelando que a consciência da Papisa se eleva além dele para acessar a sabedoria interior.

## O arquétipo

A Papisa é a guardiã de um conhecimento oculto e representa o véu de mistério que cobre a realidade e guarda a entrada para suas camadas mais íntimas e profundas. Por isso, essa figura, que sempre indica o local intermediário entre os mundos, nunca pode caminhar plenamente apenas em um plano de existência. Isso significa que, de certa maneira, a figura da Papisa muitas vezes se afasta da realidade comum, das convenções sociais e dos aspectos mundanos ou profanos da realidade.

Isso é muito bem representado pelo número 2 desse arcano, que simboliza a dualidade da realidade, os reinos consciente e inconsciente, o simbólico e o concreto, o lógico e o emocional. Nesse sentido, a Papisa habita os espaços intermediários, é capaz de se mover entre os diferentes níveis da realidade e nos ensina que a verdadeira sabedoria nunca pode ser encontrada em um único ponto de vista ou em verdades absolutas.

No passado, as sacerdotisas viviam em templos reclusos, fora da vida mundana e corriqueira das civilizações, e se dedicavam a transmitir mensagens dos deuses aos homens para que estes pudessem encontrar a solução dos problemas da vida e resgatar o sentido de sua existência. Entretanto, essas mensagens eram sempre transmitidas de maneira enigmática, na forma de charadas, metáforas ou, às vezes, até mesmo de palavras desorganizadas ou falas sem nenhum sentido. Isso acontece porque a mensagem que a Papisa tem para nós emerge diretamente do inconsciente, que se comunica não pela mente racional, mas pela linguagem simbólica e arquetípica, a qual, como um sonho, muitas vezes não faz sentido para nosso eu consciente. O próprio tarô, com suas imagens evocativas, pode ser visto como um instrumento da Papisa.

Há uma razão simbólica para a Papisa ser representada por uma mulher, e não por um homem: é a mulher quem gera dentro de si a vida invisível do bebê antes que ele possa se manifestar no mundo. Da mesma maneira, a Papisa nos indica a necessidade de manter um estado de receptividade. Ela é o cálice vazio que pode ser preenchido pela luz da lua, pela sabedoria divina e pelos impulsos da alma.

A Papisa surge em nossa vida sempre que precisamos nos nutrir espiritualmente. Representa a fertilidade da alma, que deseja se manifestar por meio de imagens, sonhos e inspirações.

Se considerarmos o desenvolvimento da consciência humana no início da vida, a Papisa se torna a representante de uma imagem arquetípica do feminino primordial nos primeiros estágios da relação da mãe com seu bebê, quando ainda não há uma completa diferenciação entre ambos. Já o próximo arcano, a Imperatriz, encarna a figura concreta da Grande Mãe, ou seja, a própria natureza manifestada e coroada com o glifo de Vênus, que representa a relação com o outro. Como representante das forças lunares, a Papisa revela a figura da mãe ainda experimentada como estado de imersão na escuridão da totalidade.

Nesse sentido, pensamos na natureza primitiva do feminino como a guardiã e a presença do inconsciente, o qual é o domínio dos sonhos, das visões e das imagens interiores associadas a esse arcano. Afinal, no primeiro estágio da relação entre a mãe e o bebê, o inconsciente dela permanece vinculado à consciência e ao ego infantil ainda em formação, como um grande vaso que o contém e sacia suas necessidades[29]. Nesse caso, a mãe ou cuidadora não é percebida pela criança como uma figura humana externa, mas como um ser onipotente que sustenta uma experiência de totalidade e não separação. Apenas quando a imagem arquetípica materna passa ao estágio representado pelo arcano da Imperatriz a consciência pode, de fato, emergir. A imagem do feminino deixa de ser simplesmente a lua numinosa e espiritual para tornar-se também a concretude venusiana do mundo material, que traz os limites e a separação entre a percepção do eu e do outro.

Portanto, sob os domínios da Papisa estão as experiências místicas de fusão e dissolução na totalidade, descritas por inúmeras pessoas em diversos caminhos espirituais. Ela se torna a Sacerdotisa, capaz de conduzir a consciência de volta ao contato com as forças criativas e inspiradoras do inconsciente. Além disso, pode trazer sabedoria e inspiração à consciência, percebidas como a conexão com algo transcendente e de natureza sagrada.

## Aspectos mitológicos

Perséfone, rainha do mundo subterrâneo dos mortos, personifica mitologicamente o arquétipo da Papisa. Seu mito nos conta que ela era a filha

---

**29.** Erich Neumann. *A Grande Mãe: Um Estudo Fenomenológico da Constituição Feminina do Inconsciente.* São Paulo: Cultrix, 2006, p. 28.

adorada de Deméter, deusa da agricultura e da terra cultivada, que vivia pelos campos da mãe colhendo flores com as ninfas. Perséfone era tomada pelo mundo externo das aparências e da realidade concreta. Hades, deus do submundo onde habitavam os espíritos dos mortos, desejava se casar. Ao ver Perséfone nos campos floridos, apaixonou-se por ela e decidiu raptá-la. O chão se abriu sob os pés da donzela, que foi capturada por Hades em uma carruagem preta e levada para o reino infernal.

Deméter, deusa da terra visível e manifestada, começou, então, a procurar Perséfone, fazendo de tudo para recuperá-la. Desesperada, amaldiçoou a terra, para que nada mais crescesse até conseguir reencontrar sua filha. Com esse ato, ensinou à humanidade que, quando o corpo está desconectado da alma, a vida se torna estéril, e nada pode nascer. Finalmente, por intervenção de Zeus, Perséfone retornou à superfície e encontrou a mãe – evitando que a humanidade morresse de fome e que os deuses desaparecessem por falta de oferendas. Contudo, Perséfone havia provado da romã, fruto dos mortos. Desse modo, interiorizou a sabedoria oculta e o alimento espiritual das profundezas do inconsciente e, por isso, não poderia regressar à superfície para sempre. Ela descobrira a nutrição espiritual que se ocultava sob a natureza manifestada. Assim, passaria dois terços do ano com a mãe, e esse seria um período em que a terra daria frutos e a vida cresceria sobre o mundo. O outro terço, que correspondia ao período do inverno, ela deveria passar no mundo inferior, reinando como a senhora do submundo, numa posição intermediária entre os planos de existência e ponte entre a realidade física e o reino oculto da alma.

Na mitologia egípcia, esse papel cabe a Néftis, irmã gêmea de Ísis, que personifica a noite. Néftis é associada aos ritos funerários e recebe as almas dos mortos no outro mundo. Também encontramos a temática da Papisa nas deusas e heroínas associadas à magia, ao sacerdócio e ao transe espiritual, como Hécate, Medeia, Circe e Morgana.

# Arcano 3 – A Imperatriz

*"... Eu, que sou a beleza da terra verde, e a lua branca entre as estrelas, e o mistério das águas, e o desejo do coração, reclamo a tua alma. Levanta-te e vem a mim. Pois eu sou a Alma da Natureza, a qual vivifica o universo; de mim todas as coisas emanam, e para mim todas as elas devem retornar; e diante de minha face, amado dos deuses e dos mortais, teu eu mais íntimo se desdobrará no êxtase da alegria infinita."*

– DOREEN VALIENTE, extrato do texto clássico
*O Chamado da Deusa*[30]

## Sentido geral

Beleza, realização, êxito, comunicação, sorte, nascimento, alegria, entusiasmo, poder, ânimo, fertilidade, multiplicação, ascensão, concretização, riquezas, progresso, fortuna, o mundo material, colheita, expansão, nascimento, impulsos, razão, vivacidade e confiança na plenitude.

## Significados

Manifestação, nascimento e fertilidade. A Imperatriz traz alegria, vida e plenitude e representa a concretização dos nossos objetivos, o solo fértil, firme e seguro para sustentar nossos planos. Este arcano indica situações seguras e duradouras e a satisfação de nossos desejos. Também indica o reconhecimento e o prestígio por nossos esforços e ações. Onde surgir a Imperatriz haverá prosperidade, sucesso e abundância.

---

30. *Charge of Goddess* (O Chamado da Deusa), final da década de 1950. Texto de Doreen Valiente, adaptado da versão de Gerald Gardner da obra *Ye Bok of Ye Art Magical*, c. 1949. Tradução de Adilson Silva Ramachandra. Original disponível em: https://www.doreenvaliente.com/doreen-valiente-Doreen_Valiente_Poetry-11.php. Acesso em: 29 dez. 2022. (N. do E.)

Em sentido negativo, ela representa o egoísmo e uma atitude que deixa de levar em consideração as outras pessoas. Também pode indicar um excesso de materialidade, a ganância e a necessidade de controle e posse sobre os outros, ou mesmo vínculos de dependência e atitude superprotetora. Indica ambientes, pessoas e situações que não têm capacidade de manifestar intenções na realidade concreta.

Como conselho, a Imperatriz nos diz para nos voltar ao nosso corpo, ao nosso potencial criativo e à nossa capacidade realizadora. Convida-nos a gerar um novo projeto no mundo. Indica que é hora de manifestar e compartilhar com os outros todo nosso potencial interior.

## Despertar interior

A Imperatriz representa o potencial criativo que todos nós carregamos e nos lembra de que cada pessoa tem dentro de si a capacidade de gerar e colocar novos projetos em ação. Como mãe nutridora, também nos ensina que todas as coisas precisam ser alimentadas para que possam perpetuar sua existência ao longo do tempo. Tudo o que não recebe alimento desaparece – sejam nossos projetos, sejam nossos problemas.

Quando a Imperatriz surge em nossa vida, vem para nos perguntar onde estamos aplicando nosso potencial nutridor. Questiona o que temos alimentado em nós mesmos e no mundo e nos ensina a enxergar se temos aplicado nossa energia e nossos esforços para produzir frutos que nos alimentem verdadeiramente e sejam recompensadores.

Onde temos buscado alimento, não apenas para nosso corpo, mas também para nossa mente e nossas emoções? De onde retiramos nossas forças? Qual é o nosso solo firme, nossa segurança? A Imperatriz é uma carta de responsabilidade que nos convida a olhar para nossa vida e entender como nós mesmos sustentamos o que existe ao nosso redor.

Encontrar a Imperatriz que existe dentro de nós significa criar raízes profundas em nossa identidade. Ela nos desafia a não esperar dos outros o que devemos fazer por conta própria e nos impulsiona a sermos nossa fonte de alimento e manutenção quando não conseguimos encontrar nutrição do lado fora.

## Simbologia

| | |
|---|---|
| O TRONO | Indica sua posição de destaque. Colocado sobre a terra verde, revela-nos que os domínios da Imperatriz se estendem a toda a natureza manifestada. Também representa a consciência centrada e envolvida pela autoridade real, que simboliza os propósitos elevados do eu. Seu formato e os padrões ondulados nele representados simbolizam o fluxo, o movimento e os ciclos da vida, bem como o alinhamento do ego aos propósitos de uma consciência desenvolvida. Sua base cúbica indica, mais uma vez, o plano físico, sobre o qual repousa e governa a Imperatriz. |
| OS CABELOS | Seus cabelos longos, escuros e ondulados complementam o movimento ascendente do trono e nos indicam que o poder da Imperatriz é a manifestação e o ancoramento no plano material, fluindo da cabeça – centro da consciência – em um movimento descendente ao encontro do mundo concreto. |
| O VESTIDO | Seu vestido cor-de-rosa indica a feminilidade e a conexão desse arcano com os princípios femininos que governam o universo e, portanto, com o poder de gerar e conceber a vida. As flores representam toda a beleza que reveste a Terra, e as mangas douradas indicam que a natureza manifestada e visível é sustentada por elementos interiores invisíveis. |
| O COLAR | Trazendo na altura do coração um colar com o símbolo do planeta Vênus, associado ao amor, à beleza, à fertilidade e à feminilidade, a Imperatriz tem no centro do corpo o emblema de seu poder. Esse símbolo é interpretado como o ventre feminino, enfatizando, mais uma vez, seu poder de trazer vida ao mundo e tornar visível o invisível. |
| OS LÁBIOS EM DESTAQUE | Enfatizam todos os aspectos ligados ao corpo, à beleza, à vaidade, ao prazer e à alegria de viver. Representa a manifestação física da beleza espiritual e a comunicação clara. |
| A TERRA | São os domínios férteis da Imperatriz, que não se fecha na sala de um castelo, mas governa no coração do mundo manifestado. Toda a fertilidade do mundo é, portanto, uma extensão do seu poder. |

## As cores

O céu laranja nos lembra do momento do amanhecer, quando a própria Terra dá à luz o sol brilhante, que nos permite enxergar a beleza do mundo. Nas culturas orientais, o laranja é a cor associada ao chakra umbilical, ponto de energia que, no corpo feminino, está relacionado ao poder gerador do útero, enfatizando a potência criadora da Imperatriz. Essa cor também pode ser vista em alguns detalhes de seu vestido, indicando que ela é revestida de princípios do mundo espiritual e da consciência elevada.

O vermelho vivo de seu trono remete ao útero feminino e ao ventre, no qual toda vida é gerada e repousa antes do nascimento, assim como faz a Imperatriz, indicando seu poder de dar a vida. Já o dourado nos lembra das riquezas da Terra e do valor do mundo material.

## O arquétipo

O número 3 representa o poder criativo para a manifestação de uma nova forma de vida e de sustentação da realidade material por uma força superior. Por isso, em muitas religiões e tradições espirituais, a potência divina é representada por uma tríade: a trindade cristã com Pai, Filho e Espírito Santo, a divina família egípcia formada por Ísis, Osíris e Hórus, e a trindade hindu constituída pelos deuses Brahma, Vishnu e Shiva.

A Imperatriz representa a Grande Mãe, a Mãe Terra, nutridora que possibilita o surgimento da vida. Representada como uma mulher bela, confiante, sedutora e madura, personifica o potencial da cura, a alimentação, a emoção e a criatividade. É a figura materna que todos carregamos dentro de nós. Por isso, estar em contato com sua figura significa sempre pensar em nossa relação com a maternidade.

No arcano anterior, vimos como a imagem interior do feminino assume, em um primeiro momento, aspecto numinoso e imaterial, associado à experiência da totalidade e à imersão no inconsciente. Agora, chegamos ao plano material, governado pela Imperatriz, e a mãe ganha corpo. Corporificada, ela passa a ser percebida como a provedora das necessidades infantis e a protetora contra as ameaças de dissolução da consciência em formação na criança. Traz conforto, segurança e sustentação para que a consciência do filho possa continuar seu desenvolvimento e dá a ele o amparo necessário.

De maneira positiva, esse arquétipo se expressará como a mãe benevolente, presente para suprir e atender às necessidades do filho, oferecendo a ele o cuidado de um ambiente seguro que estimula seu desenvolvimento. Quando estamos sob sua influência, sentimo-nos criativos e capazes de acessar nosso poder de manifestação. A figura positiva da mãe nos alimenta, nos apoia e nos oferece a sustentação emocional necessária para que cada vez mais possamos nos desenvolver.

De maneira negativa, ela é a mãe dominadora, que se recusa a deixar que o filho se separe dela. Além disso, tenta impedir seu desenvolvimento, afastando, assim, a possibilidade da separação. Permanece com o ventre cheio, recusando-se a deixar que suas crias saiam para o mundo. Eis aqui uma importante lição sobre a figura arquetípica da Imperatriz: todo processo de nascimento envolve, necessariamente, o rompimento e a separação. Sempre que colocamos no mundo um novo projeto, ele deixa de pertencer apenas a nós.

Como representa a materialização, ela também nos lembra da importância das definições e dos contornos. A Imperatriz representa o princípio da forma, os limites necessários e muito importantes para que algo novo possa emergir. É um convite à descoberta de nosso corpo e à exploração dos sentidos, fazendo disso fonte de poder, prazer e segurança. É também a energia da gravidade, puxando nossos pés para a realidade concreta e impulsionando a manifestação.

A Imperatriz é um convite à alegria de viver.

## Aspectos mitológicos

Encontraremos a força da Imperatriz manifestada em diferentes mitologias por meio de deusas ligadas à natureza e à agricultura. Na mitologia grega, ela é Deméter, deusa da terra cultivada, que ensina aos seres humanos a arte da agricultura, dando-lhes a capacidade de produzir o próprio alimento e saciar suas necessidades. É a deusa que impulsiona o brotar das sementes e faz com que rompam o solo – símbolo do próprio nascimento, quando a vida eclode do interior da terra para tornar-se visível, sólida e concreta. Os gregos chamavam o pão de "presente de Deméter", pois ela estava diretamente associada não apenas ao nascimento e à manifestação, mas também à manutenção da vida, dando-lhe os recursos necessários para que pudesse prosperar. Como deusa das colheitas, Deméter assegurava o sucesso, a abundância, a fertilidade e a prosperidade.

Quando teve a filha sequestrada por Hades, deus do submundo, pôs em prática o aspecto sombrio do arquétipo materno, trazendo esterilidade ao solo e fazendo com que toda vida parasse de brotar. Isso representou uma ameaça não só aos seres humanos, que não poderiam mais se alimentar, como também aos deuses, que já não poderiam contar com os ritos e as oferendas dos homens. Esse fato nos revela um importante aspecto da imagem arquetípica da Imperatriz: é ela quem garante a estabilidade do universo, assegurando que o mundo permaneça ordenado e o caos não possa retornar.

Na mitologia nórdica, Frigga é a deusa que personifica a Imperatriz. Primeira esposa de Odin, é a guardiã dos matrimônios e da maternidade. Sua irmã, Fulla, deusa da fertilidade, evidencia sua relação com a terra e com todas as coisas que crescem sobre ela. Isso nos mostra como a figura da mãe se relacionava diretamente com a ideia da terra, da natureza e da vida manifestada.

## Arcano 4 – O Imperador

*"Só com esforço prolongado e sinceridade, disciplina e autocontrole o sábio se torna como uma ilha, que nenhuma enchente consegue inundar."*

– Sidarta Gautama, *o Buda*.

### Sentido geral
Poder, autoridade, construção, trabalho árduo, solidez, segurança, domínio, razão, responsabilidade, persistência, ordem, disciplina, regra, estabilidade, objetividade, praticidade, ceticismo, seriedade, execução, realização e concretização.

### Significados

A aplicação do poder e da vontade; o uso adequado da autoridade para manifestar as intenções; a ação concreta, o trabalho, o empenho e a dedicação necessários para construir um império estável. O imperador indica a necessidade de voltar-se para o mundo concreto em vez de se concentrar nos sonhos e nos planos internos da vida. Pede que voltemos nossas energias para a vida cotidiana e as tarefas que precisamos cumprir. É a mão sólida do governante capaz de tomar decisões que poderão beneficiar ou prejudicar todo o povo e representa figuras de autoridade e liderança.

O aspecto negativo do Imperador indica a tirania, a obsessão por controle, o autoritarismo e a falta de flexibilidade. Também pode indicar situações de total frieza emocional, rigidez, abuso de poder, ciúme, possessividade e apego exagerados.

O conselho do Imperador é que possamos agir de maneira prática e objetiva, impulsionados por nosso ímpeto de vitória e executando com mestria as funções que nos são designadas. Ele nos inspira a ter atitude forte, decidida, determinada e sólida, para que possamos encontrar nosso poder pessoal e usá-lo para concretizar nossa vontade.

## Despertar interior

Quando a figura do Imperador surge em nossa vida, nos convida a entrar em contato com nosso poder pessoal e encontrar a força, a coragem e a determinação que existem dentro de nós. Ele nos ensina que devemos governar nossa vida e nos responsabilizar por nossas ações e escolhas, entendendo que tudo o que fazemos pode ter consequências positivas ou negativas.

O Imperador nos convoca a reavaliar nossa maneira pessoal de encarar o poder e o controle e nos ensina que o verdadeiro poder é o que deve ser colocado a serviço dos outros, assim como cabe a um rei assegurar o bem-estar de todo seu povo. Representa nosso líder interior e nos desafia a agir desse modo, com firmeza e coragem.

Quando este arcano aparece, nos instiga a agir com autoridade e a reconhecer nosso valor. O Imperador é sempre confiante e seguro de seus propósitos; não tem medo de agir, de se posicionar e de defender aquilo em que acredita.

## Simbologia

| | |
|---|---|
| **O CAMPO** | O campo aberto onde está o Imperador representa a vida em expansão e os territórios que ele governa. A terra fértil e cheia de vida é uma extensão de seu mundo interior e de seu poder. O baixo horizonte, que traz um céu mais amplo que a terra, nos revela que o Imperador está a serviço de um nível superior de consciência. |
| **OS PINHEIROS** | O pinheiro é a árvore da força e da sobrevivência nos períodos difíceis. Permanece verde até mesmo no inverno, representando a potência masculina e o enfrentamento dos momentos duros e sombrios. |
| **O TRONO** | Representa o plano material sobre o qual o Imperador governa. É a soberania do rei sobre a terra e sua investidura de poder. É a autoridade e a força a serviço do ego. Seu formato é fálico, representando a potência e o direcionamento. Também é proeminente na região da cabeça, com a cor dourada indicando consciência centrada e alinhada aos propósitos do mundo superior (representado pela ponta do trono apontando para o céu), e representa a coroa real, evidenciando o desenvolvimento da mente. |
| **A VESTIMENTA** | Representa a identificação do ego com o papel desempenhado pelo Imperador. Revela sua atitude exterior diante do mundo, sua maneira de agir e se comportar, sempre impregnada de seus ideais, valores e objetivos. Prolongando-se pelo chão aos pés do Imperador, revela seu domínio sobre o mundo físico. Sustentada pelo símbolo de Marte, indica que sua atitude é orientada pela força, pela determinação e pela expansão. |
| **A POSTURA** | Sentado no trono do mundo material que se eleva em direção ao céu aberto sobre ele, o Imperador se coloca em postura de estabilidade como o representante físico das forças superiores e a encarnação visível das potências invisíveis e dos princípios da lei, da honra e da justiça. |
| **O ANEL** | O anel nos revela que a posição do Imperador serve não apenas a ele, mas também a algo que o transcende. Reflete as antigas mitologias, nas quais o rei deveria se casar com a terra para governar, adotando uma atitude orientada ao bem coletivo. O caráter esférico do anel também nos remete ao si mesmo, indicando que o ego se dedica a ele. |

## As cores

Vemos o azul mais sutil no céu, indicando os planos superiores de consciência, e mais intenso e escuro nas vestes do Imperador, que conecta seu corpo à terra. Isso nos revela que sua investidura vem de um nível mais amplo de consciência, em harmonia com as leis que regem o cosmo e o mantenedor da ordem estabelecida no mundo. Essa consciência superior é evidenciada pelas bordas de cor dourada de seu trono, também vista no anel e em seus cabelos louros, que nos lembram da luminosidade do sol e da consciência alinhada aos propósitos interiores do si mesmo.

O vermelho e o preto em seus ombros refletem as cores dos dois signos associados a Marte na astrologia antiga, respectivamente Áries e Escorpião, enfatizando o poder marcial de domínio e controle exercido pelo Imperador, que repousa em sua força.

A camisa laranja indica dinamismo, e a calça marrom representa o ancoramento no plano material e concreto. Essa cor também é vista em seus olhos, indicando-nos que ele observa o mundo manifestado de maneira prática e concreta. Por fim, o verde da terra ao seu redor enfatiza a vida, a fertilidade e a prosperidade proporcionadas pelo uso adequado de seu poder sobre o mundo.

## O arquétipo

O Imperador nos conduz à imagem arquetípica do pai interior. É o princípio da lei, da ordem, da justiça e das regras. É quem estabelece o que é certo ou errado, adequado ou inadequado, e, por isso, exerce o papel do legislador, trazendo a força harmônica que transforma um grupo de pessoas em um único povo. Nesse sentido, é o mantenedor de um senso de comunidade e estimula em nós a identificação com uma identidade coletiva. É o protetor do grupo, seja como pai de família, seja como presidente de uma nação. O orgulho de pertencermos a uma família, a um país ou a uma instituição é fomentado pela liderança do Imperador, que materializa esse sentimento abstrato de pertencimento. Por isso, encontramos a figura desse arcano encarnada no mundo na forma de líderes, chefes, empresários, governantes e todos aqueles que detêm o poder.

A imagem do Imperador encarna o princípio da disciplina e da constância, capazes de manter a estabilidade. Ele é a ação orientada por um propósito e um objetivo, a motivação para alcançar todas as nossas ambições. Sua energia se expressa através do número 4, que representa a busca por solidez, estabilidade, recursos materiais e a construção de estruturas firmes para o futuro. Enquanto a carta da Imperatriz representa o mundo manifestado e o espaço, o Imperador contém o potencial ativo de movimentação por meio da realidade.

A firmeza do Imperador também nos ensina a necessidade de um ego estruturado, autônomo e seguro, para que possamos ter uma vida realizada. Representa o potencial da mente racional, lógica, firme e determinada a serviço de um ideal. Como representante da própria independência, o Imperador pede que tenhamos raízes firmadas em nossa identidade pessoal e senso do eu. Como estrategista, enfatiza nossa capacidade de raciocínio lógico, a visão de longo prazo e o pensamento orientado ao futuro.

Ainda em relação à sua associação com nosso potencial mental e nossa capacidade cognitiva, o Imperador também revela o poder da palavra, capaz de punir ou libertar, negociar, avaliar, determinar e decidir. Atua segundo o princípio da razão e da sobriedade, voltando-se sempre aos aspectos práticos e concretos da vida.

## Aspectos mitológicos

Se o Imperador representa a poderosa figura do pai, quem senão Zeus, pai do Olimpo, poderia representar a energia carregada por essa imagem arquetípica? Seu mito nos conta que ele nasceu do casamento entre os Titãs Cronos e Reia e que era o mais jovem de uma série de irmãos divinos. Entretanto, seu pai, com medo de ser destronado e destituído do poder, devorava sua prole sempre que Reia dava à luz um novo deus. Ele fazia esses sacrifícios para que sua eterna soberania fosse assegurada.

Determinada a libertar os filhos e a colocar um fim na tirania do consorte, Reia deu à luz o pequeno Zeus e elaborou um plano: em vez de entregá-lo para que sofresse o mesmo triste destino dos irmãos, deu a Cronos uma pedra, que ele rapidamente devorou acreditando ser o filho. O bebê Zeus foi, então, escondido em uma caverna e criado em segredo até ter idade suficiente para desafiar o pai e libertar os irmãos que haviam sido devorados. Assim o fez. Enfrentou o pai, resgatou os irmãos e baniu o velho Cronos para o Tártaro, em uma guerra entre a nova e a antiga geração de deuses. Zeus e os irmãos saíram vitoriosos, e ele foi coroado rei do Olimpo, governante e soberano dos deuses.

O mito de Zeus nos ensina, entre outras coisas, a busca pela autonomia do filho, que precisa se desprender e se libertar da autoridade paterna para que possa se tornar responsável por si mesmo. Ilustra a busca por independência que todos nós enfrentamos à medida que crescemos e decidimos viver de acordo com nossas regras.

Na mitologia celta, a referência é Dagda, o bom deus que personifica os atributos relacionados ao Imperador. Representado como grande pai, às vezes na forma de um gigante, Dagda era quem assegurava a proteção e a abundância de seu povo e possuía um caldeirão que sempre transbordava alimento. Para os celtas, ele era o pai que nutria e assegurava o bem-estar de todos, sendo também um excelente guerreiro e estrategista.

## Arcano 5 – O Papa

*"[...] Meu mestre e meu guia!*
*A quem nenhuma coisa feriu, nem doeu, nem perturbou,*
*Seguro como um sol fazendo o seu dia involuntariamente,*
*Natural como um dia mostrando tudo,*
*Meu mestre, meu coração não aprendeu a tua serenidade.*
*Meu coração não aprendeu nada.*
*Meu coração não é nada,*
*Meu coração está perdido. [...]"*

– ÁLVARO DE CAMPOS, 1928[31].

### Sentido geral

Crença na sabedoria interior, maturidade para enfrentar problemas, o mestre, contato com o divino, união com o que há de bom na alma, espiritualidade, filosofia de vida, religião, costumes, desapego dos velhos padrões, reformulação de ideias antigas, moral, aprendizado, estudos, aprimoramento, ouvir e analisar para depois agir, soluções, alianças em todos os sentidos, legalização, crenças, tradicionalismo, dar ou ouvir conselhos e necessidade de descobrir a energia vital do espírito.

---

31. Fernando Pessoa. *Poesias de Álvaro de Campos*. São Paulo: Ática, 1944 (imp. 1993), p. 31.

## Significados

Também chamado de "Hierofante", termo que vem de *hieros* (sagrado) e *phantes* (ensinar), o Papa é, portanto, aquele que ensina o sagrado, o transmissor da sabedoria divina da alma. Quando esta carta surge em uma tiragem, pede que olhemos para nosso sistema de crenças, nossos valores e nossa ética pessoal para que possamos permanecer fiéis a esse centro ordenador que existe em nós.

No tarô, o Papa é o detentor da sabedoria e, por isso, representa os processos de estudo e a transmissão do conhecimento de maneira sistematizada e linear, bem como o aconselhamento que podemos obter das pessoas mais experientes. Pode indicar tanto a necessidade de buscar quanto a de transmitir conhecimento. O Papa nos ensina que conhecimento é poder.

Além disso, ele representa as convenções sociais, todos os métodos já testados e aprovados e as instituições mantenedoras dos costumes de um povo. Esse não é um arcano de inovação, mas de tradição – pede que recorramos aos caminhos já estabelecidos e ao conhecimento firmado ao longo do tempo. De maneira negativa ou dependendo de sua posição na leitura, pode indicar exatamente o oposto: apego excessivo aos métodos estabelecidos e dificuldade de pensar fora dos esquemas padronizados. Também pode revelar falta de flexibilidade, teimosia e apego a leis que não servem a propósitos maiores. Enquanto no sentido positivo o Papa trata das tradições e dos costumes que honram o sagrado interior, no sentido negativo é a repetição de costumes e ritos de maneira fria, desprovida de significado profundo. Pode ainda indicar moralismo e hipocrisia.

## Despertar interior

No processo de desenvolvimento da alma, o Papa surge para nos lembrar de que todos temos um professor interno, ao qual devemos obedecer no curso de nossa vida. Todo conhecimento e os ritos que podem ser transmitidos pelo Papa têm valor somente quando servem como um caminho interno de conexão com nosso sagrado e de nada adiantarão se forem repetidos apenas externamente. Dessa maneira, ele nos ensina que as tradições, as instituições, as práticas e os costumes que adotamos e aos quais nos submetemos podem ser profundamente transformadores, mas se não falarem diretamente ao nosso coração serão todos estéreis e desprovidos de real significado.

O Papa nos convida a meditar e a avaliar se as leis e convenções que decidimos adotar realmente expressam nossa verdade pessoal ou se estamos apenas repetindo algo que nos foi transmitido, mas que, na verdade, não se torna um caminho real, capaz de nos aproximar de nosso centro. Nesse arcano, aprendemos que a forma fixa e rígida só pode ter verdadeiro poder quando se torna um veículo para uma força invisível.

O Papa nos lembra de que precisamos nos conectar a algo maior que nós mesmos. Se ele é capaz de nos conduzir em nossa busca pelo sagrado, a autoridade máxima do caminho espiritual, encontrar o Papa dentro de nós significa despertar para o conhecimento do que pode enriquecer a experiência e a comunicação com nosso centro. Essa busca deve sempre partir de dentro para fora, nunca o oposto.

## Simbologia

| | |
|---|---|
| A JANELA | Sua base formada por ângulos retos indica o plano físico; porém, à medida que se eleva, as linhas tornam-se curvas e unificam-se em um único ponto, demonstrando o princípio de reunião das polaridades em um único ponto fundamental originador. Nela, não vemos vidros, mas uma abertura, ou seja, um portal de comunicação com os planos superiores, capaz de fazer emergir sua sabedoria na consciência humana. |
| O CÉU ESTRELADO | Abertura para o desconhecido, para o misterioso e numinoso. É a luz que vem de cima e, portanto, indica os planos mais elevados de consciência, a contemplação espiritual e a busca pelos princípios universais. Por trás da cabeça do Papa, revela a mente sintonizada com as forças divinas e a consciência egoica, colocada a serviço dos princípios do *self*. |
| A MESA | Com quatro lados e quatro pés, indica o plano físico, a manifestação visível do conhecimento e princípios invisíveis. Seus pés tocando o chão, junto aos pés da cadeira do Papa, polarizam a única ponta da janela que se eleva, revelando a multiplicidade de manifestações possíveis a cada princípio divino. |
| O HOMEM | A mente consciente. Sua idade simboliza a ação do tempo sobre o ego, bem como a sabedoria e a maturidade que apenas a experiência e o tempo são capazes de fornecer. Indica o conhecimento e a compreensão obtidos por meio da vivência prática, não apenas do estudo teórico. |

| | |
|---|---|
| O LIVRO | A elevação da consciência pela busca do conhecimento. Traz na capa o glifo de Júpiter, rei dos céus e dos deuses, legislador divino que conhece os princípios e mecanismos que agem sobre o cosmo. É o conhecimento formal que pode ser aprendido.<br><br>O símbolo de Júpiter, rei dos céus, indica a compreensão sobre as leis celestes que regem o movimento dos astros e intensifica a relação entre a carta e o conhecimento das leis divinas. |
| O PLANETÁRIO | Sobre a mesa do mundo material, simboliza o princípio invisível ordenador e as leis cósmicas que governam o plano físico, fruto da harmonia do movimento das esferas, proveniente dos planos mais elevados de consciência. Seu formato esférico e mandálico faz referência ao si mesmo, centro ordenador de toda personalidade. A inferência das leis divinas por meio da observação das leis naturais. Polarizando o livro do outro lado da mesa, representa o conhecimento que só pode ser obtido pela observação sensível. |
| O PAPEL | Apontando para baixo, representa o acúmulo e a transmissão dos conhecimentos e da sabedoria sutil que só podem ser compreendidos por meio da contemplação interior. Entre o livro e o planetário, sintetiza a sabedoria humana e divina. São as tradições, os ritos e os dogmas estabelecidos ao longo do tempo e que marcam o caminho em direção ao divino, transmitidos de mestre para aprendiz. |
| AS VESTES | Apontam para a pureza que reveste o ego e a autoridade que vem dos planos interiores. A faixa vermelha cruzando o peito e o coração nos lembra do sangue e da vida física, os quais devem ser sustentados pelos princípios espirituais. |
| A POSTURA | Sentado, com os pés apoiados no chão e os braços sobre a mesa, revela os princípios da estabilidade, da permanência e da firmeza. |

## As cores

O tom azul-esverdeado do fundo da imagem nos remete ao estado de equilíbrio, serenidade e contemplação interior, tão necessário ao trabalho do Papa, revelando que a atmosfera na qual este arcano opera é sempre a da consciência centrada. Em contraste, encontramos o azul profundo do céu estrelado, que nos remete à imensidão do universo e ao desconhecido, à observação das esferas superiores e à conexão com a harmonia celeste, que representa as forças dinâmicas movimentando a vida humana.

O branco-acinzentado que vemos nos cabelos e no bigode do Papa, bem como em suas vestes, faz referência à ação do tempo e à sabedoria que só pode ser atingida por meio da paciência. Também reflete a pureza interna, não de maneira inocente ou ingênua, mas obtida pelo trabalho interior. A faixa vermelha cruzando o coração é uma referência ao sangue e à vida, uma manifestação mais externa do estado interior de equilíbrio do Papa. Em termos alquímicos, o vermelho também indica o último estágio do processo de transmutação, o rubedo, que simboliza a consciência iluminada e transformada após o processo de integração dos opostos na personalidade.

O marrom de seus olhos e da mesa mostram um trabalho e um olhar que se direcionam ao plano terrestre e material. Isso significa que ele é capaz de enxergar as leis espirituais em ação na realidade concreta. O amarelo do livro, visto também nas bordas da janela e nos sapatos dele, indicam a consciência iluminada, a busca pelo conhecimento e a capacidade de usar os princípios espirituais da vida diária, empregando esses ensinamentos como a base do seu caminhar.

## O arquétipo

O Papa é uma figura arquetípica que retrata o porta-voz do mundo espiritual. É a personificação da moral, da conduta, da verdade, do idealismo ortodoxo, da religião como verdadeiro *religare*, do mestre, do conselheiro e do amigo a quem possivelmente tenhamos de recorrer.

Diferentemente do Imperador, que exerce a autoridade sobre o mundo físico, o Papa é a personificação da autoridade espiritual e da conexão com o centro de nosso ser. Se o Imperador pode ser compreendido como a mente aguçada que se direciona a um propósito e age segundo as leis do ambiente exterior, o Papa é a mente colocada a serviço de uma inteligência superior, em comunhão com o sagrado e o princípio criador e ordenador do mundo. Nesse arcano, enxergamos além das leis humanas para compreender as leis divinas que ordenam o mundo físico.

O Papa é o mensageiro do grande mistério, o mestre espiritual capaz de oferecer direcionamento e orientação. Por isso, precisamos tomar cuidado para não o confundir com a própria mensagem. Podemos enxergar o aspecto sombrio do Papa em todos os líderes espirituais que usam sua posição privilegiada para controlar e manipular seus fiéis, identificando-se cegamente com figuras divinas e onipotentes.

A função do Papa é servir, orientar, aconselhar e ensinar. Ele é o transmissor do conhecimento e da cultura, o elo que traz ao presente a sabedoria do passado; à consciência, os impulsos de amadurecimento do inconsciente; e ao plano físico, as mensagens do reino espiritual.

O termo "sacerdote" vem do latim e é formado pela combinação de *sacer*, que significa sagrado, e *dare*, oferecer, dar. Em outras palavras, a função arquetípica do Papa está em oferecer-se ao sagrado ou servir ao sagrado: trata-se de um transmissor, perpetuador e atualizador do conhecimento, garantindo que as raízes firmes das tradições permaneçam vivas e continuem fortes no mundo.

## Aspectos mitológicos

Na mitologia grega, encontraremos a figura do Papa muito bem representada por Quíron, centauro responsável por ensinar os filhos dos deuses. Ele era conhecido pela grande sabedoria e capacidade de curar as dores e feridas de todos aqueles que o procuravam. Mas, em certo momento, Quíron foi atingido por uma flecha envenenada, cujo ferimento ele não conseguiu curar, mesmo usando todos os seus conhecimentos.

Todavia, isso não o afastou de seu divino ofício. Mesmo marcado pela dor e pelo sofrimento constantes, continuou a transmitir seu conhecimento e a curar a todos os aflitos que iam até ele, colocando seu conhecimento e suas habilidades a serviço dos demais.

A ferida incurável de Quíron pode ser compreendida como a ferida da alma, e é exatamente por estar em contato direto com o sofrimento causado por seu ferimento que ele podia encontrar empatia para curar a dor do mundo. Desse modo, seu conhecimento para aplacar as angústias que atribulavam os viventes vinha não apenas de um lugar intelectual, mas também da experiência direta com o sofrimento, que, mediante seu ofício, ganhava sentido e propósito. Quíron era capaz de transformar a própria dor em bálsamo de cura. Mesmo sendo incapaz de pôr fim à própria agonia, conseguiu transformar positivamente a vida dos que o procuravam.

Na mitologia celta, é na figura de Merlin que encontraremos o grande professor e sábio, visto como aquele que podia conceder orientação e auxílio a todos que o procurassem. Seu papel era não só formar os jovens, mas também orientar e aconselhar o rei, representando a ligação entre as leis humanas do Imperador e as leis espirituais personificadas pelo Papa.

Também podemos encontrar a figura do Papa em todos os fundadores míticos de religiões e caminhos espirituais que fizeram o papel de pontífice entre os mundos, com o intuito de trazer um novo conjunto ordenado de crenças e práticas para que a humanidade não perdesse seu vínculo com a divindade e o plano espiritual.

# Arcano 6 – Os Enamorados

*"Só se vê bem com o coração. O essencial é invisível aos olhos."*

– Antoine de Saint-Exupéry, *O Pequeno Príncipe*[32].

### Sentido geral
Sentimento, amor puro, escolhas, afetos, querer bem, decisões importantes, jovialidade, necessidade de cuidar das emoções, entrega aos desejos, sentir onde o coração bate mais forte, curiosidade, oportunidades, beleza, relacionamentos, família, namoro ou casamento, parcerias amigáveis, acordos, dúvidas que podem ser resolvidas se houver sinceridade, propostas, encruzilhada, harmonia e equilíbrio.

## Significados

O arcano dos Enamorados, às vezes também chamado de "Os Amantes", trata dos momentos de escolha e decisão em todas as áreas da vida, quando precisamos avaliar as possibilidades que se colocam diante de nós para identificarmos onde nosso coração bate mais forte. Apesar de indicar a necessidade de escolher, a carta dos Enamorados nos ensina que esse passo deve ser dado no plano emocional e no contato com nossa verdade interior, não simplesmente de um ponto de vista racional e intelectual. Este é o arcano que

---

[32]. Rio de Janeiro: Agir, 2009, p. 70.

personifica os momentos de dúvida e as encruzilhadas da vida, tão importantes para nosso crescimento e desenvolvimento no caminho de realização do eu.

Como carta que expressa nosso livre-arbítrio, ela nos pede que nos responsabilizemos por nossas atitudes, nossos posicionamentos e nossas escolhas. Em sentido negativo, os Enamorados apontam para a dificuldade de nos posicionarmos e assumirmos nossos desejos e nossas vontades e representa nossa mente dividida entre opções e interesses. Esse arcano nos lembra de que, se insistirmos na recusa da escolha, consequentemente vivenciaremos a indecisão, os medos, as aflições e a frustração.

Quando essa carta surge numa leitura, sua mensagem é sempre um sinal de que assuntos ligados ao coração precisam ser resolvidos ou de que oportunidades chegarão em algum outro setor da vida. É um anúncio de afetividade, amor puro e bondade que se manifestam espontaneamente. Por mais obscuro que seja o caminho, sempre haverá uma alternativa a ser seguida.

## Despertar interior

Quantas vezes não caminhamos pela vida alheios às nossas vontades, ao que faz nosso coração bater mais forte e desconectados do que verdadeiramente desejamos?

Quando o arcano dos Enamorados surge para impulsionar nosso desenvolvimento pessoal, ele nos lembra de que todas as escolhas da vida devem sem feitas levando em conta nossa verdade interior. É o momento de buscar harmonia interna e um estado de completude íntima. Todas as nossas escolhas externas, na vida prática, devem refletir a busca pela totalidade da alma.

Experimentamos a carta dos Enamorados sempre que novas paixões – sejam elas por pessoas, áreas do conhecimento, atividades ou ocupações – surgem em nossa vida e acabam "roubando" nossa atenção. Quando estamos apaixonados, tendemos a olhar para uma única direção. A imagem dos Enamorados é um convite a nos despirmos de todos os preconceitos e afirmações artificialmente construídos sobre nossa personalidade, para que possamos enxergar, de maneira mais pura, o que verdadeiramente desejamos.

Sua difícil lição é que, ao escolhermos uma opção ou um caminho para seguir, precisamos abrir mão de todos os outros. Por isso, esse arcano nos convoca a honrar nossa verdadeira essência e a fazer nossas escolhas ouvindo a voz interior, não os ruídos que vêm de fora. Quando a mente se encontra dividida entre múltiplas possibilidades, é para dentro que devemos olhar e buscar orientação.

## Simbologia

| | |
|---|---|
| O CORAÇÃO | Símbolo do encontro simétrico entre duas pessoas, indica o amor e a união, a capacidade de enxergar-se no outro e unir-se a ele em igualdade. No topo da carta, aponta para a experiência de unidade e totalidade experimentada pelos Enamorados no nível da consciência (a cabeça). Ele traz o símbolo de Vênus, planeta do amor e da união. Ao longo da estrada, os corações representam os caminhos da realização emocional. |
| OS OLHOS | As cores diferentes indicam as variadas visões de mundo de cada pessoa, que podem se encontrar para olhar na mesma direção. O encontro dos olhares indica não apenas uma aproximação física, mas também interna, emocional e afetiva. |
| AS ROUPAS | As flores nos fazem lembrar da beleza, do romantismo e da afetuosidade do encontro romântico. As linhas verticais, indo de um ponto ao outro, representam a consciência e o plano mental, enquanto os pontos e as esferas remetem ao plano emocional e inconsciente, indicando que o encontro dos Enamorados se dá em todos os níveis e planos. Todos esses padrões, expressos de maneiras diferentes em suas roupas, também nos remetem à capacidade de encontrar no outro semelhanças e pontos em comum. |
| AS MÃOS DADAS | Exprimem a parceria e o compromisso. Os braços unidos pelas mãos formam a base da figura do coração. |
| OS PÉS | Um dos pés de cada Enamorado pisa na estrada, indicando o encontro dos caminhos e o desejo de percorrerem juntos a mesma direção. Mais uma vez, indicam o movimento e a escolha voluntária de um pelo outro. |
| A ESTRADA | Representa o fluxo e o movimento da vida, a direção na qual escolhemos seguir. No início, o caminho é único e simboliza o encontro de interesses entre os Enamorados, mas à frente se bifurca, indicando as novas possibilidades e mudanças às quais sempre estamos suscetíveis. Eles escolherão um dos caminhos e permanecerão juntos ou se separarão para seguir cada um o destino de seu próprio coração? |
| A SIMETRIA | Encontramos a presença de um elemento abstrato em toda a carta: se a cortarmos ao meio, perceberemos que ela é totalmente simétrica, remetendo-nos ao princípio da projeção e à capacidade de enxergar externamente aquilo que se expressa dentro de cada um de nós. |

## As cores

O laranja do céu nos remete ao nascer ou ao pôr do sol, momento intermediário entre o dia e a noite, que nos lembra da constante dinâmica da vida. Nas culturas orientais, essa cor é associada ao segundo chakra, o umbilical, no qual experimentamos as conexões e ligações afetivas com um parceiro.

Os olhos dos Enamorados trazem duas cores relacionadas ao elemento Terra, o verde e o marrom, indicando que a conexão que enxergam entre si é sólida e resistente. Ambas as cores também se expressam respectivamente na vegetação ao redor e no caminho diante deles, indicando que esse é um encontro fértil e cheio de possibilidades no plano concreto.

O rosa e o azul das roupas em oposição mostram as qualidades individuais e complementares que cada um deles traz ao encontro. O vermelho dos corações traz a paixão e a intensidade, que balanceiam e equilibram as cores mais sólidas e densas no arcano.

## O arquétipo

A imagem arquetípica presente na carta dos Enamorados reflete o encontro da dualidade que se une para formar um todo. Seu nome nos remete à força da energia amorosa, capaz de dissolver as barreiras da separação e da polaridade para criar algo coeso e inteiro. Por isso, a imagem da busca de um parceiro romântico reflete, na verdade, a busca pela experiência da totalidade da alma que só pode ser vivida interiormente.

O arquétipo do amante, a pessoa apaixonada, indica a experiência de sermos capazes de vislumbrar no outro aquilo que nos falta e que somos incapazes de enxergar em nós mesmos.

O enamorado é aquele que está sempre em busca do outro, que deseja misturar-se e fundir-se com o objeto de seu desejo. Portanto, é alguém que está sempre em posição de falta.

A experiência arquetípica do arcano dos Enamorados nos faz perceber como somos seres desejantes – mas só podemos desejar aquilo que ainda não temos. Pelo encontro com o outro, podemos encontrar o que acreditamos ainda não possuir ou aprender a vislumbrar em nós mesmos o que nos atrai.

Exatamente por isso, a imagem arquetípica dessa carta reflete tanto as buscas e escolhas da vida de maneira geral quanto o estado de apaixonamento: todas elas são situações em que nos movemos no sentido de nosso desejo, na busca pelo que pode nos completar.

Quando vivenciado de maneira positiva, a experiência arquetípica dos Enamorados provoca em nós um sentimento de integração e totalidade, a união alquímica entre os opostos e a integridade psíquica com as diferentes partes da nossa alma. Porém, quando vivenciado em sentido negativo, o arquétipo do amante se expressará como um eterno sentimento de falta, insaciedade, inconstância e busca eterna por algo que nunca seremos capazes de encontrar.

Os Enamorados nos ensinam os processos de integração que acontecem dentro de nosso ser, quando, em um primeiro estágio, percebemos dois elementos como diferentes, opostos ou complementares e depois os reunimos para que ambos se tornem algo muito maior. Só podemos amar algo ou alguém quando nos percebemos como distintos e separados. Esse tema arquetípico sempre esteve presente em conhecimentos como a alquimia, a mitologia e diversas tradições espirituais, revelando que o potencial da experiência expressa pelo arcano dos Enamorados trata não apenas do amor entre duas pessoas, mas também da possibilidade da experiência de unificação interior.

## Aspectos mitológicos

Eros, deus do amor, provoca paixões ao disparar suas flechas. É a encarnação da imagem arquetípica dos Enamorados na mitologia grega. Em algumas versões de sua história, é apresentado como filho de Afrodite, deusa associada ao amor, à paixão, à beleza e ao desejo, que nasceu das espumas do mar, já carregando Eros em seu ventre. As águas relacionam-se à ideia da dissolução e da mistura no oceano primordial de toda a criação, ao conceito de retorno a um estado indiferenciado, no qual tudo faz parte do todo – a experiência inicial da unidade, cujo poder dessas divindades é capaz de proporcionar e inspirar a alma humana. Em outras versões de seu nascimento, ele é retratado como filho de Afrodite e Ares.

Na *Teogonia*, de Hesíodo, Eros é descrito como nascido do caos primordial. Portanto, seria uma força associada à criação do próprio mundo.

Sua força unificadora e agregadora foi o princípio responsável por consolidar o universo material, permitindo que o cosmo emergisse.

Ainda encontraremos Eros como um personagem central no mito de Psiquê. O termo grego *psyché* significa "alma". Em sua história, ela é uma mortal tão bela que os homens passam a venerá-la como deusa. Enciumada, Afrodite pede ao filho Eros que faça com que Psiquê se apaixone pela mais terrível das criaturas. Contudo, ao se deparar com a jovem, Eros se apaixona e arma um plano para que Psiquê vá viver em seu palácio. Ele a visita apenas à noite, sob a condição de que ela nunca veja seu rosto. Com medo de ter sido enganada e se casado com um ser terrível, Psiquê usa uma lamparina para iluminar a face de Eros enquanto ele dorme, mas uma gota de óleo fervente cai acidentalmente sobre ele, que, ferido, voa para longe dela.

Em um segundo momento da narrativa, acompanhamos as diversas provações às quais Psiquê é submetida pela deusa Afrodite para que possa se reunir mais uma vez com seu amor, Eros. Em vários estágios do mito, Psiquê pensa em desistir ou até pôr fim à própria vida, mas sempre que isso acontece seres e criaturas mágicas aparecem para socorrê-la e a ajudam a enfrentar as provações e a permanecer no caminho do coração.

A busca de Psiquê por Eros reflete a busca da alma pela experiência de totalidade que apenas o amor, como princípio agregador, é capaz de proporcionar. Sua história também nos permite enxergar o amor como uma força capaz de elevar nossa consciência aos planos divinos, da mesma maneira como fez à Psiquê, que no início da história é apenas uma mortal, mas, ao fim de sua jornada, também se torna imortal entre os deuses.

Na mitologia egípcia, a deusa Hator, associada à paixão e ao amor, também tinha uma relação especial com o destino e o caminho de vida que cada mortal deveria trilhar. Existem muitas referências à deusa, como as Sete Hatores, presentes no nascimento de todo ser humano, concedendo-lhes bênçãos e dons. Isso mostra, mais uma vez, a relação entre o amor, as escolhas de vida e os caminhos que podem ser verdadeiramente significativos para nós, conduzindo-nos à verdadeira felicidade e à realização do ser.

# Arcano 7 – O Carro

*"E alguém me gritava
Com voz de profeta
Que o caminho se faz
Entre o alvo e a seta.
Quem me leva os meus fantasmas."*

– Canção de Pedro Abrunhosa

## Sentido geral

Determinação, autoconfiança, coragem, desenvolvimento, progresso, independência, garra, desafios a serem vencidos, vitória, sucesso nos empreendimentos e nas ações bem pensadas. Conclusão, êxito depois de uma longa jornada, vivacidade, direção, autocontrole, comando de situações externas e de sentimentos. Razão, inteligência, domínio das contradições, viagens (terrestres ou curtas), trabalho, tarefa ou algo para ser realizado. Disputas e confrontos.

## Significados

O Carro é o anúncio de vitórias conquistadas após um período de confrontos e obstáculos. Simboliza, antes de tudo, a certeza, a determinação, a direção e a força mental controladora de nossas ações movidas pela coragem. O Carro surge para indicar que os caminhos estão abertos e a direção está correta, mas que necessitamos empenhar nossa força mental para controlar as emoções. Por isso, nele não percebemos sentimentalismo, romantismo nem afetividade. Foco e determinação são suas palavras-chave. Este arcano nos diz que estamos na direção certa para a realização dos nossos propósitos.

De um ponto de vista negativo, o Carro pode indicar arrogância, disputas, agressividade exagerada, valentia, teimosia e certa dificuldade de perceber a situação de maneira ampla, fixando a consciência em um único ponto.

Também pode indicar falta de controle, ausência de sentido e direcionamento ou mesmo frieza emocional exagerada.

Como um conselho, o Carro mostra a necessidade de ação e persistência. Convida-nos a desenvolver nossa disciplina interior para realizarmos nossos ideais e objetivos, harmonizando as forças e energias contrárias para que possamos seguir na direção correta.

## Despertar interior

Dentro de nós, o arcano do Carro se expressa como a capacidade de manter as rédeas da situação para não nos deixarmos levar pelos impulsos ou pelas explosões emocionais que podem surgir nas adversidades da vida. Ele nos questiona sobre o caminho que estamos trilhando e nos convida a refletir se realmente estamos nos movendo na direção de nossa realização pessoal.

O Carro representa a consciência centrada que mira ao longe um objetivo e faz o que for preciso para se mover em direção a ele. É o nosso poder de harmonizar os potenciais internos, subjugando os impulsos e desejos para que a energia interna flua no sentido determinado pelo ego. Os cavalos de cores opostas representam as polaridades psíquicas, as forças instintivas e as pulsões que tomam direções e objetivos diferentes em nós – nosso potencial para a ruptura da consciência racional. O condutor é capaz de domar os cavalos e fazer com que ambos sigam na mesma direção estabelecida por ele. Por isso, o arcano do Carro também exige de nós uma análise cuidadosa do que se passa em nosso íntimo, pois, às vezes, os obstáculos de nosso caminho podem estar do lado de dentro, não do lado de fora.

A carta do Carro representa claramente a jornada do ser humano em busca de si mesmo e de sua libertação; porém, para isso, é necessário ser destemido e tomar para si as rédeas da vida, responsabilizando-se pelos caminhos que surgem pela frente.

Também podemos pensar no que seria a carruagem dentro de nós. Enquanto os cavalos representam o movimento, o condutor simboliza a inteligência que comanda essa energia, e o carro em si evoca a ideia de estabilidade. Se a carruagem não for firme e bem projetada, a força dos cavalos ou os obstáculos pelo caminho poderão destruí-la. Desse modo, também cabe aqui a reflexão: onde se apoia nossa consciência para mover-se pela vida e buscar sua realização? Como símbolo mental, o Carro representa, ainda, os ideais, os valores e os princípios que usamos para conduzir nossa jornada. Apenas por meio de uma identidade segura e firmada por princípios sólidos podemos acessar a vitória expressa por esse arcano. Por isso, sempre que se deparar com o Carro, pense também sobre os valores internos que sustentam os propósitos de sua mente.

## Simbologia

| | |
|---|---|
| A CARRUAGEM | O veículo representa a capacidade de movimentar-se no sentido de nossa própria escolha e de dar direcionamento à vida, o progresso e o desbravamento de novos territórios. |
| O HOMEM | É a mente consciente, racional e em atividade capaz de discernir, decidir, manter o foco e fixar-se em um propósito. É o ego conduzindo harmoniosamente a vida consciente no mundo exterior. |
| A ROUPA | Os entrelaçados verticais representam a harmonização das forças opostas, unidas no mesmo propósito e na mesma direção. Sobre o peito, o símbolo de Marte revela a energia do guerreiro interior capaz de subjugar as forças de acordo com sua vontade. |
| OS CAVALOS | O lado irracional do ser que exerce poder sobre nós a partir do inconsciente. As polaridades interiores. Os impulsos, as pulsões e os desejos que muitas vezes nos desviam de nosso caminho. O potencial caótico existente em nós, mas que também é fonte de energia para a consciência. |

## As cores

O azul-celeste ao fundo nos remete ao elemento Ar, associado à mente clara e livre de distúrbios ou pensamentos caóticos. Revela o estado de tranquilidade interior, sem distrações nem fantasias. Já o azul profundo da roupa do condutor da carruagem indica seu foco e sua concentração. Os padrões de amarelo também nos remetem à mente e à sua capacidade de direcionamento.

O cavalo preto e o outro branco demonstram as polaridades interiores e as forças opostas dentro de nós. Já o laranja e o vermelho da carruagem apontam para a ação dinâmica e o movimento.

## O arquétipo

Para compreendermos o arquétipo que se mostra por meio da carta do Carro, é preciso entendermos a origem de sua representação simbólica.

Na carta, a carruagem retrata não apenas um meio de transporte, mas também o tipo de veículo usado no ritual romano do triunfo: um rito civil, cuja função era homenagear um líder militar por seu sucesso e sua vitória. Na imagem, isso se evidencia no símbolo de Marte, deus da guerra, que o condutor da carruagem traz no peito.

Portanto, a experiência humana ilustrada pelo carro remete não só ao uso da tecnologia ou da máquina para gerar movimento ou facilitar a vida diária como também à reverência e ao reconhecimento dos talentos do guerreiro vitorioso.

Esse arcano exalta o poder de subjugar o que nos ameaça para assegurar nosso sucesso.

A carruagem só se tornou um instrumento utilizável pela humanidade porque, anteriormente, os cavalos haviam sido domesticados. Esses animais personificam a força, a impulsividade, o movimento ágil e livre. Contudo, na carta do Carro, eles são colocados a serviço da consciência. A própria carruagem, uma construção criada pelo intelecto humano, também coloca em evidência a destreza e a capacidade de usar as faculdades mentais. Na carta, as forças instintivas são contornadas e direcionadas aos propósitos do ego.

Nesse sentido, o arcano do Carro representa a busca pela essência do eu e a realização pessoal que só podem vir da autopercepção e do autoconhecimento. Ainda que a carruagem seja segura e os cavalos sejam fortes e ágeis, esse equipamento só terá alguma serventia se quem o utilizar souber aonde deseja chegar.

O Carro evoca senso de propósito, de dever e de missão pessoal. Quando estamos alinhados a um propósito ligado ao nosso caminho de realização pessoal, direcionamos todas as nossas forças para esse objetivo – nesse momento, vivenciamos a influência desse arquétipo.

## Aspectos mitológicos

Se o Carro personifica a vitória do guerreiro, dirigimo-nos a Ares para buscar a energia desse arcano expressa pelo mito. Senhor das batalhas e dos exércitos, ele inspirava os combatentes no campo de batalha, eliminando o medo e dando-lhes a força e a coragem necessárias para garantir a vitória.

Como personificação da força e do impulso para o confronto, Ares era uma divindade de ação e intensidade. Todos os guerreiros que se colocavam a serviço do povo e do espírito de coletividade, preparados para defender não apenas o território, mas também a honra de uma nação, obedeciam a Ares.

Ainda podemos buscar, de maneira mais abstrata, a presença do Carro nos mitos e na antiga iconografia grega. Ao fazê-lo, descobrimos que diversos deuses e deusas eram conduzidos em carruagens sagradas, cada uma delas levada por diferentes animais, sempre em associação com os poderes da divindade em particular.

Selene, personificação da Lua, e Hélio, personificação do Sol, atravessavam o céu em suas carruagens puxadas por cavalos. Também a carruagem de Hades, senhor do submundo, era puxada por cavalos pretos quando ele subiu à terra para raptar Perséfone. Já a carruagem de Posêidon, deus dos mares, era levada por cavalos, cuja metade traseira do corpo remetia aos cavalos-marinhos. Vale lembrar Deméter, deusa da agricultura, em uma carruagem puxada por serpentes, e Afrodite, deusa do amor, sendo transportada em uma carruagem conduzida por pombos.

Tudo isso aponta, mais uma vez, para o Carro como o assento da consciência divina e iluminada, a potência que personifica o direcionamento instintivo aos propósitos elevados. Enquanto os animais indicam a consciência primitiva e os impulsos grosseiros, a divindade é a consciência refinada e elevada a um propósito superior e, portanto, que controla o movimento de sua carruagem. Na iconografia grega, a carruagem sempre simboliza o direcionamento dos impulsos sob o comando da vontade.

# Arcano 8 – A Justiça

*"Nunca se apressa a espada celestial,
nem se atrasa, a não ser pela opinião
de quem a invoca ou teme, por sinal."*

– Dante Alighieri (1265-1321),
*A Divina Comédia*, Paraíso, XXII[33].

## Sentido geral

Ganhos de acordo com os méritos, divórcio, separação afetiva, assinatura de papéis, contratos, ações judiciais que terão resultados justos, leis de causa e efeito, colheita, justiça divina agindo em todos os níveis da vida. Organização, equilíbrio, poder interior, honrarias, verdade, inteligência em ação, concretização, estabilidade, responsabilidade pessoal, honestidade, sinceridade e verdade. Necessidade de compreensão das leis divinas e humanas.

## Significados

A Justiça personifica o equilíbrio, a harmonia e as leis universais de ação e reação que regem nossa vida. Ela nos traz as recompensas justas, leais e verdadeiras, das quais nos tornamos merecedores.

Como um arcano que trata de causa e consequência, a Justiça também pode ser compreendida como o resultado de nossos esforços. Ela nos lembra de que, de alguma maneira, somos os criadores da nossa realidade e nos pede que avaliemos a relação de causalidade que nos colocou em determinada situação.

No sentido negativo, essa carta tem sido associada às questões judiciais e aos problemas burocráticos, mas é importante lembrar que ela representa não apenas as leis humanas, mas também, principalmente, as leis divinas e

---

[33]. Dante Alighieri (1265-1321). *A Divina Comédia*, Londrina: Principis, 2021.

os princípios ordenadores do mundo. Por isso, pode igualmente indicar a ausência de equilíbrio, a manipulação das regras em favor de uma das partes ou mesmo um excesso de frieza e pensamento calculista em circunstâncias nas quais deveria haver mais emoção.

Ela sempre nos aconselha a ter atitudes baseadas na honestidade, na verdade e na sinceridade, para que assim coloquemos em prática essas leis de forma harmoniosa. É preciso agir com imparcialidade e neutralidade ou desenvolver o pensamento estratégico apropriado, que será a causa de nosso sucesso. Quando surge em uma leitura, esse arcano nos diz que o caminho para a vitória está em jogar de acordo com as regras.

## Despertar interior

Do ponto de vista de nosso desenvolvimento interno, a Justiça é uma carta de autorresponsabilização. Ela nos convida a parar de procurar culpados para nossos problemas e a entender como cada um de nós é o criador da própria realidade. O objetivo disso não é absolver os que nos prejudicam ou nos fazem mal, mas perceber que só podemos transformar nossa vida quando nos colocamos no papel de agentes. Não temos poder para mudar as outras pessoas; tudo o que podemos fazer é modificar a nós mesmos. Por isso, a Justiça é um chamado para o amadurecimento pessoal.

Quando ela aparece, é preciso equilibrar nossa percepção. Para quem tende a enxergar a si mesmo como vítima da vida, do destino ou de outras pessoas, a Justiça convoca a perceber a própria participação em tudo o que acontece. Já para quem tem a tendência oposta e é incapaz de enxergar a vida como uma profunda teia de relações, a Justiça mostra os dois pratos da balança para lembrar que ninguém está, de fato, isolado.

## Simbologia

| | |
|---|---|
| A BALANÇA | Símbolo do equilíbrio natural que rege toda a natureza. Lembra-nos de que nada está em isolamento, pois o movimento de um de seus pratos sempre afetará o outro. Por isso, representa as leis de ação e reação, causa e efeito, bem como o princípio ordenador do mundo. Traz a marca de Saturno, planeta que simboliza a energia de limites, restrições, responsabilidade, disciplina, colheitas geradas pelos resultados de nossos esforços. |
| A PENA | Os valores, as virtudes, a honra e a verdade. Sintetiza os princípios espirituais que devem conduzir a vida humana, bem como a elevação da consciência e a comunhão com propósitos superiores. |
| O CORAÇÃO | A consciência humana, a vida e a verdade interior. Indica a história pessoal, nossas escolhas e tudo o que carregamos em nosso coração. Também representa aquilo a que atribuímos valor, nossas paixões e nossos interesses que motivam as ações. |
| A MULHER | A natureza encarnada, o plano físico e manifestado, no qual agem as leis espirituais. |
| AS VESTES | A toga dos magistrados indica a lei, a ordem, a retidão e a capacidade de avaliar, medir, julgar e determinar. Coloca em evidência sua autoridade inquestionável, mas também indica que serve a propósitos maiores que ela própria. |
| O LIVRO | O conhecimento, a memória, os registros, as informações e as leis e os princípios que governam o mundo. A razão, o intelecto e a imparcialidade. |

## As cores

O dourado da balança indica a potência divina e um instrumento a serviço de ideais superiores, uma vez que o ouro representa o refinamento máximo da consciência. Também notamos essa cor nos cabelos da Justiça, indicando a mente elevada e em sintonia com as leis e os princípios em operação no mundo.

O branco da pena indica a pureza e a leveza de espírito, a inocência e o estado imaculado dos valores éticos e espirituais. Está em contraste com o vermelho do coração, que indica a vida manifestada, o plano material, a paixão e os desejos. Unidos, ambos representam corpo e espírito.

O preto da vestimenta, que também traz reflexos de um azul profundo, remete-nos ao céu noturno e, portanto, ao princípio cósmico e ordenador que permeia e envolve todo o universo. Esse mesmo tom de azul-escuro é visto no livro que ela carrega nas mãos. Já o azul-turquesa de seus olhos indica a visão capaz de enxergar o suprassensível.

Por fim, o cinza ao fundo da imagem dessa carta representa o princípio da neutralidade e da imparcialidade, por meio do qual opera a Justiça.

## O arquétipo

A natureza apresenta tendência ao equilíbrio dinâmico que não existe em nós. Somos seres inteiros e não podemos simplesmente nos colocar em um dos pratos da balança. Somos luz e sombra; por isso, temos características das quais nos orgulhamos, mas também um lado que sempre desejamos ocultar. O arcano da Justiça traz a imagem arquetípica da divina retribuição e das leis cósmicas que mantêm a harmonia no todo, seja externamente, nas forças da natureza, seja internamente, em nossa realidade psíquica. Jung descreveu o equilíbrio da psique como uma homeostase dinâmica, na qual "os símbolos representam tentativas naturais na reconciliação e união dos elementos antagônicos da psique"[34].

A balança da Justiça nos lembra de que há uma conexão entre os níveis consciente e inconsciente do ser. O simples fato de transferirmos um sentimento, um pensamento, um desejo ou uma tendência de um prato da balança para o outro não é o bastante para eliminarmos seu peso de nossa vida. O caminho da Justiça sempre é o da integração e o do reconhecimento. Os dois pratos da Justiça interconectados representam a essência dual do ser humano e a alternância das polaridades no mundo que criam movimento. O inconsciente realiza movimentos compensatórios na consciência, tentando produzir a experiência da totalidade e do equilíbrio. Ele nos convida a reconhecer nossa totalidade interior. Isso é muito bem representado pelo número 8, que marca esse arcano e é o símbolo da lemniscata, o infinito e o movimento dinâmico entre dois polos circulares.

---

34. Carl G. Jung. O *Homem e seus Símbolos*. Rio de Janeiro: Harper Collins Brasil, 3ª ed., 2016.

A experiência da dualidade complementar da vida sempre foi percebida pelos povos antigos, desde os nossos antepassados mais remotos: para que possamos estar plenamente acordados, é preciso dormir, e, para que possamos permanecer vivos e fortes, é preciso alimentar-se de outras formas de vida. A vida e o nascimento trazem em si a promessa do final e da morte. O dinamismo e a interconectividade são conceitos importantes para que a Justiça não seja compreendida como embate ou conflito, mas como mediação e encontro. Ela nos revela que, para compreendermos melhor uma situação, não basta entendermos um dos lados da história; é preciso recuar um passo para que a totalidade possa ser buscada.

A Justiça também pode ser compreendida como a experiência arquetípica da ordem. Por trás das aparentes coincidências da vida, sempre há um princípio causador ordenado. Tudo no mundo segue seus ciclos de oposição: o dia e a noite, o verão e o inverno, a semeadura e a colheita. Da mesma maneira, há no ser humano a necessidade de produzir leis e princípios que possam reger de maneira equilibrada as relações humanas, criando harmonia e integração.

Do ponto de vista arquetípico, as leis humanas deveriam ser compreendidas não apenas como um conjunto de regras impostas por líderes políticos ou convenções sociais, mas também como reflexos imparciais das próprias leis que ordenam o mundo e impedem que o universo mergulhe mais uma vez no caos primordial. Deveriam estar a serviço do bem comum. O lado sombrio desse arquétipo é bem exemplificado na maneira como as leis humanas podem ser distorcidas e desvirtuadas de seu real propósito, deixando de servir à coletividade para se tornar poder sobre o outro. Quando alguém se identifica negativamente com esse arquétipo, deixa de perceber a lei como uma essência natural do mundo e passa a enxergar a si mesmo como princípio ordenador, colocando-se acima de todos e até acima da lei.

## Aspectos mitológicos

Na mitologia grega, a justiça era vista como Têmis, titânide filha de Urano e Gaia, o Céu e a Terra, cuja imagem inspirou as representações modernas da Justiça. Têmis personificava não só as leis humanas, mas também a ordem divina e os princípios fundamentais da natureza, e representava a preservação das tradições, a continuidade do estado de equilíbrio social e a justiça imparcial. Era a protetora de todos os juramentos, evidenciando a relação entre a justiça e responsabilidade pessoal.

Seu mito conta que tanto Têmis, filha de Gaia (a Terra), quanto Nêmesis, filha de Nix (a Noite), foram colocadas sob os cuidados das Moiras, três irmãs que teciam o fio do destino dos seres humanos. Com elas, as duas deusas aprenderam tudo o que sabiam sobre a ordem natural da vida e, por isso, tornaram-se as guardiãs do destino: Têmis, como a personificação da retidão e da justiça, e Nêmesis, como a deusa da retribuição e da punição. Aqui vemos, mais uma vez, a natureza sempre dual da justiça, representada como duas divindades que simbolizavam o lado luminoso e o aspecto sombrio da justiça e do equilíbrio cósmico.

Como deusa da divina retribuição, Nêmesis personificava a necessidade de equilíbrio e retribuição do mal, tornando-se um símbolo da fúria dos deuses e da ação compensatória do destino sobre todos os malfeitores. Mas ela não era percebida como o mal em si. Sua beleza era tão grande quanto a de Afrodite, e ela mantinha a ordem na Terra.

Na mitologia egípcia, encontramos a figura de Maat, deusa que representava os princípios da ordem e as leis divinas, pelos quais o faraó deveria governar. Maat atuava como a justiça divina em dois diferentes planos: no mundo dos vivos e no dos mortos. No primeiro, ela era a ordem que mantinha o equilíbrio do universo. Isso significa que a lei deveria não apenas ser pensada do ponto de vista racional e humano como também refletir os princípios divinos. Ao observar o mundo natural, o ser humano poderia intuir as leis e os princípios que governam o mundo e, assim, harmonizar-se com eles. No segundo plano, Maat era considerada a juíza dos mortos. Era ela quem tinha a missão de pesar o caráter dos homens em sua balança de verdade absoluta. Neste julgamento, o coração era colocado de um lado da balança; no outro, a deusa Maat colocava uma pena de avestruz que carrega como adorno. Se o coração estivesse menos pesado que a pena, a pessoa estaria autorizada a ter uma vida eterna em seu reino. Caso a pena estivesse mais pesada, a pessoa estaria condenada a ser engolida por *Ammit*, criatura bestial devoradora de almas. Para carregar um coração leve e nobre, os egípcios seguiam em vida todos os ensinamentos e preceitos da deusa Maat exatamente como ela postulava.

# Arcano 9 – O Eremita

*"Meu Deus, me dê a coragem de viver trezentos e sessenta e cinco dias e noites, todos vazios de Tua presença. Me dê a coragem de considerar esse vazio como uma plenitude. [...] Faça com que minha solidão me sirva de companhia. Faça com que eu tenha a coragem de me enfrentar. Faça com que eu saiba ficar com o nada e mesmo assim me sentir como se estivesse plena de tudo. Receba em teus braços o meu pecado de pensar."*

– Clarice Lispector[35]

## Sentido geral

Solidão, introspecção, recolhimento interior, ocultação dos sentimentos, frieza, demora, paciência, busca por si mesmo, reflexão, espera necessária para encontrar a verdade em sentido mais amplo e absoluto possível, tempo, prudência, autoconhecimento, busca espiritual, pesquisas, estudos, sabedoria, intelecto, reclusão e emoções guardadas para si.

## Significados

O Eremita exprime a necessidade de recolhimento para encontrarmos respostas que iluminarão a mente, a alma e o espírito. Quando este ancião surge em uma tiragem, ele nos ensina a importância de ter paciência e de compreender que o tempo é o grande professor, responsável pelo processo de amadurecimento e evolução. Além disso, aponta para a importância de buscar o entendimento mediante o afastamento do mundo externo e de

---

[35]. *Um Sopro de Vida* (pulsações). Rio de Janeiro: Nova Fronteira, 3ª edição, 1978.

momentos solitários que possibilitem a contemplação e a clareza interior. Ele nos diz que a resposta não deve ser buscada do lado de fora; por isso, é um chamado ao conhecimento e à descoberta de si mesmo.

Em sentido negativo, o Eremita pode indicar o excesso de isolamento e reclusão, a dificuldade de manter o contato social ou o sentimento de não pertencimento a um grupo ou a uma comunidade – a sensação de estar sempre sozinho. Também pode apontar a dificuldade de comunicação e expressão, quando nos fechamos demasiadamente em nosso mundo interno e nos distanciamos da realidade externa.

Seu conselho é para evitarmos a pressa e as ações precipitadas. É preciso pensar com cautela e ter paciência para encontrar a melhor alternativa. O Eremita também nos mostra que é necessário esperar para amadurecer melhor a percepção e o planejamento. A postura indicada por ele é de moderação, cautela e disposição para aprender. A sabedoria deve ser buscada como um tesouro espiritual que pode guiar nosso caminho.

## Despertar interior

O Eremita almeja a profundidade e a sabedoria. Diferentemente do Papa, que é o guardião das liturgias e as ministra para as grandes assembleias, o caminho do Eremita é solitário e afastado das grandes multidões. Ele representa a procura pela sabedoria interna que existe em nós.

Quando surge para orientar nosso caminho pessoal, ele pede que aprendamos a ouvir a voz sábia que carregamos em nossa alma. O Eremita nos ensina que, muitas vezes, as respostas para os dilemas da vida não podem ser encontradas fora, mas apenas internamente.

Por isso, esse arcano nos mostra a importância de nos mantermos fiéis aos nossos valores e, principalmente, à nossa integridade. Temos de nos questionar e ampliar a percepção de nós mesmos. Esse é o arcano do autoconhecimento profundo e transformador que indica a necessidade de nos retirarmos das agitações da vida cotidiana para buscar um momento pessoal de contemplação.

O Eremita nos ajuda a agir com maturidade. Transmite a difícil lição da paciência e nos ajuda a entender que, muitas vezes, o tempo é o melhor remédio, o único capaz de trazer à tona nossa melhor parte. Como a personificação da busca pela iluminação, o Eremita também nos aconselha a encarar cada acontecimento da vida como uma oportunidade de aprendizado e aprofundamento. Tudo tem algo para nos ensinar, sejam os acontecimentos felizes, sejam os mais difíceis. Quando trilhamos um caminho de transformação pessoal, podemos nos colocar na posição de alunos da vida e extrair de cada dia lições que nos auxiliam a viver bem.

## Simbologia

| | |
|---|---|
| A NOITE | A introspecção, o recolhimento, a luz voltada para o interior, e não para o mundo externo. Como noite primordial, simboliza a saída do mundo e da realidade convencional para o mergulho em um estado contemplativo, no qual podem ser encontrados o sonho, o subjetivo e a sabedoria interior. Mergulho no inconsciente. |
| A LAMPARINA | A luz da consciência, o pensamento reflexivo, a busca pela clareza interior. A iluminação da escuridão interna, a contemplação de aspectos interiores e inconscientes, o ganho de uma nova consciência. |
| O CAJADO | O *axis mundi*, a ligação entre os mundos superior e inferior, entre o consciente e o inconsciente. A capacidade de transitar entre os planos, a força e a autoridade interior para a jornada interna, a vontade direcionada que serve de suporte à busca pessoal. |
| A SERPENTE | Vista na base do cajado, simboliza a elevação da consciência dos planos mais inferiores e densos para a superfície. Indica a capacidade de regeneração e a transformação pessoal. |
| A NEVE | Indica o período em que a força da terra se recolhe dentro de si mesma para renovar-se. A vegetação se despe do que é desnecessário e adormece. É a inação, o período letárgico que antecipa a renovação. |
| O HOMEM | Mais velho, carrega a sabedoria que apenas o tempo e a experiência podem transmitir. Aponta para a maturidade interna e o entendimento de suas questões. |
| AS VESTES | Evidenciam sua posição além do plano físico, indicando um estado de contemplação espiritual. Com apenas as mãos e a cabeça à mostra, em destaque, indicam não a materialidade, mas a busca pela consciência. |

## As cores

O preto-azulado no fundo do céu noturno indica tanto o esvaziamento e a ausência de cor ou substância quanto o próprio inconsciente escuro e oculto da luz da consciência. Remete-nos à ideia de um receptáculo fechado, no qual algo novo pode ser gerado e formado. Em oposição a ele, temos o branco-acinzentado da neve, que sugere a pureza, a renovação, a possibilidade de manifestar todas as coisas, mas também a serenidade, a inação e, em oposição ao inconsciente, a percepção da mente. É importante notar que o cinza, como síntese entre duas cores e polaridades, é visto na barba e nas sobrancelhas do Eremita, mostrando que nele acontece a reunião desses polos distintos.

Já a lamparina amarela irradiando luz representa a consciência e as faculdades mentais, como o pensamento, o raciocínio, a lógica, a percepção e a memória.

O tom terroso do marrom-alaranjado das vestes mostra a sobriedade do Eremita e seu centramento. Encontramos uma cor parecida em seu cajado, cuja tonalidade também nos remete ao elemento Terra.

## O arquétipo

A figura do Eremita, sempre de idade avançada, coloca-nos em contato com a imagem arquetípica do velho sábio.

Solitário e reservado, ele vive fora dos limites das cidades, que representam a vida cotidiana, e normalmente é encontrado em reclusão em um local do mundo natural, em contato com a própria natureza interior.

Como conhecedor dos caminhos, muitas vezes ele é procurado pelos viajantes e andarilhos que buscam direcionamento. Sua fala costuma ser enigmática, e sua linguagem não é direta nem racional, mas simbólica, metafórica e intuitiva, podendo ser desvendada apenas com paciência e contemplação.

Na vida, experimentamos o arquétipo do Eremita sempre que passamos por períodos de reclusão e recolhimento, quando precisamos permanecer imersos em um casulo de reflexão e espera. Na natureza, encontramos a força do Eremita expressa no inverno, por exemplo, quando as plantas se recolhem na terra e o urso hiberna.

Os traumas ou as experiências dolorosas que causam um tipo de ruptura podem nos colocar em contato com a imagem do Eremita. Esse arcano também se apresenta nos momentos em que tudo parece perder o sentido e precisamos buscar um significado mais profundo para a vida. A palavra-chave para compreender a experiência do Eremita é "incubação".

Sempre carregando uma fonte de luz e, portanto, contrastando a escuridão da inconsciência com a luz da consciência, sua busca é por iluminação.

O Eremita sabe que sempre há o que aprender, e, mais do que fórmulas prontas, caminhos já trilhados ou liturgias predeterminadas (como faz o Papa), sua busca é pela verdade interior. Questionador por natureza, não no sentido de transgredir a ordem estabelecida, mas de buscar uma compreensão mais profunda e abrangente, o Eremita é um filósofo no sentido mais puro da palavra: do grego *philos* (amor, apreço) e *sophia* (sabedoria), ele ama e busca a sabedoria para si. Com isso, ensina-nos que um conhecimento só tem valor e pode ser verdadeiramente transmitido quando é vivenciado, não simplesmente memorizado.

O Eremita apresenta uma maturidade que ultrapassa os limites da mente e alcança um nível superior da existência. Desse modo, garante a responsabilidade e o anseio de encontrar a chave dos mistérios, a qual, por certo, abrirá uma nova consciência. Graças à sua atitude contemplativa perante a vida, é capaz de manifestar seus talentos: ele não só é um exímio conselheiro como também um poderoso curandeiro e orientador.

Íntegro, compassivo e empático, busca extrair de tudo uma valiosa lição e fazer do mundo um lugar melhor.

## Aspectos mitológicos

Para os gregos antigos, Cronos era a divindade que personificava a passagem do tempo. Os mitos da teogonia órfica nos contam que ele surgiu na aurora dos tempos e separou o ovo cósmico primordial para dar origem ao mundo. Apresentado como homem idoso, com cabelos e barbas brancas, Cronos é a imagem do homem sábio que não apenas aprende com o tempo, mas também é o próprio tempo. Alguns defendem que seu nome possa vir do grego *corone*, que significa "corvo", animal que costumava ser retratado na presença dessa divindade e que está associado tanto às colheitas quanto à morte – ambos produtos do tempo.

Na *Teogonia*, de Hesíodo, ele é filho de Urano e Gaia, o Céu e a Terra. Quando Urano impede que Gaia dê à luz os filhos, Cronos é armado com uma foice e, em um ato de liberdade, castra o pai. Mais tarde, aparece como pai de Zeus, responsável por devorar os filhos recém-nascidos, temeroso de que um deles o destrone, tal como fizera com o próprio pai. Muitos enxergam nessa história o caráter negativo e temido do tempo, que nunca cessa e fatalmente consome tudo o que por ele passa.

Alguns acreditam que Cronos é uma divindade anterior aos povos gregos, originariamente responsável pela agricultura e pela colheita e, mais tarde, incorporada ao panteão e à mitologia desse povo.

Quando a mitologia grega se encontra com a romana, Cronos é igualado a Saturno e recebe novos atributos, que demonstrarão aspectos menos sombrios dessa figura arquetípica.

Saturno era a divindade romana associada às colheitas e, portanto, aos frutos que dependiam de empenho e paciência para serem colhidos. Um de seus símbolos clássicos era a foice da agricultura, que evidenciava seu aspecto de deus provedor e limitador – exatamente como o tempo. Ele também passou a simbolizar o conhecimento, que só pode ser obtido por meio da experiência. Era um deus associado tanto ao amadurecimento das plantas quanto dos seres humanos.

Nesse sentido, Cronos-Saturno passou a representar não apenas a ação decadente do tempo sobre a humanidade, mas também seu aprimoramento e aperfeiçoamento, e ambos deram origem a uma figura conhecida como "pai tempo".

# Arcano 10 – A Roda da Fortuna

*"O que foi torna a ser.
O que é perde a existência.
O palpável é nada.
O nada assume a essência."*

– **Fausto**, Goethe[36].

> ### Sentido geral
> Mudanças que ainda não são definitivas, porém necessárias e bem-vindas. Progresso, manifestação de abundância e riqueza, prosperidade, destino, rapidez, acontecimentos imediatos, novas conquistas, movimento, ascensão, sorte, êxito, evolução e instabilidade (altos e baixos).

## Significados

Ao surgir em uma leitura, a Roda da Fortuna indica que as forças do destino estão em ação. Ela nos lembra de que a vida é constante movimento e de que nada permanece parado por muito tempo. Tudo está em eterna transformação e mudança. Como não garante estabilidade, onde a Roda da Fortuna aparece não pode haver estruturas muito rígidas e sólidas.

Este arcano sugere avanço e desenvolvimento, anunciando experiências que nos proporcionarão crescimento. Quando estamos passando por uma fase negativa ou difícil, a Roda da Fortuna anuncia que dias melhores virão e que a situação poderá se reverter a nosso favor. Mas, da mesma maneira, quando estamos passando por momentos felizes e estáveis, a Roda nos indica que todas as coisas são temporárias e que devemos aproveitar os melhores momentos da vida, porque eles também não são eternos. Sua energia é rápida, inesperada e escapa ao nosso controle.

---

[36]. Johann Wolfgang von Goethe. *Fausto*, 1956. *In*: Domínio Público. Livro digital gratuito: http://www.dominiopublico.gov.br/download/texto/eb000011.pdf. Acesso em: setembro/22.

Quando aparece em um contexto negativo, a Roda da Fortuna alerta para o excesso de confiança ou otimismo e nos lembra de que nem tudo está em nossas mãos. Forças imprevisíveis poderão agir e nos surpreender. Nesse caso, precisamos tomar cuidado para não celebrar as vitórias antes do tempo. Esse arcano também pode sugerir dificuldade de lidar com as mudanças da vida, trazendo a complicada lição da flexibilidade. Mesmo que sejam dolorosas, precisamos aceitar as mudanças quando são inevitáveis: ninguém pode parar o giro da Roda, e, se resistirmos, ela simplesmente nos atravessará com força ainda maior.

Quando aparece como conselho, essa carta é um convite à mudança. Temos de olhar para as áreas da nossa vida que precisam de transformação e, em vez de esperar que ela comece do lado de fora, devemos instigá-la a começar por dentro.

A Roda da Fortuna ainda nos lembra de que também podemos ser agentes transformadores da nossa realidade e do mundo ao nosso redor.

## Despertar interior

Existem dois aspectos pessoais que podem ser indicados pela Roda da Fortuna em nosso caminho de desenvolvimento pessoal. O primeiro deles é a necessidade de quebrar ciclos negativos em nossa vida. Nesse sentido, precisamos abrir os olhos e perceber atentamente quais acontecimentos ou situações têm se repetido e precisam ser eliminados. Talvez estejamos tentando resolver velhos problemas da mesma maneira e esperando obter resultados diferentes ou vivenciando reiteradamente determinado padrão para aprender a lição que ele tem para nos ensinar. Isso nos leva ao segundo aspecto simbólico da Roda da Fortuna: a Roda do Karma.

Como a Roda do Karma, esse arcano nos lembra de que todas as nossas ações e escolhas têm consequências e de que, muitas vezes, precisamos aprender a perceber essa relação de causalidade. Este é um chamado para nos responsabilizarmos por nossos atos. É importante entender que nós mesmos colaboramos para nos colocar em determinadas situações. Temos o poder de fazer com que a Roda gire em nosso favor. Ao mesmo tempo, devemos compreender que seremos sempre surpreendidos por movimentos imprevisíveis.

## Simbologia

| | |
|---|---|
| **O CÉU ESTRELADO** | É a nossa ligação com a totalidade do mundo, a elevação da consciência acima dos assuntos mundanos e cotidianos, a conexão com o princípio originador da vida e a percepção da realidade universal. |
| **O CÍRCULO** | Símbolo da totalidade, da multiplicidade de experiências, da integridade da psique e do *self*; a organização perfeita a partir de um ponto central que promove movimento e expansão. |
| **A RODA ZODIACAL** | A multiplicidade de experiências humanas que se manifestam em cada um de nós; as potências arquetípicas que todos temos em nosso interior; a totalidade da alma e os diferentes setores da vida. A conexão entre acima e abaixo, lembrando-nos de que todos carregamos o potencial das estrelas e constelações. Na base de cada signo, há quatro pontos horizontais, representando o mundo manifestado. Cada signo se conecta ao próximo por meio de um quinto ponto intermediário, representando o quinto elemento: o espírito ou a consciência. |
| **AS REGÊNCIAS DOS ELEMENTOS** | Acima de cada signo, vemos um símbolo pintado na cor correspondente ao elemento que o rege. A distribuição harmônica dos quatro elementos e os princípios fundamentais da vida mostram o equilíbrio entre as quatro funções psicológicas básicas que formam a totalidade da consciência. No topo de cada um, há também três pontos verticais representando os três mundos (o céu, a terra e o mundo inferior) e a conexão entre os diferentes planos de consciência. |
| **AS BORBOLETAS** | Representam a transformação e o processo de individuação. O desenvolvimento da personalidade bruta, simbolizada pela lagarta, que, ao se interiorizar (o casulo) e entrar em contato com o *self*, muda de forma para a borboleta, inseto alado capaz de integrar os opostos representados tanto pelas duas asas quanto pelos domínios que acessa: a terra e o céu. |

## As cores

O azul-escuro do fundo, na paisagem do céu noturno, abre-nos para a imensidão do universo acima de nós, com suas estrelas e constelações, remetendo à totalidade e aos grandes padrões cósmicos regidos pela harmonia celeste. Essa cor enfatiza a interconectividade e a relação entre todas as coisas e as forças maiores que regem os grandes processos da vida.

O dourado ao fundo da roda zodiacal nos mostra que cada uma das forças expressas pelos 12 signos provém de um mesmo princípio divino, representado pela cor que simboliza o refinamento da consciência e a elevação de cada signo ao seu máximo potencial. Na borda externa da roda zodiacal, encontramos o equilíbrio das cores dos quatro elementos, cada uma sobre o signo que rege: vermelho do fogo, verde da terra, amarelo do ar e azul da água.

O multicolorido das borboletas no centro da mandala mostra a diversidade das possibilidades de expressão de todas essas energias na vida cotidiana. É a multiplicidade de ações, comportamentos e possibilidades.

## O arquétipo

O símbolo da Roda da Fortuna tornou-se bastante comum em representações e iconografias clássicas. O termo "fortuna" não remete ao dinheiro nem à prosperidade material. É um termo latino usado para referir-se à sorte e nome de uma deusa romana associada ao destino, como veremos na próxima seção. Originariamente, o termo era usado em alusão às esferas celestes e às camadas de organização do céu.

A Roda da Fortuna representa para a humanidade a experiência do destino e as inevitáveis surpresas que o futuro reserva a todos nós. A ênfase da representação desse símbolo foi modificada ao longo do tempo. No início, representava tanto os acontecimentos positivos da vida quanto os negativos, mas no período medieval o símbolo tornou-se representante dos infortúnios e recebeu uma interpretação focada em seus aspectos negativos.

Do ponto de vista psicológico, a Roda da Fortuna expressa o sentimento de impotência diante da imprevisibilidade do futuro e a sensação de sermos empurrados ou impulsionados pelos acontecimentos que não dependem de nós e não podem ser controlados, como a força do inconsciente. Trata-se das experiências da vida, nas quais somos atravessados por grandes e súbitas mudanças e sentimos o chão firme se desfazer sob nossos pés.

Também é interessante notar que a Roda da Fortuna é um símbolo circular, como as mandalas, e, por isso, também nos remete ao *self* que busca o processo de individuação. Nesse sentido, ela ainda é a consciência sendo movida e transformada por impulsos, cuja origem está no inconsciente, ou seja, não pode ser explicada nem totalmente compreendida pela mente racional.

Desse ponto de vista, a Roda da Fortuna é a própria natureza dinâmica da psique, exortando-nos a compreender que mesmo os acontecimentos difíceis e dolorosos da vida podem servir ao propósito do encontro com a totalidade psíquica. Esses acontecimentos atuam como ferramentas no processo de integração dos opostos e da ampliação da nossa própria consciência.

## Aspectos mitológicos

Na mitologia grega, a sorte era representada pela deusa Tique, que também regia o destino e a prosperidade. Era ela quem decidia sobre o futuro das cidades. Os gregos antigos acreditavam que essa divindade fosse inconstante; por isso, os acontecimentos e infortúnios eram sempre imprevisíveis. Ela poderia trazer abundância e riquezas, mas também se atribuíam a ela as inundações e os desastres naturais.

No antigo mundo grego, Tique foi representada de maneira única em diferentes regiões. Na Idade Média, era comumente retratada carregando a Roda da Fortuna.

Enquanto essa deusa era pensada como o acaso divino, outras figuras mitológicas representavam um aspecto mais ordenado da vida: as Moiras, conhecidas como as fiandeiras do destino.

Eram três irmãs: Cloto, que tecia o fio da vida tanto das divindades quanto dos mortais; Láquesis, que media o fio de cada existência; e Átropos, que cortava o fio, presidindo a morte.

O tear usado pelas irmãs do destino também era visto como a própria Roda da Fortuna, e nem mesmo os deuses tinham poder sobre elas ou seu trabalho sagrado. À medida que a Roda da Fortuna girava, o fio de cada indivíduo subia e descia com o movimento, representando os altos e baixos da vida.

Ambos os mitos também aparecem na mitologia romana. A equivalente de Tique é Fortuna, deusa que leva a cornucópia e, vendada, distribui riquezas de maneira aleatória. Já as três irmãs Parcas correspondem às Moiras e são chamadas de Nona (em referência à gravidez e ao nascimento), Décima e Morta.

A mesma temática das três irmãs do destino é vista na mitologia nórdica, na forma das Nornes, que vivem sob a Árvore da Vida, Yggdrasil, à qual todos os mundos estão conectados. São elas que protegem e nutrem a árvore, mantendo a vida e comandando o destino.

Na mitologia egípcia, encontramos a representação do deus Shai, divindade que representava o conceito do destino. Como nascia com todos os seres humanos, estava relacionado à duração da vida dos indivíduos e surgia no salão dos mortos durante o julgamento final de cada alma.

## Arcano 11 – A Força

*"Esforço-me para reunir o que há de divino em mim ao que há de divino no universo."*

– Plotino[37]

### Sentido geral

Força interior, vitalidade, energia criativa, sexualidade, sentimentos primitivos, desejos, coragem, engajamento, resistência, permanência, determinação, necessidade de transformar o profano em sagrado, impulso, entusiasmo, reconhecimento dos esforços empenhados, ânimo, potência, equilíbrio da energia mental, domínio sobre si e os instintos, necessidade de cumprir um objetivo até o fim.

## Significados

O arcano da Força simboliza a energia interna da vontade, capaz de subjugar as forças instintivas em nós. Quando surge em uma tiragem, significa que temos o poder necessário para vencer determinados obstáculos ou superar situações difíceis. A Força nos orienta a assumir uma postura de liderança e domínio sobre nós mesmos e o ambiente, indicando que o resultado esperado poderá ser obtido se usarmos nosso poder pessoal para mover os acontecimentos em determinada direção. Nesse sentido, é uma carta que inspira coragem e engajamento.

---

37. Plotino. *Enéada II: A Organização do Cosmo*. Tradução e notas de João Lupi. São Paulo: Vozes, 2010.

Cheia de vitalidade e potência, a carta da Força pode indicar recuperação em tiragens relacionadas à saúde ou mesmo renovação mental ou emocional após a vivência de momentos dolorosos. Também nos convida a entrar em contato com nossos desejos, sonhos, expectativas e vontades, canalizando as energias internas a um propósito específico.

A Força simboliza tudo o que nos impulsiona e nos faz sentir cheios de vida. É o domínio das paixões, não pela repressão nem pela negação, mas pela aliança e pelo contato consciente com esses impulsos.

Essa carta trata não de brutalidade, e sim de perspicácia e destreza mental. Em sentido negativo, torna-se exatamente agressividade e destrutividade interior, falta de domínio e controle sobre as forças instintivas ou sobre reações explosivas, impaciência ou dispersão. A consciência torna-se refém dos poderes instintivos e inconscientes, que passam a atuar de maneira descontrolada, podendo nos levar a comportamentos autodestrutivos.

Como conselho ou prenúncio de futuro próximo, a Força é um arcano bastante positivo que indica a superação, o desenvolvimento e o aperfeiçoamento pessoal. O sucesso poderá ser obtido por meio do esforço e do empenho.

A carta da Força é compreendida, classicamente, como o arcano XI do tarô, mas no baralho de Waite-Smith e nos tarôs posteriores que seguem sua influência veremos uma inversão entre os arcanos VIII e XI. Nesta obra, mantivemos as correspondências numéricas clássicas associadas ao tarô de Marselha; por isso, temos a Força como arcano XI, e a Justiça, como arcano VIII.

## Despertar interior

A carta da Força nos traz o confronto com nosso leão interior. Todos temos paixões e desejos frutos de poderosos impulsos irracionais, muitas vezes incompreensíveis pela mente consciente, que podem atuar de maneira destrutiva em nossa vida. Contudo, esse arcano nos ensina a melhor maneira de lidar e interagir com essas forças e dominá-las: na carta, vemos uma mulher calma e tranquila que não teme o leão nem o enfrenta com força bruta, mas emprega as potências da alma.

Isso significa que, quando nossa consciência está alinhada com propósitos superiores e elevados, é capaz de controlar as forças instintivas em vez de se deixar levar por elas. Os desejos imediatos são subjugados em nome da vontade verdadeira, capaz de "amansar a fera" dentro de nós e fazer dela uma aliada, não uma inimiga. No entanto, para que isso possa acontecer, primeiro é preciso conhecer quais são as forças e os desejos dentro de nós. Afinal, é impossível domar o que não se conhece.

O segundo passo consiste em conhecer nossa verdadeira vontade e o que nos aproxima da realização pessoal de nosso ser. Quais são nossas metas e nossos objetivos mais sinceros?

A Força vem para dizer que, se não estivermos alinhados com esse sentido interior de direcionamento pessoal, nossas tentativas estarão sempre fadadas ao fracasso, pois o leão inquieto de nossas paixões nos devorará de imediato. Dessa maneira, a Força também representa um poder mediador entre os nossos desejos primitivos e a vontade da consciência elevada.

Com sua doçura e suavidade, a Força nos ensina que não devemos "matar" nossos instintos nem reprimir nossos desejos primitivos, mas ter consciência deles para elaborá-los com maior clareza interna. Ela nos conscientiza da necessidade de transformar o poder do desejo ardente em uma vontade sincera, ou seja, de transcender e elevar o instinto.

Também podemos enxergar nessa figura a paixão, o entusiasmo e o prazer de viver ou até mesmo o fortalecimento da consciência que, alinhada aos propósitos interiores e aos impulsos de autorrealização da psique, pode enfrentar as adversidades, tanto internas quanto externas.

## Simbologia

| | |
|---|---|
| A MULHER | Alinhadas aos impulsos criativos do *self* e aos propósitos interiores mais elevados, a consciência e a *anima* são capazes de direcionar e integrar com naturalidade, não com força bruta e direcionada, as forças representadas pelo leão. |
| O LEÃO | As paixões, a força instintiva, os impulsos internos e os desejos avassaladores que podem atuar sobre nós de maneira destrutiva e incontrolável. A afetividade e os complexos carregados de energia emocional que ameaçam tomar a consciência. |

| | |
|---|---|
| **O VESTIDO** | Nele, vemos o símbolo da lua crescente, indicando a potência lunar e, portanto, feminina, cuja natureza é agregadora e integradora, não distintiva ou separadora. Também vemos padrões de folhas verdes, muitas vezes organizadas em conjuntos de três, simbolizando a potência criativa que nos impulsiona ao desenvolvimento. |
| **O CAMPO ABERTO** | As figuras encontram-se em um ambiente natural aberto, indicando a natureza expansiva e projetiva desse arcano, relacionada à superação de falsos limites e à transposição dos obstáculos. |

## As cores

O laranja do céu indica o momento intermediário entre o dia e a noite, ou seja, um tempo de integração dos opostos. Isso ainda é representado pelos olhos tanto do leão quanto da mulher, ambos de cor verde, que também pode ser vista na terra sob eles, indicando um direcionamento de sua potência para a realização no plano concreto.

Vemos igualmente uma associação no castanho do cabelo da mulher e da pelagem do leão, indicando a conexão com a materialidade e o reino denso dos instintos e das forças animalescas e menos sutis, mas que apresentam como pano de fundo o próprio céu alaranjado da integração e das potências superiores.

O branco do vestido é um indicativo de pureza e conexão com as partes mais íntimas e verdadeiras do ser, ao passo que o roxo traz a noção de sabedoria e integração entre os opostos, já que é fruto da combinação de uma cor fria (azul) com uma cor quente (vermelho). Essa oposição entre frio e quente também é vista na coloração da terra e do céu.

## O arquétipo

O leão é uma figura arquetípica bastante presente no imaginário e no pensamento ocidental. Nos tratados alquímicos, é o Leão Verde que engole o sol. Representa os complexos psiquicamente carregados de afeto e que ameaçam dominar a consciência, aqui simbolizada pelo sol.

Todos nós vivenciamos o contato com esse furioso leão quando somos tomados por forte emoção e nos sentimos "fora de nós mesmos". Nas situações em que parecemos perder temporariamente a autonomia e somos tomados por uma força interior que nos leva a cometer determinadas atitudes, estamos sob a influência e o domínio dessa fera dentro de nós. Essas ocasiões costumam ser permeadas por intenso afeto: são os momentos em que sentimos raiva, medo, ciúme ou qualquer outra emoção que nos faz "perder a cabeça".

Como representante de nossa natureza animal e primitiva, o leão nos mostra que o caminho para solucionar esses conflitos psíquicos não deve vir pelo embate racional, pela concentração mental nem pelo uso da razão, que no tarô são representados por personagens masculinos como funções da mente consciente. Ao contrário, temos agora a introdução de uma personagem feminina capaz de controlar a fera não pelo uso da força bruta, mas por sua mera presença na cena. Muitos autores associaram essa figura feminina ao conceito de *anima* na psicologia analítica. Aqui, ela seria uma representante do potencial feminino na consciência do herói que viaja pelos Arcanos Maiores.

Seu contato com o leão não é mediado por outros instrumentos ou objetos. Em muitas representações da carta, a mulher doma a fera com as próprias mãos, indicando o contato direto por meio da experiência, não simplesmente do pensamento. Esse contato sugere relação, conexão, integração, não mais disputa.

Em nível psicológico, a carta da Força representa o momento de assimilação do conteúdo inconsciente pela consciência, que transforma sua própria natureza: ele não mais é percebido como ameaçador ou negativo, mas coloca sua energia à disposição da consciência.

Experimentamos a carta da Força em nossa vida quando lutamos contra nós mesmos e olhamos de frente para as poderosas energias internas que ameaçam nos dominar. Esse arcano trata do desenvolvimento de nossa autopercepção e do enriquecimento da consciência que, ao expandir-se, assimila o conteúdo reprimido. Graças a essa conexão e a essa união de polos, sentimo-nos seres inteiros e podemos nos conectar com a verdadeira força.

## Aspectos mitológicos

Encontramos na mitologia grega uma narrativa bastante semelhante à imagem e aos significados atribuídos à carta da Força: o primeiro dos 12 trabalhos de Hércules. Segundo a lenda, um leão grande e feroz aterrorizava os moradores de Neméia e devastava a região. O herói Hércules foi, então, incumbido de matar a assustadora fera que habitava as profundezas de uma caverna.

Entretanto, para surpresa de Hércules, o leão tinha uma qualidade única: sua pele era resistente a qualquer tipo de arma. Hércules tentou vencê-lo usando sua clave, mas isso de nada adiantou. Assim, retornou para enfrentar o leão, desta vez usando as próprias mãos, e conseguiu conter e estrangular o animal feroz. Para comemorar o feito, Hércules arrancou a pele do animal e vestiu-a para poder se lembrar da vitória enquanto realizava as outras onze tarefas.

À primeira vista, esse mito parece contradizer tudo o que dissemos sobre a natureza desse arcano. Afinal, Hércules mata o leão e usa de força bruta para vencê-lo. Contudo, ao contrário de um leão comum, esse habitava as profundezas de uma caverna, simbolizando o próprio inconsciente, e tinha a pele indestrutível por qualquer arma. A única maneira de derrotá-lo era com *as próprias mãos*, ou seja, pelo contato direto com a força do animal. Apenas ao tocá-lo e enfrentá-lo *corpo a corpo*, pelo contato livre de intermediários, foi que Hércules conseguiu matá-lo. Ao vestir-se com a pele do leão, Hércules assimilou as forças por ele representadas. A consciência, representada pelo herói, integra-se às forças pulsionais, representadas pelo leão, formando uma figura única.

Em outras mitologias, diversos são os heróis que travam batalhas com animais selvagens ou que ainda obtêm favores ao se aliar a eles. Também deuses e deusas, vistos como protetores das feras, são representações do arcano da Força e da integração da consciência.

Na mitologia celta, encontramos a figura de Cúchulainn, herói semelhante a Hércules. Em sua história, ele se torna conhecido quando, ainda criança, trava uma batalha contra um grande cão de caça e sai vitorioso. Já crescido, realiza grandes feitos envolvendo o uso da força não apenas física, mas também moral e mental.

# Arcano 12 – O Enforcado

*"E quantos de nossos esforços e sacrifícios são, na verdade 'oferendas', ao nada?"*

– Nilton Bonder[38]

> **Sentido geral**
> Crises, provações, disposição para sacrificar-se, abandono, estagnação, regresso a si mesmo, bloqueio no desenvolvimento, karma, resgate, renúncia a algo superior, parada para reflexão, paciência necessária para enfrentar dificuldades, sofrimento, dor, castigo por trair a si próprio e recusa.

## Significados

A carta do Enforcado trata dos sacrifícios voluntários e necessários durante a vida, feitos de forma verdadeira para que possamos obter o que desejamos. Representa os momentos difíceis, árduos e dolorosos pelos quais passamos e que, muitas vezes, nos dão a sensação de impotência e estagnação; porém, adverte-nos de que, por mais sofrida que seja a situação, jamais podemos abandoná-la, pois todos os sacrifícios realizados no presente trarão algum tipo de evolução.

Este arcano também nos pede que façamos uma pausa e avaliemos quais são os fardos e pesos que estamos carregando. Quando aparece em uma leitura, indica que é o momento de nos reformularmos internamente e enfrentarmos uma crise.

O Enforcado não é uma carta favorável aos novos inícios, pois trata da necessidade de superar situações e atravessar momentos de transformação pessoal no presente. Além disso, representa uma pausa necessária ou um desafio que deve ser transposto a partir de uma nova compreensão. Quando vivido negativamente, traz a inversão, o declínio interior, a preguiça, o abandono

---

38. Nilton Bonder. *A Alma Imoral: Traição e Tradição Através dos Tempos.* Rio de Janeiro: Rocco, 1998.

de si mesmo e a inação, que impedem o crescimento e a evolução de nossa alma. Os projetos e planos podem ser interrompidos temporariamente ou passar por uma fase de reformulação e mudança de perspectiva. Nesse caso, é preciso observar a situação de outra maneira.

Como conselho, essa carta nos diz para recuar um passo e enxergar de forma mais ampla, com visão mais neutra e clara, tal como o Enforcado, que não tem os pés no chão. É preciso ampliar as perspectivas e nosso modo de compreender os desafios enfrentados.

A carta também pode indicar a necessidade de fazer sacrifícios pessoais para obter o que desejamos.

## Despertar interior

Assim como o Enforcado permanece suspenso na árvore, quando surge para conduzir nosso caminho pessoal, essa carta indica o momento de nos suspendermos, interrompendo o movimento para que possamos compreender melhor determinada situação em nossa vida. Essa pausa pode acontecer tanto voluntariamente quanto de maneira forçada pelas circunstâncias e nos conduz a um estado de avaliação e ponderação.

Como um arcano que trata de sacrifício, ele nos revela que temos a oportunidade de obter um conhecimento ou uma experiência superior. Entretanto, para que isso aconteça, precisamos estar dispostos a abandonar o que é supérfluo e nos afasta desses ganhos. Esse sacrifício não deve ser pensado como um ato de sofrimento, mas como a realização de um trabalho sagrado. O próprio termo "sacrifício" tem origem em *sacro ofício*, indicando um trabalho permeado pela noção de sagrado e pela elevação da consciência.

Para que possamos nos compreender com um propósito superior, temos de deixar a velha consciência para trás e estarmos dispostos a comprometer nossos esforços e nossa energia.

Nas representações mais comuns dessa carta, vemos a imagem de alguém pendurado pelo pé. Acredita-se que essa seja uma referência a um castigo popular da Idade Média aos traidores. Embora não trate das punições externas, mas dos sacrifícios voluntários, o Enforcado surge como um anúncio de castigo por termos traído a nós mesmos em algum momento de nossa vida. Por isso, implica uma crise importante para nos libertarmos de algum sofrimento.

As crises e provações anunciadas por esse arcano podem esconder muitos de nossos medos, que devem ser confrontados e superados. Somente assim compreenderemos que o convite do Enforcado é de regresso a nós mesmos, para que possamos descobrir verdades valiosas por meio de uma visão mais ampla, que até então estava estagnada.

## Simbologia

| | |
|---|---|
| O CÉU | A ausência de terra firme na imagem indica a saída da consciência do mundo concreto e operativo para mergulhar em um estado de contemplação interior, mais abstrata. A consciência volta-se ao mundo interno. |
| A ÁRVORE | Referência à Árvore da Vida, à qual todos os mundos estão interligados; conexão entre céu, terra e mundo inferior; estabelecimento de uma relação entre os diferentes níveis da consciência. Suas folhas nascendo indicam um período de renovação interna. Vemos em sua base o glifo do planeta Saturno, sugerindo a ação kármica do tempo, as lições obtidas por meio da experiência, bem como a necessidade de reavaliação e amadurecimento pessoal. |
| A CORDA | Representa a vontade do Enforcado, que está atado, e seu sacrifício pessoal. Indica sua conexão com a fonte da vida e do conhecimento e a ligação entre ele e os outros planos de consciência. Paradoxalmente, também indica a imobilidade do Enforcado, que está impedido de prosseguir, seja em sua jornada, seja na experiência da própria queda, o que evidencia um momento de paralisação forçada. |
| O HOMEM | A consciência colocada em estado de suspensão, contemplação, passividade e observação. A ausência de movimento e de ação concreta dá lugar a uma atitude reflexiva. Sua cabeça apontada para baixo representa a atenção que se volta para o que está abaixo da superfície e ainda é desconhecido. O ego se conscientiza das forças e dos impulsos em ação e percebe que há outros fatores de causalidade além dele próprio. |
| O PÉ ATADO | Impossibilidade de prosseguir caminhando. Voltado para cima, evidencia a busca por princípios elevados que guiem seus passos, antes que ele possa prosseguir em sua jornada. |
| O PÉ SOLTO | O movimento dentro da estagnação. As forças dinâmicas permanecem em ação, mas agora em um ambiente controlado, onde podem ser observadas e compreendidas. |
| A POSTURA DAS MÃOS | O ponto de equilíbrio e o estado interior de serenidade, não de sofrimento ou dor. A ligação com o próprio centro, a entrega aos processos de transformação. |

## As cores

O azul-celeste indica estado de serenidade, tranquilidade e contemplação, não de agitação. Representa o plano mental e a busca por clareza e esclarecimento, vista também nos olhos do Enforcado, que contempla as situações, tentando desenvolver uma percepção mais ampla.

O marrom e o verde da árvore sugerem a vida concreta e as situações práticas, objeto tanto da contemplação quanto dos obstáculos e desafios que se tornam oportunidade de amadurecimento. Revelam a ação do tempo e a necessidade de paciência. O cabelo castanho pendente também faz referência ao plano material, aludindo ao desprendimento e ao desapego, tão importantes nesse caso.

A calça azul-escura, com pequenas manchas brancas, alude ao céu estrelado, aos padrões celestes e, portanto, aos princípios arquetípicos que conduzem a vida. O contraste do branco com o azul profundo, quase preto, também sugere as duas primeiras fases do processo alquímico, o *nigredo*, que indica um momento de morte espiritual e decomposição, e o *albedo*, associado à purificação da consciência.

A camisa vermelha remete à força vital, ao sangue e à conexão com o centro do corpo, o coração. Essa também é a cor da última fase da *opus* alquímica, vista por Jung como metáfora para o processo de individuação, o *rubedo*, ou momento de iluminação.

## O arquétipo

A experiência psíquica, representada pela imagem do Enforcado, tem relação com o momento em que o ego percebe que não está no controle dos acontecimentos da vida e se vê diretamente influenciado, sustentado e guiado por potências inconscientes. Ele se sente atado, imóvel, inerte e à mercê das influências de forças provenientes de instâncias superiores. Como o Enforcado é um arcano que trata de sacrifícios, o grande sacrifício que o ego precisa realizar no desenvolvimento psíquico é deixar de acreditar que corresponde à totalidade da psique ou que é seu núcleo organizador. Esse papel cabe a outra instância psíquica, o *self*. Após a aceitação e a integração dos desejos e de nosso lado animalesco, representado pelo arcano anterior da Força, o Enforcado ganha acesso ao inconsciente e o vislumbra. Isso o desestabiliza, paralisa e conduz ao inevitável sacrifício, cuja consequência só poderá ser expressa na carta seguinte: a Morte.

Por isso, a cabeça para baixo do Enforcado aponta para o que se oculta sob a superfície, indicando que é no inconsciente que ele busca a sabedoria e o conhecimento necessários para continuar seu desenvolvimento. Apesar de se conscientizar da existência do *self*, o Enforcado ainda não pode se unir completamente a ele. Isso será obtido apenas no último Arcano Maior: o Mundo.

O Enforcado trata apenas do *insight* da necessidade de ceder espaço e, ao mesmo tempo, penetrar em outras instâncias do inconsciente. Sua expressão não é de desespero nem de agitação, mas de serenidade e entrega. A luta já foi travada no arcano anterior; à consciência, resta apenas render-se. Isso não quer dizer que esse seja um processo fácil ou livre de sofrimento. Na verdade, o Enforcado é tão frágil e impotente que não tem outra opção a não ser se render. Com esse ato de entrega, fé e confiança, sua jornada poderá continuar. Essa temática foi muito bem ilustrada em diversos mitos, contos e até mesmo religiões, com a narrativa do deus sacrificado.

Aqui vemos um paralelo com o Louco, no início da jornada: enquanto ele está pronto para lançar-se no abismo do desconhecido sem ter consciência do que encontrará, o Enforcado é retratado em queda, de cabeça para baixo, mas sustentado pela solidez da árvore, cujas raízes estão firmes nas profundezas do solo.

É interessante lembrar que também nascemos "de cabeça para baixo", como se encontra o Enforcado, sustentado por um cordão umbilical, que na carta explicita sua vulnerabilidade, sua conexão e sua dependência em relação ao *self*. A consciência suspensa aguarda um renascimento que só pode ser possível pelo arcano da Morte. Por essa razão, muitos autores associam a carta do Enforcado aos ritos de passagem, tão importantes para o crescimento e o amadurecimento do ego, que assinalam as transições necessárias, tanto externa quanto internamente.

## Aspectos mitológicos

Entre os gregos antigos, encontraremos a expressão do Enforcado no mito de Prometeu. A história nos conta que, em um grande banquete entre os deuses, Prometeu resolveu pregar uma peça em Zeus, fazendo com que ele optasse por um prato que, na verdade, tinha apenas ossos. Furioso, Zeus puniu Prometeu tirando da humanidade o fogo, que havia sido concedido a ela em troca dos sacrifícios animais. Os humanos não poderiam mais usar o fogo para se aquecer, forjar armas, preparar alimento ou afastar a escuridão. Entretanto, Prometeu fora o criador da humanidade e, compadecido de sua situação, resolveu roubar o fogo dos deuses, ocultando-o em um ramo de funcho e presenteando-o novamente aos homens.

Tal atitude enfureceu Zeus, que decretou uma cruel punição: Prometeu foi acorrentado no topo do monte Cáucaso e pendurado entre o céu e a terra. Todos os dias seu fígado era devorado por uma águia. Durante a noite, o órgão se regenerava, para que na manhã seguinte sua tortura continuasse. Esse castigo acabou humanizando Prometeu, pois o colocou em uma situação de sofrimento e vulnerabilidade em prol de um bem maior, que transcendia seus interesses pessoais.

Nesse mito, notamos a presença de Prometeu como o Enforcado, que se sacrifica para que a humanidade possa obter os privilégios do uso do fogo e, assim, assegurar a própria sobrevivência, mas também o simbolismo do fogo, elemento mediador entre homens e deuses, entre o consciente e o inconsciente. Sua luz representa a iluminação e o ganho da consciência, da inteligência e da razão. Com ele, os seres humanos podem não apenas manter suas atividades regulares e cotidianas, mas também fazer as oferendas aos deuses, assegurando seu vínculo com os poderes superiores.

Na mitologia nórdica, é Odin, pai dos deuses, quem se pendura voluntariamente na Árvore da Vida e passa por diversos tormentos, ficando até mesmo cego de um olho para poder obter o conhecimento e a magia das runas. Nesse mito, vemos claramente a noção do sacrifício com a finalidade de obter algo maior, relacionado ao conhecimento e à sabedoria provenientes de fontes superiores. Essa atitude voluntária reflete a profundidade e o potencial encontrado no arcano do Enforcado.

# Arcano 13 – A Morte

*"Todo lugar onde o homem cresceu e se desenvolveu um dia se torna estreito, nenhum lugar pode ser amplo para sempre. O vento materno é o primeiro grande exemplo. E saber entregar-se às contrações do lugar estreito, rumo ao lugar amplo, é um processo, é um processo assustador, avassalador e mágico!"*

— Nilton Bonder[39]

## Sentido geral

Mudanças profundas e radicais em vários aspectos da vida (interna ou externamente), podendo indicar também uma mudança de condição emocional, mental ou espiritual negativa, ou até mesmo uma mudança de casa, cidade, estado, país ou religião.

Oportunidade de se desligar de tudo o que não tenha mais valor; rompimentos, términos, separação, renascimento, fins necessários, libertação, despedida, desapego, fim de ciclos para início de outros, transformação, destruição seguida de renovação, encerramento e regeneração.

## Significados

Ao surgir em uma leitura, o arcano da Morte trata dos momentos de mudanças grandes e significativas pelas quais todos temos de passar na vida. Esta carta anuncia as transformações que acontecem em nosso íntimo e nem sempre podem ser expressas externamente. A palavra-chave para compreendê-la é "transição", ou seja, o momento em que nossa velha maneira de pensar, agir ou perceber uma situação começa a perecer e somos levados a encontrar novas formas de ser.

---

39. Nilton Bonder. *A Alma Imoral: Traição e Tradição Através dos Tempos.* Rio de Janeiro: Rocco, 1998.

Na leitura, o arcano da Morte indica as experiências que envolvem algum tipo de rompimento, finalização, despedida, fim de ciclo, mas, ao mesmo tempo, lembra-nos de que essa é uma mudança positiva e necessária para nosso próprio crescimento e desenvolvimento internos. Em alguns casos, pode indicar apego ao passado ou a circunstâncias que já perderam o sentido por estarmos experimentando um período de fragilidade e vulnerabilidade. No entanto, o rompimento torna-se inevitável em meio a esses velhos padrões. A Morte também nos lembra de que o passado não deve ser descartado e anulado como se nunca tivesse existido. Ele é uma oportunidade para nos despedirmos de maneira apropriada e vivenciarmos o luto ou a dor da perda antes de seguirmos em frente.

Outro importante aspecto desse arcano é que as mudanças que experimentamos no momento são naturais e inevitáveis e têm o propósito de promover um tipo de reestruturação em nossa vida. Quando vivenciada de maneira negativa, a carta da Morte simboliza a resistência aos finais e o prolongamento artificial do sofrimento pela nossa incapacidade de seguir em frente. Recusamo-nos ao desapego e permanecemos paralisados, impossibilitados de soltar de nossas mãos o que a Morte reclama para si. Nossos olhos permanecem voltados ao passado, não ao futuro. Por medo do desconhecido e do novo, deixamos de agir para não precisarmos encarar a ruptura que cedo ou tarde virá.

Como conselho, a Morte nos diz que é chegado o momento de regenerar e renascer, de olhar para dentro e nos permitirmos viver as transformações que a vida traz. Essa é a hora de voltar nossa atenção para o mundo interior e vivenciar esses processos, como a lagarta que aparentemente está morta em seu casulo antes de poder emergir como borboleta. Se reconhecermos e aceitarmos o fim de cada ciclo, o sofrimento nem sempre desaparecerá, mas será minimizado. Devemos respeitar as leis da vida, às quais estamos submetidos e cuja ação independe de nossa vontade.

## Despertar interior

Para muitos, a reflexão proposta por esse arcano é difícil e dolorosa. Nossa cultura não nos ensina a lidar com o fim inevitável de todas as coisas, muito pelo contrário, pois vivemos em um tempo no qual o prolongamento da vida, do vigor e da juventude é a grande meta para muitas pessoas.

Quando vivenciamos momentos felizes, desejamos que eles durem para sempre. No entanto, essa carta nos ensina que nada é eterno, e que a morte é um processo tão natural quanto o próprio nascimento: um não pode existir sem o outro.

A Morte é um chamado à contemplação da finitude de todas as coisas. Destina-se não apenas às pessoas, mas também às situações, aos relacionamentos, aos projetos, aos trabalhos e aos sentimentos. Tudo está em estado transitório de constante mudança e transformação, e, eventualmente, haverá um fim. Nessa etapa da jornada do tarô, aprendemos a nos livrar do que nos faz mal, a encontrar a liberdade, a nos desapegar dos vínculos de dependência e a nos despedir do que amamos. Entretanto, essa não é a última carta do tarô; a jornada prosseguirá.

Todos nós já passamos por situações que se revelaram verdadeiros divisores de águas em nossa vida e nos fizeram adquirir uma nova percepção. Ao olharmos para o passado, nem sequer nos reconhecemos. Essas grandes transições são regidas por esse arcano. Quando as perdas no presente ou no futuro parecem insuportáveis, podemos voltar os olhos para essas experiências do passado e dele trazer a força e a sabedoria de que precisamos. Apesar de tudo, a morte não é o fim, mas um processo de regeneração que assegura a continuidade da vida.

A lição da Morte é a humildade. Ela sempre nos lembra de que a vida é uma grande surpresa e de que, às vezes, os finais podem ser bastante inesperados. Quando aceitamos a inevitabilidade da foice da Morte, isso não nos faz viver de maneira mórbida; ao contrário, leva-nos a apreciar ainda mais cada momento e a oportunidade da vida sem a ilusão de falsa eternidade, com a compreensão de que, fatalmente, as mudanças virão.

## Simbologia

| | |
|---|---|
| A MULHER IDOSA | A figura feminina representa o aspecto emocional. Também nos revela que o processo da morte serve à integração. A idade avançada é um símbolo tanto da experiência e da maturidade quanto da finitude de todos os ciclos: o próprio destino. A expressão serena revela a naturalidade do processo da morte. Elevada sobre as águas da materialidade, ela é a capacidade de transcender os limites. |

| | |
|---|---|
| **OS PÉS DESCALÇOS** | Os pés descalços sobre a terra firme representam a ausência de proteções emocionais ou disfarces: ela está em contato direto com a realidade concreta, vivenciando a experiência de maneira prática e realista. Os pés nus são uma referência à pureza e ao acolhimento das experiências, vividas de forma autêntica e desprotegida. |
| **A FOICE** | Como um eixo vertical, a foice nos lembra, mais uma vez, do eixo do mundo, representado em seu aspecto sombrio como o instrumento dos finais. É tanto aquilo que corta, separa e delimita, anunciando os rompimentos e encerramentos, quanto um instrumento de agricultura, capaz de alimentar os famintos e fazer a vida continuar. Nesse sentido, como uma manifestação sombria da teia do destino, a foice da Morte nos ensina que o fim de cada ciclo serve ao propósito maior da continuidade da própria vida. |
| **A TERRA FIRME** | Como um plano horizontal, o solo representa a transitoriedade dos aspectos concretos da vida. Nele, não vemos vegetação nem manifestações de vida: estéril e áspero, anuncia um período de recolhimento da energia vital para a renovação que se seguirá. Também reflete o empobrecimento afetivo, sentido na experiência desse arcano. |
| **O CÉU NOTURNO** | Faz menção à imensidão do desconhecido e ao desaparecimento. É o vazio necessário para que qualquer operação criativa possa acontecer; o espaço aberto capaz de conter e fazer emergir uma nova forma; o vaso alquímico no qual uma nova consciência será gestada. |
| **A BARCA** | A própria vida, como jornada e processo contínuo. Às margens visíveis da terra firme, ela revela que agora a jornada é em direção às águas do inconsciente, que não podemos enxergar na carta, mas cuja presença a barca nos faz intuir. Assim como o céu, ela é um receptáculo, mas com contorno e forma definida. Indica que, mesmo em um processo de finalização e dissolução, a permanência existe de algum modo. A barca carrega o glifo de Plutão, regente do mundo dos mortos, e evoca a embarcação de Caronte, que, na mitologia grega, leva a alma dos mortos para o mundo inferior. |

## As cores

A terra firme e o cabo da foice são dourados, o que revela a relação entre esse arcano e nossa consciência. Indicando o plano mental, essa cor representa tanto a nossa percepção do eu e da identidade quanto a memória, ou seja, trata da nossa percepção concreta e finita sobre nós mesmos. Seu brilho faz referência ao sol, à luz, à consciência e à preservação da vida, em contraste com o céu noturno, que é escuro e sugere a quietude, o silêncio e o espaço vazio que antecede a criação e o nascimento, pois toda vida – animal, humana ou vegetal – tem início em um receptáculo escuro. Nessa oposição de cores, vemos também a oposição entre denso e sutil, manifesto e oculto, consciente e inconsciente.

Elevando-se entre esses polos está a Morte. O cinza de suas vestes, dos olhos e da foice simboliza o princípio da neutralidade entre os opostos, revelando que ela está além de qualquer percepção de dualidade. Também indica a ação do tempo, bem representado por seus cabelos da mesma cor.

Na barca, encontramos as cores associadas aos três processos alquímicos: o preto do *nigredo*, que é a morte e a dissolução; o branco do *albedo*, representando a purificação; e, por fim, o vermelho do *rubedo*, que une ambas, eleva-se a partir delas e indica a totalidade da consciência. Além disso, o eixo amarelo na parte frontal da barca faz referência a uma etapa intermediária e não mais usada do processo alquímico, chamada de *citrinitas*, que corresponde à iluminação da consciência.

## O arquétipo

A experiência da morte sempre foi intrigante, fascinante e, ao mesmo tempo, assustadora para o ser humano. Evitada e temida, muitas vezes sua designação se torna um tabu. É interessante notar que, em alguns baralhos antigos de tarô, o nome da lâmina da Morte não era destacado como nos outros arcanos, mas marcado com pequenas letras em um canto da carta. Essa tendência a evitar falar da morte serve apenas para dificultar nossa relação com ela. No entanto, não há como escapar. Mesmo que nos esquivemos do assunto, ele emergirá de alguma maneira em nossa consciência, e teremos de enfrentá-lo.

De um ponto de vista arquetípico, todas as lâminas do tarô tratam de experiências humanas compartilhadas e vivenciadas coletivamente. Sob esse aspecto, o arcano da Morte representa todas as experiências humanas que envolvem a perda e a transformação. Há um saber instintivo nessa carta que evoca a transitoriedade da vida e a necessidade de mudança. Mais do que um simples convite para pensarmos sobre nossa morte, o arcano 13 sugere, ainda, uma visão mais profunda: a morte em vida, ou seja, o despertar para um novo estado de consciência.

Na mitologia e na religião, o ser humano sempre buscou representar e encenar, de alguma maneira, a experiência da morte. Muitos ritos iniciáticos de povos antigos envolviam cerimônias que simbolizavam a morte e o renascimento. Com essas práticas, esperavam que o candidato experimentasse um estado de consciência em que pudesse perceber outras partes da realidade. A ruptura psíquica provocada pela vivência simbólica do arcano da Morte é capaz de criar um espaço vazio no mundo interior, antes preenchido pelo que foi arrancado de nós.

A *metanoia* é outro acontecimento psíquico que pode ser relacionado à vivência do arcano da Morte e às expressões mitológicas e religiosas a ele associadas. Durante a primeira metade da vida, nossa energia psíquica se volta para fora, e buscamos nossa realização pessoal no mundo por meio dos estudos, do crescimento profissional, da construção de um relacionamento, de uma família etc. Nessa fase do desenvolvimento, tendemos a nos expandir externamente; porém, quando chegamos à metade da vida, a energia psíquica volta-se para dentro, e somos levados a um processo de avaliação e reflexão, no qual começamos a perceber melhor nossa realidade interna. No senso comum, esse pensamento está associado às crises de meia-idade, quando somos confrontados com as limitações de nosso corpo e a necessidade de mudar de atitude e pensamento.

> Do meio da vida em diante, só aquele que se dispõe a morrer conserva a vitalidade, porque na hora secreta do meio-dia da vida inverte-se a parábola e nasce a morte. A segunda metade da vida não significa subida, expansão, crescimento, exuberância, mas morte, porque o seu alvo é o seu término. A recusa em aceitar a plenitude da vida equivale a não aceitar o seu fim. Tanto uma coisa como a outra significam não querer viver. E não querer viver é sinônimo de não querer morrer. A ascensão e o declínio formam uma só curva[40].

Nesse momento simbólico de morte, renascimento e recomeço, o passado se mostra inalcançável, e novas possibilidades se descortinam à nossa frente.

---

**40.** Diversos são os escritos de Jung sobre o tema. Em *Sobre a Natureza da Psique*, o Capítulo 11, intitulado "O Fundamento Psicológico na Crença nos Espíritos", trata dessa questão, cujo debate ultrapassa as propostas desta obra, mas pode trazer um aprofundamento teórico a quem se interessar pela discussão.

Por isso, dizemos que esse arcano não representa a morte física – experiência que, para nós, sempre será um grande mistério –, mas a *aquisição de consciência* sobre a inevitabilidade da morte. Quando somos levados a encarar a finitude, nossa consciência se transforma. Essa é uma das mais preciosas experiências simbolizadas pelo arcano da Morte.

Sobre esse tema, Jung afirma:

> Temos, naturalmente, um repertório de conceitos apropriados a respeito da vida, que ocasionalmente ministramos aos outros, tais como: "Todo mundo um dia vai morrer", "ninguém é eterno" etc., mas quando estamos sozinhos e é noite, e a escuridão e o silêncio são tão densos que não escutamos e não vemos senão os pensamentos que somam e subtraem os anos da vida, e a longa série daqueles fatos desagradáveis que impiedosamente nos mostram até onde os ponteiros do relógio já chegaram, e a aproximação lenta e irresistível do muro de trevas que finalmente tragarão tudo o que eu amo, desejo, possuo, espero e procuro; então, toda a nossa sabedoria de vida se esgueirará para um esconderijo impossível de descobrir, e o medo envolverá o insone como um cobertor sufocante"[41].

O medo psíquico do enfrentamento da morte pode causar até mesmo a paralisação da vida e a recusa em lidar com as exigências que ela nos impõe. Quando levamos a vida de maneira apática, sem vitalidade, tentamos frear a consumação da morte. De acordo com Jung, os indivíduos que na juventude apresentavam algum tipo de medo em relação à vida tinham mais dificuldade de lidar com a noção da morte quando chegavam à velhice. É impossível pensar em uma sem a outra, e esse arcano, encontrado não no fim, mas no meio do jogo, confronta-nos com a necessidade de pensarmos na finitude, na temporalidade e nos limites impostos e inevitáveis.

Por isso, o arcano da Morte nos indaga se estamos preparados para o fim e conduzindo nossa vida de maneira significativa para nós mesmos. Muitos se perguntam sobre o sentido da vida, esquecendo-se de que a palavra "sentido" também significa "direção". Como inevitável destino na jornada da

---

[41]. Carl G. Jung. *A Natureza da Psique. In: Obras Completas de Carl G. Jung*, vol. VIII/2. Petrópolis: Vozes, 2011, § 796.

vida, a Morte também nos questiona sobre que rumo pretendemos tomar para fazer dessa experiência a mais significativa para nós. Encarar a Morte é uma grande oportunidade para ressignificarmos a vida, e, curiosamente, ao nos transformarmos a partir desse contato simbólico, de alguma maneira também vivenciaremos o processo de regeneração que esse arcano representa.

## Aspectos mitológicos

Na mitologia grega, o reino dos mortos era governado pelo sombrio Hades, irmão de Zeus e Posêidon. Após a queda dos Titãs, que representavam a geração anterior de deuses, esses três irmãos repartiram entre si os domínios do mundo: Zeus se tornou o governante dos céus e o rei entre os próprios deuses; Posêidon recebeu o domínio sobre os mares e as águas; para Hades foi designado o reino abaixo da superfície terrestre, para onde iam os mortos, e, assim, ele se tornou seu sombrio governante.

Seu papel parece ter sido secundário entre os gregos, tanto mitologicamente quanto em sua adoração. É mais conhecido pelo papel no mito de Deméter, deusa da agricultura que personificava a vida, e de sua filha Perséfone, ambas já discutidas em arcanos anteriores. Para aplacar sua solidão, Hades pediu a mão de Perséfone ao irmão, Zeus, pai da jovem deusa. Sem avisar a mãe e a filha, Hades fez o chão se abrir, saiu de dentro dele em sua carruagem puxada por cavalos negros e raptou a donzela enquanto ela colhia flores.

Perséfone, que nesse momento do mito ainda é chamada de Koré, personificava a vida e a juventude. Filha de Deméter, deusa da fertilidade da terra, simbolizava o fulgor da nova vida, agora raptada para os domínios subterrâneos da morte. Enquanto sua mãe empreendia uma longa busca na superfície para resgatá-la, Perséfone ingeria sementes de romã, símbolo tipicamente associado à noção da fertilidade e que representava o casamento sagrado com o mundo dos mortos. Desse modo, Perséfone tornou-se rainha daqueles domínios, deixando o posto de filha para assumir a posição de senhora.

Essa transição e esse amadurecimento só foram possíveis pelo contato com Hades. Perséfone passaria, então, metade do ano na superfície, com a mãe, momento em que a terra germinaria, e a outra metade com o esposo, regendo o mundo dos mortos.

Apenas no contato, no confronto e na integração com a morte, representados pelo casamento dessas divindades, Perséfone pôde deixar a infância para assumir lugar de plenitude e realização de seu potencial.

No mundo romano, o deus Hades era chamado de Pluto ou Plutão, que significa "rico", uma evidência das riquezas encontradas nas profundezas da terra, onde estão os metais preciosos, mas também das riquezas que só podem ser obtidas quando ousamos mergulhar nos domínios sombrios da morte e deixamos de fugir dela.

Na mitologia nórdica, o papel de regente do mundo dos mortos não é masculino, mas feminino, e desempenhado pela deusa Hel. Metade de seu corpo era de uma linda mulher, e a outra metade, de um cadáver em decomposição. Entre os celtas, povo essencialmente guerreiro, a morte era personificada por Morrigan, deusa da batalha. Também retratada como corvo e regente dos exércitos, mostrava a morte intimamente ligada a uma das principais atividades desse povo e evidenciava a delicada trama que a entrelaça com a vida.

## Arcano 14 – A Temperança

*"Quando nada acontece, há um milagre que não estamos vendo."*

– Guimarães Rosa[42]

### Sentido geral

Tranquilidade, paz interior, seriedade, bondade, fluxo contínuo de energia, fluidez, intuição, equilíbrio, benevolência, ponderação, cooperação, calma, harmonia, autoconfiança, proteção, coerência, moderação, boa saúde, longevidade, alquimia interior, paciência e adaptação.

Amizade, fidelidade, companheirismo, verdade, sentimentos puros, durabilidade, afeto, bons relacionamentos, progresso lento e compreensão.

Num sentido mais divinatório, também poderá representar contatos com países estrangeiros ou viagens a lugares distantes.

---

42. João Guimarães Rosa. *Primeiras Estórias*. São Paulo: Global Editora, 2019.

## Significados

A Temperança é um arcano que mostra total senso de equilíbrio e moderação, tanto em atitudes quanto em pensamentos. Quando surge em nossa vida, também se refere à importante missão de fazermos as pazes com algum aspecto de nosso íntimo. Sua mensagem não é de mudanças externas ou físicas, mas da consciência de que algo maior está se manifestando no coração e na alma.

Sua primeira mensagem para nós é de paciência. Tudo tem um tempo de maturação, e esse é um momento de transformações que, à primeira vista, são invisíveis e ocorrem sob a superfície. Mesmo que aparentemente nada esteja acontecendo, saiba que em níveis mais profundos há um movimento delicado e importante que não pode ser apressado. Se, por um lado, os resultados anunciados por esta carta são lentos e demorados, por outro, são sólidos, duráveis e estáveis. Os dois vasos em sua mão indicam a necessidade de unidade e harmonia e nos mostram o caminho do meio como a melhor alternativa.

Do ponto de vista negativo, a Temperança nos avisa da falta de equilíbrio e da necessidade de recuperar a harmonia. Pede que tomemos cuidado com os exageros da vida e pode indicar uma fase ou um período em que nossos comportamentos são desregrados, desestabilizados e exagerados. Revela a falta de encaixe e do sentimento de unidade e integração. Algo está fora do lugar. Prenuncia os males que poderão decorrer da irresponsabilidade, principalmente consigo mesmo, e tendência a comportamentos autodestrutivos.

Aconselha-nos a esperar pelo momento certo de agir, a recuar um passo e a observar como as pequenas situações da vida estão conectadas a processos muito maiores e mais amplos. É a personificação da sabedoria, na qual não há imprevistos nem acaso, muito menos impulsividade. Equilíbrio e moderação são seus princípios fundamentais, o que significa que talvez seja o momento de exercitar esses valores e colocá-los em prática na situação. Quando atravessamos dificuldades, essa também não é uma carta de grandes resistências. Sua mensagem é para que aprendamos a fluir nos ciclos e movimentos da vida e, assim, minimizemos o sofrimento. Nesse sentido, a Temperança representa a adaptabilidade e a resiliência no enfrentamento das turbulências.

Por fim, como representante dos processos de cura, essa carta pode nos aconselhar a buscar a figura de um profissional, conselheiro ou terapeuta, que possibilite nossa cura e recuperação. Como arcano que mostra a integração da dualidade, ela revela que o contato humano tem em si funções terapêuticas que podem nos beneficiar.

Além disso, a Temperança representa as boas amizades e as relações que construímos ao longo da vida. Em tiragens relacionadas à vida social ou mesmo como conselho, ela sugere o retorno aos laços de confiança que estabelecemos com as outras pessoas e pode anunciar a aproximação de novos amigos.

Essa carta também demonstra relação com viagens ao exterior; por isso, a Temperança pode ser o anúncio de uma jornada longe do lugar onde moramos, quando essa possibilidade estiver ligada ao tema da leitura. De resto, pode surgir como indicativo de que devemos buscar novos horizontes, expandindo nossa percepção e nos permitindo ir além.

## Despertar interior

Com a frase "tudo em moderação", o famoso Oráculo de Delfos da Grécia Antiga nos ensina a doutrina apolínea de que o caminho do meio é sempre a alternativa de menos sofrimento. Quando surge num contexto de desenvolvimento interior, a Temperança propõe uma reflexão sobre nossos desequilíbrios e excessos. Eles não são aleatórios; apresentam causas e raízes sobre as quais talvez ainda não tenhamos plena consciência.

Ao misturar os opostos em seus jarros, a Temperança nos lembra de nosso papel ativo na busca por equilíbrio e, ao mesmo tempo, pede que estejamos conectados a algo maior que nós mesmos. Como carta de trabalho lento e progressivo, ela nos questiona sobre as emoções e pensamentos que cultivamos em nosso interior e nos incentiva a perceber como os pequenos acontecimentos e as escolhas que fazemos na vida contribuem para moldar a realidade ao nosso redor.

Como símbolo da reunião e da unidade, ela também nos propõe pensar sobre quanto sentimos que nossa vida é verdadeiramente integrada. Mente e coração trabalham juntos!

Nesse sentido, vale perguntar: nossos esforços concretos e contínuos na vida estão em harmonia com nossos sonhos e ideais interiores? Sentimo-nos divididos ou inteiros?

Precisamos questionar nossa atitude acerca de nós mesmos. Como carta de cura interior, a Temperança nos diz, ainda, que devemos fazer as pazes com nossas aflições e nutrir uma atitude de respeito e autocuidado. Tudo aquilo de que precisamos não deve ser buscado do lado de fora, mas do lado de dentro. Nesse sentido, esse arcano nos aconselha a avaliar se temos capacidade de ser gentis, acolhedores e generosos conosco mesmo em vez de agirmos como nossos opositores e inimigos.

O arcano da Temperança nos convida a ganhar consciência de nossa parte mais sábia, representada na cultura religiosa pelo anjo da guarda que todo ser humano possui. É preciso encontrar e cultivar o ponto de equilíbrio interno.

## Simbologia

| | |
|---|---|
| O CÉU | O plano mental, amplo e iluminado, indicando a clareza de ideias e o pensamento harmônico. Seu maior destaque em relação ao rio ou à terra revela que o processo evidenciado na carta tem origens celestes, ou seja, encontra-se em um tipo de consciência superior. |
| A TERRA | O plano material, a vida prática e cotidiana, o ego. A terra, coberta por vegetação e com montanhas imponentes ao fundo, representa a força, a substância, a materialidade e o desenvolvimento da vida. |
| O RIO | Em oposição à terra estática, está em claro movimento, fluindo para a frente e revelando que esse arcano nos levará adiante no processo de desenvolvimento do eu. Indica o contato com o que está abaixo da superfície, o inconsciente, e com o plano emocional, também límpido e cristalino, como o céu acima dele. |
| A MULHER | O princípio unificador, que apresenta potencial receptivo, mas, ao mesmo tempo, é o verdadeiro agente da ação desempenhada na carta. Sua face se volta à esquerda, direção do passado e das lembranças, indicando a relação com as experiências pregressas, mas seu pé esquerdo está dentro da água, o plano do movimento, impulsionado para a frente. |
| OS DOIS VASOS | O princípio dinâmico da dualidade psíquica, a comunicação entre consciente e inconsciente, o vaso alquímico que possibilita a transformação. |
| A FLOR | Sobre a cabeça da mulher, a flor é uma referência à mandala e ao processo de integração psíquica, revelando que a mulher é, na verdade, uma mensageira do próprio *self*, conduzindo o trabalho dinâmico de integração entre os opostos. |

## As cores

O verde da terra e das montanhas, por onde cresce a vegetação, sugere o potencial de cura e restauração contido nessa carta, sobretudo porque essa cor está entre duas diferentes manifestações de azul: o céu claro e límpido, indicando a serenidade e a tranquilidade da consciência iluminada, e as águas correntes do rio, que trazem as emoções cristalinas e desimpedidas e fluem livremente.

Na figura da mulher, duas cores se destacam. A primeira é o vermelho do vestido, que representa o sangue e, ao lado do verde, faz alusão à vida. Também representa o *rubedo*, último estado do processo alquímico, quando a consciência é integrada e iluminada, revelando-nos os propósitos aos quais serve o arcano. A segunda cor é o dourado, presente em ambos os jarros e nos cabelos da mulher. Ele indica a iluminação e o potencial divino da consciência superior, que fornece tanto os instrumentos quanto a inteligência para a realização do processo.

Por fim, o branco, presente na água cristalina que flui entre os jarros e nas mangas no vestido, indica a pureza, que é tanto agente da operação quanto seu resultado.

## O arquétipo

Na carta da Temperança, podemos ver uma figura que carrega dois vasos e verte líquido de um para o outro, sugerindo a imagem do antigo alquimista na difícil arte e tarefa de refinar e elevar o material bruto em expressão sublime.

Em referência aos receptáculos alquímicos, os vasos são os espaços escuros nos quais a visão é incapaz de penetrar e a verdadeira alquimia realmente acontece. Sua meta é o encontro, a unificação dos opostos, que não se dá por um embate direto, mas pela sutileza, pela maleabilidade e pela adaptabilidade do líquido, capaz de moldar-se à forma de seu recipiente, dissolvendo em seu interior as formas brutas e misturando os princípios antagônicos. Os alquimistas chamavam de *solutio* esse tema alquímico, que se refere ao processo psicológico de integração da consciência.

Nesse caso, não pode haver força ou resistência, mas também não há passividade. Seu fluxo é delicado, correndo de cima para baixo, de dentro para fora e novamente para dentro, do invisível ao visível, e mais uma vez para o invisível. Temos a oportunidade de contemplar a tríade dinâmica da criação e do movimento singularizada na figura da mulher, agente e mestre dessa operação, bem como símbolo oculto: ela é o terceiro vaso alquímico, no qual as polaridades se integram ainda longe da visão, revelando que nem tudo o que é prenunciado por esse arcano pode ser colocado, mesmo que temporariamente, diante dos olhos.

Após a experiência do arcano da Morte, não há alternativa senão o retorno ao útero, que anuncia o futuro renascimento e é escuro como o domínio dos mortos, como vimos no arcano anterior. Entretanto, ao contrário do que se espera, essa regressão ao ventre não é passiva, estática e ausente de movimento, e sim profundamente dinâmica, pois acontece não em um, mas em dois recipientes: a integração dos opostos também é o movimento que cria o dinamismo do aparelho psíquico. O inconsciente deixa de ser temido para ser visto como uma experiência de ressurgimento, fonte de vida e criatividade.

A experiência desse arcano é ativada em nossa vida quando precisamos nos curar de um processo de ruptura, desencadeado na carta anterior. A Temperança é a benevolente anunciadora da natureza integradora e regeneradora da psique e se move constantemente em direção ao equilíbrio. Sempre que experimentamos processos de regeneração e autorregulação psíquicas, estamos vivenciando esse arcano.

Como ponte entre consciente e inconsciente, os sonhos são um ótimo exemplo do líquido vertido nos jarros da Temperança, com conteúdos conscientes e inconscientes unindo-se para criar significado e um ponto intermediário, no qual uma nova compreensão pode emergir. Unindo acima e abaixo, terra estática e rio fluido, a Temperança representa um ponto de equilíbrio fundamental. A liberação das forças reprimidas e conduzidas à estagnação, que agora podem fluir, possibilita a cura e a restauração anunciadas por esse arcano.

## Aspectos mitológicos

A deusa Íris é a figura mitológica que encarna os atributos da Temperança. O arco-íris por ela personificado é um símbolo formado pela interação dos opostos: a luz do sol, simbolizando o fogo, e a umidade da água, presente no céu. O resultado disso é a revelação do que antes era invisível aos olhos: as inúmeras possibilidades carregadas pela luz branca.

Na mitologia grega, era ela quem levava as mensagens dos deuses do Olimpo, residentes do céu, aos mortais, habitantres da terra, e, portanto, quem estabelecia a comunicação entre dois domínios separados e distanciados, proporcionando a integração entre ambos. Com asas douradas, viajava através do arco-íris, comumente visto na Grécia diante do mar, o que fez com que os gregos acreditassem que Íris fosse a deusa responsável por abastecer as nuvens de chuva, levando a água dos mares para o céu e mostrando, mais uma vez, sua função de mediadora e integradora.

Outra função de Íris, compartilhada com a deusa Hebe, era a de servir aos deuses o néctar sagrado, a bebida da imortalidade. Isso também se associa à ideia da Temperança como carta de regeneração, cura e restauração da vitalidade.

Na mitologia romana, ela desempenha os mesmos papéis e tem o mesmo nome.

Entre os povos celtas, encontramos a lenda do caldeirão de Ceridwen, deusa feiticeira que decidiu preparar, ao longo de um ano, uma poderosa poção contendo toda a sabedoria do mundo para dar ao seu filho. O caldeirão era vigiado, e seu conteúdo, misturado por um assistente chamado Gwion. Como vimos anteriormente, o caldeirão é o vaso alquímico no qual a transformação pode acontecer. Ao ficar pronta, apenas três gotas da poção conteriam a sabedoria, e o restante de seu conteúdo constituiria um veneno letal. Tendo-se distraído enquanto mexia a poção, Gwion não percebeu quando o calor aumentou sob o recipiente e três gotas respingaram em seu dedo. Instintivamente, levou o dedo à boca e recebeu toda sabedoria preparada ao longo de um ano inteiro.

Furiosa, Ceridwen perseguiu Gwion com a intenção de destruí-lo. Entretanto, além da sabedoria, o jovem havia recebido poderes mágicos e, para escapar da fúria da deusa, passou por uma série de transformações, assumindo diversas formas. Contudo, Ceridwen também se transformou várias vezes para capturá-lo. Assim, Gwion foi perseguido por terra, céu e mar, até se transformar em grão de trigo e se lançar no solo. Ceridwen assumiu, então, a forma de uma grande galinha e o devorou.

Ao retornar à forma original, a deusa descobriu que estava grávida e, nove meses depois, deu à luz Taliesin, o mais sábio e habilidoso de todos os bardos. Poeta e contador de histórias, Taliesin foi responsável por preservar a memória de seu povo e unir passado e presente.

# Arcano 15 – O Diabo

*"O homem que não atravessa o inferno de suas paixões também não as supera. Elas se mudam para a casa vizinha e poderão atear o fogo que atingirá sua casa sem que ele perceba."*

– Carl G. Jung[43]

## Sentido geral

Ilusões, mentira, engano, falsas crenças diante de si mesmo e do mundo, sombra, inveja, cobiça, magia sombria (aqui não se limita apenas à magia ritualística, mas também representa a magia negativa e malévola de pensamentos e desejos), falsos profetas, escravidão, paixões que cegam, obscuridade, falsidade, negligência, manipulação, falta de comunicação, dificuldade de expressão, força operante do astral inferior que limita, traição, vício, maledicência, preguiça, luxúria, abuso, falta de ação, escuridão que necessita de claridade, dependência, desejos ardentes, sensação de pecado, amarrações, forças negativas controlando o destino, sedução, sentimentos profanos, obsessão, inferno interior, emoções violentas e sexualidade desenfreada.

## Significados

Sempre que o Diabo surgir em uma leitura, indicará um estado de dualidade interior que pode envolver, ao mesmo tempo, a experiência de prazer e dor, alegria e culpa, amor e dependência. A palavra "diabo" se forma pela união do prefixo *dia*, que significa "dois", e *bolo*, que quer dizer "jogo", ou seja, o diabo é aquele que traz os jogos da dualidade, da oposição e de tudo o que se movimenta na direção contrária, ou, ainda, aquele que joga nos dois lados. Como

---

[43]. Carl G. Jung. *Memórias, Sonhos e Reflexões*, compilação e prefácio Aniela Jaffé. Tradução Dora Ferreira da Silva. Rio de Janeiro: Nova Fronteira, 1985.

o manipulador, ele brinca com nossa percepção. No entanto, é importante saber que o Diabo do tarô deve ser pensado não de modo caricato, como a figura cristã que domina a realidade espiritual distante e inferior do Inferno, e sim como o opositor, aquele que, ao nos revelar o lado desconfortável, que nem sempre queremos enxergar, expande nossa percepção da realidade.

Por isso, este é o momento de perguntar: quais aspectos desta situação ainda não estão claros para mim ou passam despercebidos? Quais são as ilusões, paixões e prisões presentes aqui? O Diabo pede que sejamos capazes de olhar sob a superfície para que possamos enxergar seu jogo de ilusões.

Este arcano pode sugerir a ganância e uma atitude exageradamente materialista. Quando nos representa na tiragem, talvez indique intenções ou motivações egoístas, o desejo de manipular e controlar, ou a luxúria e a paixão excessivas. Entretanto, se representar a situação, revela o sentimento de impotência, quando nos sentimos controlados por forças externas ou obscuras contra nossa vontade. Também pode apontar tendências e comportamentos autodestrutivos.

O Diabo aconselha a nos conscientizarmos do que nos limita e a nos libertarmos dos ciclos viciosos e do que nos faz mal. Também nos adverte dos golpes de sorte da vida: não devemos confiar no acaso para obter o que desejamos. A carta nos lembra de que a sorte é instável e pode se voltar contra nós a qualquer momento; por isso, mais uma vez, convoca-nos a assumirmos a responsabilidade do que nos acontece. Além disso, pede que ampliemos nossa percepção para que saibamos se algumas das situações que nos parecem prazerosas não são, de alguma maneira, prejudiciais.

## Despertar interior

Quando o Diabo surge numa leitura de tarô, temos de parar de olhar apenas o lado de fora e começar a contemplar nosso interior. Ele nos desafia a nos responsabilizarmos por nossos atos. Seja qual for a situação enfrentada, esse arcano pede que procuremos e aceitemos nossa parcela de responsabilidade. Mesmo quando outras pessoas nos prejudicam e nos colocam em condição de aprisionamento ou limitação, o Diabo nos encara e nos pergunta que atitudes e comportamentos nos levaram a essa situação.

Na história da humanidade, a figura do Diabo foi usada como bode expiatório das mazelas do ser humano. Ele assumiu o papel do grande tentador, o príncipe das mentiras, a força que nos leva a cometer atos que conscientemente abominamos. O grande erro histórico foi perceber essa potência como externa, e não interna. Mas o tarô, como ferramenta de autoconhecimento, ensina que não podemos atribuir aos fatores externos a culpa pelo que nos acontece. Não devemos delegar aos outros a responsabilidade de lidar com nossa vida. Assim, o Diabo nos encara para que possamos contemplar os lados mais assustadores de nossa personalidade e integrá-los de modo consciente. Como um espelho distorcido, ele corrompe nossa autoimagem.

Esse arcano maior nos convida a confrontar nossas paixões e fragilidades. Coloca diante de nós tudo o que mais evitamos e tememos e nos mostra nossos vícios, nossas paixões e nossos desejos sombrios, os sentimentos negativos que insistimos em fingir que não existem. Diante dessa lâmina, somos convocados a ter uma nova percepção de nossos padrões destrutivos. O Diabo evidencia a autossabotagem e expõe a culpa, a inveja e a raiva. Quanto mais fugirmos de determinados temas, mais intensamente eles nos perseguirão e insistirão em se fazer presentes. Esse arcano revela que não há para onde fugir, e o confronto é inevitável.

O processo anunciado por ele é de ampliação de nossa própria consciência, que atravessa infernos interiores. Quanto mais resistirmos, mais dolorosa será essa experiência. Porém, esse arcano não é causador do mal, como muitos podem pensar. Apenas o expõe e executa a sentença que impusemos a nós mesmos. Sua experiência é uma possibilidade de liberdade e libertação, que só pode acontecer pelos processos de tomada de consciência.

Além disso, o Diabo revela nossas paixões ocultas, capazes de nos cegar e que acabam exercendo o controle ou o domínio sobre nossas ações, mesmo de maneira imperceptível, justamente porque temos dificuldade de trazê-las à consciência. Essas paixões são projetadas no mundo, e passamos a persegui-las, direta ou indiretamente. Vivenciamos esse aspecto do Diabo sempre que custamos a enxergar nossos desejos. Se a busca na jornada do tarô nos leva à totalidade da alma, o Diabo trata do difícil processo de aceitarmos as partes de nosso ser que, por algum motivo, aprendemos a rejeitar ao longo da vida.

Quando o Diabo confrontar você, pergunte-se sobre seus medos e suas paixões. Busque os sentimentos menos aparentes em determinada situação. Lembre-se de que esse arcano é o senhor dos opostos: sempre que nos sentimos muito certos e seguros sobre algo, ele aparece para questionar e mostrar o que estava oculto.

## Simbologia

| | |
|---|---|
| **O ILUSIONISTA** | É uma representação do desafiador, do enganador, daquele que, com seus truques, manipula a consciência usando processos invisíveis e desconhecidos. Seu olhar e seu sorriso nos revelam que ele tem um truque na manga, e que seu conhecimento não é acessível a nós. Como Ilusionista, também é um personagem de *performance* e ação, e não de passividade distante. |
| **AS CORTINAS** | O que está oculto e protegido da visão e da percepção consciente. Um portal para uma compreensão mais profunda e que tem o Diabo como guardião. É o véu entre consciente e inconsciente. |
| **OS DADOS** | O inesperado, o desconhecido e o aparente "acaso". Diversas possibilidades podem entrar em cena com a ação do Diabo. Para a consciência, elas podem parecer aleatórias, mas são bem controladas por ele. O dado, com seu formato cúbico, também representa o mundo manifestado e a realidade concreta. Os números 1 e 2 em evidência indicam o contraste e o choque dos opostos. |
| **A CARTOLA** | O poder criativo sob o controle do Diabo, tanto por ser um objeto colocado sobre a cabeça (mente) quanto por ter o formato de um recipiente, que pode ser usado para fazer a passagem do invisível ao visível pela ação do Ilusionista. É a capacidade e o ardil do Diabo para criar e dissolver imagens. |
| **A CAPA** | Com diversas espirais, evidencia o caráter dinâmico do arcano, cujo objetivo é criar movimento e evitar a estagnação. O movimento repetitivo da espiral é visto como um mecanismo de alteração de consciência. Além disso, refere-se à busca do centro do círculo, um caminho que pode ser conduzido pelos processos do Diabo. |

## As cores

O preto nos trajes do Diabo e em seu cabelo representa o oculto, o desconhecido, a escuridão, ou seja, o que não é visível e está além das forças da consciência. Isso se opõe ao restante da carta, na qual vemos cortinas amarelas e um pano de fundo dourado indicando a luz e a iluminação da consciência. Para que seja possível passar do plano da ignorância para o conhecimento, primeiro é preciso enfrentar as sombras e a escuridão do guardião desse portal.

O branco e o preto fazem analogia entre os opostos e o princípio da polaridade anunciado por esse arcano. Em sua capa, notamos o vermelho, representante das paixões, dos desejos, da vitalidade e dos impulsos instintivos controlados pelo Diabo. Também é interessante notar que, como em arcanos anteriores, vemos as três cores associadas ao processo alquímico (*nigredo*, *albedo* e *rubedo*), tendo como pano de fundo a iluminação da consciência.

## O arquétipo

Internamente, o Diabo, portador da dualidade e senhor dos opostos, representa o grande "outro" que existe em cada um de nós e nos ensina a experiência humana com a sombra.

Quando desenvolvemos nossa personalidade nos primeiros anos de vida, aprendemos pela interação com os outros quais são as características e os comportamentos que provocam respostas positivas, de amor e agrado, ou negativas, de repressão e culpa. Com essas experiências, começamos a moldar nossa identidade, mantendo as características apreciadas à tona, na superfície da consciência, e colocando todos os outros aspectos, percebidos negativamente e menos apreciados ou até temidos, sob a superfície, nos domínios do Diabo, rejeitando-os como parte de nós.

Esse conjunto de experiências e potências dá origem ao que é chamado de "sombra" e permanece às portas do inconsciente, como o próprio Diabo, guardião dos domínios sombrios e às vezes inacessíveis. A experiência do arcano do Diabo nos faz confrontar todas as partes de nós mesmos que preferimos não enxergar e que, de alguma maneira, são incômodas ou fonte de sofrimento para a consciência.

Esse conjunto de elementos mantidos no inconsciente se reúne como complexos da sombra e passa a ser percebido pelo ego consciente como um grande opositor, um temido outro que vem para nos assombrar. Justamente porque esses aspectos da personalidade foram experimentados como negativos no passado, ameaçam desestabilizar a estrutura da consciência. Contudo, se a jornada do tarô é o caminho para a totalidade, faz parte desse processo o confronto com nosso desafiante interno, que nos instiga a abraçá-lo e a enxergá-lo também como um componente de nós mesmos.

Aqui, os pacifistas encontrarão sua agressividade; os destemidos descobrirão seus grandes pavores; e os líderes perceberão o aspecto tirânico de seu posto. Confrontaremos nossa antítese e descobriremos que as características que tanto desprezamos nas outras pessoas são, na verdade, partes de nós, contra as quais constantemente travamos uma guerra para que não se manifestem. Tudo o que não nos permitimos ser está sob os domínios do Diabo e no reino oculto da sombra, que se mantém à espreita para nos assombrar com seus conteúdos.

A tentativa de fugir e negar é inútil: o material reprimido na sombra insiste em ser reconhecido e integrado. Portanto, o que nos obstinamos em negar se torna, automaticamente, mais visível e aparente do lado de fora. As atitudes e os comportamentos das outras pessoas são o que mais nos aborrecem. Confrontaremos no outro tudo o que insistirmos em negar a nosso respeito. Entretanto, olhar para o Diabo e abraçá-lo como parte de nós não significa nos rendermos aos nossos defeitos; muito pelo contrário, ao entendermos as necessidades emocionais que existem por trás desses conteúdos, temos a oportunidade de supri-las de outras maneiras, atribuir-lhes um novo significado e elaborá-las nesse processo alquímico de autoconhecimento.

Quem pensa que nesse caso só há mazelas pode cometer equívocos. Por ser essa a morada dos desejos e impulsos negados, também encontramos uma grande quantidade de energia criativa que fica represada, esperando para se manifestar. Se o arcano anterior, a Temperança, nos trouxe a união dos opostos e deu início à integração de elementos do inconsciente na consciência, nesse processo de transformação nos deparamos, em primeiro lugar, com a sombra.

## Aspectos mitológicos

Pã, deus com patas, orelhas, chifres de bode e casco fendido, representa a imagem do Diabo na mitologia grega. Não se trata de uma divindade que tem domínio sobre o mundo inferior – esse é Hades, que tratamos no arcano da Morte. Pã é um deus do pastoreio e da natureza selvagem, e seu nome significa "tudo" em grego antigo, ou seja, mais uma vez, vemos o elemento que transcende a própria identidade presente nessa figura. Metade homem, metade animal, ele personificava a fertilidade da terra, a paixão e o desejo; por isso, lembrava a humanidade da própria parcela animalesca, de seus instintos e desejos, das forças internas que estão além da palavra falada e da racionalidade.

Pã tinha uma flauta (chamada de *siringe*), cuja música inspirava a loucura nos seres humanos, trazendo seus maiores terrores à tona. Por isso, seu nome grego (Pan) deu origem à palavra "pânico". Os antigos temiam atravessar a floresta durante a noite, quando o deus selvagem tocava sua sinistra melodia. A associação de Pã aos pavores noturnos da alma humana nos remete à ideia do inconsciente e do que não pode ser comunicado em palavras, apenas experimentado como sensação e sentimento. Ele não causa terror com palavras, mas com a música, uma experiência igualmente sensorial e física.

Por isso, Pã representa nossa corporeidade e a parcela mais primitiva de nossa alma que o mundo civilizado nos ensinou a temer. Já não conhecemos os caminhos da floresta e da mata selvagem e tememos os males que espreitam na escuridão. Quando somos capturados pela música de sua flauta, mergulhamos no breu da floresta não civilizada e dançamos a música do desespero.

Na mitologia romana, Pã foi chamado de Fauno, Silvano e associado a Luperco, deus em forma de lobo que também estava relacionado tanto ao potencial destrutivo do inverno quanto à fertilidade e à renovação.

Na mitologia egípcia, é Seth, irmão gêmeo de Osíris, sua contraparte sombria, responsável pela morte e pelo desmembramento do deus. Na mitologia nórdica, encontramos Fenrir, terrível lobo que desencadeará o Ragnarok, série de eventos que conduziriam ao fim do mundo.

## Arcano 16 – A Torre

*"Do lugar onde sempre estamos certos*
*nunca brotarão*
*flores na primavera.*
*O lugar onde estamos certos*
*é batido e duro [...]*
*Mas dúvidas e amores*
*esfarelam o mundo [...]*
*E um murmúrio será ouvido no lugar*
*onde havia uma casa –*
*destruída."*

– Yehuda Amichai[44]

---

44. Yehuda Amichai. *Terra e Paz: Antologia Poética*. Organização e tradução de Moacir Amâncio. Rio de Janeiro: Bazar do Tempo, 2018.

## Sentido geral

Mudanças súbitas, golpes, queda, declínio, desilusão, perda material, ruína, conflito, destruição de estruturas que não são mais seguras, orgulho, vaidade, crise emocional ou econômica, fracasso no trabalho, rasteira inesperada do destino. Entretanto, por piores que pareçam, todos esses acontecimentos antecedem uma reconstrução sólida e verdadeira.

Redirecionamento, reformulação, desapego do passado ou de condições/pensamentos negativos diante da vida.

Libertação da prisão interior, modificações súbitas e surpreendentes. Necessidade de abrir a mente e de encontrar novas perspectivas a partir de uma possível perda para evoluir.

Destruição da vaidade, do orgulho e da prepotência.

## Significados

A Torre anuncia períodos necessários de crise e desorganização como um caminho de libertação, para que novas estruturas possam ser construídas. Este arcano indica uma fase na qual devemos nos desapegar de crenças, pensamentos e padrões do passado, mesmo que isso implique perdas. Também pode revelar períodos de mudanças inesperadas e repentinas, nos quais o chão firme parece abrir-se sob nossos pés, fazendo-nos perder abruptamente toda certeza e todo senso de segurança.

Quando vivenciamos as experiências propostas pela Torre, temos a sensação de queda e declínio. Parece já não haver perspectivas favoráveis para o futuro, pois essas perdas no presente representam muito em nosso destino.

Independentemente de nossa vontade, esse arcano destrói as condições negativas que ainda parecem seguras, mas são desnecessárias. Além disso, permite-nos reconstruir tudo de uma nova maneira. Apesar de drásticos, incontroláveis e rápidos, os efeitos da Torre nos fazem encontrar novas direções e reformular a vida de forma mais amadurecida.

Esta carta representa os grandes momentos de crise e desilusão.

Numa tiragem, a Torre revela tanto um momento súbito de desestabilização quanto os acontecimentos repentinos que nos abalam profundamente, podendo indicar uma perda importante, um rompimento abrupto ou a interrupção drástica de um plano ou projeto pela ação de forças externas.

O raio que geralmente aparece na representação dessa carta, causando a queda da Torre, indica que algum acontecimento interior ou exterior, fora de nosso controle, trará o desmoronamento de algo que já não nos serve. A súbita influência desse raio destrói o que até então parecia natural ou estável. As estruturas velhas e inflexíveis devem ruir para que uma nova forma possa nascer. O raio também é símbolo das forças e ações imprevisíveis e inesperadas da vida que independem de nossa vontade consciente.

Em sentido negativo, esse arcano evidencia uma fase na qual nos sentimos deprimidos, tristes, vazios, sem nenhuma perspectiva ou em meio a um processo de desmoronamento interior. O rompimento das estruturas sólidas que nos sustentavam e protegiam provoca um sentimento de impotência, insegurança e vulnerabilidade, como se tivéssemos sido atingidos por seu raio destruidor.

De todo modo, a Torre nos convida a compreender que os rompimentos ocorridos sem demora abrem os portões da prisão que nos limitavam até então. Mais tarde, reconheceremos uma libertação decisiva, que nos fará perceber uma realidade muito maior do que imaginamos um dia. Embora seu processo implique sofrimento, também pode ser experimentado como uma grande oportunidade de nos libertarmos das velhas prisões.

O grande conselho desse arcano, que nos auxilia a vivenciar seu processo com o menor sofrimento possível, é não resistir e entregar-se aos processos de desconstrução anunciados pela Torre. Como estes não são reversíveis, não podem ser controlados. Quanto mais lutarmos, mais rígidos nos tornaremos, como a Torre, e mais potente será o raio que virá para quebrar suas paredes.

## Despertar interior

As lições que o arcano da Torre tem para nos ensinar não estão entre as mais agradáveis do tarô. Entretanto, podem nos ajudar a enfrentar os inevitáveis momentos de crise e sofrimento.

A Torre é uma estrutura rígida e fechada em si mesma. A solidez de suas paredes mantém afastadas as forças naturais do mundo: o vento, a chuva e até mesmo a luz do sol ou da lua, produzindo uma falsa sensação de segurança e proteção, de poder ou soberania. Então, de repente vem do céu um raio flamejante que coloca abaixo toda essa estrutura firme e nos derruba mais uma vez. Sentimos o impacto desse raio quando somos surpreendidos pelos choques de realidade que a vida nos dá e vemos nossas ilusões sendo arrancadas e removidas de nós de maneira impiedosa.

O antigo filósofo chinês Confúcio nos ensinou que "o junco verde que se dobra ao vento é mais forte que o carvalho poderoso que se quebra em uma tempestade". Isso significa que, diante das surpresas e imprevisibilidades da vida, não devemos ser rígidos e resistentes como o carvalho ou a Torre, mas leves e maleáveis como o junco.

Quando resistimos e lutamos contra as crises da vida, em vez de abraçá-las e transformá-las em ferramentas para nosso crescimento, o choque é maior, e somos arrastados pelas forças dinâmicas do mundo. A Torre nos ensina a lição da humildade, lembrando-nos de que a ideia de controle absoluto é uma total ilusão.

Quando a carta da Torre surge em uma leitura, convida-nos a meditar sobre as ilusões que construímos para nos proteger da realidade e nos ensina que, por mais desagradável que seja o mundo externo, seremos inevitavelmente arrancados desse castelo imaginário e lançados, de maneira violenta, na terra firme se nos refugiarmos em um plano de fantasias e sonhos ou mantivermos uma atitude exageradamente individual e centrada em nós mesmos.

Esse arcano também nos lembra dos grandes inimigos no desenvolvimento do ser: o apego às velhas maneiras de agir, a teimosia exagerada, o orgulho desmedido e a recusa às mudanças. Quem mantém essas atitudes nunca poderá se transformar verdadeiramente e, em vez de enxergar o grande espaço aberto que o raio provocou ao atingir a Torre, se concentrará apenas nos escombros e na devastação ao seu redor.

A experiência da Torre traz a abertura necessária para que o processo de mudança e aperfeiçoamento continue acontecendo. Esse é o momento de olhar as estruturas mais rígidas da personalidade e contemplar as muralhas que construímos para nos proteger e nos afastar do mundo real. Sua ruptura é abrupta e seria percebida como libertadora se fôssemos capazes de enxergar como prisões determinadas situações da vida. A Torre nos tira da zona de conforto e não nos permite aceitar os falsos limites aos quais nos submetemos ao longo da vida. Ela nos faz enxergar o mundo interior e exterior de forma mais realista.

## Simbologia

| | |
|---|---|
| A TORRE | Estruturas e construções mentais rígidas, limitantes e ilusórias, feitas para nos dar uma falsa sensação de proteção e segurança. O aprisionamento da consciência e sua atitude inflexível e resistente. A suspensão do contato com a realidade, representada pelo chão. A abertura em sua base indica o convite para entrar e habitar a Torre, enquanto as janelas fechadas no alto evidenciam a postura de isolamento e restrição. |
| O RAIO | A força dinâmica da vida que impulsiona a mudança e provoca o choque de realidade. A ação de forças externas ou do próprio inconsciente para romper as estruturas ou os padrões rígidos. Acontecimentos aparentemente catastróficos e desestruturantes. É o único elemento ativo na carta. |
| O HOMEM | É a única representação viva na carta, mas permanece em postura de repouso e rigidez, indicando a tendência à inércia, representada pelo arcano. Seus pés descalços tocando o chão revelam que esse é um momento de contato direto com a realidade concreta. O padrão quadriculado em sua camisa também indica a rigidez manifestada. |
| O CÉU | Representando uma proporção maior na imagem em relação ao solo, indica a natureza transcendente da experiência da Torre, cujos impulsos fluem de um lugar afastado do centro da consciência. Como fonte e origem do raio, indica a ação de forças que não podem ser contidas. |
| A TERRA | O chão retratado na carta não é um solo fértil e cheio de vida, mas seco e infértil, indicando a esterilidade da elaboração psicológica representada pelo arcano. |

## As cores

A predominância do cinza na carta indica estagnação e paralisação, tanto no céu, de onde não vem luz, quanto na terra, estéril e infrutífera. Isso nos revela que a paisagem psíquica na qual a experiência da Torre é vivenciada é um lugar de ausência de vitalidade. Mesmo o relâmpago, único elemento ativo e fonte de energia que leva à ruptura da Torre, aparece acinzentado, mas seu tom iluminado contrasta com o céu, indicando um impulso luminoso de ganho de consciência.

Na Torre, os tijolos amarelos indicam a consciência e o plano mental e revelam sua natureza como construção artificial, que acontece no plano das ideias. Os tons de laranja e marrom na estrutura simbolizam a solidez e a rigidez de sua construção.

Já na figura do homem, encontramos mais uma vez as cores que enfatizam o elemento Terra e a estagnação em padrões quadriculados, ao passo que a calça verde traz a potência oposta do mesmo elemento: a vitalidade ainda não expressa, uma vez que não há movimento, mas de algum modo anunciando que os efeitos do arcano devem provocar o deslocamento e o retorno da fertilidade psíquica ao se afastar do movimento de inércia representado pela carta.

## O arquétipo

Se o Diabo representa os sofrimentos autoimpostos e provocados por nossa ignorância ou negação em relação aos elementos de nossa sombra, a Torre encarna os sofrimentos provocados por uma intervenção externa e, sobretudo, as consequências por termos tomado um caminho de ilusões. Em uma leitura sobre planos e projetos, esse arcano pode representar a impossibilidade de impedir a ação de outras pessoas ou circunstâncias. Por outro lado, a carta da Torre também trata dos processos de ruptura provocados pelas forças do inconsciente e, os quais, de alguma maneira, são percebidos pela consciência como intrusos ou externos. Podemos pensar em duas situações típicas nas quais essa imagem arquetípica se expressa em nossa vida: quando determinado conteúdo do inconsciente subitamente invade a consciência ou quando uma situação nos confronta com a realidade e rompe uma ilusão acerca de nossa identidade.

A temática da Torre e seu simbolismo é frequente na mitologia, no folclore e até em histórias modernas da cultura *pop*. Em todas essas representações, há um elemento que parece se repetir: a soberba, ou seja, a percepção de ser superior ao restante do mundo – sentimento expresso de maneira bastante eficaz pelo simbolismo da alta Torre que nos afasta da terra firme. No caso da Torre de Babel, construída pelos seres humanos para que pudessem se sentir mais próximos do céu e, consequentemente, do divino, a soberba está em pensar que as construções humanas e racionais são capazes de elevar a consciência em direção a Deus, ou seja, à experiência da totalidade.

Eis o que acontece na sequência: um impulso divino vindo do alto faz com que uma grande ventania derrube a Torre e espalhe os seres humanos pela Terra. Eles passam a falar idiomas diferentes, ou seja, perdem o principal elemento estruturante da consciência: a linguagem. Da mesma maneira, quando somos tomados por uma falsa e exagerada sensação de poder ou superioridade, não chegamos a nos dar conta do que nos atinge e, mais uma vez, somos derrubados, arrancados do pedestal de fantasia e arremessados à solidez da terra firme. Quanto a esse aspecto, vale lembrar um velho ditado da sabedoria popular: "Quanto mais alto, maior é a queda".

Sempre que a consciência e o ego acreditam estar no controle, o inconsciente mostra que dele não há escapatória: são os conhecidos *atos falhos*, breves momentos em que cometemos deslizes e trocamos uma palavra por outra, de maneira aparentemente inofensiva, ou os *chistes*, as piadas ou falas de caráter cômico, que acabam revelando pequenos conteúdos do inconsciente. Quando eles acontecem, também somos privados do controle de nossa linguagem para dar vazão a elementos que provêm de outro plano. Os poderosos ventos do inconsciente abalam a Torre de nosso aparente controle.

Experiência semelhante acontece quando construímos uma imagem fantasiosa a nosso respeito, exacerbando nossas qualidades e habilidades. Nessas situações, quando nos fechamos voluntariamente na Torre e nos recusamos a olhar o mundo real, em algum momento uma situação externa nos obrigará a confrontar a realidade e nos fará "cair em nós", como a própria Torre que desmorona. Nesse caso, também há uma supervalorização dos conteúdos com os quais a consciência se identifica e uma rejeição de determinados aspectos do ser.

Situações externas podem ser verdadeiras crises, como a perda do emprego ou de uma pessoa querida, uma doença grave ou qualquer outro acontecimento que abale nossas estruturas e nos mostre que, no fundo, não somos tão invencíveis quanto acreditávamos. Às vezes, esses eventos não são pessoais, mas coletivos, como a tragédia do dia 11 de setembro, quando as torres que representavam o império de uma nação foram derrubadas, ou a destruição de determinados símbolos que representam a potência de um grupo, de uma organização ou nação. Embora esses eventos pareçam catastróficos, nos dão a oportunidade de nos vermos como realmente somos, permitindo que efetuemos mudanças importantes e significativas.

Nesse sentido, a Torre personifica as inevitáveis e importantes "dores de crescimento" da psique, tão necessárias a essa jornada rumo à totalidade. É o que a própria sequência do tarô nos revela: após sermos libertados do aprisionamento da Torre, podemos contemplar as luzes celestes e nos abrir para sua imensidão. Então, penetramos nos domínios da Estrela, o próximo arcano.

## Aspectos mitológicos

Consideremos agora outro elemento essencial no desenho da carta da Torre: o raio que a atinge. Do ponto de vista mítico, o raio e o relâmpago sempre estiveram associados ao poder destrutivo dos deuses. Descem do céu para causar destruição no mundo dos homens.

Na mitologia grega, há dois deuses que, de certo modo, expressam esse potencial: Zeus, rei dos deuses e governante do Olimpo, e seu irmão Posêidon, senhor dos mares e causador de terremotos. É interessante notarmos que tanto o céu quanto os mares são representações dos domínios do inconsciente. Sua potência, vinda de cima ou de baixo, era capaz de abalar as estruturas criadas pelos seres humanos e provocar grandes desastres na vida cotidiana.

Por isso, do ponto de vista mítico, o raio sempre inspirou o temor ao poder divino e às forças além do domínio humano. Ao caírem na terra, os raios se transformavam em incêndios, cujas chamas poderiam se espalhar e causar imensa destruição.

Os mitos órficos nos contam como Zeus fulminou com seus raios o corpo dos Titãs quando eles raptaram, desmembraram e devoraram seu filho Dioniso ainda bebê: símbolo da libertação de nossa parcela divina quando aprisionada no cárcere dos aspectos mais rudimentares da personalidade. Das cinzas foram criados os seres humanos, o que nos mostra que a destruição não precisa de um ato caótico, mas deve servir ao processo de criação e nascimento.

Na mitologia nórdica, o poder do raio é personificado em Thor, conhecido como deus do trovão, filho de Odin e senhor das batalhas. Entre os egípcios, é no mito de Sekhmet, filha de Rá, que encontraremos a representação do potencial desse arcano. Após constatar os abusos e desvios cometidos pela humanidade, Rá decidiu punir os seres humanos e enviou sua filha, deusa com cabeça de leoa e corpo de mulher, para destruí-los e dizimá-los. A fúria de Sekhmet foi aplacada com cerveja tingida de vermelho, que a deusa consumiu acreditando ser sangue.

# Arcano 17 – A Estrela

*"A esperança tem asas. Faz a alma voar.*
*Canta a melodia mesmo sem saber a letra.*
*E nunca desiste. Nunca."*

– Emily Dickinson[45]

## Sentido geral

Proteção, tranquilidade, concretização dos desejos sinceros, alegria, triunfo, novas perspectivas, harmonia entre o espírito e a matéria, verdade, confiança nas leis espirituais e em si mesmo, clareza, inspiração, propósito, sabedoria divina, milagres, esperança, otimismo, nova vida, saúde, longevidade, evolução, contato espiritual, renovação, ajuda, desprendimento material, dons, talentos, fé, harmonia, suavidade, progresso, sensibilidade e amor espiritual.

## Significados

Chegamos a um dos mais benéficos e positivos arcanos do tarô. A Estrela renova nossas esperanças e anuncia ventos favoráveis soprando em todas as direções. Indica felicidade e equilíbrio e traz boas perspectivas, harmonia, serenidade e luminosidade.

Quando esta carta aparece em uma tiragem, podemos respirar aliviados: a Estrela sempre é o prenúncio de bons resultados. Mesmo que o percurso para a realização dos nossos sonhos seja duro e árduo, haverá uma luz no fim do túnel e uma saída positiva. Ela nos pede que renovemos nossa fé na vida, em nós mesmos e no futuro. Quando estamos vivendo uma situação para a qual parece não haver solução, a Estrela nos diz que, de maneira

---

[45]. Thomas H. Johnson (org.). *The Complete Poems of Emily Dickinson*. Tradução de Priscila Pontes. Nova York: Back Bay Books, 30 de janeiro 1976.

surpreendente, o resultado será favorável. Este é o arcano dos milagres e da superação das dificuldades. O pedido que a Estrela nos faz é para não nos esquecermos dos nossos sonhos e desejos verdadeiros, pois ela é capaz de realizar todos eles.

Quanto ao futuro, ela aponta para uma fase de crescimento pessoal e sentimento de realização e sucesso. Além disso, traz inspiração para nossa vida e, como uma estrela-guia, nos dá senso de propósito e direcionamento. Também pode mostrar um período no qual concentraremos nossa energia na espiritualidade ou em qualquer outro tipo de estudo e experiência que, de algum modo, nos faça encontrar sentido.

Se surgir em posição negativa na tiragem, a Estrela será um alerta para o excesso de ingenuidade ou o otimismo cego. Ela aparece para ensinar que, mesmo quando mantemos atitude de esperança e positividade, é preciso estar consciente da realidade à nossa volta – não basta simplesmente voltar nossos olhos para o céu, esperando pelo melhor, e deixar que os fatos nos ofusquem. É necessário avaliar se não estamos enxergando a situação de maneira fantasiosa, influenciados por nossas expectativas e nossos desejos.

Como conselho, ela simplesmente nos orienta a manter uma atitude positiva e aberta às surpresas da vida. Ensina-nos a tirar forças de nossos sonhos, enxergando-os como objetivos que guiam nossos passos em direção ao futuro. É o momento de nos alinhar aos nossos valores, às nossas crenças e expectativas e deixar que sejam a luz para conduzir nossa caminhada.

Reforça a ideia de que todos temos uma estrela interior que nos guia e nos protege pelas estradas da vida.

## Despertar interior

Quando nos convida à introspecção, a Estrela pede que nos lembremos de tudo o que acende uma chama de esperança em nosso coração. É hora de resgatar todos os desejos que, por algum motivo, foram abandonados ao longo da vida, mas que ainda apelam genuinamente ao nosso coração.

A Estrela surge para nos lembrar de que nunca devemos parar de sonhar. Ao voltar seus olhos para o horizonte, o que você vê? Que imagens e cenas têm o poder de preencher você de energia para impulsionar seu movimento? Quando nos tornamos apáticos, desesperançosos e fatalistas, naqueles momentos da vida em que o mundo parece perder o brilho e nada mais vale a pena, a força desse arcano pode nos trazer a necessária renovação interior.

No tempo das grandes navegações, as estrelas serviam como um mapa celestial que dava aos navegantes as coordenadas de sua localização e apontavam seu itinerário. Da mesma maneira, esse arcano nos pergunta se temos seguido o curso da realização de nossos potenciais na vida. Assim como as antigas embarcações, às vezes podemos nos perder nas trevas da noite, mas quando há no céu uma Estrela para mostrar o caminho não estamos mais perdidos, por mais longa que ainda possa ser a jornada.

Vale lembrar que a Estrela é a carta que vem logo após a Torre: quando as estruturas que nos aprisionavam – às vezes de maneira confortável – são abruptamente destruídas, as luzes do céu se tornam visíveis mais uma vez. Todavia, quando nossos olhos se acostumam à escuridão, pode ser bastante difícil enxergar as estrelas. Precisamos nos acostumar ao brilho e à claridade para podermos contemplar sua beleza cativante e arrebatadora.

Esse é um arcano de perspectivas, que atrai nossa atenção não para o aqui e o agora, mas para as melhores possibilidades do futuro. Para os muito pessimistas, ele recomenda aprender a contemplar e apreciar o lado bom da vida. Além disso, pede que nos desapeguemos do passado e não deixemos que as experiências anteriores nos fechem para novas possibilidades.

Esse também pode ser um momento para nos voltarmos à fé, à espiritualidade, à filosofia de vida e à prática que nos conecta a algo maior ou faz com que nos sintamos parte da totalidade. A Estrela também lembra a amplitude do céu e nos mostra que somos parte integrantes de um todo, assim como as estrelas se combinam para formar as constelações.

## Simbologia

| | |
|---|---|
| **O CÉU NOTURNO** | A imensidão do inconsciente. As inteligências superiores e transcendentes à nossa compreensão, a fonte dos padrões divinos que regem o curso das vidas na Terra. A abertura para o desconhecido, o infinito, a orientação que vem do alto. |
| **A MULHER** | A potência integradora que conduz à totalidade. A consciência em contato com o sublime. A mulher é uma imagem psíquica que reflete o potencial de gestar e trazer à luz uma nova forma de ser, em que as forças são harmonizadas e integradas. |

| | |
|---|---|
| O VESTIDO | Com formato espiralado, o vestido representa o movimento cíclico e contínuo em torno de um centro, lembrando-nos de que o impulso provocado por esse arcano não é desordenado nem caótico, mas estruturado e harmônico. |
| A ESTRELA | No centro da figura, uma estrela carregada como um pingente sobre o coração da mulher irradia sua luz em todas as direções, revelando-se como o centro do impulso e do movimento indicados pelo vestido. Sugere, portanto, a conexão simbólica com o centro, o contato com o *self* e a abertura aos impulsos criativos do inconsciente. |

## As cores

O azul-escuro do céu estrelado reflete a abertura para as esferas superiores, a conexão com a harmonia do cosmo e o potencial oculto no que ainda é desconhecido. Em contraste com ele, vemos o brilho branco das estrelas, indicando a luminosidade, a potência e a energia disponíveis na vastidão do espaço.

Já o roxo do vestido sugere que a mulher é revestida de sabedoria e elevação da consciência, representando o contato com as forças divinas. Isso revela sua posição como condutora e guia para o ser. Sua investidura é completada pela estrela dourada no centro do peito, indicando a consciência refinada ao seu potencial mais sublime e que irradia sua luz e potência por meio da imagem.

Todas as cores sutis são contrastadas por seus cabelos e olhos castanhos, cor que reflete o plano material e a terra. Apesar de não enxergarmos o solo na representação da carta, a presença de uma cor telúrica indica que seus pensamentos e olhos ainda estão voltados para o mundo concreto. Entretanto, ao contrário do que se possa imaginar, o mundo aparece retratado na parte superior da figura, sugerindo elevação da experiência terrena à potência do sagrado.

## O arquétipo

As estrelas sempre foram motivo de fascínio para a humanidade. Durante o dia, o brilho do sol é intenso e ilumina o ambiente ao redor dos seres humanos; durante a noite, a Terra escurece, e o céu ganha uma miríade de estrelas que formam padrões e imagens. Olhando para o alto, o ser humano sempre buscou sentido para sua vida terrena e, ao estudar os movimentos celestes, criou a astrologia e a astronomia.

O assombro e a admiração do ser humano pelas estrelas nos ajuda a perceber que elas são, para nós, um poderoso e evocativo símbolo. Ao buscar compreender os padrões estelares no céu, nossos antepassados enxergaram nele símbolos e padrões que refletiam aspectos da vida humana. Figuras divinas e mitológicas foram retratadas como constelações, que passaram a contar e preservar as histórias de diferentes povos. Alinhada às estrelas, a vida podia manter seu sentido.

Se aplicarmos essa noção ao nosso desenvolvimento psíquico, alinhar-se à sabedoria das estrelas significa alinhar-se ao próprio processo de individuação e aos impulsos interiores que nos fazem progredir e caminhar rumo à totalidade. Os impulsos inconscientes que buscavam emergir após vencer a resistência da Torre não são mais encarados como ameaçadores para a consciência, que os integra e assimila, produzindo sentido. Nesse processo positivo de aceitação, podemos simplesmente nos deixar conduzir por uma sabedoria interior que agora se torna disponível para nós. O caminho já não é escuro, mas iluminado por uma potência celestial e sagrada.

Recapitulando: a Temperança deu início ao processo de integração das forças inconscientes; porém, nesse processo, logo encontramos o Diabo, ou seja, nosso opositor, a sombra interior que traz os aspectos do ser que não desejamos encarar. Como príncipe das mentiras, ele nos trouxe a consciência de que as máscaras que usamos no dia a dia não são, necessariamente, verdadeiras. Ele nos instigou a olhar mais fundo... Então, encontramos a Torre: os aspectos mais rígidos de nossa personalidade, com uma estrutura tão sólida que não poderia ser penetrada com a gentileza das águas, como vimos na Temperança, mas com seu oposto: o fulminante raio, a potência de fogo que, com o impacto, rompeu as paredes resistentes que nos faziam permanecer encapsulados e fechados. Agora, desprotegidos até mesmo nas estruturas mais básicas do ser, após enfrentar as crises da vida, podemos finalmente sair da Torre para contemplar o céu estrelado: abrimo-nos para a energia criativa do inconsciente, que na carta da Estrela oferece orientação.

A Estrela aprofunda a experiência iniciada na Temperança. É interessante notar que, em alguns baralhos, tanto a figura na carta da Temperança quanto aquela na da Estrela são representadas com dois jarros de água nas mãos. Em nosso baralho, notamos em ambas a figura de uma mulher, primeiro na terra, depois no céu, entre as estrelas, indicando um processo de elevação e refinamento.

Vivenciamos a carta da Estrela sempre que aceitamos as crises da vida (a Torre) e aprendemos a retirar delas o significado e a orientação para o presente e o futuro. Nesses momentos, a sabedoria pode nascer da dor, aprendemos mais sobre nós mesmos e, assim, voltamos a olhar para o futuro.

A Estrela surge no horizonte para anunciar o fim dos processos de sofrimento e a retomada do movimento após um período de estagnação. Ela nos convida a continuar a caminhada, a seguir o movimento. Deixamos os escombros da Torre para trás e, maravilhados pela luz celeste, seguimos em sua direção. As experiências passadas ganham sentido, e podemos prosseguir, sabendo que há uma força interior que nos impulsiona na direção correta.

## Aspectos mitológicos

A mitologia é rica em relatos estelares. Na Grécia Antiga, era muito comum que os heróis fossem imortalizados e levados ao céu para se tornar constelações, cada uma delas carregando uma história própria, repleta de sabedoria e ensinamentos. Mas é para o mito de Pandora que olharemos mais atentamente, a fim de encontrarmos a representação mitológica dos princípios arquetípicos retratados na carta da Estrela.

Conta a história que Pandora foi a primeira mulher criada pelos deuses e presenteada com as dádivas dos olimpianos: recebeu beleza e astúcia, graça e persuasão, paciência e habilidades manuais. Pandora foi enviada como presente a Epimeteu, irmão de Prometeu, que o advertira a não receber presentes vindos dos deuses. Mas Epimeteu não deu ouvidos ao irmão, e recebeu Pandora como esposa.

Dos deuses, o casal recebeu ainda outro presente: uma caixa, com a orientação de nunca abri-la. Entretanto, em uma noite, enquanto o marido dormia, Pandora não conseguiu conter a curiosidade e abriu a caixa, deixando que dela escapassem todos os males que até hoje assolam a humanidade, como a fome, a pobreza, a guerra e a morte. Porém, um último elemento permaneceu no interior do recipiente: a esperança. Seria essa a chave para enfrentar todos os terrores liberados da caixa, a principal ferramenta da humanidade para vencer os períodos sombrios da vida.

Dessa maneira, o mito nos ensina que, mesmo quando nos sentimos vencidos por forças maiores, a esperança nos faz superá-las. Essa é a atitude inspirada e incentivada pelo arcano da Estrela.

Na mitologia egípcia, a deusa Sótis encarna a potência benéfica da Estrela. Sótis, ou Sírius, era a estrela que anunciava o período de cheias do Nilo, quando o rio transbordava e tornava a fertilizar o solo escuro do Egito para ser plantado e semeado. Após os períodos de seca e escassez, essa era a Estrela da esperança, que se elevava do horizonte para trazer as águas da vida à humanidade.

## Arcano 18 – A Lua

*"Apesar das ruínas e da morte,*
*Onde sempre acabou cada ilusão,*
*A força dos meus sonhos é tão forte,*
*Que de tudo renasce a exaltação*
*E nunca as minhas mãos ficam vazias."*

– SOPHIA DE MELLO BREYNER ANDRESEN[46]

### Sentido geral

Sonho, fantasia, instabilidade, escuridão, desequilíbrio emocional, falta de clareza, imaginação, confusão emocional, inimigos velados (físicos ou espirituais), mistério, intuição, apego ao passado, medo do futuro, questões mal resolvidas dentro e fora de si, traumas, ansiedade, bloqueios, inconstância, segredo, insegurança, pesadelos, perigo e possível revelação de algo que ainda está oculto.

Mergulho no desconhecido mundo interior para superar medos e bloqueios.

Assim como a Lua muda de fases, traz o anúncio de algumas mudanças, sejam elas de casa ou de local de trabalho, sejam de cidade, estado ou país, viagens para o exterior, contatos estrangeiros ou algo ligado às cidades litorâneas.

---

46. Sophia de Mello Breyner Andresen. "Poesia". *In*: *Obra Poética*. Lisboa: Caminho, 2011.

## Significados

À noite, quando temos apenas a luz difusa da Lua para iluminar o mundo à nossa volta, tudo é envolvido por sombras e mistério. Da mesma maneira, sempre que a carta da Lua surge em uma tiragem, nossa percepção da situação se torna nebulosa e imprecisa: não há clareza nem nitidez para perceber a realidade como ela é. O arcano da Lua anuncia as fantasias, as ilusões e os erros que podemos cometer quando nos deixamos levar pelas aparências. Em seus domínios, tudo é incerto e impreciso.

Dentro da tiragem, a Lua aponta não para os problemas e obstáculos que enfrentamos do lado de fora, mas para nossa maneira de enxergar os acontecimentos. É em nosso íntimo, no reino dos sonhos, dos desejos e das emoções, que precisamos buscar as respostas. Como um portal para o mundo interior, a Lua nos traz consciência sobre as emoções, as expectativas e os sonhos que permanecem ocultos sob a superfície. Sob a luz da Lua, é possível tropeçar na escuridão momentânea; por isso, ela traz à tona os medos, a angústia, a insegurança e o sofrimento emocional e nos lembra de que precisamos vencer os bloqueios com a ajuda da percepção interior.

Dizem que essa carta representa o mundo dos sonhos. Contudo, ao mesmo tempo que sustenta a ideia de que os sonhos alimentam a alma, a Lua também pode indicar um indivíduo que tende a viver no mundo da fantasia, preso a imagens internas e impedido de ter iniciativa ou atitude num plano mais concreto. A carta sinaliza, ainda, uma inconstância interior e emocional que necessita de equilíbrio.

Os humores ficam inconstantes, tendemos ao pessimismo e acabamos nos colocando em padrões emocionais negativos.

Dependendo da posição na leitura, a Lua também pode sugerir uma tendência da mente a se voltar para o passado, para as lembranças e a saudade, que nos paralisam e impedem nosso progresso, uma vez que nos prendem a esse estado de apego ao que já se foi. Além disso, aponta para uma tendência ao recolhimento e ao isolamento e pode indicar que projetamos na situação atual os elementos negativos de nossas experiências passadas, como decepções e traumas. Nesse sentido, ela sinaliza a necessidade de desapego e do desenvolvimento de uma percepção mais clara da realidade.

A Lua nos aconselha a não fazer grandes movimentos nem tomar decisões importantes. Assim como é preciso esperar a noite dar lugar ao dia, a Lua pede paciência para que possamos obter mais clareza e certeza de nossos movimentos antes de agirmos. Ela nos adverte para tomarmos cuidado com as ilusões e aparências que podem estar encobrindo uma situação e pede que confrontemos nossos sentimentos negativos a respeito do tema de nossa pergunta.

## Despertar interior

Quando chegamos à carta da Lua, nossa racionalidade deve ser deixada de lado para avançarmos pela escuridão da noite e contemplarmos todas as imagens, as sombras e os vultos que parecem se mover ao nosso redor. A Lua nos mostra o véu de ilusões e das aparências que cobre a realidade e do qual, muitas vezes, não nos damos conta.

Ao nos convidar para um mergulho profundo, esse arcano nos faz dolorosos questionamentos e pede que avaliemos o que há de real sobre nós mesmos, nossas relações e nossos objetivos.

É chegada a hora de olhar para o que estava oculto e enxergar nossa vulnerabilidade emocional: todos nós carregamos internamente medos e inseguranças a respeito de nós mesmos e da maneira como o mundo nos enxerga. Nos domínios da Lua estão todos os sentimentos que não deixamos emergir e que lutamos para manter ocultos e velados. Esse é o momento de confrontar nosso medo da solidão, da rejeição e do olhar duro e analítico dos outros sobre nós. Além disso, a Lua nos faz perceber quanto todos esses sentimentos, guardados em um lugar escuro, influem sobre nossos comportamentos diários.

Como arcano da fantasia e da ilusão, a Lua nos convida a avaliar quanto projetamos nossas experiências passadas e os sentimentos a elas relacionados nas situações do presente. Como guardiã das memórias e das experiências vividas, ela revela nossa tendência a depositar tanto nossos medos quanto nossas expectativas nos outros e em nós mesmos. Nossa percepção se turva, e todos esses sentimentos podem vir à tona, distorcendo nossa visão, sem que tenhamos sequer consciência de que isso está acontecendo.

Para atravessar os desafios da Lua, não podemos fugir de nossa vulnerabilidade e devemos entender quais são as emoções encobertas em cada situação que nos arrastam e influem sobre nós com o movimento de suas marés internas. Ela encarna os monstros assustadores que enxergamos na escuridão – e, sejam eles reais ou imaginários, provocam em nós uma poderosa resposta emocional e precisam ser enfrentados e compreendidos.

Atravessar o arcano da Lua é mergulhar nos lugares escuros que existem dentro de nós. Às vezes, isso pode vir acompanhado de um estado mental sem energia, desvitalizado. O mundo pode parecer perder a cor, tornando-se cinzento.

A Lua é um arcano associado ao poder purificador das águas. Desse modo, ela pede que nos voltemos para dentro justamente para que possamos limpar e renovar nosso interior.

## Simbologia

| | |
|---|---|
| A NOITE | Representa o vazio receptivo que pode conter a consciência para transformá-la. Sua cor indica que ela não é exatamente sombria, mas uma escuridão criativa. Remete aos aspectos emocionais do eu e ao próprio inconsciente, já que contém tudo o que não pode ser visto ou compreendido aos olhos da razão. |
| A LUA | Sua forma circular remete à mandala e ao simbolismo da totalidade psíquica, e sua natureza feminina aponta para a capacidade de integrar e reunir. Ela não é luminosa, mas escura, indicando que seu próprio brilho está deslocado não para o mundo externo das aparências, mas para a realidade psíquica interior. Também se refere ao mundo dos sonhos e às imagens interiores, potencializadas com uma carga emocional. Sugere que é no domínio dessas forças que entramos ao lidar com esse arcano. |
| O CAMINHO | Indica a conexão entre o reino aquoso das emoções, das ilusões e dos sonhos e o da terra firme, que representa o aspecto objetivo e prático da vida. Traz a noção de deslocamento e movimento. Desaparecendo por trás das montanhas num movimento que parece se unir ao céu noturno, também revela a conexão entre os impulsos do inconsciente coletivo, representado pela noite e pela Lua, e o inconsciente pessoal. |
| A TERRA VERDE | Apesar da ausência de luz na cena, a terra verdejante indica que esse é um momento de fertilidade e vida. Vista também como um elemento feminino, a terra está associada ao princípio das formas, estabelecendo uma conexão entre visível e invisível. |
| O LOBO E O CÃO | Representam, respectivamente, os aspectos selvagens e domesticados do ser. Por se tratar de criaturas essencialmente lunares, estabelecem uma conexão entre o inconsciente e obedecem aos seus impulsos e domínios. Indicam que devemos nos deixar conduzir pela intuição e pelas funções abstratas da alma. |

| | |
|---|---|
| **O CARANGUEJO** | Saindo da água, sugere o desenvolvimento da consciência em seu aspecto mais primitivo. É um indicativo da consciência animal, desprovida de razão, mas instintiva, cujo domínio natural é o aquoso mundo do inconsciente. Traz o glifo da Lua, indicando sua relação com o plano intuitivo. |
| **A ÁGUA** | O inconsciente coletivo e pessoal, com seu fluxo de energia psíquica. |

## As cores

O azul profundo do céu indica a noite, não como vazio ou ausência, mas como potencial criativo. O tom escuro sugere os domínios do inconsciente. Já nas águas e ao redor da Lua, percebemos tons de azul-claro, simbolizando o processo de manifestação da consciência a partir do inconsciente.

Vale notar que a Lua é cinza, trazendo obscuridade e ausência de brilho, o que nos remete à ideia da interiorização e do mergulho nas camadas mais profundas do mundo interior. Os ramos em sua superfície trazem o contraste entre o preto e o branco, indicando as polaridades de luz e sombra, consciente e inconsciente. Vemos o mesmo jogo de alternância de cores no lobo e no cão, ressaltando a mesma dualidade.

O laranja do caranguejo aponta para a ideia de criatividade e, como única cor quente da carta, indica o potencial expansivo da lâmina e o despertar da consciência, ainda de forma bastante rudimentar e primitiva. Por fim, o verde da terra traz a noção de vitalidade e desenvolvimento, revelando-nos que os domínios da Lua não são estéreis, mas servem a fins criativos.

## O arquétipo

Instável, misteriosa e em constante transformação, há muito tempo a Lua exerce seu fascínio sobre a humanidade. No céu noturno, é a grande soberana, regendo o período de descanso dos seres humanos. Para nossos primeiros ancestrais, o tempo da Lua era aquele em que o mundo se cobria de sombra e os inimigos invisíveis podiam se aproximar, fossem eles animais selvagens ou sonhos nos quais, sem nenhum controle de nossa parte, poderiam aparecer figuras fantásticas. Para nós, que vivemos em uma época na qual as sombras da noite podem ser facilmente afastadas com luzes artificiais, é bastante difícil imaginar o que a escuridão noturna representou para os homens do passado.

Apenas em alguns momentos da vida sentimos os medos e as aflições que o ser humano primitivo vivenciava a cada anoitecer, pois não temos o hábito de olhar para nossos medos e nossas inseguranças. Ao contrário de nossos primeiros antepassados, não somos obrigados a nos confrontar com essas forças interiores a cada anoitecer. Em geral, só podemos percebê-las quando somos tomados por uma profunda tristeza, pela angústia, pela depressão ou pelo medo. Sentimo-nos desconectados do mundo cotidiano e nos afastamos das pessoas, buscando recolhimento e isolamento na escuridão da noite interior. As luzes parecem se apagar, e o mundo se torna apático. Vemo-nos presos em um marasmo de pessimismo, no qual nossas fantasias ganham vida. Essa é a experiência interior do arcano da Lua.

Vivenciar esse arcano significa viver o incerto e o indefinido. Após a queda da Torre, temos um vislumbre das estruturas fundamentais que impulsionam nosso crescimento; porém, ao entrarmos em contato com as forças que residem nessas estruturas, é como se todos os limites que definem nossa identidade se tornassem borrados e opacos. Nos domínios da Lua, os limites da nossa personalidade e identidade são cobertos pela sombra da noite do inconsciente; por isso, temos dificuldade de enxergar até nós mesmos.

É justamente essa falta de contorno da nossa consciência que nos coloca em contato direto com emoções, sonhos e fantasias que antes eram mantidos afastados. Permanecemos submersos nessas imagens internas, nas lembranças, nas saudades e nas ilusões. Sem conseguirmos fixar os pés na terra firme do presente, também ficamos sem perspectivas de futuro e vivenciamos um tipo de paralisação e regressão, como se a grandiosa força feminina da Lua nos puxasse de volta para seu ventre cheio de águas escuras.

Todas as grandiosas obras da civilização humana não são suficientes para dar conta dessa experiência: a linguagem racional, o conhecimento teórico ou mesmo o uso da linguagem objetiva.

Nos reinos da Lua, só temos os aspectos mais instintivos do nosso ser para atravessar a noite escura. A Lua é sempre uma experiência visceral, e quem não conseguir percorrer seu labirinto e encontrar a saída poderá ficar preso sob seus terríveis encantos.

Entretanto, todas as experiências associadas às lâminas do tarô são fonte de crescimento e integração, e com a Lua não é diferente. Ela também é um convite para confiarmos em nossos sentidos e em nossa intuição. Quando nos vemos tolhidos da razão para atravessar a noite escura, a potência feminina da Lua nos lança de volta às experiências emocionais e intuitivas. Assim como o fio de Ariadne no labirinto do Minotauro, são os aspectos mais sutis do nosso ser que poderão nos conduzir para além da experiência da Lua e nos levar em direção ao próximo arcano, o Sol, quando as sombras da noite são banidas e podemos, mais uma vez, enxergar o mundo com clareza. Em vez de nos deixarmos dominar pelos aspectos primitivos e regressivos da consciência, encontramos o caminho para chegar bem ao outro lado e vislumbrar a luz.

## Aspectos mitológicos

Diversas são as representações mitológicas que tratam das temáticas associadas à Lua: todas as jornadas noturnas em que o herói deve atravessar uma floresta sombria ou cruzar os mares são histórias tipicamente associadas à Lua, pois tratam da consciência imersa na escuridão do desconhecido, no qual espreitam perigos imprevisíveis e ameaçadores.

Na mitologia grega, a personificação da Lua é representada por Selene, que todas as noites viajava pelo céu em uma carruagem puxada por cavalos alados. Um de seus mitos narra seu amor por um pastor chamado Endimião. Muito belo, ele era cobiçado por várias deusas, mas foi pela Lua que se apaixonou. Todos os dias, Selene o visitava, mas sabendo que ele era apenas um mortal entoou sua canção mágica para fazer com que Endimião caísse em sono profundo, vivesse eternamente e se conservasse sempre jovem. Dessa maneira, adormecido no campo, o pastor era visitado todas as noites pela deusa da Lua, que o cobria de beijos e carícias e se encontrava com ele no mundo dos sonhos.

Esse mito reflete bem o que nos acontece quando permanecemos fixados na imagem arquetípica da Lua: desligamo-nos do mundo externo e, como Endimião, caímos em um sono profundo que nos faz mergulhar no mundo dos sonhos e das representações interiores, impedidos de avançar em nosso ciclo natural da vida. Aqui, a experiência paralisante da Lua não é vivenciada como temor ou angústia, mas como uma sujeição às fantasias interiores e aos desejos que ela projeta em nós, desligando-nos da realidade externa.

Além disso, há outras personagens na mitologia grega que também se associam à Lua. Hécate, a feiticeira das encruzilhadas, com suas três faces e acompanhada pelo uivo dos cães durante as noites de lua nova – as mais escuras – também representa o mergulho nas sombras interiores que nos privam da luz externa. Associada aos caminhos, às encruzilhadas e às estradas, ela representa ainda a travessia da noite sombria interior que ilumina com suas tochas aqueles que desejam encontrar o caminho.

Contam as histórias dos povos celtas que, muitas vezes, uma bela deusa se disfarçava de velha assustadora para testar o bom coração dos heróis. Quando eles decidiam ajudá-la, sem levar em conta sua aparência, ou seja, sem ser capturados pelas imagens sombrias projetadas pela deusa, ela assumia sua verdadeira forma, cheia de beleza, e se casava com eles ou lhes concedia favores ou poderes especiais.

Entre os egípcios, encontramos Néftis, irmã gêmea da deusa Ísis, associada ao pôr do sol e à noite. Néftis era uma das divindades responsáveis pelos ritos funerários e estava ligada aos domínios escuros e inacessíveis. Esposa de Seth, deus estéril do Egito, fingiu ser Ísis e se deitou com o marido dela, Osíris. Dessa união e graças a seu poder de ilusão, típico do arcano da Lua, nasceu Anúbis, deus dos mortos.

## Arcano 19 – O Sol

*"Torna-te quem tu és."*

– Píndaro (***Odas Píticas***, II, 73, século V a.C.)

### Sentido geral
Verdade, consciência, luz, vitória, sabedoria, autoconhecimento, sucesso, esclarecimento, nascimento, luminosidade interior, clareza, criatividade, elaboração, alegria de viver, ânimo, inteligência, superação, rejuvenescimento, beleza interior e exterior, saúde, felicidade, prosperidade, contentamento, plenitude, amor à vida, sinceridade, renovação, progresso, compreensão, amplitude, êxito, amizade, associações, união e entusiasmo.

## Significados

O Sol é uma das cartas mais positivas do tarô e representa a energia vital em seu ápice. Indica felicidade, alegria, êxito, realização, progresso, ascensão e vitória. Quando surge numa leitura, revela um momento da vida em que nos tornamos mais conscientes de quem realmente somos e do que desejamos. Além disso, esclarece tudo o que não havia sido compreendido até o momento e nos liberta das angústias e dos sofrimentos.

Como doador de luz, uma das mensagens mais importantes do Sol é para estarmos preparados para enxergar o que sua clareza nos oferece. Sem dúvida, todas as situações resultantes desse processo serão os caminhos que conduzirão à satisfação pessoal, ao contentamento e à plenitude. Nesse sentido, ele ativa a luminosidade interior para que tenhamos mais segurança e possamos nos abrir para o verdadeiro sucesso. O Sol nos promete um doce momento de encanto e satisfação em todos os níveis e nos dá a chance de superar qualquer obstáculo.

Tudo ganha vida e recebe energia sob a luz do Sol. Por isso, além de sucesso e triunfo, ele nos anuncia que tempos felizes virão. Também pode indicar que a energia e o entusiasmo que sentimos beneficiam não apenas a nós, mas também as pessoas à nossa volta.

O Sol traz criatividade, inspiração e clareza para a mente, que se sente movida e conectada a forças mais elevadas. No plano material, indica fertilidade, prosperidade e conquista dos objetivos.

Se estiver em posição negativa, a carta do Sol nos mostrará que temos de vencer nossas atitudes e posturas. Talvez estejamos agindo de maneira pessimista, sendo incapazes de reconhecer nossas habilidades para conquistar o que desejamos, como se nos sentíssemos impotentes e sem vitalidade.

Quando surge em uma tiragem para dar um conselho, o Sol pede que confiemos em nossas habilidades e em nossa criatividade, pois os resultados serão favoráveis. Ele nos revela que nosso papel é criar transformações positivas em nós mesmos e no ambiente ao nosso redor e nos aconselha uma atitude positiva, otimista e confiante.

Seu brilho se volta para nós e pede que reconheçamos nossas qualidades, nutrindo-nos da glória de nossos talentos e da alegria de sermos nós mesmos.

## Despertar interior

Quando o Sol surge para guiar nosso desenvolvimento interior, ilumina o que há de melhor em nós! Esse é um arcano de integração, no qual recuperamos a espontaneidade e a naturalidade que tínhamos na infância. Após a noite escura anunciada pela Lua, que nos puxou de volta para o ventre noturno, o Sol vem trazer uma nova manhã e um estado de renovação e renascimento.

Ele nos questiona se temos um espírito jovem e livre de preconceitos, expectativas sociais e se seguimos os dogmas que o mundo nos impõe o tempo todo. Esse arcano nos coloca diante de nossa criança interior e nos mostra que, com atitude leve e desinibida, podemos realizar grandes feitos.

O Sol também surge para nos ensinar a valorizar e a celebrar nossa individualidade, mas não no sentido de nos percebermos como separados do mundo. Ao contrário, revela-nos que justamente as características que nos tornam únicos podem nos ajudar a encontrar nosso lugar na coletividade. Esse não é um arcano de isolamento, mas de compartilhamento de alegrias, sucessos e habilidades. Somos como pequenos sóis, cada qual com luz própria e diferente.

Essa carta nos convida a exercitar o amor-próprio e a honra e a ter orgulho de nossa identidade. Indica estado de espírito em harmonia com o interior e o exterior. O Sol nos instiga a reencontrar nossa natureza mais autêntica e pura, mostrando que essa essência também doa energia e vitalidade para nossa personalidade.

O brilho e a luminosidade que dele emanam nos levam a contemplar o que há de mais elevado em nosso interior. Esse arcano também simboliza a iluminação espiritual e a conexão com valores e ideais nobres. Sob o Sol, que tudo ilumina sem distinção, não há espaço para o egoísmo, a ganância, a soberba. O que é bom para mim também é bom para o outro; por isso, devem ser reconhecidos e celebrados não apenas nossos talentos, mas igualmente os das pessoas ao nosso redor.

Nesse ponto da jornada do tarô, somos chamados para expressar nossa verdade interior no mundo. Conectados ao centro do ser, destinamos nossa energia para fora, e ela se irradia pelo mundo, iluminando tudo ao redor. Diante do Sol, não há vergonha, timidez nem medo.

Contemplamos a verdade e deixamos que ela brilhe no mundo por meio de nossa consciência.

## Simbologia

| | |
|---|---|
| **O SOL** | A iluminação, a potência e a vitalidade. A consciência e o que é evidenciado pela face humana pintada nele. Carregando duas esferas com os mesmos padrões, que podem ser vistos nas roupas do casal abaixo dele, o Sol indica a elevação do ser ao seu potencial mais refinado e natural; revela-se como a fonte de vida e alegria, unifica e integra opostos. |
| **O CÉU** | Representa a amplitude da consciência e das perspectivas diante da luz do sol. O horizonte é distante e iluminado. Não há dúvidas, mentiras nem ilusões, pois a luz do sol dissipa todas elas e permite enxergar ao longe. |
| **OS GIRASSÓIS** | Indicam a busca da luz solar e a harmonia com ela; refletem na terra os princípios celestes encarnados pelo Sol. Também simbolizam a vitalidade proporcionada pelo contato com esse astro. Notamos três girassóis de cada lado da figura, totalizando seis, número da união perfeita entre os opostos e do equilíbrio emocional entre as forças interiores. |
| **O CASAL** | O homem e a mulher indicam o masculino e o feminino, simbolizando as potências psíquicas e o encontro com nossa contraparte interior. As forças dinâmicas e opostas da psique já podem interagir diretamente, de maneira harmônica, integrada e feliz. Os padrões na roupa dele evidenciam o quadrado, símbolo da mente concreta e do pensamento lógico e analítico, enquanto o vestido dela mostra as flores, revelando o princípio feminino do sentimento. Ambos olham para o alto, mostrando que são expressões terrenas do Sol. |

## As cores

O amarelo e o dourado, vistos tanto no Sol quanto nos girassóis, representam a integração entre os opostos: a unidade do Sol acima e a multiplicidade dos girassóis abaixo. Essas cores também simbolizam a consciência iluminada e refinada, numa referência ao ouro alquímico e à expressão do potencial elevado que há dentro de nós.

O verde presente nas roupas do casal, na vegetação e no próprio Sol evidencia a vitalidade do arcano e sua capacidade em criar vida, fazê-la crescer e prosperar. Essa cor reflete os impulsos criativos e expansivos da carta. Também percebemos a cor verde nos olhos da mulher, contrastando com os olhos azuis do homem ao seu lado – um indicativo das emoções e dos sentimentos que podem ser contemplados diretamente sob a influência desse arcano. As calças verdes do homem indicam que seu movimento também é impulsionado pelas emoções.

Por fim, o castanho dos olhos do Sol, como grãos que amadurecem no verão, indica o amadurecimento e a concretização dos impulsos imateriais que o sol representa e que agora encontram o caminho para o plano físico.

## O arquétipo

A figura do Sol sempre ocupou papel central tanto na mitologia quanto nas expressões religiosas dos povos antigos, o que evidencia o caráter universal desse poderoso símbolo.

Para os antigos, o nascer do sol representava a vitória sobre as trevas da noite e era acolhido com práticas e rituais. O retorno e o renascimento do sol, como acontece após a noite escura simbolizada pela Lua, é um antigo e potente símbolo da renovação da vida.

Iluminando o mundo, esse astro dissolve as trevas do medo e da ignorância, trazendo a luz da consciência e da percepção de volta ao mundo. Deixamos o reino sombrio e oculto das ilusões e fantasias lunares para ganhar a consciência solar.

Além disso, o Sol é o centro vital de nosso planeta e, simbolicamente, representa nossa ligação com o âmago de nossa personalidade. A esse respeito, sabemos que "o *self* é o principal arquétipo do inconsciente coletivo, assim como o Sol é o centro do sistema solar. O *self* é o arquétipo da ordem, da organização e da unificação; atrai a si e harmoniza os demais arquétipos e suas atuações nos complexos e na consciência, une a personalidade, conferindo-lhe um senso de 'unidade' e firmeza"[47].

Na lâmina do tarô, o Sol não representa o *self* propriamente dito, mas a conexão entre ele e a consciência.

Ainda sobre o culto e a reverência ao Sol, também notamos a necessidade humana primitiva de fixar a consciência e consolidá-la, para evitar que

---

47. C. S. Hall e V. J. Nordby. *Introdução à Psicologia Junguiana*. São Paulo: Cultrix, 1980, p. 43.

ela seja novamente engolida pelas sombras da noite e do inconsciente e se torne suscetível aos seus impulsos irracionais e irresistíveis.

Jung relata que a origem dos ritos solares estava justamente nessa necessidade psíquica de estabelecer limites contra os perigos do inconsciente. Como exemplo, cita o chefe dos *Pueblos de Taos*, para o qual, em dez anos, o Sol nunca mais se levantaria, ou seja, a consciência seria engolida novamente e desapareceria caso os americanos interferissem nos ritos sagrados de seu povo, cujo objetivo era auxiliar o astro a atravessar o céu diariamente.[48]

Mais do que uma representação da fonte de luz e energia, o Sol que renasce a cada manhã encarnava a imagem arquetípica da Criança Divina, o filho solar que carregava em si a promessa da regeneração e, mais especificamente, do impulso da autorrealização e da própria individuação. A Criança Divina não perdeu sua natureza mais pura nem o contato direto com as fontes criativas que emanam do *self*. Seu ego ainda não foi completamente definido e estabelecido, e as portas de seu inconsciente permanecem, de certa maneira, mais acessíveis à consciência. Sobre ela, Jung nos diz: "O motivo da criança representa o aspecto pré-consciente da infância da alma coletiva"[49].

Ao contrário do que se pode pensar, a imagem arquetípica da Criança Divina não apenas nos faz contemplar o passado e nossa infância, mas também é um símbolo das possibilidades abertas para o futuro. Não é incomum que, nas mitologias, salvadores, messias e libertadores sejam retratados como crianças ou que ao menos seu nascimento seja celebrado como o prenúncio de um futuro melhor.

Por fim, Jung nos diz:

> A "criança" nasce do útero do inconsciente, gerada no fundamento da natureza humana, ou melhor, da própria natureza viva. É uma personificação de forças vitais, que vão além do alcance limitado da nossa consciência, dos nossos caminhos e possibilidades, desconhecidos pela consciência e sua unilateralidade, e uma inteireza que abrange as profundidades da natureza. Ela representa o mais forte e inelutável impulso do ser, isto é, o impulso de realizar-se a si mesmo. É uma impossibilidade de ser-de-outra-forma, equipada com todas

---

48. *Ibid.*, p. 32.
49. *Ibid.*, p. 162.

as forças instintivas naturais, ao passo que a consciência sempre se emaranha em uma suposta possibilidade de ser-de-outra-forma. O impulso e a compulsão da autorrealização é uma lei da natureza e, por isso, tem uma força invencível, mesmo que seu efeito seja no início insignificante e improvável.[50]

## Aspectos mitológicos

Como vimos, o Sol conta com muitas representações mitológicas. Na Grécia Antiga, era personificado por Hélio, que diariamente atravessava o céu em uma carruagem puxada por cavalos dourados e, do alto, podia ver tudo o que acontecia na Terra.

Quando Perséfone, filha de Deméter, foi raptada por Hades, deus do submundo, Hélio presenciou o acontecimento, enquanto Hécate, personificação da Lua, apenas ouviu falar dele. Vemos aqui os elementos complementares da percepção, encarnados nessas duas figuras divinas.

Mais tarde, entretanto, Apolo, filho de Zeus, passou a ocupar o lugar de principal divindade solar entre os olimpianos. Além do brilho, representava todas as dádivas do astro para a humanidade. Encarnava a imagem arquetípica do filho prometido que traz ao mundo as bênçãos e dádivas de seu pai, o rei dos deuses. Apolo governava a arte, a música, a juventude e o poder da profecia.

Era acompanhado pelas musas, que concediam a divina inspiração aos humanos, e tinha o principal templo oracular da Grécia: o Oráculo de Delfos, para onde peregrinavam todos aqueles que precisavam receber mensagens divinas e reencontrar o próprio caminho. Nesse templo estavam inscritas as famosas frases "nada em excesso" e "conhece-te a ti mesmo". Os princípios que governavam o culto a Apolo eram relacionados à lógica, à razão, ao equilíbrio e à boa medida de todas as coisas e sempre buscavam a mais bela expressão possível da vida.

Na mitologia egípcia, Rá, o criador de tudo, encarnava a força e a potência do Sol. Era o grande doador de vida para o mundo. Viajava diariamente em sua barca e vencia, todas as noites, um grande monstro que tentava devorá-lo.

---

50. *Ibid.*, p. 171.

Já entre os povos celtas, o Sol era feminino: sua potência criativa, acolhedora e nutridora era simbolizada pelas deusas Grian ou Brigit.

# Arcano 20 – O Julgamento

*"Quem olha para fora sonha, quem olha para dentro desperta."*

– Carl. G. Jung[51]

## Sentido geral

Despertar, renascimento sem dor ou destruição, futuro, sentença, o chamado divino, libertação, salvação, cura verdadeira, um novo tempo, deixar o passado sofrido, intuição, ressurreição, anunciação, notícias e milagres. Julgamentos, críticas e cobranças exageradas.

Pode indicar profunda ligação entre pessoas e situações, estabelecida por dimensões muito densas da alma que precisam vir à tona para serem resgatadas e, de alguma forma, possibilitar uma libertação espiritual.

Dúvidas que pedem questionamento, reflexão e decisão para serem resolvidas.

## Significados

Na carta do Julgamento, soam as trombetas que nos convidam a um novo despertar. Este arcano representa um chamado espiritual, vindo de nossa essência, para anunciar um tempo de mudanças e transformação.

A interpretação desta carta sempre varia de acordo com a pergunta e a posição na tiragem em que ela aparece. O Julgamento indica a necessidade ou a oportunidade de um resgate.

---

[51]. Trecho final de uma carta para Fanny Bowditch, analisanda de Jung em 1911, contida na obra Carl G. Jung. *Letters, Volume 1: 1906-1950*. Nova York: Routledge – Taylor & Francis Group, 2015, p. 33.

Em algumas situações, esse arcano pode revelar uma segunda chance, uma nova oportunidade de realizar algo em que falhamos ou mesmo um retorno a projetos ou situações abandonados, mas que agora serão retomados com uma nova perspectiva e consciência. Por outro lado, também pode representar o retorno de situações mal resolvidas para que possam finalmente ser concluídas e abrir novas oportunidades para nosso futuro.

Além disso, sua aparição em uma tiragem pode sinalizar que estamos conectados a um propósito maior e respondemos a um chamado de nossa alma – é bastante comum que a figura do Julgamento seja representada pelo anjo tocando a trombeta do Juízo Final. Quando o Julgamento aparece, a verdade de nosso coração não pode mais ser escondida. Entramos em contato com os propósitos significativos da vida e podemos seguir em sua direção.

Em sentido negativo, o Julgamento pode indicar atitude excessivamente autocrítica ou sentimento de cobrança por nossas atitudes e escolhas, evidenciando uma insatisfação com as escolhas que fizemos no passado. Como um despertar, ganhamos uma nova consciência e temos a possibilidade de nos libertar das limitações e dos aprisionamentos. Também pode indicar um momento de questionamento e avaliação profundos ou até mesmo uma preocupação excessiva com o julgamento externo. Em vez de representar um chamado interior, passamos a responder às expectativas do mundo e da sociedade, desligados de nossa verdadeira essência.

Quando surge como conselho, o Julgamento nos pede que fechemos os olhos, nos desliguemos de todas as interferências externas e olhemos para o nosso coração. Estamos sendo fiéis aos verdadeiros propósitos de nossa vida? Nossas motivações e interesses são genuínos? Quando o tempo passar, olharemos para nossas escolhas e nos sentiremos realizados? Precisamos assumir a responsabilidade sobre nossa vida e tomar uma decisão.

Esse arcano nos ensina que temos liberdade para escolher o que fazer, como agir e o sentido que daremos à nossa vida, mas o julgamento será inevitável.

## Despertar interior

Você tem sido fiel aos verdadeiros propósitos do seu coração? O Julgamento é um arcano que surge para fazer com que nos reapropriemos de nossa história e avaliemos quanto ela foi genuína e sincera.

Depois de termos sido tocados pelo Sol, que nos colocou diante de nossa essência e nos permitiu enxergar e obter uma consciência mais iluminada, somos capazes de lançar luz nos acontecimentos pregressos e deles obter uma nova perspectiva. Tornamo-nos, ao mesmo tempo, réus e juízes de nossas questões mais íntimas.

Mas que trombeta é essa que soa, despertando os mortos? É a trombeta que anuncia os desejos de nossa alma e da verdadeira vocação. Diferente do Louco, que responde a um chamado misterioso e desconhecido, completamente intuitivo, sem saber para onde vai, quando chegamos ao Julgamento, o som é claro e direto: ele nos desperta. Talvez tenha sido essa a música que soou ao longe e inspirou o Louco a percorrer sua jornada por todos os arcanos, mesmo sem conseguir ouvi-la claramente.

Nos momentos dolorosos, nas crises e nos confrontos mais severos, talvez tenha sido a distante música da trombeta que inspirou o Louco a avançar e superar cada obstáculo, seguindo sempre em frente. Agora, finalmente, ele pode se aproximar dela para ouvir o verdadeiro chamado de sua alma. O tema do renascimento é muito associado ao Julgamento, pois, diante desse chamado, que agora pode ser ouvido com clareza, a vida parece anunciar uma fase na qual apenas o renascimento para algo maior nos aguarda.

O Julgamento nos convida a ouvir esse chamado interior e conduzir nossos passos em sua direção. Esse não é apenas um arcano de renascimento, mas também um chamado, agora nítido e direto, como uma convocação, para despertarmos.

## Simbologia

| | |
|---|---|
| O CHIFRE | Curvado como uma lua crescente, o chifre representa o poder lunar, ou seja, feminino, responsável pela integração psíquica. Através dele, saem as notas musicais que vão até longe, emitindo o chamado e a música que podem conduzir ao despertar. Simbolizando o poder da vibração, que provoca movimento e sintonia, aponta para os aspectos harmônicos e agregadores da alma. |
| O HOMEM | Carregando no peito o glifo de Plutão, indica os potenciais ocultos da psique, que provocam os impulsos de desenvolvimento e transformação. Com os braços erguidos e a cabeça apontando para o céu, revela-se como um estado de consciência elevado e de potência ativa e assume o lugar de agente de mudança e transformação profunda. Seus traços andrógenos revelam a integração das polaridades. Aparentemente fora do chão, indica o processo de subida e elevação do mundo inferior. |

| | |
|---|---|
| **O CÉU** | Tomando todo o fundo da imagem, o céu, o reino elevado, cria um contraste com o glifo de Plutão no centro da figura, indicando o reino inferior e oculto. Por isso, representa aqui o potencial expansivo, integrador e agregador da psique, envolvendo completamente a figura humana e o som produzido por ela. |

## As cores

A predominância do azul no céu indica um estado mental de clareza, iluminação e expansão. Vemos a mesma cor refletida nos olhos da figura humana, indicando que sua orientação e consciência estão voltadas a esses atributos e princípios celestes ligados à totalidade. Os tons de branco, presentes tanto no céu quanto nas roupas, apontam para a ideia de pureza e contato com a totalidade.

Já os tons acinzentados e esverdeados no chifre, na camisa, na calça e nos sapatos nos lembram da materialidade e da maturidade, que ficam em segundo plano na imagem pela ausência de terra firme.

## O arquétipo

Quem é o juiz que executa o julgamento? Nossa consciência, agora desperta e iluminada. Enquanto na Justiça nos submetemos às leis externas e aprendemos como funcionam o mundo, os princípios de causa e efeito e as expectativas éticas e morais, o Julgamento faz com que as separações e as dicotomias sejam abandonadas.

Já não somos confrontados com a dualidade da balança nem com a fria espada que a Justiça carrega de maneira tão impessoal, mas com um som que conclama a reunião, a união e o despertar. Se na Justiça imperam a razão e o intelecto, no Julgamento predomina a voz da alma.

Em muitos baralhos, a imagem representada nesse arcano retrata os mortos levantando-se do túmulo ao som da trombeta do anjo Gabriel, que anuncia o Juízo Final. Trata-se de um momento de despertar, quando saímos do interior da terra para experimentar um renascimento simbólico. Emergimos da escuridão do inconsciente e seguimos o clamor que vem de um plano mais elevado de consciência. Com essa carta, sentimos que ganhamos uma nova percepção, mais clara e verdadeira, como um *insight*. Somos atravessados por um lampejo intuitivo, que muda tanto a nossa compreensão do passado quanto as nossas perspectivas para o futuro.

A temática da ressurreição e do renascimento foi muito popular tanto na mitologia quanto em diversas expressões religiosas em diferentes partes do mundo. O processo psíquico demonstrado pelo Julgamento foi simbolizado e dramatizado em diversos rituais de iniciação que simulavam a morte e o enterro nas profundezas escuras da terra para que o neófito pudesse renascer com consciência renovada.

Se o arcano da Morte nos levou a um mergulho psíquico em direção ao mundo interior e nos fez contemplar os diversos aspectos mortos de nossa alma, o Julgamento anuncia a subida de volta à superfície.

Quando chegamos à carta do Julgamento, deparamo-nos com os impulsos integradores do *self*, que conduzem o processo de individuação, integrando as diferentes partes de nosso ser – objetivo que não se alcança plenamente, mas que dá sentido à nossa existência.

Assim como a música da trombeta que vemos na representação dessa carta, a busca pela individuação nos leva por um caminho e nos indica a direção a ser seguida. Já não estamos perdidos. A consciência se permite conduzir por uma potência simbólica, representada não por palavras, mas pelo próprio som, que em tantas culturas e mitologias foi retratado como um princípio fundamentalmente criador: pelo som, o caos se transforma em ordem, e uma imagem de totalidade pode ser formada.

Como representação da tendência natural ao desenvolvimento psíquico, o Julgamento nos revela um processo. Temos a conexão entre passado e presente, consciência e inconsciente, como se os diversos aspectos que antes estavam fragmentados pudessem começar a se reunir e se integrar. Entretanto, o Julgamento ainda não simboliza a própria integração, mas os impulsos e a possibilidade para que ela aconteça. Esse princípio nos estimula a expressar o que nos é próprio e autêntico, e não apenas mecanicamente reproduzido, conforme vislumbramos no arcano anterior, o Sol. Se nele houve uma visão, agora ela se converte em som e movimento. No Julgamento, a nova percepção que adquirimos no Sol se transforma em acontecimento.

Por essa razão, muitas vezes o Julgamento é pensado como uma carta de conscientização. Não só vislumbramos e tomamos conhecimento, mas também experimentamos. Como na Temperança, com o Julgamento, o potencial curador e integrador da própria psique se manifesta.

No próximo e último arcano, o Mundo, que representa a totalidade, descobriremos de onde vêm os sons e os impulsos que o Julgamento nos convida a experimentar.

## Aspectos mitológicos

De um ponto de vista mítico, são diversas as narrativas que, de alguma maneira, simbolizam os processos descritos na carta do Julgamento. Vimos como esse arcano mantém conexão especial com o da Morte: enquanto ela indica o processo de descida ao mundo dos mortos, o Julgamento representa o caminho de elevação e subida de volta à realidade convencional. Portanto, todos os mitos relacionados à descida de uma divindade ou herói até o mundo dos mortos culminarão com sua subida de volta, processo estimulado pelo Julgamento.

Vejamos o mito de Deméter e Perséfone: quando foi raptada por Hades, senhor do mundo dos mortos, Perséfone era chamada de Koré, a donzela virginal que permanecia presa à relação com a mãe, incapaz de separar-se dela para tornar-se um ser autêntico e independente. Sua descida ao submundo, como já vimos, corresponde ao arcano da Morte. Enquanto sua mãe empreende uma grande jornada de busca na superfície, Perséfone permanece embaixo, longe dos olhos do mundo convencional. Além de poder contemplar a si mesma, come as sementes da romã que ali crescia: onde aparentemente havia apenas escassez e destruição, também se encontrava uma fonte interna de fertilidade.

Comer da romã significava internalizar as potências que permaneciam ocultas e distantes da consciência, ou seja, realizar um processo de integração. Depois disso, Perséfone retornava ao mundo dos vivos, mas não para sempre: a experiência do mundo dos mortos a havia transformado de modo permanente, fazendo-a morrer para sua vida como filha e nascer para o seu posto de rainha, com novos propósitos e nova identidade.

Ela havia se tornado uma representante e mensageira daquele mundo distante, inconsciente, inacessível e invisível aos olhos do ser humano comum.

Também podemos estabelecer uma relação mitológica entre o Julgamento e o Louco. No arcano 0, vimos o mito de Dioniso, deus do êxtase, do vinho e dos impulsos que podiam levar à loucura. Diziam que havia "nascido duas vezes" ou "ressuscitado", pois, em uma versão de seu nascimento, ele morre ainda no ventre da mãe, Sêmele, que quis ver a verdadeira face de Zeus. O deus a adverte de que sua imagem seria insuportável para os olhos humanos, mas Sêmele insiste e, quando Zeus atende ao seu desejo, ela é fulminada por seu esplendor, ainda grávida de Dioniso. Zeus resgata o bebê e o coloca na própria coxa, de onde Dioniso pode efetivamente nascer.

No Egito, é o mito de Osíris que nos revela o arcano do Julgamento: morto e esquartejado pelo irmão, seus pedaços são espalhados pela terra e recolhidos pela deusa Ísis, que o devolve à vida. Entretanto, esse renascimento não poderia ser completo sem que Osíris fosse o regente do mundo dos mortos. Assim como Perséfone, deveria governar o que está além da vida. A ressurreição de Osíris era vista e celebrada anualmente com as cheias do Nilo, que fertilizavam as plantações.

Por fim, o mito de Inanna, que desce ao reino dos mortos para visitar a irmã, Ereshkigal, também trata da subida do mundo inferior. Ao descer e atravessar os portais da morte, ela deve despir-se e deixar para trás todas as vestes, joias e adereços que carrega consigo e que representam sua posição de prestígio e poder sobre o mundo dos vivos. Após o encontro com sua sombria contraparte, Inanna morre e permanece pendurada em um gancho por três dias no mundo dos mortos, para então ressuscitar e atravessar os portões da morte mais uma vez, recebendo de volta todos os seus adereços e atributos para reinar novamente como a senhora da terra e governante do mundo.

## Arcano 21 – O Mundo

*"Veja o mundo num grão de areia, veja o céu num campo florido, guarde o infinito na palma da mão e a eternidade em uma hora de vida."*

– WILLIAM BLAKE[52]

---

52. William Blake. *Poemas do Manuscrito Pickering Seguidos d'Os Portões do Paraíso*. Tradução de Manuel Portela. Lisboa: Antígona, 1996.

## Sentido geral
Realização, triunfo, vitória, felicidade, recompensas, satisfação, paz, completude, sucesso, conclusão, gratidão, ponto de chegada, ascensão, concretização, positivismo, ponto máximo de uma situação, amadurecimento, superação, fim de ciclos de felicidade, glória, reconhecimento, honrarias, totalidade, gratidão, integração e alegria.

## Significados

Com o Mundo, chegamos ao último Arcano Maior, ponto máximo de realização e concretização que podemos alcançar na busca por nossos objetivos. Como um arcano de sucesso e totalidade, ele representa o alcance e a manifestação de nossos sonhos, trazendo sucesso e anunciando conquistas interiores que também se expressarão no mundo físico. Toda a felicidade expressa nesta carta tem relação com o amadurecimento e o tempo.

Tudo o que é plantado precisa receber cuidados, energia e atenção para poder crescer e se desenvolver. Todas as vivências anteriores já podem ser assimiladas e compreendidas para que recebamos a devida recompensa por nossos esforços. Com sua mensagem, temos certeza de que haverá o ganho e o êxito assegurados em todos os aspectos que desejamos alcançar.

Ao surgir em uma leitura, o Mundo é um excelente presságio para o futuro, pois mostra que a situação analisada tem imenso potencial para fazer com que o consulente se sinta pleno e inteiro, em contato com a totalidade do ser. Em situações relacionadas a projetos pessoais, indica que eles serão concluídos com êxito. Diante desse arcano, nossas diferentes partes podem ser integradas e experimentadas como um todo coeso. Ele representa a superação positiva dos obstáculos e um processo de amadurecimento pessoal muito significativo. O sentimento trazido por essa carta é de plenitude e completude.

Entretanto, todo final também é o anúncio de um momento de recomeço. Nessa perspectiva, o Mundo anuncia um período de encerramento de ciclos importantes e pede que sejamos capazes de expandir os limites de nosso horizonte.

Após um período de apreciação de todas as nossas conquistas, vem o momento de empreender uma nova jornada. Por isso, em sentido negativo, o Mundo pode trazer à tona uma posição de estagnação e interrupção dos fluxos naturais da vida. Temos de tomar muito cuidado para não nos acomodarmos, pois isso nos impediria de progredir. Em posição negativa, o Mundo também pode indicar que nos sentimos vazios, incompletos, ou que temos grande dificuldade de encontrar sentido e significado em uma situação.

O Mundo nos aconselha a buscar a integridade. Isso significa que é preciso levar em consideração tudo o que nos torna plenos e as coisas e pessoas que têm valor e importância para nós.

Esse Arcano Maior ensina que nossos recursos pessoais – tempo, afeto, concentração, dinheiro, esforço – devem ser investidos com sabedoria e direcionados ao que pode nos tornar verdadeiramente realizados. Se o Mundo representa a expressão da verdade interior no mundo à nossa volta, pede que sejamos capazes de discernir e avaliar o que é realmente significativo, que saibamos distinguir tudo o que é supérfluo e vazio de significado ou sem importância.

## Despertar interior

Diante desse Arcano Maior, devemos nos perguntar que obras, marcas e legados deixamos no mundo. Essa carta simboliza a totalidade do ser e a experiência da eternidade. Quando buscamos as mensagens para nosso crescimento pessoal no Arcano 21, temos de meditar sobre tudo o que de fato pode nos colocar em contato com nossa essência e procurar distinguir entre o que é falso e verdadeiro em nossa vida. Essa carta também pede que sejamos capazes de reconhecer e celebrar nossas conquistas e vitórias e que aprendamos a desfrutar dos resultados de nossos esforços.

Como arcano de responsabilidade pessoal, ele representa o centro de nosso mundo e revela que temos papel ativo na construção e na transformação de nossa realidade. Não somos meros espectadores que, como vítimas do acaso, observam a vida passar, mas agentes ativamente envolvidos em escrever a própria história e desbravar o caminho único da existência.

O Mundo nos ensina que cada um de nós tem um universo inteiro dentro de si, esperando para ser descoberto e experimentado.

Dessa maneira, pensar no Mundo também significa refletir sobre os falsos limites que colocamos na vida e que impedem nosso progresso e nossa evolução. Sempre que nos sentimos diminuídos, incapazes ou inferiorizados, devemos ser capazes de nos analisar de maneira crítica para entender se essas limitações são verdadeiras ou foram artificialmente construídas ao longo de nossa história. O Mundo nos ensina que os verdadeiros limites são como a linha do horizonte: mesmo distante, ela se expande à medida que nos aproximamos dela. Portanto, o Mundo também nos ensina a nos projetarmos sempre à frente.

Em direção a quais horizontes você caminha? Qual é a visão de mundo que impulsiona o seu progresso? Quem você almeja se tornar? Todas essas questões nos são colocadas por esse arcano, cuja imagem insiste em nos lembrar de todos os nossos potenciais adormecidos.

## Simbologia

| | |
|---|---|
| A MULHER | Representação de todo potencial integrador e conciliador da psique, capaz de gerar e produzir inspiração e de renovar a vida psíquica. Traz três representações do círculo: uma delas é expressa pela guirlanda de flores, simbolizando a fertilidade e a vitalidade que ela é capaz de proporcionar; a segunda, na base do vestido esvoaçante, indica a expansividade dinâmica e o movimento proporcionado por ela. O terceiro círculo é o cordão que carrega um pingente em seu pescoço, do qual pende o símbolo de Júpiter, planeta que rege a expansão, as leis espirituais e materiais da vida, a prosperidade e a fé. As flores em seu vestido também fazem referência ao crescimento e ao desenvolvimento. |
| A TERRA | Símbolo da vida e da totalidade, o planeta reúne em si os dois elementos femininos da Água e da Terra, apontando, mais uma vez, para o poder criador do arcano. Sua forma esférica faz referência ao arquétipo do *self*. O planeta Terra também representa o equilíbrio perfeito dos elementos, capaz não apenas de produzir, mas também de sustentar toda a vida. |
| A FLOR DE LÓTUS | Na mão da mulher, vemos a imagem da flor branca de lótus, símbolo da pureza, da espiritualidade e da elevação da consciência. Essa planta indica que a totalidade expressa pelo arcano trata não apenas dos princípios materiais da vida, mas também de sua contraparte psíquica e espiritual. Indica ainda um estado de consciência desenvolvido. A flor também é símbolo da mandala, remetendo, mais uma vez, ao arquétipo do *self*. |

## As cores

A forte presença do azul, tanto no céu ao fundo quanto nas águas do Mundo, remetem a um estado de clareza e expansão da consciência, além de indicar o equilíbrio entre as forças mais densas do solo (representado pelo planeta) e das potências mais sutis do céu. Vemos na imagem que os olhos da mulher também são azuis, revelando que ela tem a capacidade de sintetizar todo poder criativo da água e do céu. Além disso, percebemos outros tons de azul em seu vestido, em contraste com as flores vermelhas, o que nos leva à integração dos opostos e a seu potencial criativo, expresso pela presença da cor verde no vestido, na guirlanda e no Mundo.

O dourado de seus cabelos faz referência à iluminação, como produto final da *opus* alquímica. Representa o ouro espiritual da consciência desperta. O cordão e o pingente de Júpiter em seu pescoço são pretos, em referência ao estágio do *nigredo* no trabalho alquímico e à necessidade de se libertar dos elementos mais densos da alma. Já o branco, presente na flor, no vestido e no Mundo, indica o *albedo*, segundo estágio da obra alquímica, que faz referência à purificação. O vermelho de seus sapatos e das flores em sua cabeça também nos mostra a integração entre as partes superior e inferior, simbolizando que esse é um arcano de conciliação das forças opostas. O vermelho é a cor do *rubedo*, último estágio da *opus* alquímica.

## O arquétipo

A imagem característica do último Arcano Maior é do orbe terrestre, representado tanto pelo círculo quanto pela esfera. A imagem redonda é um dos símbolos mais primitivos e básicos para a humanidade e ilustra a totalidade contínua e ininterrupta da vida. Para Jung, essa forma geométrica é uma representação do arquétipo central e estruturante da psique, o *self*, às vezes chamado por ele de "arquétipo da totalidade".

Todas as imagens derivadas do princípio circular, expressas em diversas culturas ao redor do mundo, são manifestações desse arquétipo importante que impulsiona o desenvolvimento do ser humano pelo processo de individuação: o círculo com um ponto no centro, a esfera dividida em quatro quadrantes e as mandalas são exemplos da maneira como o *self* foi representado.

Do ponto de vista geométrico, sabemos que o círculo é uma figura formada pela união de diversos pontos, todos equidistantes de seu centro. Isso significa que esse símbolo, representante da totalidade da alma humana e que contém todo seu potencial criativo, é originado a partir de um único ponto, que, muitas vezes, permanece oculto: o centro. Da mesma maneira, nossa personalidade e consciência ignoram, por muito tempo, a existência do *self* como núcleo e centro de nossa vida psíquica. Jung pesquisou e estudou os efeitos terapêuticos do uso das mandalas e se notabilizou por ter introduzido no Ocidente o uso desses símbolos orientais. Como representação da integridade psíquica, o círculo, a esfera e a mandala demonstram o processo de integração entre as partes conflitantes da personalidade e atuam como o vaso da transformação alquímica que integra os opostos.

Essa imagem do vaso integrador já surgiu para nós em outras cartas ao longo de nossa jornada pelos Arcanos Maiores: o ventre criativo da Imperatriz e os vasos carregados pela Temperança são seus exemplos. Mas seu conteúdo sempre permaneceu velado e distante de nossos olhos; não podíamos contemplar o que havia em seu interior, apesar de sabermos que nele os princípios criativos e integradores estavam em ação para produzir um novo estado psíquico. Entretanto, com o Mundo, os impulsos de autorrealização podem finalmente emergir. Já somos capazes de contemplar a imagem da totalidade, não apenas como força externa e alheia a nós (ou seja, à nossa consciência), mas também como o centro de nossa existência. O Mundo representa o final da *opus* alquímica, a pedra filosofal, capaz de conceder vida eterna, e o elixir da juventude que renova nosso espírito.

Outro elemento que aparecia com frequência nas figuras circulares e mandalas era a quaternidade, representada por uma cruz de braços iguais dentro de um círculo ou como um quadrado. A quaternidade também é um símbolo tanto para a totalidade do espaço (os quatro pontos cardeais, ou os "quatro cantos do mundo") quanto do tempo (as quatro estações do ano), remetendo, mais uma vez, ao sentimento de completude e preenchimento.

Além disso, há um símbolo numérico oculto nesse arcano: o ternário, obtido pela soma dos algarismos da carta: 2 + 1 = 3. Se a quaternidade representa o plano da manifestação do Mundo, com seu espaço geográfico e a passagem do tempo e do movimento, o ternário simboliza a potência criativa, expressa em muitas mitologias e religiões como a divindade criadora, muitas vezes representada por uma tríade ou trindade.

Mas, como vimos, o arcano do Mundo também é sempre um convite a recomeços, o que nos faz pensar no símbolo esférico como a representação do ovo, que anuncia a chegada de uma nova vida, ou mesmo do número 0, que nos leva de volta ao arcano do Louco, mais uma vez dando início ao processo sintetizado pelos Arcanos Maiores.

## Aspectos mitológicos

Para buscarmos as expressões mitológicas da imagem arquetípica da carta do Mundo, o último dos Arcanos Maiores, paradoxalmente devemos voltar nossa atenção aos mitos que tratam da origem do mundo e às narrativas sobre a criação.

De acordo com a *Teogonia*, poema que trata da origem dos deuses, antes que a realidade pudesse tomar forma, havia um princípio primordial chamado "Caos", no qual todas as coisas se encontravam misturadas e sem forma definida, incapazes de se ordenar, e, portanto, ainda não se haviam manifestado. Entretanto, do Caos emergiu uma força capaz de manter-se estável e de definir formas fixas e limitadas. Esse princípio foi chamado de "Gaia", hoje amplamente conhecido como a divindade grega que representa o planeta Terra como organismo vivo e consciente. Com o surgimento de Gaia, os elementos puderam se separar uns dos outros, e a realidade concreta começou a assumir sua forma. Não podemos deixar de notar que, de maneira semelhante na estrutura do tarô, após passarmos pelo arcano do Mundo, somos apresentados aos quatro naipes dos Arcanos Menores, cada um equivalente a um elemento e tratando de experiências humanas mais concretas e definidas.

Desse modo, dentro da mitologia grega, a criação do mundo não é um ato de vontade de uma divindade superior que ordena o surgimento do mundo, mas um acontecimento natural, provocado pelo surgimento de um princípio de estabilidade, ou seja, a realidade é compreendida como uma manifestação dessa potência criadora, não como seu mero produto. Da mesma maneira, podemos dizer que o desenvolvimento psíquico do ser humano tampouco é mero produto da vontade ou da racionalidade, mas está no próprio acontecer da vida.

Além de Gaia, havia no Caos o abismo, chamado de Tártaro, que mais tarde seria identificado como um mundo inferior e caótico, e Eros, princípio da atração e da união. Como força reconciliadora capaz de unir pela potência da atração o que estava separado, Eros também foi um princípio responsável por garantir a estabilidade das formas criativas. Comumente retratado como um bebê alado ou Cupido, que dispara suas flechas de paixão e romance sobre a humanidade, o Eros representado na *Teogonia* era uma divindade primordial para o surgimento do mundo. Podemos aqui fazer um paralelo com a operação alquímica da *coniunctio*, ou seja, a reunião de potências opostas capaz de promover a integridade e a totalidade.

Outro símbolo muito interessante para nossa busca mitológica pelas expressões do arcano do Mundo encontra-se no mito pelasgo de Eurínome. Como deusa criadora, ela teria separado o céu da terra ao dançar sobre as águas primordiais e colocá-las em movimento. Desse modo, também criou o vento, o qual aprisionou delicadamente nas mãos, dando-lhe a forma de uma serpente, que chamou de Ofíon, seu companheiro e consorte. Após unir-se a ele, Eurínome se transformou em um pássaro e pôs o Ovo Cósmico, que, chocado por Ofíon, deu origem à Criação. Mais uma vez, vemos a presença do ovo como símbolo esférico da potência que contém e dá origem à totalidade.

# OS ARCANOS MENORES

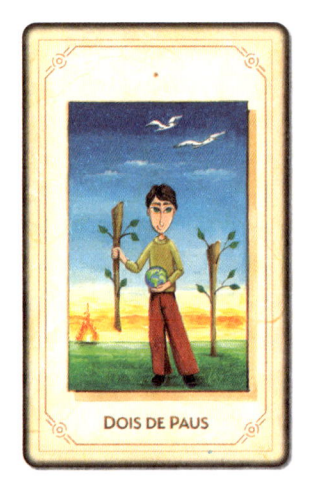

Ás de Paus

Dois de Paus

Três de Paus

Quatro de Paus

Cinco de Paus

| | | |
|---|---|---|
| Seis de Paus | Sete de Paus | Oito de Paus |
| Nove de Paus | Dez de Paus | Valete de Paus |
| Cavaleiro de Paus | Rainha de Paus | Rei de Paus |

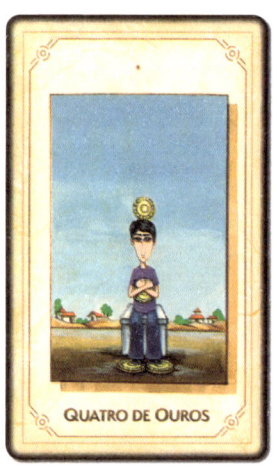

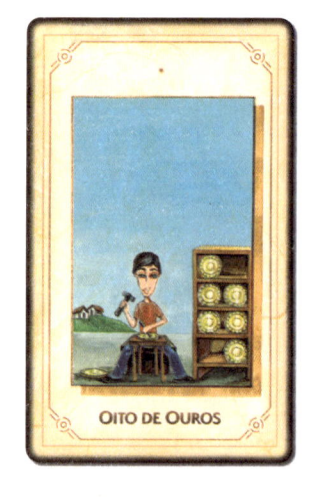

| | | |
|:-:|:-:|:-:|
| ÁS DE OUROS | DOIS DE OUROS | TRÊS DE OUROS |
| QUATRO DE OUROS | CINCO DE OUROS | SEIS DE OUROS |
| SETE DE OUROS | OITO DE OUROS | NOVE DE OUROS |

| DEZ DE OUROS |  VALETE DE OUROS |  CAVALEIRO DE OUROS |

| RAINHA DE OUROS |  REI DE OUROS | 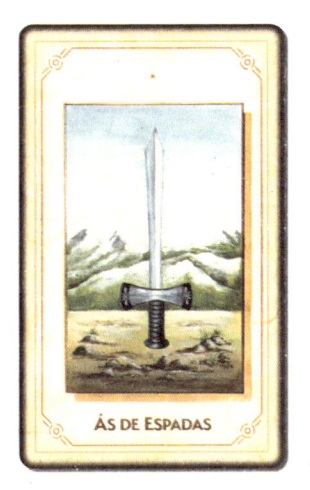 ÁS DE ESPADAS |

| DOIS DE ESPADAS | 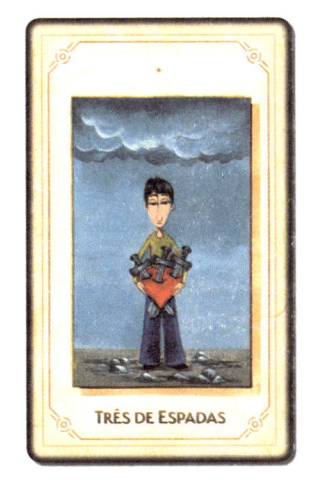 TRÊS DE ESPADAS |  QUATRO DE ESPADAS |

CAPÍTULO 6
OS ARCANOS MENORES E AS QUATRO DIMENSÕES DA VIDA

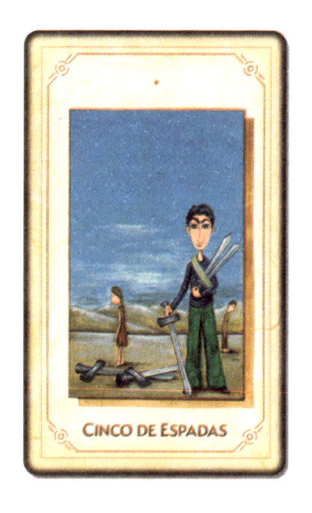

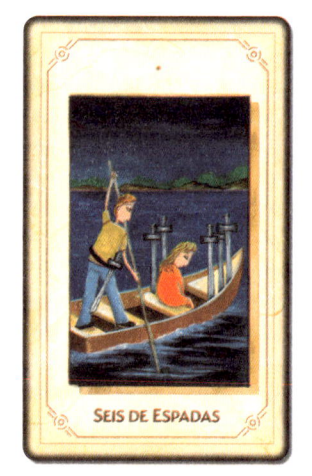

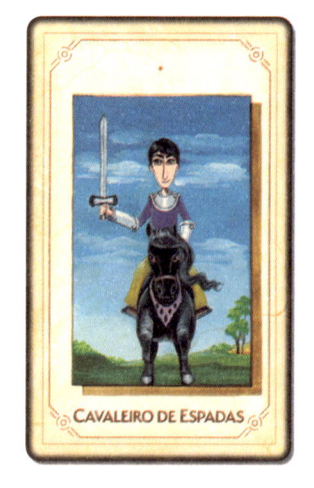

| | | |
|---|---|---|
| Cinco de Espadas | Seis de Espadas | Sete de Espadas |
| Oito de Espadas | Nove de Espadas | Dez de Espadas |
| Valete de Espadas | Cavaleiro de Espadas | Rainha de Espadas |

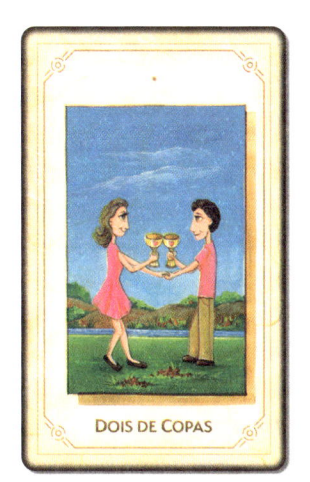

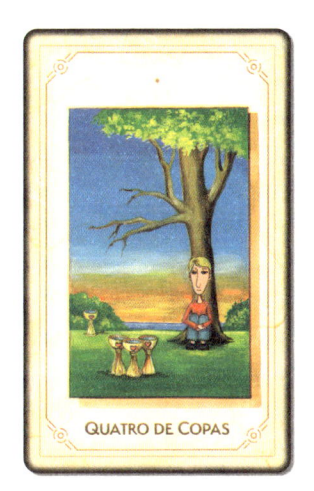

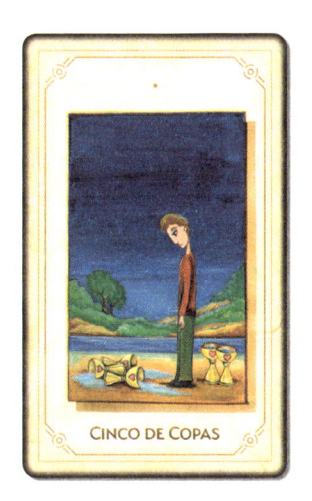

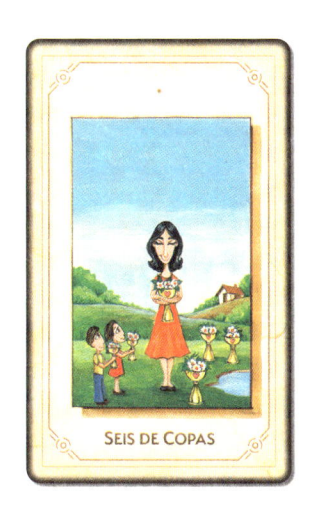

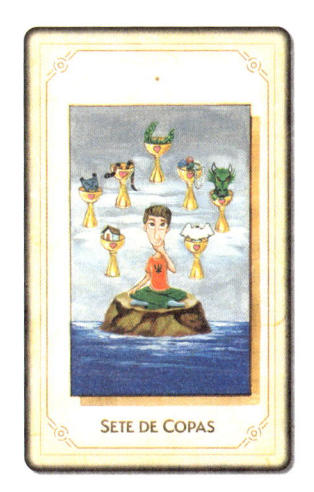

| | | |
|:---:|:---:|:---:|
| REI DE ESPADAS | ÁS DE COPAS | DOIS DE COPAS |
| TRÊS DE COPAS | QUATRO DE COPAS | CINCO DE COPAS |
| SEIS DE COPAS | SETE DE COPAS | OITO DE COPAS |

CAPÍTULO 6
OS ARCANOS MENORES E AS QUATRO DIMENSÕES DA VIDA

| | | |
|:-:|:-:|:-:|
| Nove de Copas | Dez de Copas | Valete de Copas |
| Cavaleiro de Copas | Rainha de Copas | Rei de Copas |

# CAPÍTULO 6
## Os Arcanos Menores e as Quatro Dimensões da Vida

Depois de percorrer as 22 lâminas dos Arcanos Maiores, é chegado o momento de voltar nossa atenção para as outras 56 cartas do tarô, chamadas de "Arcanos Menores".

Os Arcanos Maiores descrevem um processo de desenvolvimento da alma, vivido não apenas uma vez, mas em ciclos repetitivos, que ensinam como nossa personalidade pode crescer com diferentes experiências e revelam o movimento e o comportamento da energia psíquica ao longo da vida. Eles tratam das grandes lições e etapas que precisamos atravessar continuamente, em um processo repetitivo e espiralado, para que possamos, cada vez mais, nos aproximar de nosso centro. Os Arcanos Maiores costumam ser pensados como as grandes forças cósmicas que impulsionam a vida e, de alguma maneira, estão além do nosso controle, uma vez que seu impulso vem, primariamente, do reino arquetípico.

Já os Arcanos Menores também podem trazer valiosas lições para o desenvolvimento da alma, mas tratam de sua interação com a realidade externa, com o mundo concreto e com nossa participação e atuação na sociedade e no ambiente à nossa volta. Apresentam lições que só podem ser aprendidas e vivenciadas a partir das experiências de vida e demonstram a manifestação objetiva das potências expressas pelos padrões arquetípicos.

Podemos pensar na seguinte situação: se surgir a carta da Morte, saberemos que o consulente atravessa um período de intensa transformação interior, lidando com fins de ciclos e a possibilidade de recomeços. Entretanto, se também houver na leitura uma carta do naipe de Ouros, saberemos que essa mudança se expressa, de alguma maneira, no plano físico, podendo estar relacionada ao trabalho, às posses materiais, ao dinheiro ou ao corpo e à saúde. Por outro lado, se aparecer uma carta do naipe de Copas, saberemos que essa transformação atuará principalmente no campo dos afetos e das relações.

Por isso, dizemos que, na interpretação das tiragens, os Arcanos Menores nos ajudam a compreender a tonalidade dos Arcanos Maiores presentes na leitura, evidenciando o campo da vida e o tipo de experiência em que esse potencial é expresso. Assim, mesmo que os estudos do tarô comecem pelas 22 lâminas dos Arcanos Maiores, aprender a ler os Arcanos Menores é muito importante! Por sua natureza arquetípica e profundamente simbólica, os Arcanos Maiores podem ser muito amplos – eis por que são chamados de "Maiores" –, enquanto os Menores sempre tratam de acontecimentos mais específicos, relacionados a determinadas áreas da vida humana, e estabelecem pontes entre o mundo subjetivo e o objetivo.

Vejamos, então, cada uma delas de maneira geral, antes de ingressarmos no estudo dos naipes.

## Quatro naipes e a jornada quaternária da alma

> *"A quaternidade é um arquétipo que se encontra, por assim dizer, em toda a parte e em todos os tempos. É pressuposto lógico de todo e qualquer julgamento de totalidade."*[53]

Ao ingressarmos nos domínios de cada naipe dos Arcanos Menores, caminhamos pelas quatro esferas da vida: instintiva, material, mental e emocional, que correspondem, respectivamente, aos naipes de Paus, Ouros, Espadas e Copas. Todas as experiências humanas acontecem nesses quatro planos, que podem, de maneira universal, representar nossas aspirações, nossos desejos e comportamentos.

---

53. Carl G. Jung. *Interpretação Psicológica do Dogma da Trindade.* São Paulo: Vozes, 2012, p. 74.

Nas palavras de Jung, "o ideal de perfeição é o redondo, o círculo, mas sua divisão natural e mínima é a quaternidade"[54]. O número 4 parece tratar da própria manifestação do mundo: a totalidade do espaço pode ser descrita em quatro direções, e a totalidade do ano, um período cíclico completo de tempo, pode ser decomposta em quatro estações.

No pensamento ocidental, esse número ganha destaque na doutrina grega dos quatro elementos, Fogo, Terra, Ar e Água, que passou a ser associada aos quatro naipes do tarô, aos 12 signos do zodíaco e a outros conhecimentos místicos. Essas quatro potências fundamentais seriam responsáveis pela criação de toda a realidade tal como a conhecemos, dando a ela não apenas sua forma, mas também sua dinâmica. Para além dos quatro elementos, há um quinto, chamado de "éter" ou "espírito", que corresponde ao aspecto transcendente da realidade. Se associarmos os quatro elementos aos quatro naipes dos Arcanos Menores, será natural dizer também que as lâminas dos Arcanos Maiores correspondem ao quinto elemento.

Há aqui uma característica numérica que, mais uma vez, nos mostrará como a estrutura do tarô representa a própria totalidade da alma: podemos reduzir o número 22, que corresponde à quantidade de lâminas dos Arcanos Maiores, ao número 4 (2 + 2 = 4), o que nos levaria aos domínios dos Arcanos Menores. No entanto, cada um dos quatro naipes é formado por um conjunto de 14 cartas. Ao somarmos esses numerais, o resultado será 5 (1 + 4 = 5), o que nos leva de volta à quintessência dos Arcanos Maiores.

No naipe de Paus, estamos na esfera do instinto. Tradicionalmente associado ao elemento Fogo, seus arcanos remetem a tudo o que nos impulsiona, provocando ação e movimento, e tratam de nosso entusiasmo com a vida e de nossa potência criativa, que busca se manifestar e se expressar. Nessas lâminas, somos possuídos por nossas paixões e levados pela criatividade. A necessidade de movimento e transformação imperam. Seu princípio é a expansão.

Já as cartas do naipe de Ouros abordam os aspectos concretos e práticos da vida: o trabalho, o dinheiro, as obrigações, o lar, a família e a saúde. Representam o aspecto material do ser e os recursos necessários para dar base e sustentação à nossa existência. Naturalmente, está relacionado ao elemento Terra. Nessas lâminas, firmamos os pés em terra firme para desfrutar

---

54. *Ibid.*

das alegrias e dos deleites da experiência sensorial e material. Seu princípio é a estabilidade.

Quando chegamos ao naipe de Espadas, ingressamos na esfera do elemento Ar: a mente, o pensamento, a palavra falada e escrita e nossa capacidade intelectual e expressiva. Aqui vivemos as experiências relacionadas à análise racional e intelectual da vida. Esse é o reino da dualidade, da contemplação das oposições, da necessidade de discernimento e, portanto, inevitavelmente, também do conflito. Seu princípio é a diferenciação.

Por fim, o naipe de Copas nos revela as experiências do elemento Água e trata dos sentimentos, das emoções, dos afetos e dos relacionamentos. É conhecido como o naipe do amor e simboliza nossa necessidade inerente de intimidade e contato com outros seres humanos, mas também nossos sonhos mais íntimos, que tentamos expressar e realizar. Esse é, igualmente, o naipe das fantasias, das idealizações, dos romantismos e da necessidade de experimentar a dissolução. Nas cartas de Copas, desejamos nos misturar, nos dissolver e nos permitir absorver. Seu princípio é a unificação.

Em uma leitura, a predominância de determinado naipe ou sua ausência completa são indicativos de que áreas da vida são enfatizadas ou negligenciadas nesse momento. Como veremos, também podem indicar tendências, comportamentos e atitudes que estarão relacionados a cada naipe e elemento, descrevendo tanto as situações quanto a personalidade das pessoas envolvidas na temática da tiragem.

## As quatro funções psicológicas

Sabemos que Jung foi um grande estudioso da alquimia e da simbologia mística como via de acesso ao inconsciente. Em seu estudo sobre o arquétipo da quaternidade, postulou a existência de quatro funções psicológicas, conhecidas como *intuição*, *sensação*, *pensamento* e *sentimento*. Cada uma delas pode ser naturalmente associada à manifestação dos quatro elementos e, em consequência, a um dos naipes do tarô.

Dentro dessa tipologia, a quaternidade se expressa pelo símbolo da cruz de braços iguais, ou seja, pela intersecção de dois eixos, um vertical e outro horizontal. Nas pontas de cada eixo, encontraremos as quatro funções, arranjadas em dois pares de opostos.

O eixo vertical corresponde às chamadas "funções de percepção" e diz respeito à nossa maneira de captar informações sobre a realidade que nos cerca. De um lado, temos a função *sensação*, associada ao elemento Terra e ao naipe de Ouros. Ela corresponde à percepção do mundo pelo corpo, pelos cinco sentidos e pela observação concreta da realidade manifestada. Essa é a função da percepção prática, objetiva e direta da realidade. No outro extremo desse eixo, encontramos a segunda função, a *intuição*, associada ao elemento Fogo e ao naipe de Paus. Essa é uma percepção menos voltada aos aspectos práticos e materiais da realidade e mais conectada aos padrões existentes por trás deles. Poderíamos dizer que, enquanto a função *sensação* trata de uma percepção concreta do mundo, a função *intuição* o experimenta de maneira mais abstrata, o que justifica seu nome, ou seja, aquilo que nem sempre pode ser expresso de maneira objetiva.

Já o segundo eixo, horizontal, trata do que Jung chamou de "funções de julgamento" e diz respeito não à maneira como captamos as informações do mundo ao nosso redor, mas a como as processamos e qualificamos. Aqui, há também duas formas polarizadas de se relacionar com a informação apreendida pelo tipo anterior. De um lado, temos a função *pensamento*, ligada ao elemento Ar e ao naipe de Espadas. Assim como a espada é capaz de cortar e separar, essa função psicológica está associada à nossa capacidade de discriminar, diferenciar, separar e analisar. Seu movimento é racional, organizador, classificador e categorizador. Seu principal atributo é a lógica, e seu polo oposto, a função *sentimento*, associada ao elemento Água e ao naipe de Copas. Por meio dessa última função, podemos compreender as experiências como agradáveis ou desagradáveis, dolorosas ou prazerosas. Sua avaliação sempre acontece no sentido da qualidade da experiência, e a maneira pessoal como algo é vivenciado é sempre levado muito mais em consideração do que ideias ou conceitos abstratos e universais.

Em cada eixo, teremos uma função mais desenvolvida. Cada um de nós tem uma função superior, que corresponde à que, entre as quatro, se mostra mais sobressaída em nossa personalidade. A função oposta a ela, ou seja, a que se encontra na outra extremidade do eixo, será, então, uma função inferior, menos desenvolvida, que, portanto, faz parte da nossa sombra e permanece no reino do inconsciente. Já no outro eixo, encontraremos o que Jung chamou de "função auxiliar" – uma segunda função, parcialmente desenvolvida, que complementa a primeira. Em oposição a ela, no mesmo eixo, está a segunda função inferior.

É muito importante dizer que não usaremos o tarô para definir as funções psicológicas de nosso consulente, mas, se transpusermos esse conhecimento para a presença dos naipes em determinada tiragem, poderemos compreender como o consulente percebe a situação: de um ponto de vista prático, objetivo e concreto (Ouros); de forma abstrata, eloquente e irracional (Paus); de uma perspectiva lógica e racional (Espadas) ou permeada pelos afetos, sentimentos e desejos (Copas).

A ênfase exagerada de um naipe poderá indicar a necessidade de perceber a situação a partir de um ponto de vista representado pela função oposta.

| NAIPE | PAUS | OUROS | ESPADAS | COPAS |
|---|---|---|---|---|
| TEMÁTICA | Iniciativa, paixão, vontade | Trabalho, dinheiro, lar, família | Pensamento, raciocínio, razão | Relacionamento, sonhos, afetos |
| ASPECTO | Instinto | Corpo | Mente | Emoção |
| FUNÇÃO | Intuição | Sensação | Pensamento | Sentimento |

## Compreendendo a estrutura de cada naipe

Os Arcanos Menores totalizam 56 cartas, divididas em quatro conjuntos de 14 cartas cada um, que correspondem aos quatro naipes. Por sua vez, cada naipe também pode ser dividido em conjuntos de dez cartas numeradas (Ás até Dez) e outras quatro lâminas com representações conhecidas como "cartas da corte": Valete, Cavaleiro, Rainha e Rei.

Vale lembrar que cada naipe corresponde à expressão da temática de um dos quatro elementos. Por conseguinte, as cartas que compõem a sequência numérica descrevem o desenvolvimento desde o potencial mais abstrato (Ás) até o mais concreto (Dez) da energia elemental, indicando as etapas do caminho progressivo do plano mais sutil até o mais denso. Portanto, o significado de cada carta numerada não é aleatório, mas determinado pela associação entre o significado do número e o do elemento. As cartas numeradas representam situações e experiências que podemos vivenciar. Já as cartas da corte são consideradas expressões intermediárias entre a energia bruta dos números e elementos e o padrão mais sensível encontrado nos Arcanos Maiores. Se as cartas numeradas simbolizam a manifestação da força elemental na realidade ao nosso redor, as da corte tratam dessa expressão em nós e descrevem um processo progressivo, que vai desde o Valete, manifestação mais infantil e primitiva do potencial desse elemento, até a figura do Rei, seu aspecto mais maduro e desenvolvido. Resumindo:

- As cartas numeradas tratam da experiência das situações.
- As cartas da corte mostram nossa atitude em determinada situação.

De um ponto de vista divinatório, a presença de cartas da corte na tiragem pode simbolizar outras pessoas atuando na situação. Entretanto, de um ponto de vista do desenvolvimento interior, elas indicarão a maneira como expressamos determinado potencial. Cabe ao tarólogo interpretar o significado das cartas de acordo com o contexto de cada leitura.

## A energia de cada número

As dez cartas numeradas obtêm seus significados por meio da associação das potências expressas em cada número à temática de um dos quatro elementos. Analisaremos cada uma dessas relações à medida que percorrermos os quatro naipes, mas, em geral, os números das cartas nos Arcanos Menores podem ser pensados da seguinte maneira:

| NÚMERO | TEMÁTICA |
|---|---|
| 1 | Potencial, totalidade, início, oportunidade, potência criadora que carrega em si a possibilidade de todos os outros números. |
| 2 | Dualidade, opostos, binarismo, diferenças, distinções, decomposição, divisão, acúmulo. |
| 3 | Transformação, movimento, progresso. Síntese capaz de criar ou destruir; celebração ou entristecimento. |
| 4 | Estabilidade, estagnação, estruturação, manifestação, inércia. |
| 5 | Ruptura, conflito, instabilidade, desestabilização, mudança. |

| 6 | Restauração da harmonia, comunicação, integração, ajuda, união, reconciliação. |
|---|---|
| 7 | Avaliação, necessidade de refinar a percepção, engano, ilusão, provação, consciência, investigação. |
| 8 | Aprofundamento, renascimento, retorno a si mesmo. |
| 9 | Plenitude, aperfeiçoamento, transição, preparação para o resultado que pode ser positivo ou negativo. |
| 10 | Fim de um ciclo, seguir em frente, concretização, densidade. |

Ao combinarmos as tendências associadas aos números com o potencial de cada elemento, um mesmo valor numérico poderá assumir características positivas ou negativas, como veremos mais tarde na seção correspondente a cada naipe.

## As figuras da corte

Como representantes da atitude correspondente ao potencial de cada um dos quatro elementos, as cartas da corte representam um padrão de comportamento e um nível de amadurecimento ou estágio de desenvolvimento da consciência. Também podemos dividir a quaternidade das cartas da corte em dois pares de atitudes opostas e complementares.

O primeiro par é formado pelas figuras do Valete e do Cavaleiro. Ambas expressam um tipo de percepção e atitude, cujo foco está no eu e na individualidade, manifestando um aspecto juvenil. Nesse sentido, o Valete é aquele que volta sua atenção para si mesmo, ainda pouco consciente do ambiente ao redor, o que lhe confere certo ar de inocência e ingenuidade. De um ponto de vista positivo, representa o contato com os ideais mais puros e verdadeiros do eu, mas negativamente expressa a falta de experiência, o narcisismo e o egoísmo. Apesar de também manter uma atitude autocentrada e focada em si mesmo, o Cavaleiro projeta sua atenção para fora, fazendo do mundo seu objeto de interesse. Já consciente da realidade externa, ou seja, da alteridade, sua busca é pela diferenciação, pela expressividade e pela autonomia – ele quer descobrir e expressar a própria singularidade. Por isso, manifesta as qualidades de iniciativa e dinamismo, mas também pode ser exageradamente idealista.

O segundo par complementar, que corresponde à maturidade, é formado pelas figuras da Rainha e do Rei. Ambos indicam um refinamento na expressão do potencial de cada elemento. Entretanto, a energia da Rainha se volta a si mesma; afinal, ela é a figura feminina, o vaso alquímico capaz de promover a integração e a dissolução, e representa a figura anímica que guarda as portas do inconsciente e do acesso às profundezas do ser. O Rei, por sua vez, representa a potência do *logos* e, portanto, expressa a maturação externa da energia elemental, o que é bem simbolizado por seu papel como governante e mantenedor da ordem. Assim como a Imperatriz e o Imperador representam as figuras da mãe e do pai, a Rainha e o Rei evocam essa associação de maneira mais acessível e concreta, restrita à atuação no universo de cada naipe e elemento.

| FIGURA | DESENVOLVIMENTO | ATITUDE |
|---|---|---|
| VALETE | Juventude interior | Simplicidade, ingenuidade, falta de experiência, curiosidade, autocentramento. |
| CAVALEIRO | Juventude exterior | Movimento, impulsividade, vontade, dinamismo, busca, idealismo. |
| RAINHA | Maturidade interior | Interiorização, contemplação interna, receptáculo fértil, potência criativa, reino feminino. |
| REI | Maturidade exterior | Domínio, conquista, responsabilidade, autoridade, liderança, discernimento, liderança. |

# Trabalhando com os quatro naipes
(Ideia central – Significados – Simbologia – Despertar interior)

## O naipe de Paus

*"[...] Eu sou um cavalo treinado*
*Corro firme em linha reta*
*Ganho um mundo num galope*
*Não esqueço a minha meta*
*E se meta eu não tenho*

> *Minha cabeça se inquieta*
> *Coração de aventureiro*
> *Alma de bom herói*
> *Eu não recuso um convite no moinho que a vida mói*
> *No mundo vou me espalhando*
> *Não importa se o mundo me dói [...]"*

– ***Doideira de Amor*** – Barca dos Corações Partidos[55].

| | |
|---|---|
| **ELEMENTO:** Fogo | **PRINCÍPIO:** ação, vontade e instinto |
| **FUNÇÃO PSÍQUICA:** intuição | **TEMÁTICA:** poder, criatividade, paixão, espiritualidade, sexualidade, disputa |
| **ESTAÇÃO DO ANO:** verão | |
| **PONTO CARDEAL:** Sul | **PERSONALIDADE:** coragem, liderança, autoridade, determinação, autonomia |
| | **SIGNOS:** Áries, Leão e Sagitário |

Também chamado de "bastões" ou "bastos", o naipe de Paus é representado pelo símbolo de uma vara ou um cajado de madeira que se assemelha a um galho de árvore. Está associado ao elemento Fogo, que corresponde ao poder das paixões, dos instintos e dos desejos, mas também à experiência da espiritualidade da conexão com uma força superior. Por isso, a temática trazida pelos Arcanos Menores desse naipe está relacionada às ideias de força, intuição, criatividade, potência, vontade, vitalidade, sexualidade, coragem, impulso, agressividade e ambição – qualidades que, de alguma maneira, nos motivam ao movimento direcionado para atingir determinado propósito. Aqui, tudo é rápido, intenso e dinâmico, e nada permanece igual por muito tempo.

De maneira mais elevada, o elemento Fogo também representa a chama e a luz do espírito que transforma, desenvolve, purifica e ilumina. Quando interpretamos as cartas desse naipe, lidamos com a criatividade, a vida espiritual, o entusiasmo, a proteção divina, a inspiração e a força de vontade para conquistar nossos sonhos, empreendimentos e trabalhos. Queremos mudar o mundo e ganhamos autoconfiança para seguir nossos impulsos. Essa energia ígnea desperta a vontade e acrescenta paixão a todas as situações

---

55. Composição: Beto Lemos/Bana Lobo/Alfredo Del-Penho/Adrén Alves/Eduardo Rios/Geraldo Junior/Laila Garin/Moyséis Marques/Paquito Moura/Renato Luciano/Rick de la Torre/Vidal Assis.

propostas na leitura e, de alguma forma, pode acelerar o percurso e o desenvolvimento dos acontecimentos. É muito comum vermos as cartas desse naipe representadas por bastões com folhas brotando, o que simboliza a expansão da vitalidade e o potencial positivo de crescimento e transformação.

Quando é experimentado de maneira positiva, o naipe de Paus nos impulsiona em direção à ação e é um catalisador de mudanças e transformações. Em conexão com a nossa vontade, somos capazes de agir sobre a realidade de forma criativa. Aqui, somos chamados a conhecer nossa individualidade e a tentar manifestá-la, expandindo nossos horizontes e fazendo da vida uma grande aventura. Por encarnar o princípio da energia, as cartas de Paus trazem um ponto de vista sempre dinâmico e essencial para que possa haver vitalidade e desenvolvimento. Entretanto, como em todo o tarô, nele também há um lado sombrio, que representa os desafios a serem enfrentados para que possamos harmonizar em nossa vida os temas simbolizados pelo naipe.

Nesse naipe, aprendemos que a energia quente do fogo, existente em nós, precisa de direcionamento para que possa se manifestar de maneira positiva. Porém, quando nos faltam objetivos claros e senso de propósito, ela se transforma em destrutividade. Por essa razão, os arcanos de Paus também estão associados às inevitáveis dores de crescimento que temos de experimentar para que sejamos capazes de amadurecer e nos aproximar da realização pessoal.

O naipe de Paus poderá indicar na personalidade a presença de iniciativa, autoridade, poder, autonomia e paixão. Descreve pessoas que buscam independência e que, de certo modo, são visionárias e movidas por grande senso de propósito, embora nem sempre consigam colocá-lo em palavras. Contudo, de um ponto de vista negativo, também pode representar uma pessoa impulsiva, inconsequente, orgulhosa, libertina e hedonista.

## A função Intuição

Na teoria dos tipos psicológicos de Jung, o naipe de Paus corresponde à função *intuição*. Ao contrário do que o nome pode indicar, ela não está associada a uma percepção sobrenatural, mas a uma maneira mais abstrata de perceber a realidade, menos preocupada com a forma imediata das coisas – o que caracteriza sua função oposta, chamada *sensação*, que corresponde ao naipe de Ouros. Juntas, as funções *intuição* e *sensação* formam o eixo da percepção. Aqueles que têm a *intuição* como função principal terão a *sensação*, ou seja, uma percepção concreta e orientada pelos sentidos, como função psicológica menos desenvolvida.

A função *intuição* é imaginativa; por isso, sua pergunta não é "O que é isso?", e sim "De onde isso vem?" ou "Para onde isso vai?". O processo de percepção não acontece pelas vias conscientes, mas é processado inconscientemente e trazido de súbito à consciência, de maneira espontânea. Por isso, quem tem personalidade orientada pela intuição consegue perceber as nuances da realidade, mas nem sempre é capaz de colocá-las em palavras; assim, apenas afirma que "sabe que sabe". Tudo isso tem a ver com seu modo de construir o raciocínio e perceber a realidade.

## A imagem arquetípica do naipe de Paus

O símbolo desse naipe, representado por uma vara de madeira, tem, em primeiro lugar, uma relação especial com a árvore, da qual pode ser retirado e colhido. Isso remete ao impulso vital e criativo inerente à natureza e muito bem simbolizado pelo reino vegetal e por sua tendência ao crescimento em direção à grande fonte de luminosidade e calor: o Sol. Graças ao simbolismo do bastão, do cajado ou do galho ilustrados no naipe de Paus, entramos em contato com esse aspecto sempre dinâmico da natureza.

Além desse potencial de expansão da vida, também encontramos a árvore como eixo vertical, indicando a integração dos diferentes níveis de realidade: o mundo dos deuses, representado pelos galhos que se estendem para o céu; o mundo dos homens, simbolizado pelo tronco; e o mundo dos mortos, nas raízes que se aprofundam na terra, onde repousam os que já se foram.

Se pensarmos que o bastão do naipe de Paus representa justamente um galho da árvore, ele se torna símbolo da aliança entre a consciência do herói que o carrega e os impulsos criativos do inconsciente, cujo centro é o *self*. Nesse sentido, esse naipe ensina que nossas motivações e ações deverão estar em harmonia com o potencial da autorrealização.

Entretanto, a madeira das árvores, moldada na forma de bastões e cajados, também serviu para construir as primeiras armas da humanidade. Por isso, uma das imagens arquetípicas associadas aos Arcanos Menores desse naipe é a lança do guerreiro, que representa seu poder de projeção e a agressividade capaz tanto de proteger e defender quanto de atacar e destruir.

Podemos encontrar ainda a imagem desse naipe simbolizada pela flecha de todos os deuses e caçadores mitológicos. Ártemis, deusa da caça e da natureza selvagem e indomada, costuma ser representada com um arco dourado e é conhecida pela precisão ao disparar suas flechas. Da mesma fama partilha seu irmão gêmeo, Apolo, divindade solar que usa flechas para afastar o mal. Além deles, Eros, deus da paixão, atinge seus alvos com setas que podem provocar o fascínio ou a repulsa.

Na figura dessas três divindades, a flecha surge como potência de energias irracionais que podem servir para proteger ou destruir, mas são sempre direcionadas por uma inteligência que serve, em última instância, a propósitos criativos. Vejamos cada uma delas com mais atenção.

Ártemis é a donzela caçadora que escolhe nunca se casar para permanecer virgem e livre. Sua presença não está nos domínios sociais das cidades, mas nas florestas e nos bosques. Isso representa sua aliança não apenas com a natureza instintiva dos animais selvagens sob sua proteção, mas também com os aspectos mais primitivos e naturais da própria personalidade. A floresta escura onde habitam os animais indomados é uma representação do inconsciente e de suas forças primitivas e mais puras.

Ártemis é justamente a guardiã da pureza do bosque e usa suas flechas não só para caçar, como também para punir quem profanar seus domínios sagrados. Aqui, vemos a figura da flecha como representante das forças anímicas provenientes de nossa natureza interior e como aliança com nossos aspectos mais puros, ou seja, mais genuínos e verdadeiros. Se o naipe de Paus representa a ação direcionada à vontade, precisamos conhecer nossos desejos e propósitos mais íntimos antes de podermos usar sua energia.

Apolo, por sua vez, está presente na cidade, o que torna evidente sua ação nos aspectos sociais da vida. É o deus da música e de todas as artes, o doador da divina inspiração e senhor das profecias – todas dádivas que a consciência humana pode manifestar quando está em harmonia com as forças e os propósitos mais elevados. Também é patrono da cura e, com suas flechas, afasta as pestilências que ameaçam a integridade não apenas do corpo, mas também do espírito. Uma das máximas associadas a ele era a inscrição encontrada em seu templo, em Delfos: "Conhece-te a ti mesmo". A flecha e a luz solar de Apolo, que preservam a vida e permitem que ela prospere, manifestando os mais elevados ideais, também nos ensina a manter um estado de consciência inspirado e movido pela presença do sagrado em nosso cotidiano.

Por fim, Eros, deus do amor que, com seu arco e suas flechas, é capaz de fazer com que os humanos experimentem profunda afeição ou desprezo por outra pessoa, traz um terceiro aspecto ao naipe de Paus: a consciência do que nos atrai ou nos afasta. Além de representar as paixões e os desejos humanos, a flecha de Eros nos permite a união espiritual com tudo o que ressoa com nossa essência e verdade interior e preserva nossa vontade e nossos propósitos. Graças à diferenciação, tornamo-nos únicos e expressamos nossa identidade e individualidade de maneira plena. Assim, podemos compreender que as experiências relacionadas a esse naipe servem para o crescimento e a expansão da consciência e nos aproximam da realização de nossos verdadeiros objetivos, movidos pela inspiração e pela força interior. Mesmo quando há disputas e batalhas, que também são retratadas nesse naipe, elas não devem ser encaradas como processos de ruptura e caos nem como conflitos externos, mas como experiências de diferenciação e separação, necessárias para o desenvolvimento da consciência. O naipe de Paus nos ensina que as batalhas da vida devem servir de lição para nosso crescimento e amadurecimento.

# CARTAS NUMERADAS

## Ás de Paus

| NÚMERO | ELEMENTO |
|---|---|
| 1<br>Potencial | FOGO<br>Concentração |
| *Insight*. Ganho súbito de uma nova percepção. Novos interesses e paixões. ||

**Ideia central:** potência; vigor; atração; invenção; ponto de partida de um empreendimento ou ideia; rapidez; momento certo para agir; iniciativa; vitalidade; nascimento; força de vontade; entusiasmo; proteção; "fogo de palha"; oportunidade e início próspero, que poderá ou não ser duradouro.

## Significados

Todo Ás indica um início, o despertar de um novo potencial. No naipe de Paus, isso se dá no plano dos instintos e desejos. Quando surge o Ás de Paus em uma tiragem, isso significa o afloramento da energia vital que impulsiona o movimento. Pode simbolizar o despertar de novos interesses ou a renovação da vitalidade sobre determinado tema da vida. Esse arcano é experimentado como um jorro de força, energia e impulso que nos motiva e impulsiona. Sentimo-nos cheios de vigor e potência e desejamos dar a esse turbilhão forma e expressão. Essa carta sugere um momento de criatividade, desejo e dinamismo.

Quando nos deparamos com esse arcano, estamos diante da possibilidade de uma nova aventura em direção à realização pessoal da vontade e da verdade interior. Movidos por grande entusiasmo, sentimos necessidade de nos expressar e transformar esse impulso em atitude e ação. Mas tudo isso vem com um alerta: devemos tomar cuidado para que todo esse impulso não seja momentâneo e passageiro.

## Simbologia

| | |
|---|---|
| UM BASTÃO | Fixado no solo, ele une céu e terra, simbolizando o *axis mundi*, o eixo do mundo e o centro da vida. O mundo manifestado da terra e a potência espiritual do céu podem se reunir. As folhas e os ramos representam sua natureza expansiva e criativa, que traz o potencial de todas as outras cartas do naipe. |
| A FOGUEIRA | Traz a presença do elemento Fogo à representação do arcano, indicando a chama da vontade e da pureza de propósito que produz calor, energia e abrigo. O fogo permite a conexão com o sagrado e eleva a consciência. |
| O CÉU | Amplo, claro e aberto, mostra a expansão anunciada pelo Ás. Indica abertura dos horizontes da vida e traz o brilho alaranjado do Sol, reforçando a presença da luz e da clareza. |
| A TERRA | A planície verde evidencia a vitalidade do arcano e sua natureza essencialmente criativa. |

## Despertar interior

A reflexão que o Ás de Paus nos convida a fazer é: o que realmente nos motiva? Diante desse arcano, devemos contemplar tudo o que nos impulsiona e preenche de energia. Somos questionados sobre nossos propósitos e objetivos. Tudo o que acontece no naipe de Paus tem relação com o princípio da vontade. Nessa primeira carta, somos chamados a nos conscientizar do que verdadeiramente desejamos.

Outra reflexão bastante apropriada quando nos vemos diante dessa lâmina é se estamos sendo fiéis aos propósitos de nossa alma. Paus também é o naipe com o qual buscamos autonomia e expressão plena do que nos torna únicos, nossa verdade interior. O primeiro passo para realizar esse propósito é seguir os próprios princípios. Essa é a carta da vocação, um chamado para reconhecermos nossos verdadeiros desejos e nos reapropriar deles.

# Dois de Paus

| NÚMERO | ELEMENTO |
|---|---|
| 2<br>Dualidade | FOGO<br>Ponderação |

*Planejamento.* Indica um período de avaliação para a escolha de novos caminhos.

**Ideia central:** contemplação; dúvida; avaliação; ponderação; confronto; indecisão; conflito para encontrar o caminho correto; insegurança; receptividade; espera; reavaliação e lentidão para concluir algo. Observação das possibilidades futuras. Olhar de longo prazo. Indica o período que antecede a tomada de uma decisão. Necessidade de sair do lugar-comum, de criar uma realidade e movimentar-se rumo às metas mais importantes a partir de uma decisão.

## Significados

Se o Ás indica novas possibilidades, o Dois de Paus traz a intenção de transformar o potencial em ação. Por isso, é uma carta que representa a fase de avaliação e ponderação de nossos planos e objetivos. Indica que ainda não é o momento de agir ou tomar decisões importantes, mas de refletir sobre o melhor trajeto para que nossas intenções se realizem de fato. O exercício que devemos fazer nesse momento é considerar as consequências de longo prazo das nossas decisões e ações, antecipando seus resultados. Representa um momento de ponderação.

O Dois de Paus também pode indicar certa insatisfação e necessidade interior de movimento e dinamismo. Não estamos contentes com nossa situação de vida e precisamos escolher um novo destino. Indica o tempo de buscar novos horizontes e expandir as possibilidades: esse é o momento em que o herói ouve o chamado para sua aventura e precisa tomar a decisão de permanecer na zona de conforto ou seguir rumo a novas experiências.

## Simbologia

| | |
|---|---|
| **DOIS BASTÕES** | Vemos um dos bastões fixado no solo, como na imagem do arcano anterior, representando a consciência fixa em seu propósito, e o outro elevando do solo nas mãos do herói, indicando que a consciência se apropria da potência da vontade e de sua capacidade de ação e movimento. |
| **O HOMEM** | A consciência racional, que contempla suas possibilidades, carrega o bastão e o globo. As cores de suas vestes indicam a vontade dirigida para o plano material. |
| **O GLOBO** | Representa todo potencial de movimento e deslocamento, os novos horizontes e destinos. Todas as possibilidades estão nas mãos do herói, para que ele decida a direção de sua jornada. |
| **A FOGUEIRA** | Distante do herói e próxima do horizonte, indica o vislumbre dos objetivos de longo prazo que inspiram o movimento e impulsionam a ação. O vislumbre do verdadeiro desejo e da intenção. |
| **OS PÁSSAROS** | Mais uma vez, trazem a dualidade representada pelo arcano e o importante sentido de movimento. Capazes de enxergar ao longe, simbolizam a consciência direcionada para o futuro. |

## Despertar interior

Sempre que o Dois de Paus surge em uma leitura, devemos nos fazer a seguinte pergunta: onde estão nossos verdadeiros objetivos? Esse arcano nos ensina que toda ação deve ter como fundamento um propósito e uma razão de ser. Nossos comportamentos sempre nos levarão a algum lugar e criarão a realidade futura. Se conseguirmos definir um lugar de destino, então nossas ações diárias poderão se transformar em passos que nos conduzirão pelo caminho. No momento da tiragem, devemos olhar ao nosso redor e avaliar quais mudanças são necessárias.

Esse arcano também pode surgir como lembrete para que não permaneçamos na zona de conforto por muito tempo. O naipe de Paus trata de crescimento, expansão e desenvolvimento, e nada disso pode ser obtido por meio da estagnação. Apesar de representar um período de contemplação, e não de atitude, o Dois de Paus é um chamado para que encontremos horizontes mais distantes e, com eles, novas possibilidades em nossa história de vida. Indica o momento de fazermos escolhas conscientes e fundamentadas para nossa jornada.

## Três de Paus

| NÚMERO | ELEMENTO |
| --- | --- |
| 3<br>Criatividade | FOGO<br>Intenção |
| *Avanço.* Novas oportunidades se colocam em seu caminho. ||

**Ideia central:** expansão; progresso; determinação; comprometimento; crescimento; desenvolvimento; decisões; movimento; progresso; oportunidade; caminhos abertos; iniciativa; descoberta; potencial de realização.

## Significados

Todo arcano de número 3 indica um tipo de movimento para além da dualidade representada pela carta interior. Como o naipe de Paus está associado ao poder da vontade, o Três de Paus representa exatamente a determinação e o avanço na direção da realização pessoal e de nossos objetivos. As oportunidades de crescimento se colocam diante de nós, e nos sentimos impelidos nessa direção.

Esse é um momento de ação, determinação e força de vontade. Após um período de reflexão, estamos prontos para deixar o conforto do lugar-comum e seguir rumo a novos destinos. Por isso, esse arcano pode indicar tanto o início concreto de novos projetos de vida ou carreira quanto a possibilidade de viagens e deslocamentos físicos. Vale lembrar que o princípio desse arcano é o deslocamento.

Se no Dois de Paus planejamos, esse é o momento de começar a executar, tendo consciência dos obstáculos e desafios que se colocarão diante de nós. Esse arcano indica iniciativa, coragem e determinação para nos colocarmos em posição de poder e atitude perante a vida. Devemos assumir as responsabilidades sobre nosso desenvolvimento e sucesso.

## Simbologia

| | |
|---|---|
| TRÊS BASTÕES | Os dois bastões fincados na terra indicam os processos vivenciados nos dois arcanos anteriores. O terceiro bastão aparece nas mãos da heroína, que o empunha para gerar o progresso inspirado, apontando o caminho e a direção. |
| A MULHER | A potência criativa do número três direcionada a um propósito específico. Seu vestido revela que ela está investida com o poder do naipe, e sua postura sinaliza atitude de comando e determinação. |
| O MONTE | A porção de terra elevada indica a superação da inércia e a capacidade de enxergar ao longe. Também evidencia a posição de superioridade e liderança que essa carta nos inspira. |
| A FOGUEIRA | Atrás da mulher, simboliza a motivação como combustível de nossas ações. O potencial ígneo do naipe de Paus agora atua como fundamento e alicerce para as ações de crescimento e expansão do naipe. |
| AS ÁGUAS | Indicam a travessia e o movimento para além dos limites de nosso território. Representam as forças de resistência que atuam sempre que iniciamos um processo de mudança e que devem ser superadas para conquistarmos nossos objetivos. |

## Despertar interior

Esse arcano nos convoca a assumir o poder e a transformar as paixões e os desejos em ação e atitude. Como carta de manifestação, indica que devemos trazer para nós os méritos e deméritos de nosso progresso e de nossas escolhas. Nesse sentido, cabe perguntar até que ponto colocamos nosso crescimento nas mãos de outras pessoas ou se esperamos que o destino ou a vida se encarregue de garantir nosso sucesso.

Em nível pessoal, o Três de Paus mostra que talvez não sejamos capazes de controlar todas as variáveis da vida. Porém, mesmo que tenhamos sofrido algum infortúnio, seja pela ação de outras pessoas, seja por acontecimentos e situações desagradáveis, podemos escolher como reagir a ele. Não devemos nos vitimizar, pois, ao fazer isso, perdemos todo potencial de mudança e ação. Essa carta pede que sejamos capazes de nos apropriar de nossa história.

## Quatro de Paus

| NÚMERO | ELEMENTO |
| --- | --- |
| 4<br>Estabilidade | FOGO<br>Objetivo |
| *Avaliação*. Reconhecer as conquistas e buscar o progresso. ||

**Ideia central:** concórdia, viagem, repouso ou afastamento necessário. Reforça uma situação existente (positiva ou negativa). Sair de onde se encontra para outro lugar pode ser uma alternativa positiva. Necessidade de observar as realizações já conquistadas e de desfrutar das recompensas, mas sem esquecer o momento certo de buscar novos caminhos. Também pode indicar a importância do equilíbrio interior e de não ficar estagnado diante do êxito.

## Significados

O Quatro de Paus indica um momento de pausa, seja para desfrutarmos do que já foi conquistado, seja para avaliarmos a próxima etapa da jornada. Quando nos vemos diante desse arcano, temos de observar atentamente a situação em que nos encontramos.

No Três de Paus, partimos para nossa jornada de acordo com o que havíamos planejado. No Quatro, temos de avaliar se estamos, de fato, progredindo na direção desejada e reconhecendo tudo o que aprendemos e conquistamos até o momento. Sua advertência é para que não nos contentemos com as pequenas vitórias nem nos esqueçamos de que ainda há um longo caminho pela frente. À medida que nos aproximamos do meio da jornada, precisamos manter uma postura de equilíbrio.

Por isso, esse arcano também sugere a necessidade de deslocamento e adverte para que evitemos a estagnação. Por estar associado à ideia de movimento, pode ser interpretado como um prenúncio de viagens ou mesmo como um conselho para que nos afastemos de determinada situação.

## Simbologia

| | |
|---|---|
| QUATRO BASTÕES | Dois bastões permanecem fincados ao solo, indicando determinação e estabilidade, enquanto os outros dois formam um arco florido diante de um rapaz. Essa disposição lembra um portal e simboliza a mudança de um estado para o outro, a transição e o progresso na jornada, coroada com as conquistas já obtidas. |
| O HOMEM | Com os pés firmes no solo e os olhos voltados para as flores, representa a consciência em um estado de equilíbrio e harmonia, capaz de reconhecer o que é belo e agradável, com espírito de celebração. |
| AS FLORES | Multicoloridas, representam prosperidade, abundância e alegria. Significam a coroação de um momento especial e a vitalidade para seguir em frente, bem como o potencial criativo do naipe, que no número 4 encontra um ponto de manifestação. |
| O CAMINHO | Sugere que, apesar de um momento de celebração, este não é um final. Traz a perspectiva do futuro e demonstra que ainda há um longo caminho a ser trilhado. |
| AS CASAS | Simbolizam a família, a comunidade estendida e o ambiente social ao qual pertencemos e no qual nos sentimos acolhidos e seguros. Também representa o deslocamento e o movimento necessários nessa etapa da jornada. |

## Despertar interior

Será que nos permitimos relaxar e ter momentos de divertimento e celebração em meio aos nossos projetos? Ou será que nos contentamos com as pequenas conquistas e ficamos paralisados e acomodados, sem conseguirmos prosseguir para realizarmos objetivos maiores? Esses são dois extremos para os quais o Quatro de Paus pede atenção. Se perseguirmos nossos objetivos com obstinação, poderemos exaurir prematuramente nossas energias; porém, se nos permitirmos uma distração a cada pequeno passo, poderemos acabar perdendo o rumo.

O Quatro de Paus nos recorda de que existe alegria no progresso e no movimento e nos ensina a desfrutar da jornada sem perder de vista nossos objetivos finais. Como arcano que simboliza o momento presente, ele nos aconselha a manter o olhar sempre na direção de nossa meta, com a consciência de que nossas atitudes moldam nosso destino.

## Cinco de Paus

| NÚMERO | ELEMENTO |
|---|---|
| 5<br>Conflito | FOGO<br>Interesses |
| *Rivalidade*. Momento de tensão e conflito de objetivos. ||

**Ideia central:** batalhas; desestabilização; discussões; conflitos; tensão entre razão e emoção; impulsividade; enfrentamento; descontrole; competitividade; desentendimento; desarmonia; agressividade; oposições; irritabilidade.

## Significados

Este arcano representa situações de batalha e desentendimentos, nos quais interesses distintos estão em jogo, causando tensão e disputa. Essa situação pode ser interna, no sentido de um conflito pessoal que nos impede de canalizar nossa energia na direção de um objetivo, ou pode referir-se a discussões e atritos com outras pessoas. Seja como for, é permeada por um clima de inimizade e agressividade e revela competitividade natural.

Enquanto o naipe representa o princípio da vontade e da autonomia, o Cinco de Paus indica um momento ou acontecimento no qual ocorre uma colisão de interesses e objetivos. Pode sugerir certa dificuldade para ouvir e ceder espaço ao outro, bem como a tendência a uma postura dominante, controladora e inflexível, e a incapacidade de sair de uma posição egoísta para considerar o bem comum.

De um ponto de vista mais pessoal, o Cinco de Paus também simboliza os enfrentamentos inadiáveis, as provações e os obstáculos inevitáveis no caminho da realização da vontade pessoal. Além disso, remete a situações de oposição, catalisadoras de verdadeiros processos de mudança e transformação pessoal.

## Simbologia

| | |
|---|---|
| CINCO BASTÕES | Os cinco bastões elevados representam cinco diferentes motivações, prontas para entrar em conflito. Já não formam uma estrutura nem um ponto de apoio como nas cartas anteriores, mas estão em posição ativa, que indica o combate. |
| CINCO HOMENS | Formando um círculo, representam os diferentes membros de uma comunidade ou de um grupo. A consciência racional e discriminatória. As diversas cores de cabelo e vestimentas expressam a individualidade de cada um deles. Entretanto, todos usam calças em tom de terra, indicando a necessidade de manifestar seus objetivos. |

## Despertar interior

Quando nos vemos diante do Cinco de Paus, precisamos pensar em quanto estamos dispostos a lutar por nossos ideais. Se o naipe de Paus trata dos processos de transformação estimulados pela vontade e evoca a busca por autonomia e realização, esse arcano nos coloca diante das energias de resistência para que essas mudanças aconteçam de fato. Aqui, nossa força de vontade é testada, e nossa determinação, posta à prova.

Entretanto, os obstáculos a ser transpostos também são representados no arcano como outras pessoas. Isso nos traz outro aspecto importante para reflexão: até que ponto somos capazes de respeitar as opiniões, as decisões e os pontos de vista das outras pessoas? A busca pela autonomia pessoal deverá passar, necessariamente, pelo reconhecimento da autonomia do outro. Nem sempre a solução será o confronto direto e agressivo, mas a compreensão intuitiva do que conecta a diversidade de interesses entre todos os envolvidos em um conflito.

A saída para a situação desarmônica representada nesse arcano tem relação com a capacidade de enxergarmos o mundo também através do ponto de vista dos outros. Todas as cartas anteriores trataram de conquistas pessoais, mas nenhum de nós vive plenamente isolado. No caminho para a realização da vontade, é chegado o momento de fazer com que nossos propósitos se harmonizem com o ambiente à nossa volta.

O Cinco de Paus é um convite a enfrentar os próprios questionamentos ou as situações que exigem coragem.

## Seis de Paus

| NÚMERO | ELEMENTO |
|---|---|
| 6<br>Equilíbrio | FOGO<br>Propósito |
| *Conquista*. O caminho para o sucesso e a vitória. ||

**Ideia central:** mostra capacidade, caminho certo, triunfo, boas-novas, valor próprio, força, vitalidade e reconhecimento. Sabe de seus talentos e dons; por isso, pode representar orgulho, sentimento de superioridade, arrogância e exibicionismo. Traz condições de fama e exposição que, de alguma forma, atraem a inveja de pessoas ao redor.

## Significados

O Seis de Paus representa um marco significativo na busca pela realização de nossos propósitos e objetivos. Após o conflito do arcano anterior, o equilíbrio e a ordem podem ser reestabelecidos, fazendo com que nossos talentos e habilidades estejam à disposição da consciência. Somos tomados por um senso de propósito e nos sentimos motivados e dispostos a realizar nossos objetivos.

Como carta de prestígio, também anuncia posição de destaque, como a de líderes ou facilitadores dentro de um grupo que atraem a atenção das pessoas. As situações anunciadas por esse arcano são sempre de reconhecimento público por nossas conquistas e capacidades. Isso nos adverte a termos cuidado; afinal, nem todo mundo torce por nosso sucesso. Além disso, o Seis de Paus também diz que devemos acreditar em nosso potencial e em nossa habilidade para chegar aonde desejamos. Como carta de encorajamento, ela nos lembra de que esse ainda não é o fim da caminhada nem a conclusão definitiva de nossos projetos, mas uma vitória importante nesse processo.

## Simbologia

| | |
|---|---|
| **SEIS BASTÕES** | Como na imagem anterior, vemos cinco bastões dispostos em círculo, mas, desta vez, organizados em um eixo central, representado pelo sexto bastão. Sua posição já não é de combate, mas de exaltação. |
| **CINCO HOMENS** | Vemos aqui os mesmos cinco homens retratados na carta anterior, representando um conflito. Mas, desta vez, eles estão organizados em um círculo mais definido, formado a partir de um centro visível, que representa o ponto de encontro entre as diferentes vontades, intenções e consciências. Portanto, simbolizam a coletividade, mas de maneira ordenada e liderada. |
| **A MULHER** | De estatura maior que a dos homens ao seu redor, a mulher vestida de roxo, cor da harmonia espiritual, simboliza o fator complementar capaz de harmonizar os diferentes interesses. Descalça e usando uma coroa de folhas, que indica vitória e prestígio, ela mostra o domínio da vontade e a capacidade de concretizá-la no plano material, o que também é revelado por seu bastão, segurado em posição horizontal. Como centro simbólico do círculo em um lugar mais elevado, ela representa, ainda, a união entre os princípios superiores e celestes da consciência, desenvolvida com a terra e a materialidade. |

## Despertar interior

O Seis de Paus nos leva a refletir sobre como lidamos com os momentos de prestígio e reconhecimento. Podemos ver na representação da carta que a figura central se posiciona em um monte mais alto, como um pedestal, evidenciando não apenas seu destaque em relação aos demais, mas também sua elevação além de uma situação ordinária, para assumir um lugar de referência. Quando nos vemos num lugar desse tipo, como reagimos? Talvez você acredite que não mereça a apreciação nem o reconhecimento dos outros e se sinta inadequado para ocupar essa posição ou, às vezes, seja seduzido por essas circunstâncias e assuma postura de superioridade e arrogância. Nenhum dos extremos é positivo, e cabe a você perceber em qual deles tende a se colocar.

Não devemos nos envergonhar de nossas conquistas e habilidades, em especial quando lutamos e investimos tempo e energia para desenvolvê-las. Não há nada de errado em comemorar o que fazemos de melhor ou até mesmo nosso sucesso. Entretanto, devemos tomar cuidado para não adotar um comportamento ilusório, egoísta e exagerado, mesmo quando os outros insistem em nos ver dessa forma. Isso é ainda mais importante quando ocupamos uma posição hierárquica que automaticamente nos concede ar de superioridade.

## Sete de Paus

| NÚMERO | ELEMENTO |
|---|---|
| 7 Provação | FOGO Objetivo |
| *Desafio.* A posição pessoal é questionada pela coletividade. ||

**Ideia central:** bravura; independência; tem condições de se manter e vencer a oposição. É firme e forte para defender as próprias convicções; não foge dos opositores; tem facilidade de abraçar problemas alheios e tentar resolvê-los; não entrega os pontos. Conversão dos medos em coragem. Está acima de uma situação de conflito; oportunidade para vigiar e observar o que está acontecendo. Denota uma situação difícil; sofre ataques de vários tipos e precisa ter atitudes defensivas, porém também revela que os inimigos não estão em posição de igualdade com o combatente. Discussões, embates e competição. Necessita libertar-se da tensão e da pressão que sofre pela própria força.

## Significados

No arcano anterior, chegamos a um lugar de prestígio e apreciação pelos outros à nossa volta, mas agora nossa posição é questionada e desafiada por terceiros.

O Sete de Paus indica os momentos em que nos sentimos em grande conflito ou provação. Podemos ter a sensação de que o mundo e os acontecimentos estão contra nós. Se no Cinco de Paus o conflito era generalizado e desorganizado, representando a multiplicidade de interesses e opiniões, desta vez parece que nos tornamos o alvo particular de todos os ataques. Sentimo-nos particularmente afetados.

Quando esta carta surge, somos desafiados a converter nossa vontade interior não apenas em ação e bravura, mas também em defesa. Quando nossos pontos de vista, objetivos, paixões e propósitos são desafiados, podem amadurecer, levando-nos a ganhar uma nova percepção do que é verdadeiramente significativo para nós. Esse arcano indica que temos de acessar a coragem para vencer os obstáculos e testa nossa persistência e determinação.

## Simbologia

| | |
|---|---|
| **SETE BASTÕES** | Sete bastões se colocam em posição de ataque para investir contra o herói no centro da figura, representando a oposição da coletividade e os obstáculos para a realização da vontade pessoal. |
| **O HERÓI** | Com os pés firmes no solo, ocupa posição central, unindo a terra e o céu. Segura o bastão de sua vontade em postura de defesa e equilíbrio. Nele não há tensão nem medo, mas olhar estratégico e postura de resistência, que simbolizam a força interior da vontade, capaz de enfrentar, com sabedoria, todas as adversidades. Suas roupas exibem as cores da manifestação. |

## Despertar interior

Quando nos deparamos com o Sete de Paus, temos nossa vontade testada. Vencer os desafios anunciados por essa carta pode não ser algo simples, mas é uma etapa fundamental no processo de amadurecimento pessoal. Após percorrermos todos os arcanos anteriores, nosso propósito já foi refinado e nos encontramos em um lugar de força e poder. O Sete de Paus indica que temos o que é preciso para nos tornar vencedores, mas, ainda assim, na oportunidade da batalha, podemos nos apropriar ainda mais de nossos objetivos, percebendo o que realmente vale a pena.

Essa carta nos convida a pensar sobre tudo aquilo pelo qual realmente vale a pena lutar. O conflito não deve ser encarado como uma expressão do caos, mas como uma chance de transformação. Apenas o conflito e o contraste são capazes de causar mudanças genuínas. Se o naipe de Paus expressa nossas paixões mais verdadeiras, no Sete é chegado o momento de lutar por aquilo em que acreditamos com determinação, criatividade e discernimento.

Diante desse arcano, pense em como você lida com o conflito e o encara. Alguns desistem diante de qualquer tipo de confronto e se retiram imediatamente do campo de batalha sem ao menos tentar enfrentar os desafios que se colocam em seu caminho. Já outros, tomados pela agressividade do combate, podem até se esquecer do motivo pelo qual lutam. O Sete de Paus nos ensina a enfrentar o conflito e nos motiva a provocar algum tipo de transformação, mesmo quando ninguém parece acreditar em nosso propósito e se coloca como opositor, não como apoiador. Nossas ações devem ser inspiradas por nossos objetivos e ser motivadas por um senso de propósito pessoal e interior.

# Oito de Paus

| NÚMERO | ELEMENTO |
|---|---|
| 8<br>Poder | FOGO<br>Ação |
| *Dinamismo*. Mudanças rápidas, orientadas ao progresso em determinada direção. ||

**Ideia central:** situações que fogem do controle; o que estava contido já não pode ser mantido; o que está parado entra em movimento. Soluções para questões antigas e estagnadas começarão a aparecer; andamento; notícias; mensagens e rapidez. Esta energia é potente e pode representar um momento de remoção dos obstáculos para que o avanço aconteça.

## Significados

O Oito de Paus indica que os caminhos estão livres para que você prossiga na realização de sua vontade. Sugere a presença de grande energia e vitalidade, que se projetam na direção de um objetivo, como uma flecha disparada que corta o ar na direção do alvo. Significa a superação dos obstáculos e barreiras, o progresso, o desenvolvimento e a mudança em todas as situações paradas ou estagnadas. Pode simbolizar a chegada de notícias ou mensagens que provoquem uma transformação inesperada ou a necessidade de ação imediata. Por ser associado ao movimento, às vezes o Oito de Paus também é interpretado como viagens aéreas.

Quando esse arcano está em ação, não existe resistência. Seu impulso dinâmico pede que tenhamos atitude focada, livre de qualquer distração. Nossa energia deverá ser dirigida a um propósito específico, o que também pode indicar a necessidade de fazer escolhas ou abdicar de algo em nome de um objetivo maior. Apresenta a chegada de oportunidades que não podem ser adiadas; do contrário, serão perdidas.

Esse também pode ser um alerta para que tenhamos cuidado com nossa impulsividade. Dependendo de sua posição na leitura, pode ainda dizer que estamos agindo de maneira precipitada, deixando-nos levar pela ansiedade.

## Simbologia

| | |
|---|---|
| OITO BASTÕES | No alto da imagem, os oito bastões indicam a conexão com a vontade superior e a determinação proveniente dos estados mais elevados de consciência, e não apenas do próprio ego. Na primeira fileira, vemos três deles, representando a trindade, que permite a manifestação concreta das aspirações da alma. Na segunda, há outros cinco bastões, indicando o domínio sobre o plano da forma e a vontade que atua sobre a quaternidade da realidade material. |
| A MULHER | Princípio integrador da vontade, capaz de atrair a potência divina que vem do alto e de projetar sua força para um objetivo. A consciência elevada e cheia de propósito preparada para agir. Sua postura é de estabilidade e força, e suas vestes exibem a cor do fogo. |
| O CÍRCULO DE FOGO | Símbolo da integração, o círculo de fogo também indica a potência da vontade realizadora e da paixão ardente, além de coragem e vitalidade. Visto nas cartas anteriores como uma pequena fogueira indicando a consciência do ego, seu novo formato abrange a totalidade do *self*. Também simboliza o Sol sobre a Terra, tendo no centro a força motriz que impulsiona a ação. |

| | |
|---|---|
| O LAGO | Equilibrando a cena ígnea, o lago traz a noção de serenidade interior e tranquilidade emocional. Como um espelho natural, também representa a capacidade de manifestar, no plano concreto da terra, as aspirações vindas do céu. |

## Despertar interior

Do ponto de vista interior, o Oito de Paus representa o *insight*, ou seja, o momento no qual somos tomados por repentina clareza mental e atravessados por uma compreensão intuitiva. Sabemos exatamente o que precisa ser feito para conquistar nossos objetivos, e a situação na qual nos encontramos ganha novo sentido. Com percepção mais acurada, podemos agir de maneira precisa.

Essa carta também representa os momentos em que nos sentimos conectados a uma força maior, que parece nos impulsionar em determinada direção. Somos tomados por um senso de propósito, e nossas ações se tornam, de algum modo, maiores que nós. Na jornada pelos arcanos anteriores do naipe de Paus, fomos apresentados à nossa vontade, que foi desafiada, refinada e aplicada. Com essa carta, porém, ela se transforma em ímpeto e nos conduz à realização.

Diante do Oito de Paus, devemos nos apropriar dos propósitos maiores e superiores que nos motivam. Esse arcano representa a vocação aplicada à ação. Mais do que as vontades e os desejos imediatos ou passageiros, somos confrontados com grandes chamados e com o que verdadeiramente desejamos conquistar e manifestar em nossa existência.

# Nove de Paus

| NÚMERO | ELEMENTO |
|:---:|:---:|
| 9<br>Transição | FOGO<br>Retido |
| *Desmotivação*. Falta de vontade para seguir em frente. ||

**Ideia central:** desconfiança, obstáculos, espera, barreiras; não permite que haja invasão de nenhuma forma; medo de traição. Atrasos, suspensão, adiamento. Necessidade de vigiar os opositores. Lutas para concretizar algo. Alguém que não se abre com ninguém; indivíduo machucado, ferido por tudo o que já enfrentou; por isso, tem pouca disposição.

## Significados

Quando o Nove de Paus surge em uma leitura, sentimo-nos desmotivados e desconectados de um senso maior de propósito. Se a carta anterior representa o momento certo para agir, esse arcano indica o adiamento, a perda de oportunidades ou a falta de força de vontade para seguir em frente. Após atingir o ápice, a energia vital tende a decrescer e a retornar a um estado de repouso – esse é o estágio do ciclo representado pelo Nove de Paus. Por isso, essa carta sugere recolhimento e retirada. Pode significar falta de força para atravessar as barreiras da jornada ou o fato de que as experiências passadas criam um tipo de resistência, impedindo o movimento e o progresso.

Há um ar de desconfiança no Nove de Paus que revela a possibilidade de enfrentar um golpe traiçoeiro de nossos opositores internos e/ou externos. Sentimos medo de nos abrir com as pessoas à nossa volta e não sabemos em quem podemos confiar de fato.

Aponta para situações que exigirão grande esforço e mudança de atitude. Também pode indicar tendência à vitimização.

## Simbologia

| | |
|---|---|
| NOVE BASTÕES | Vemos quatro bastões de cada lado do personagem indicando resistência à mudança e rigidez, materialidade e falta de sutileza, todas forças contrárias às tendências do naipe de Paus. O nono bastão está diante do homem, obstruindo seu caminho e impedindo seu movimento. Sua posição perpendicular indica desalinhamento da vontade. |
| O HOMEM | Em postura de resignação, olha para baixo, sem conseguir encontrar seu senso de propósito ou ação. Fixação no momento presente. Ausência de movimento. A faixa em sua cabeça indica ferimento e vulnerabilidade. A mente encontra-se debilitada. |

| A PAISAGEM | O céu já não é claro e iluminado, mas acinzentado e escuro, indicando o obscurecimento da vontade e a diminuição do potencial criativo. A terra ao redor do homem é seca e árida, empobrecida e sem vitalidade. |
|---|---|

## Despertar interior

Quando nos vemos em um momento de vida representado pelo Nove de Paus, precisamos resgatar nosso senso de propósito. Sentimo-nos desesperançosos, desmotivados e desconectados. A energia vital fica bloqueada e é impedida de fluir para fora. Como um momento de introspecção, esse arcano nos induz a dirigir a atenção não mais para nossos objetivos externos, mas para dentro, e nos faz perceber que os bloqueios e obstáculos que enfrentamos vêm não dos outros, mas de nós mesmos.

Esse é um momento de fragilidade; por isso, requer que sejamos capazes de reconhecer tudo o que provoca em nós um sentimento de ameaça. Talvez esses bloqueios venham de nossas experiências passadas, simbolizando os traumas que precisam ser enfrentados, ou então percebemos que nossas motivações já não são genuínas e que precisamos encontrar novas razões para prosseguir. Temos de reconhecer nosso estado interior e nos apropriar não só de nossa força, mas também de nossas fraquezas, como parte de nossa jornada rumo à totalidade.

A grande lição desse arcano é a possibilidade de transformar as dores da jornada em força e aprendizado. Devemos nos conscientizar das feridas que precisam ser curadas. Nesse ponto do caminho, há algo que precisa ser integrado. Temos a oportunidade de diminuir o ritmo para ressignificar os obstáculos e expandir nossos horizontes.

# Dez de Paus

| NÚMERO | ELEMENTO |
|---|---|
| 10<br>Encerramento | FOGO<br>Enfraquecido |
| *Exaustão*. Incapacidade de prosseguir ou sustentar uma situação. ||

**Ideia central:** opressão, esgotamento, fardos e karma. Assume responsabilidades e compromissos alheios; esquece de si mesmo e se sente cansado. Incapacidade de desapegar e de interromper uma atividade. Consciência pesada, culpa e arrependimento.

## Significados

No Dez de Paus, experimentamos uma situação extremamente densa, que exige toda nossa força, pois se torna insustentável. Indica os grandes fardos, dos quais precisamos aprender a nos desapegar para que possamos resgatar a harmonia em nossa vida. Pode representar situações, papéis ou funções vistas como obrigatórias pelo consulente, mas que drenam sua vitalidade e o levam ao esgotamento.

Em alguns casos, pode revelar que o sucesso alcançado não traz felicidade genuína, mas é percebido como um peso a ser carregado, com um tom de sacrifício pessoal. Nesse sentido, mostra excesso de responsabilidade ou a centralização dos esforços em uma única pessoa. Representa situações que precisam ser abandonadas e evidencia necessidade de esvaziamento. Para que a felicidade seja alcançada, é preciso deixar de lado algumas situações e carregar apenas o necessário.

Temos de avaliar se não estamos ultrapassando nossos limites. Quando representa um estado de espírito ou um sentimento, esse arcano pode simbolizar fardos emocionais do passado que ainda são carregados em forma de culpa ou tendência à autopunição.

## Simbologia

| DEZ BASTÕES | Todos juntos, representam o excesso de energia, a dificuldade, os fardos e as situações que se tornam quase insustentáveis. |
|---|---|
| A MULHER | Sua postura indica cansaço e grande esforço. O olhar voltado para baixo evidencia falta de sentido ou propósito, um estado de espírito empobrecido e sem perspectiva de fim. Sua face cansada e envelhecida sugere que a situação tem se prolongado mais do que deveria. Seus pés descalços representam a falta de suporte, e suas vestes acinzentadas revelam o desgaste interior. |

| A PAISAGEM | Os vários montes que formam o caminho representam os obstáculos constantes que demandam muita energia. O céu turvo indica ausência de vontade genuína. Ao fundo, vemos uma plantação madura, apontando para o excesso de trabalho. |
|---|---|

## Despertar interior

Se o naipe de Paus trata de nossa vontade e de nosso senso de propósito, uma importante lição que ele tem para nós é o momento de desistir. Existem situações em que, por maior que seja nossa vontade, seremos incapazes de conquistar o que desejamos, e de nada adiantará persistir ou nos forçar. O Dez de Paus traz o difícil ensinamento de que há ocasiões em que precisamos nos retirar e interromper os esforços, pois estaremos apenas desperdiçando energia.

Quando nos vemos diante desse arcano, é preciso tomar cuidado com o apego, a teimosia e a inflexibilidade. Esse também é um convite para refletir sobre se não estamos assumindo mais responsabilidades do que somos capazes de cumprir ou fazendo um esforço individual que deveria ser compartilhado e coletivo. Talvez você esteja vivenciando uma situação em que as obrigações ou os esforços precisam ser divididos, ou tenha recebido um fardo que não seja exatamente seu, mas que, de alguma maneira, se sente obrigado a carregar. Nesse sentido, o Dez de Paus também adverte para que tenhamos cuidado com o isolamento.

Pode trazer, ainda, uma tendência do indivíduo a se colocar em situações desgastantes, como forma de se punir por acontecimentos do passado. Quando esse é o caso, precisamos evitar todo comportamento autodestrutivo e curar as situações que nos levam a esse tipo de atitude. O Dez de Paus pede que exercitemos a autocompaixão.

# CARTAS DA CORTE

## Valete de Paus

| CARTA DA CORTE | ELEMENTO |
|---|---|
| VALETE<br>Espontaneidade | FOGO<br>Paixão |
| *Criatividade.* Inspiração que vem das verdadeiras paixões e dos desejos. ||

**Ideia central:** busca por novos conhecimentos para satisfazer às vontades do espírito. Sente a força interior, mas ainda precisa experimentá-la de alguma forma. É entusiasmado, independente, brincalhão, criativo e instável.

## Significados

Todo Valete representa o impulso que nos direciona para uma nova experiência. Como o naipe de Paus está associado aos desejos, às paixões, aos propósitos e à vontade, esse arcano simboliza o início de uma situação que expressa nossa autenticidade e contém o potencial para nossa realização pessoal. Pode indicar a chegada de mensagens importantes e transformadoras, o início de estudos em uma área significativa para nós, a intenção de empreender e começar novos projetos, a descoberta de novos interesses, o surgimento de uma oportunidade ou a fase inicial de qualquer plano com potencial de se tornar grandioso. Onde há o Valete de Paus há alegria de viver, paixão, criatividade e espírito de aventura – ele representa a fagulha que pode se transformar em uma enorme fogueira.

Como um estado de espírito, o Valete de Paus é motivado em sua busca por liberdade e autonomia, apesar de ainda não ser capaz de realizá-las plenamente. Indica alguém repleto de ânimo, entusiasmo, vigor e excitação, disposto a lançar-se sem medo de correr riscos. Representa o estado mais puro da motivação, quando estamos em contato com nossos desejos e sonhos mais íntimos, o que provoca certa inquietação. Por isso, nessa carta há sempre um alerta para que tomemos cuidado com a impulsividade, a pressa, a ingenuidade ou o excesso de confiança.

## Simbologia

| | |
|---|---|
| **O VALETE** | Sua juventude representa os inícios, que são anunciados por esse arcano e simbolizam tanto a pureza quanto a ingenuidade da energia do naipe de Paus. Tem uma expressão otimista e carrega com as duas mãos o bastão da vontade. Seu chapéu com uma pluma representa a leveza, o movimento, a criatividade e a inspiração. Vestindo o azul da nobreza e um manto dourado, está em contato direto com a potência espiritual do seu interior e os impulsos criativos vindos do inconsciente, do qual é representante. |
| **A FOGUEIRA** | A fagulha da vontade e da inspiração. O potencial, a motivação e a vontade, ainda em estado imaturo e incipiente. |
| **A PAISAGEM** | O solo no qual o Valete se encontra indica que o potencial vital ainda está submerso, não manifestado. Entretanto, a paisagem verde atrás dele revela a total possibilidade para o florescimento da vida e a manifestação das sementes sob a terra. |

## Despertar interior

Diante do Valete de Paus, devemos nos lembrar de nossos sonhos mais verdadeiros. Como representante da criança interior, o Valete sempre nos coloca em contato direto com nossos desejos em seu estado mais genuíno e puro. Se essa carta surgir para guiar nosso caminho de amadurecimento, isso significa que devemos buscar a parte mais espontânea e verdadeira em nós, avaliando se somos genuinamente fiéis à nossa natureza e se temos feito escolhas que nos conduzem à felicidade. Esse é o momento de buscar tudo o que nos inspira, nos move e nos preenche de paixão e vitalidade.

O Valete de Paus representa a vivacidade e o ímpeto em seu aspecto mais natural. Seu caráter infantil mostra ausência de julgamento ou reprovação externa. Portanto, quando ele surgir, pergunte-se se suas escolhas e ações têm respondido mais às expectativas dos outros do que à sua própria vontade e se você tem sacrificado sua autenticidade em nome dos outros. Como uma carta que simboliza o desejo de autonomia, seu chamado é para que olhemos para dentro em busca das mais sinceras motivações. É importante recordar que o naipe de Paus também é profundamente instintivo, e que, de todas as cartas da corte, o Valete é a que está em conexão mais intensa com essa força interior. Desse modo, é necessário considerar também o outro extremo que esse arcano pode simbolizar.

Diante do Valete de Paus, ainda cabe refletir sobre quanto nos deixamos conduzir por nossas paixões, agindo de maneira irresponsável ou inconsequente.

Em sentido negativo, ele também pode representar uma tendência a nos mantermos aprisionados à infância, incapazes de assumirmos a responsabilidade sobre nós mesmos ou nossas ações. É importante considerar como temos expressado os impulsos criativos e dinâmicos, simbolizados por esse arcano, tendo em mente que os excessos, assim como a falta, também podem ser bastante negativos.

## Cavaleiro de Paus

| CARTA DA CORTE | ELEMENTO |
|---|---|
| CAVALEIRO<br>Direcionamento | FOGO<br>Desejo |
| *Impulsividade.* A busca por conquistas importantes. ||

**Ideia central:** vontade de vencer; força para atingir o progresso. Autoconfiança, sabedoria, eloquência, idealismo e coragem. Baixa resistência à frustração. Arriscar-se por prazer. Temperamento forte.

## Significados

O Cavaleiro de Paus revela uma situação ou momento em que nos sentimos entusiasmados e determinados a cumprir um propósito ou objetivo. Corajoso e intenso, ele busca manifestar seu desejo. Esta é uma carta que indica ação e atitude focada para realizar um desejo. O grande combustível desse Cavaleiro é sua paixão, e ele simboliza o princípio do dinamismo, que é a vontade colocada em movimento. Por isso, ele age de maneira desbravadora e conquistadora, sem medo de correr riscos em nome de sua crença. O Cavaleiro de Paus adora um bom desafio e tem necessidade interior de provar isso a si mesmo.

Ao surgir em uma leitura, anuncia uma mudança interior capaz de fazer com que ultrapassemos determinados limites. Também indica inquietação, mudança de residência ou de trabalho, novidades, aventuras, impulso, coragem, boas intenções, utopia, ânimo, vontade de fazer coisas diferentes, viagens, provações, vitória depois das dificuldades e disposição para enfrentar um desafio. Ele nos aconselha a confiar em nossa intuição, pois é chegado o momento de agir.

Entretanto, é sempre importante lembrar que, quando agimos sob a inspiração do Cavaleiro de Paus, devemos estar atentos também às suas fraquezas, uma vez que elas poderão se manifestar na situação. Idealista, ele persegue resultados perfeitos e preestabelecidos e pode acabar se frustrando ao perceber que nem sempre seus planos sairão conforme o planejado. Sonhador, sua dificuldade em lidar com a frustração ou as barreiras naturais do caminho pode fazer com que seu interesse se desloque. Muitas vezes, ele prefere mudar de foco e buscar novas aventuras em vez de apenas diminuir o ritmo para continuar na busca por seus objetivos.

## Simbologia

| | |
|---|---|
| O CAVALEIRO | Erguendo o bastão da vontade, representa o dinamismo, o impulso e a potência para a ação. O verde e marrom de suas vestes indicam que ele é movido por motivações concretas, enquanto o dourado das luvas simboliza a ação mobilizada pela potência criativa. |
| O CAVALO | Os instintos, a impulsividade e a força canalizada para uma direção e um propósito. Seus olhos têm a mesma cor das luvas do Cavaleiro, indicando que ele se projeta na direção de seus ideais por meio das ações. |
| A FOGUEIRA | A conexão com as paixões interiores e a intensidade. Uma projeção da fagulha inicial representada pelo Valete. |
| A PAISAGEM | Ainda sem vida, o solo representa o potencial que deverá se manifestar. No entanto, nesse caso, ele aparece iluminado pela chama da fogueira, indicando que o potencial do Valete se projeta, criando movimento e dinamismo. |

## Despertar interior

Quanto estamos dispostos ou somos capazes de nos comprometer com uma causa? Essa é uma pergunta que devemos nos fazer sempre que estivermos diante do Cavaleiro de Paus. Esse arcano nos ensina a vencer a inércia para lutar pelo que acreditamos, enfrentando os medos e obstáculos na busca pelos objetivos. Contudo, para que possamos amadurecer e refinar a experiência do Cavaleiro de Paus, é preciso tomar cuidado com o excesso de impulsividade e saber diferenciá-la da determinação. Na verdade, este é o processo que devemos aprender quando vivenciamos essa carta: devemos transformar um ideal em intenção. Somente assim seremos capazes de manter o ritmo e chegar aonde desejamos.

A principal característica do Cavaleiro de Paus é a impulsividade. Ele age baseado no que sente, em suas motivações interiores e idealistas. Como alguém que primeiro age para só depois pensar, um pouco de planejamento não lhe faria mal. No entanto, por ser intuitivo, o Cavaleiro de Paus também sabe aproveitar as oportunidades e os momentos certos para agir e sente que não pode desperdiçá-los. Por isso, ele nos desafia a romper a inércia e a dar o primeiro passo, lembrando-nos sempre de agir inspirados pelo fogo de nossas motivações e em nome de nossos sonhos. Esse arcano é um agente de mudança e transformação e sente que tem uma missão a cumprir. É sempre movido por um senso de propósito e, ao surgir em nossa vida, pergunta-nos quais são nossos grandes ideais.

## Rainha de Paus

| CARTA DA CORTE | ELEMENTO |
|---|---|
| RAINHA<br>Amadurecimento | FOGO<br>Vontade |
| *Satisfação*. A realização de objetivos significativos. ||

**Ideia central:** realização, autoconfiança, otimismo, liderança, lealdade, amadurecimento, força, popularidade, fidelidade, carisma, justiça, transparência, autonomia, persistência e rebeldia.

## Significados

A Rainha de Paus representa um estágio de desenvolvimento da consciência, no qual os propósitos de vida já se tornaram maduros. Determinada e cheia de energia, ela realiza seus deveres e suas funções de maneira apaixonada, criativa e determinada. Revela a satisfação interior ao ver os projetos prosperando e crescendo. É capaz de direcionar toda sua energia para o sucesso. Além disso, apresenta tendência natural para a liderança e a orientação, age com sinceridade e é sempre fiel a si mesma. Esse arcano também está associado ao dinamismo intenso do fogo, o que sugere um momento de vida ou situação de muita intensidade e envolvimento. A Rainha de Paus é apaixonada por tudo o que faz e coloca o melhor de si em todas as atividades que desempenha. É honrada, entusiasmada, e nada consegue fazê-la desistir de suas metas nem a entristecer.

Ao surgir em uma leitura, essa carta é um excelente presságio, pois indica a realização de nossos objetivos e vem acompanhada de um sentimento de plenitude e felicidade. Ela nos aconselha a agir com coragem, entusiasmo, independência e autoconfiança. É preciso estar em contato com o próprio espírito de luta para vencer qualquer dificuldade, mantendo atitude determinada, voluntariosa e dedicada. O momento é apropriado para que a criatividade se expresse, pois anuncia um grande potencial de realização. Também pode ser um indicativo de poderes espirituais.

Como ela também é uma figura rebelde, devemos tomar cuidado com qualquer tendência excessivamente controladora ou castradora. De resto, a Rainha de Paus pode agir de maneira intransigente e opositora.

## Simbologia

| | |
|---|---|
| A RAINHA | Indica a maturidade da vontade por meio da consciência feminina integradora, o controle dos impulsos e o direcionamento positivo e criativo da energia vital. O vestido dourado mostra que ela foi investida do potencial criativo e expansivo do sol, o que também é simbolizado pela coroa. O bastão na mão, como um cetro, indica sua posição de poder. Ela traz sobre o peito um colar em formato de girassol, representando o círculo da totalidade e a conexão com o próprio centro. |

| | |
|---|---|
| O TRONO | Mostra sua soberania e autoridade, indicando posição de respeito e prestígio. Seu prolongamento vertical também simboliza conexão entre céu e terra, mostrando que ela é capaz de ancorar e manifestar no plano material os impulsos vindos de um nível superior da consciência. |
| O GATO | Como o contraponto escuro na cena luminosa, o gato preto representa a conexão com os instintos e a integração de atributos e potenciais do inconsciente. Também indica sua perspicácia, a visão focada e determinada e a autonomia. |
| A FOGUEIRA | Brilhando intensamente do lado direito da rainha, em oposição às cartas anteriores, indica a maturação interior da vontade e do propósito. |
| A PAISAGEM | O trono da Rainha está disposto em uma terra verdejante, simbolizando a manifestação da energia vital e a expansividade da carta. O tom claro da vegetação indica que ela é jovem e está no início do seu crescimento, ou seja, ainda não atingiu todo seu potencial. O céu se ilumina com os tons quentes do sol, trazendo a iluminação da consciência e o refinamento do pensamento e dos ideais. |

## Despertar interior

Como um arcano que representa nossa alegria quando vemos nossos projetos florescer, a Rainha de Paus surge diante de nós para perguntar quanto nos sentimos plenos e satisfeitos com nossas conquistas. Diante de seu trono, devemos nos questionar se nossos esforços e conquistas têm nos levado na direção em que de fato desejamos estar e se o sucesso reflete nossas aspirações internas.

Ela também pode surgir em nossa vida nos momentos em que precisamos resgatar a autoestima e a confiança. A Rainha de Paus é a fonte do próprio poder e não tem medo de usar todo potencial de que dispõe. É forte, independente e não dá espaço para falsas modéstias. Há momentos na vida em que precisamos no apropriar de nossos talentos e habilidades com orgulho. Todos os súditos da Rainha de Paus só podem reconhecer o poder que dela emana porque, em primeiro lugar, ela própria o reconhece.

A Rainha de Paus nos mostra o que é necessário para que possamos conquistar nossa autonomia e, ao mesmo tempo, convoca-nos para que entremos em contato com as pessoas e os grupos sociais ao nosso redor. Envolvida e envolvente, ela é sociável, nutridora e usa o carisma em seu favor, sem deixar de ser profundamente verdadeira e leal a seus propósitos.

Não deseja o poder apenas para si; sabe compartilhá-lo e busca trazer à tona o melhor que existe em todos.

# Rei de Paus

| CARTA DA CORTE | ELEMENTO |
|---|---|
| REI<br>Autoridade | FOGO<br>Vontade |
| *Poder.* A superação de qualquer obstáculo pela força da vontade. ||

**Ideia central:** maestria, vitória, plenitude, posição de destaque, prestígio, sucesso, aperfeiçoamento, maturidade, honra, manifestação, realização, visão, entusiasmo, figura de referência e legado.

## Significados

O Rei de Paus é um grande inspirador, capaz de motivar todos ao redor e conduzi-los em direção a um propósito específico e determinado. Representa a plena materialização dos objetivos e faz tudo o que for preciso para conquistar o que deseja. Focado e determinado, é um visionário interessado em desbravar novos territórios e conquistar outros horizontes. Orientado para o futuro, também indica o desapego do passado e o impulso criativo que sempre conduz adiante. Sua autoridade é natural, e ele é visto como figura de referência, capaz de conduzir o grupo na direção correta. Admirado pelos demais, tem magnetismo natural para cativar e atrair as pessoas, bem como grande prestígio e imenso poder à disposição para realizar e executar sua vontade.

Em uma leitura, a presença do Rei de Paus indica intensidade e conquista. Representa a realização dos verdadeiros desejos do espírito e aconselha postura voluntariosa, honesta e consciente. Traz consigo o prestígio e posição natural de liderança, além de proteção e amadurecimento. Essa figura também simboliza o enraizamento, a maturação e a solidificação dos objetivos, uma vez que o Rei é capaz de criar estruturas e bases duradouras.

## Simbologia

| | |
|---|---|
| O REI | A consciência entronizada no centro da própria vontade. Ele veste o dourado solar e tem a coroa sobre a cabeça, representando seu potencial criativo; o marrom da terra e o manto verde evidenciam sua capacidade de manifestação e concretização. Sobre o peito, traz o emblema do girassol com ambas as cores, indicando a união entre o espiritual e o material. Carrega ao seu lado o bastão da vontade, erguido como o eixo capaz de conectar o que está acima e o que está abaixo. |
| O TRONO | Firme no solo, representa não apenas a posição de poder e prestígio ocupada pelo rei, ou a ligação entre os planos superior e inferior, mas também a projeção da vontade sobre o mundo para criar estruturas sólidas. Isso é indicado pelo apoio para os pés, cuja forma quadrada evidencia a materialização dos objetivos. |
| A FOGUEIRA | Brilhando de forma intensa e próxima ao rei, representa o desenvolvimento pleno da vontade. |
| A PAISAGEM | A terra coberta por vegetação escura indica a realização e a manifestação de todo potencial criativo do naipe. O céu equilibra o azul-claro da mente com os tons alaranjados do sol, que parecem se projetar da própria fogueira, simbolizando a elevação da consciência. |

## Despertar interior

Toda grande conquista se inicia com um sonho, representado pelo Valete. Portanto, com o Cavaleiro perseguimos esses objetivos, com a Rainha os amadurecemos e nos aprimoramos, usando o que há de melhor em nós em nome desse propósito, e, finalmente, com o Rei, temos a possibilidade de aplicar na prática tudo o que foi planejado e idealizado de maneira sublime. Por isso, os questionamentos que ele coloca diante de nós estão relacionados à nossa própria capacidade realizadora. Quanto de fato nos envolvemos e nos comprometemos a realizar o que sonhamos?

Mais do que simplesmente um representante da ação, o Rei é um símbolo da estrutura e da materialização. Em sua posição, não há espaço para dúvidas, meias verdades ou comprometimento pela metade. Ele coloca todo seu potencial a serviço de uma causa e está disposto a sacrificar qualquer outra coisa em seu nome. Torna-se a encarnação de um propósito, capaz de motivar e inspirar todos por onde passa.

Cabe aqui uma reflexão de como nós mesmos somos fonte de inspiração e exemplo para os outros. Quando olham para nós, o que será que veem? Existem momentos na vida em que nossas ações e atitudes são maiores do que nós mesmos e impactam diretamente os outros ao nosso redor. Nessa carta, também precisamos assumir nossa responsabilidade sobre outras pessoas, em especial se ocupamos posição de destaque ou liderança.

O Rei de Paus personifica o princípio do autoaprimoramento e do autoaperfeiçoamento.

## O naipe de Ouros

*"[...] Afagar a terra*
*Conhecer os desejos da terra*
*Cio da terra a propícia estação*
*E fecundar o chão*
*Debulhar o trigo*
*Recolher cada bago do trigo*
*Forjar no trigo o milagre do pão*
*E se fartar de pão [...]"*

– O *Cio da Terra*, Milton Nascimento
e Chico Buarque de Hollanda

| | |
|---|---|
| **ELEMENTO:** Terra | **PRINCÍPIO:** manifestação, fecundidade e estruturação |
| **FUNÇÃO PSÍQUICA:** sensação | **TEMÁTICA:** trabalho, lar, família, finanças, sucesso, estabilidade |
| **ESTAÇÃO DO ANO:** primavera | **PERSONALIDADE:** ambição, segurança, generosidade, comprometimento, responsabilidade |
| **PONTO CARDEAL:** Norte | **SIGNOS:** Touro, Virgem e Capricórnio |

O naipe de Ouros é representado pelo símbolo da moeda dourada, o que faz com que, às vezes, seja chamado de naipe de Moedas ou Pentáculos. Está relacionado ao elemento Terra e aos princípios da materialidade, da solidez, da concretização, da frutificação e da prosperidade.

Como potência do mundo manifestado, esse naipe que trata das estruturas da vida material e de tudo o que a ela se relaciona, também trata da nossa capacidade interior de firmeza, segurança e estabilidade. Nesse conjunto de Arcanos Menores, encontramos tudo o que traz sustentação à nossa vida neste plano: o corpo físico, o lar, as finanças, a carreira e os projetos pessoais significativos.

Ele se refere à nossa capacidade de produzir, mas também de prover e sustentar. Por isso, os movimentos indicados pelas cartas do naipe de Ouros nem sempre são tão rápidos como gostaríamos; afinal, para construir fundações sólidas, é preciso muito esforço, labor e paciência.

Nos domínios desse elemento, aprendemos a respeitar o ritmo natural de todas as coisas enquanto nos envolvemos ativamente para manifestar o que queremos. De modo mais específico, esse arcano também pode representar nosso corpo, os prazeres sensoriais, a rotina e a saúde de modo geral.

Em nível mais profundo, o elemento Terra nos coloca em contato com nossas raízes, a ancestralidade, as origens e os valores que servem como chão firme para nossas ações. Por representar o princípio da forma, o elemento Terra também está ligado ao reconhecimento dos limites e das possibilidades concretas. Como nenhum outro naipe, o de Ouros é capaz de centrar nossa consciência no aqui e no agora e nos apresentar as ferramentas para construir o presente e o futuro.

Também faz parte da natureza da Terra produzir e florescer e, portanto, entre as lições desse naipe, estão a generosidade de compartilhar nossas conquistas e a responsabilidade de fornecer o necessário para todos aqueles que dependem de nós.

Como princípio da manifestação, esse também é o elemento das causas e consequências, da colheita e da retribuição, na devida medida, de nossos esforços.

Vivenciar positivamente o naipe de Ouros significa encontrar nosso lugar no mundo de maneira equilibrada e satisfatória. Conscientes de nossas habilidades e capacidades, trabalhamos não apenas para a realização das metas pessoais, mas também para o bem-estar coletivo. Somos capazes de obter os recursos necessários tanto para nossa própria sobrevivência quanto para nossa felicidade. O naipe de Ouros diz respeito, ainda, a nossos bens materiais e aos prazeres e desafios deles advindos.

Esse naipe nos inspira na busca pela plenitude e pela expressão de nossos potenciais internos, de nosso corpo e do contato com a realidade. Assim como uma semente plantada no solo guarda em si a imagem de sua máxima realização, esse conjunto de Arcanos Menores nos conduz ao desenvolvimento e ao aperfeiçoamento de nosso ser no plano material, ensinando-nos que a vida externa deve refletir nosso estado de espírito interno.

Com ele também aprendemos a nutrir e a cultivar, pois só podem florescer os projetos e objetivos devidamente cuidados de maneira estável e constante. O elemento Terra nos ensina que, assim como um jardim, os objetivos concretos da vida só poderão ser alcançados se nos esforçarmos ativamente para fornecer a eles os nutrientes adequados para seu desenvolvimento.

Por fim, em nossa personalidade, o naipe de Ouros pode indicar a presença de persistência, determinação, responsabilidade, praticidade e objetividade. Descreve pessoas diretas, orientadas por suas metas, com visão de futuro e senso de planejamento e comprometimento. Do ponto de vista negativo, pode representar a inércia, a preguiça, o comodismo, o conformismo, a teimosia, o apego, a avareza, a ganância e o egoísmo.

## A função Sensação

Pela relação com o elemento Terra, o naipe de Ouros está associado à *sensação* na teoria dos tipos psicológicos de Carl G. Jung. Essa função diz respeito à nossa capacidade de captar informações e perceber a realidade ao nosso redor por meio da sensorialidade do nosso próprio corpo e dos cinco sentidos.

Essa é a função da percepção prática, objetiva e direta da realidade e está em oposição à função *intuição*, correspondente ao naipe de Paus. Ambas constituem o chamado "eixo da percepção", que representa o contraste entre uma relação concreta ou abstrata com o mundo. Por isso, quem tem a *sensação* como função primária terá a *intuição* como função psicológica menos desenvolvida.

A *sensação* é uma função objetiva, que age pelo contato direto entre o corpo e o ambiente. É orientada para os toques, as texturas, os aromas, os sabores e as imagens que capta ao redor. Isso faz com que haja tendência a um pensamento mais imediato, concreto e objetivo, e as pessoas cuja personalidade é dirigida pela função *sensação* são naturalmente observadoras e bastante atentas aos detalhes. Como sua atenção está voltada para a realidade palpável, costumam ser boas organizadoras e estruturadoras, com um raciocínio prático que se expressa no planejamento de etapas claras e ordenadas para realizar suas tarefas.

# A imagem arquetípica do naipe de Ouros

De maneira mais imediata, a imagem arquetípica que se manifesta no naipe de Ouros é a das moedas, dos investimentos e das trocas. Símbolo da justa recompensa por nosso trabalho, representa a retribuição por nossos esforços e nossa capacidade de prover a sobrevivência, já que há séculos o dinheiro é a moeda de troca fundamental e mais valiosa para a sociedade. Por isso, podemos dizer que os temas tratados pelo naipe de Ouros serão sempre valiosos. Contudo, podemos ampliar esse simbolismo lembrando que a moeda é um produto humano, produzido com a matéria-prima do metal, encontrado no interior da terra: uma riqueza que permanece oculta sob o solo e só pode ser obtida pela ação direcionada ao mundo da matéria.

Na mitologia grega, as riquezas guardadas nas profundezas da terra ficavam sob os domínios e cuidados de Pluto, deus da prosperidade e da riqueza. Filho de Deméter, deusa da agricultura, e do mortal Iásio, seu nome significa literalmente *rico*, e ele distribuía fortuna e prosperidade.

De acordo com a lenda, Zeus, rei dos deuses, decidiu cegar Pluto para que ele não pudesse conceder suas bênçãos apenas entre os justos, honestos e merecedores. Pluto passou, então, a vagar pela terra trajado em farrapos, distribuindo as dádivas da riqueza indistintamente entre os seres humanos, nem sempre dignos de obter seu auxílio. Seu maior desejo era recuperar a visão para que pudesse enxergar os nobres de espírito mais uma vez. Destituído da função original de distribuir riquezas apenas aos dignos, o mito de Pluto nos mostra que a relação doentia e desequilibrada do ser humano com as posses materiais não é novidade, pois data de tempos mais antigos.

Prosseguindo em nossa viagem simbólica, também devemos nos lembrar de que o próprio nome desse naipe faz alusão ao ouro. Mais do que representar a riqueza material, esse metal também simboliza a riqueza interior, manifestada como potencial elevado em nossa personalidade. A antiga arte da alquimia, que buscava transformar chumbo em ouro, nada mais era do que uma projeção externa dos processos psicológicos, capazes de transformar a alma bruta em ouro espiritual, elevando a consciência.

Dessa forma, o ouro representa não apenas o sucesso material, mas também a nobreza de caráter e a iluminação do espírito. Na própria mitologia, as referências e relações entre o ouro e a divindade são muitas. A deusa

Hera, senhora do lar, da família e do casamento, tinha em seu pomar uma macieira, cujos frutos eram dourados e podiam conceder a imortalidade, ou seja, elevar o ser humano à posição de divindade.

Em contraste com o simbolismo elevado desse metal nobre, temos a narrativa do rei Midas, amaldiçoado por sua ganância.

A história de Midas nos conta que o deus Dioniso decidiu conceder-lhe um desejo, e o rei pediu que tudo o que tocasse se transformasse em ouro. Inicialmente, Midas ficou muito feliz com o novo poder, que lhe garantiria fortuna inestimável. Porém, logo sofreu as consequências de seu desejo mesquinho: não podia comer nem beber, pois todos os alimentos que tocava se transformavam em objetos de ouro. O mesmo acontecia se tocasse outra pessoa. O ápice de seu infortúnio ocorreu quando transformou a própria filha em estátua dourada. Por fim, clamou aos deuses por misericórdia e perdeu seu toque mágico.

Nessa narrativa, vemos o aspecto sombrio contido na energia do naipe de Ouros, não mais orientado a um propósito interior, mas puramente ganancioso, ensinando-nos que a mera posse material não é suficiente para a verdadeira realização do ser.

Há ainda outros símbolos importantes que devem ser considerados quando tratamos da imagem arquetípica desse naipe: a imagem do metal oculto no interior da terra remete ao simbolismo do grão e da semente que germinam em contato direto com o solo do mundo material. Depois de germinar, a semente deve criar fortes raízes, e seu crescimento só pode ser impulsionado se antes ela for capaz de estabelecer estruturas seguras dentro da terra. Vemos ainda no reino vegetal um princípio intimamente relacionado ao potencial do naipe de Ouros: a capacidade de absorver energia e transformá-la em alimento, ou seja, de materializá-la. Antes que as moedas pudessem ser forjadas, os grãos da colheita representavam prosperidade e abundância. Por isso, em diversas mitologias, as divindades da riqueza estão sempre ligadas à fertilidade da terra e ao alimento.

Isso nos leva à figura de Deméter, deusa da terra cultivada que concedeu aos gregos o conhecimento sobre a agricultura e os ritos religiosos de iniciação em seus mistérios. Encontramos aqui a manifestação mais abrangente do potencial do naipe de Ouros, que fornece alimento e sustentação tanto para o corpo quanto para o espírito.

# CARTAS NUMERADAS

## Ás de Ouros

| NÚMERO | ELEMENTO |
|---|---|
| 1<br>Potencial | TERRA<br>Iniciativa |
| *Objetivo.* A possibilidade de novas conquistas materiais e concretas. ||

**Ideia central:** inícios materiais ou concretos, oportunidades sólidas, realização, boa sorte, ganhos, prosperidade, conquista, merecimento, recompensas, ofertas, lucros, felicidade, promoção e fortuna.

## Significados

A primeira carta do naipe de Ouros indica nova possibilidade de realização, que carrega em si o potencial da plenitude. Ao surgir em uma leitura, esse Ás pode indicar uma nova oportunidade profissional, o início de um novo projeto ou uma situação positiva com grandes chances de se consolidar. Esse arcano traz as bases sólidas sobre as quais poderemos construir nossos objetivos e projetos. Também simboliza a determinação e a firmeza de propósito necessárias para a realização de um objetivo. Além disso, pode representar o surgimento de oportunidades inesperadas que nos conduzirão por caminhos bastante significativos; por isso, também é uma carta que anuncia um momento de boa sorte.

De resto, o Ás de Ouros pode significar prosperidade material e financeira, crescimento no trabalho, recompensas e ganhos inesperados. Quando nos deparamos com esse arcano, estamos diante da possibilidade de uma nova aventura em direção à realização pessoal de nossa vontade e verdade interior. Movidos por grande entusiasmo, sentimos necessidade de nos expressar e transformar esse impulso em atitude e ação. Mas tudo isso vem com um alerta: é preciso cuidado para que todo esse impulso não seja momentâneo e passageiro.

## Simbologia

| | |
|---|---|
| A MOEDA | Representa o potencial da riqueza, tanto externa quanto interna. A semente da prosperidade que espera para germinar. Seu formato circular e os padrões marcados nela trazem o potencial da totalidade da vida expresso pela mandala. Tanto sua cor dourada quanto o brilho que dela se projeta expressam seu potencial expansivo, enquanto a cor castanha de seu centro e das bordas indicam o amadurecimento material. Também parece dar vigor à paisagem, como o sol que dá vida à Terra, fornecendo os recursos necessários para que a vida possa existir. |
| OS PINHEIROS | Como árvore que nunca perde as folhas, é um símbolo masculino de resistência, perseverança e força interior. Seu formato triangular indica que há um alinhamento entre o plano físico e o superior. |
| AS FLORES | Trazem a fertilidade da terra e seu poder reprodutor, ou seja, expansivo. Símbolo feminino da beleza, da regeneração e dos novos inícios. |
| O CAMINHO | Simboliza as novas possibilidades, que se tornam concretas e disponíveis. |
| A COLINA | Ao fim do caminho, indica a possibilidade de consolidação e concretização de nossos planos e projetos a longo prazo e a criação de estruturas firmes. |

## Despertar interior

Diante do Ás de Ouros, devemos nos conscientizar do que desejamos construir de maneira objetiva e concreta. Por nos colocar em contato com nosso potencial criativo e realizador, essa carta nos convoca a executar nossos planos de maneira prática e a vislumbrar o resultado desejado para que, a partir dele, possamos fazer as escolhas apropriadas no momento presente. Como o primeiro dos Arcanos Menores do naipe de Ouros, que traz a firmeza e a solidez do elemento Terra, o Ás nos conscientiza de nossas habilidades e das ferramentas, possibilidades e oportunidades que temos à disposição para dar substância aos nossos objetivos.

Esse é o momento de visualizar as fundações bases sobre as quais construiremos os alicerces de nossas metas. Por isso, temos de ser realistas ao avaliar nossos recursos para podermos planejar com sabedoria e não nos perder em ilusões. O Ás de Ouros nos incentiva a colocar os pés no chão, em contato com a terra firme, para que possamos fazer as melhores escolhas e aproveitar as oportunidades que a vida nos oferece.

# Dois de Ouros

| NÚMERO | ELEMENTO |
|---|---|
| 2<br>Dualidade | TERRA<br>Solidez |
| *Instabilidade.* A dificuldade em manter um foco preciso. ||

**Ideia central:** dificuldades passageiras; mau uso de recursos; necessidade de cautela com uma situação; flexibilidade e leveza; oscilações; mudanças; foco dividido; busca por equilíbrio.

## Significados

O Dois de Ouros sugere que nossa atenção e energia estão divididas entre dois propósitos, objetivos ou projetos, e que precisamos encontrar a maneira apropriada para equilibrar ambas as situações. Pode indicar tanto um momento da vida em que é preciso gerenciar múltiplas atividades quanto a necessidade de estabelecer prioridades e concentrar mais atenção em uma delas. Por tratar da instabilidade no plano material, essa carta nos recomenda cautela com o uso do dinheiro e de nossos recursos, a fim de evitarmos riscos desnecessários. Também pode sugerir mais seriedade no modo de gerenciar a vida financeira. Em situações de muita rigidez, o Dois de Ouros aconselha mais flexibilidade e capacidade de adaptação a novas situações.

O grande conselho desse arcano é a organização. Devemos tentar empregar nossa energia de maneira concreta para evitar desperdiçá-la. Esse é o momento de usar nossos recursos ou de assumir compromissos com cautela e prudência, pois indica um tempo de incertezas e falta de segurança. Por fim, a dualidade desse arcano pode sugerir que temos nos esforçado para manter separados dois aspectos da vida.

## Simbologia

| | |
|---|---|
| **DUAS MOEDAS** | Nas mãos do equilibrista, uma se eleva em direção ao céu, e a outra aponta para a terra firme abaixo dele, em simetria com seus pés. Esse gesto representa tanto a divisão interior, que exige esforço para se sustentar, quanto a possibilidade de unificação, contida de maneira potencial nesse Arcano Menor. |
| **O HOMEM** | O equilibrista carrega ambas as moedas e eleva um dos pés, indicando que não está completamente ancorado neste plano. As estruturas ainda não são sólidas o bastante. Sua camiseta alaranjada mostra que ele tem energia disponível para sustentar as moedas, mas revela a constante dificuldade em mantê-las em equilíbrio, o que também se reflete em seu chapéu desalinhado, cujas esferas representam a multiplicidade de pensamentos e possibilidades. |
| **A PAISAGEM** | As montanhas parecem indicar obstáculos e trazem o movimento dual, ascendente e descendente, representado pelo equilibrista, simbolizando a instabilidade do solo e suas irregularidades. Também vemos poucos arbustos nas extremidades da paisagem, o que, mais uma vez, revela a falta de conexão entre as diferentes partes. A terra ainda não é plenamente fértil. |

## Despertar interior

Do ponto de vista interior, o Dois de Ouros pergunta em que áreas da vida ou com quais objetivos desejamos nos envolver mais ativamente. Por sugerir momentos de mudança e instabilidade, essa carta pede que avaliemos com cautela quais são nossas verdadeiras prioridades, pois só assim seremos capazes de prosseguir pelos arcanos do naipe até chegarmos à concretização de nossos projetos. Esse também é o momento apropriado para perceber se estamos perdendo tempo, dinheiro, atenção ou energia em projetos ou situações que não trarão os resultados esperados.

Além disso, o Dois de Ouros pode simbolizar nossa tendência a fazer muitas coisas ao mesmo tempo, o que revela sobrecarga ou excesso de responsabilidades. Por isso, também devemos nos conscientizar de nossas limitações e saber quando pedir ajuda, impor limites ou dizer não em certas situações. O número 2 sempre traz lições de diferenciação, discernimento e separação, e para que possamos alcançar o potencial contido no naipe de Ouros esse arcano nos ensina a utilizar, de maneira apropriada, todos os recursos à nossa disposição.

# Três de Ouros

| NÚMERO | ELEMENTO |
|---|---|
| 3<br>Criatividade | TERRA<br>Manifestação |
| *Colaboração.* Boas oportunidades construídas pela coletividade e/ou por parcerias. ||

**Ideia central:** propostas, bons acordos, negociação, emprego, construção, melhora, positivismo, situação agradável, máximo desempenho e parcerias.

## Significados

Diante deste arcano, nossos projetos e objetivos começam a tomar forma concreta. O Três de Ouros é uma carta de execução e ação. Com ela, colocamos nosso melhor potencial a serviço de determinado propósito e encontramos pessoas que compartilham dos mesmos ideais. Como carta que trata de relações e coletividade, pode indicar acordos, propostas favoráveis e todo tipo de oportunidade que envolva o contato com terceiros. É um anúncio de conquistas positivas e de associações frutíferas e prósperas, quando múltiplas habilidades se reúnem em torno de um objetivo comum.

O Três de Ouros é um arcano de esforços coletivos; por isso, também é um lembrete de que nada pode ser conquistado em isolamento. Essa carta nos aconselha a procurar as pessoas que compartilham de objetivos similares aos nossos e sugere que a realização de nossos desejos será mais eficaz por meio do trabalho em equipe. Caso tenhamos iniciado uma nova atividade em grupo, essa carta significa que há na colaboração um grande potencial realizador e que devemos nos apoiar nessa sinergia para continuar crescendo e avançando.

## Simbologia

| | |
|---|---|
| **AS TRÊS MOEDAS** | Alinhadas em plano diagonal, representam a descida do potencial para a manifestação, o equilíbrio e o alinhamento das forças em atuação. A congregação dos esforços para um objetivo comum. |
| **AS TRÊS PESSOAS** | A presença de duas mulheres na cena nos indica o potencial gregário e unificador presente nesse arcano. Elas seguram a moeda abaixo da cintura, o que mostra tendência à praticidade e ao pensamento objetivo. No centro da imagem, as mãos do homem e da mulher se encontram, e ela entrega a ele um papel escrito, símbolo do compromisso, das promessas, da parceria e da união. |
| **O SOL** | No topo da imagem, vemos o sol irradiando luz e brilho para a cena. Com formato e cor semelhantes aos das três moedas, indica que seu potencial já pode se manifestar no plano físico, que reflete seu equilíbrio e sua vitalidade. |
| **A PAISAGEM** | O solo coberto de verde representa a fertilidade e o potencial que, oculto sob a superfície, começa a se manifestar. As flores em primeiro plano relevam sua capacidade de expansão e o início da manifestação positiva desse naipe. |

## Despertar interior

Após atravessarmos a dualidade do arcano anterior e desenvolvermos a capacidade de discernimento, é chegado o momento de reconhecermos nossos talentos e habilidades e aplicá-los de maneira objetiva e em conjunto com outras pessoas. Como arcano associado às boas oportunidades e aos estágios iniciais de um projeto, o Três de Ouros nos ensina que trabalhar em equipe, muitas vezes, é fundamental para que os planos possam ser bem-sucedidos. Todo arcano Três indica potencial criativo, e no naipe de Ouros devemos reconhecer esse potencial não apenas em nós mesmos, mas também nos outros. Quando a criatividade é trazida ao plano material, ela se manifesta como imensa diversidade de habilidades e capacidades que se expressam em diferentes pessoas. No Três de Ouros, devemos reunir todos esses talentos para uma criação coletiva.

Como arcano que trata de trabalho em grupo e de esforços coletivos, diante do Três de Ouros devemos voltar nosso olhar para as relações, as parcerias e os contatos e, assim, perceber como cada pessoa pode colaborar de maneira única. Diante dessa carta, devemos refletir sobre como os grupos aos quais pertencemos colaboram com nosso crescimento e com o que estamos construindo juntos.

# Quatro de Ouros

| NÚMERO | ELEMENTO |
|---|---|
| 4<br>Fixação | TERRA<br>Forma |
| *Rigidez*. Atitude inflexível e postura não aberta a mudanças. ||

**Ideia central:** apego, egoísmo, conservadorismo, futilidade, mesquinharia, avareza, atitude materialista, pouco dinheiro, falta de ação e movimento, ideias fixas, cuidados com a saúde, ignorância, obsessão, vampirismo, aridez por culpa própria ou algo não confiável.

## Significados

O significado desse arcano é expresso pela noção de paralisação. Não há movimento nem dinamismo na situação analisada, o que limita seu desenvolvimento e seu progresso. Desse modo, o Quatro de Ouros pode indicar que as mudanças desejadas levarão tempo para acontecer, pois é preciso vencer as forças da resistência. Devemos nos conscientizar das barreiras e dos obstáculos internos e externos para realizar nossos objetivos.

Ao representar uma pessoa, indica atitude possessiva, controladora, rígida, inflexível, teimosa, apegada e conservadora. Também pode evidenciar as relações sustentadas apenas por interesses práticos, materiais ou financeiros e sugerir excesso de materialismo.

Já quando surge como conselho, esse arcano nos recomenda comedimento e cautela: é preciso ir devagar e evitar agir de maneira impulsiva. Também significa que esse é o momento de preservar os recursos, guardar dinheiro, tomar cuidado com as finanças ou a saúde. Não é hora de passar por grandes mudanças; é melhor permanecer em ambientes seguros e evitar correr riscos. A estabilidade deve ser preservada. Além disso, pode indicar que estamos analisando a situação de um ponto de vista puramente materialista, sem considerar os outros aspectos envolvidos na questão.

## Simbologia

| | |
|---|---|
| **QUATRO MOEDAS** | O número 4 representa a materialidade e a estabilidade. Três moedas estão em poder do homem, enquanto a última se encontra acima de sua cabeça, como se o mantivesse em posição rígida. |
| **O HOMEM** | Sentado em postura inerte, ele faz com que duas moedas fiquem sob seus pés, indicando o aprisionamento à matéria e a fixação material. As mãos cruzadas sobre o coração trazem outra moeda, representando o apego em nível emocional, que torna suas emoções rígidas e fechadas. Sobre a cabeça, traz o peso da quarta moeda, indicando a opressão em nível mental e a fixação das ideias e dos pensamentos no plano da materialidade. Sua expressão é rígida e infeliz. |
| **O ASSENTO** | Encontra-se em uma superfície quadrada, figura geométrica que representa a materialidade e cuja cor acinzentada indica a ausência de energia vital. Esse é um assento artificial, desconectado do verdadeiro poder fértil que vem da terra. |
| **O SOLO** | Estéril, o solo ao redor do homem é uma projeção de seu estado interior. O potencial fértil da terra permanece aprisionado sob o solo e não pode se manifestar. Representa a estagnação provocada pelo apego, mostrando-nos que é preciso haver fluxo para que a potência do naipe possa se manifestar. |
| **AS CASAS** | Ao fundo da cena, vemos casas e árvores, indicando que o homem está afastado tanto do seu potencial criativo quanto da verdadeira possibilidade de construir bases sólidas e seguras. Distante delas, ele permanece exposto às intempéries do ambiente. |

## Despertar interior

O Quatro de Ouros nos convida a refletir sobre nossa relação com o mundo material, as posses, o dinheiro e as conquistas práticas e concretas. O tempo em que vivemos mede o sucesso e até a felicidade das pessoas pelo que têm, não pelo que são. O acúmulo de bens e recursos, o consumismo exagerado e a necessidade de possuir cada vez mais são ideias que causam grandes impactos sobre a maneira como somos vistos não apenas pelos outros, mas também por nós mesmos.

O número 4 faz referência ao mundo físico, e o naipe de Ouros, associado ao elemento Terra, também trata do que é concreto. Por isso, esse arcano simboliza o aprisionamento na realidade material que nos impede de experimentar os planos mental, emocional e espiritual.

Além disso, do ponto de vista interior, somos chamados a perceber todos os temas, as ideias e situações nas quais nos mostramos obstinados, inflexíveis e avessos a mudanças. Será que agimos de maneira excessivamente conservadora ou até retrógrada? Para que seja fértil e permita o surgimento da vida, o solo precisa renovar seus recursos e nutrientes. Tudo o que permanece parado se torna estéril; por isso, devemos avaliar as áreas da vida que precisam de movimento para que possamos continuar nosso processo de crescimento e desenvolvimento interior.

# Cinco de Ouros

| NÚMERO | ELEMENTO |
|---|---|
| 5<br>Conflito | TERRA<br>Estabilidade |
| *Precariedade*. Rompimento de uma estrutura sólida. ||

**Ideia central:** mensagem desfavorável; pouco para dar e receber; ausência de troca; perdas materiais; mau agouro; situação precária e miséria; falta; investimentos malsucedidos; adversidade.

## Significados

O Cinco de Ouros indica o rompimento de uma situação que antes era estável, fixa ou segura. Por isso, simboliza todo tipo de perda relacionado à vida material. Pode simbolizar uma fase financeira desfavorável, a perda da fonte de renda ou qualquer outra condição semelhante. A palavra-chave para compreender esse arcano é "escassez". Representa os momentos de necessidade e aridez, nos quais os recursos necessários estão ausentes, ou, ainda, as situações difíceis em que nos sentimos sozinhos ou abandonados. Também pode sugerir que precisamos dar mais atenção ao corpo e à saúde. Internamente, sugere atitude pessimista e sentimento de vazio.

Esse arcano aparece para nos prevenir de situações de precariedade ou indicar que os recursos necessários não estão mais disponíveis. Além disso, pode evidenciar uma situação de isolamento, em que necessitamos da ajuda de outras pessoas, mas somos privados de qualquer forma de assistência. Há um empobrecimento nas possibilidades e falta de perspectiva ou de alternativas na situação analisada.

## Simbologia

| | |
|---|---|
| **CINCO MOEDAS** | Abandonadas no chão, quebradas e sem brilho, indicam a falta de recursos e o embotamento da potência criativa. Potencial desperdiçado. Recursos esgotados. |
| **A MULHER** | As cores de suas vestes e do seu cabelo indicam o empobrecimento interior. Ela se afasta das moedas, abandonando o antigo potencial que agora está esgotado. Sua feição indica tristeza e arrependimento. Em postura defensiva, ela enfrenta as adversidades da paisagem ameaçadora sem nenhum tipo de proteção. |
| **A CHUVA** | O infortúnio, os desafios, as forças de oposição. A ventania indica a instabilidade e a força caótica que agem sobre a personagem retratada na carta. |
| **A PAISAGEM** | Terra e céu acinzentados apontam para a falta de vitalidade, a ausência de vida e o recolhimento do potencial criativo, que não encontra caminhos para a manifestação. Representa o estado interior de desolação e a falta de recursos internos para lidar com as dificuldades. |

## Despertar interior

Quando nos vemos sozinhos em momentos de grande necessidade, há uma difícil lição a ser aprendida: reconhecer a própria responsabilidade. É verdade que nem todos os infortúnios que acontecem em nossa vida são provocados por nossas atitudes ou escolhas, mas sempre podemos escolher como reagimos a eles. Diante do Cinco de Ouros, experimentamos as privações, a precariedade e a falta de perspectiva: estamos sozinhos e não podemos depender de mais ninguém para encontrarmos a saída para essa situação.

Se não há possibilidades do lado de fora, então devemos nos voltar para dentro. São nos momentos de grande necessidade que podemos entrar em contato com nossa força e encontrar em nosso interior as ferramentas necessárias para superar os desafios. Esse arcano nos diz que nem sempre devemos esperar que o socorro venha de terceiros, pois nossa atitude deve ser fator de transformação. Todos nós passaremos por diversos momentos de crise ao longo da vida, e eles são oportunidades de crescimento e desenvolvimento.

Quando vivenciamos a precariedade do Cinco de Ouros, devemos perceber de que maneira contribuímos para que essa situação se estabelecesse e, assim, aprender com nossos erros e atitudes para que isso não se repita. Esse arcano também indica a necessidade urgente de mudança, pois os velhos métodos e caminhos já não servem. Por isso, devemos nos perguntar quais são as modificações necessárias e nos envolver ativamente para realizá-las, assumindo não apenas a responsabilidade, mas também o poder sobre nossa vida e nosso futuro.

## Seis de Ouros

| NÚMERO | ELEMENTO |
|---|---|
| 6<br>Reparação | TERRA<br>Escassez |
| *Polarização*. Posições financeiras ou materiais diferentes. ||

**Ideia central:** desigualdade; receber e dar esmolas; migalhas; ajuda por pena; vitimização em alguma circunstância; ação e reação.

## Significados

O Seis de Ouros representa a situação de uma pessoa próspera que compartilha um pouco do que tem com alguém em dificuldades. Por isso, esse arcano evidencia a desigualdade em determinada situação. Pode simbolizar relações desequilibradas e baseadas na compaixão ou um estado de profunda dependência. Essa carta indica ainda que há um desequilíbrio na questão avaliada e nos inspira a agir de maneira justa, pois está relacionada à lei da ação e reação, aos resultados e às recompensas de nossos esforços, bem como às consequências de nossas ações. É preciso agir de forma justa para não ter de enfrentar perdas no futuro.

Esse arcano sugere que confiamos demais na assistência de outras pessoas para conseguirmos o que desejamos ou o oposto, ou seja, que estamos doando demais e recebendo pouco em troca. Ao surgir em uma leitura, é preciso identificar em que lado da situação nos encontramos e que tipo de desequilíbrio é apontado pela carta. Finalmente, ela pode revelar que nos contentamos com pouco e limitamos nosso potencial.

## Simbologia

| | |
|---|---|
| **SEIS MOEDAS** | As quatro moedas nos bolsos da figura central indicam a estabilização e a estrutura material. As duas moedas entregues aos jovens, cada um de um lado da carta, representam tanto o compartilhamento do potencial criativo quanto a restauração do equilíbrio, já que há um número igual de moedas de cada lado da imagem. |
| **AS TRÊS PESSOAS** | Mais uma vez, simbolizam o potencial agregador, mas, desta vez, representadas pelo encontro dos opostos: uma das pessoas tem muitos recursos, enquanto as outras duas precisam de seu auxílio. Representam o potencial estruturante e restaurador presente nesse arcano, onde as faltas e as necessidades podem ser reparadas. |
| **A BALANÇA** | Presença de equilíbrio dentro e fora, unificação dos opostos, ação justa, retribuição apropriada. |
| **A PAISAGEM** | O céu se torna azul novamente, trazendo vitalidade à cena, que pode ser notada no verde ao fundo da paisagem, em contraste com a terra seca aos pés dos personagens. Mostra o retorno do potencial criativo. |

## Despertar interior

Quanto de nosso sucesso e de nossa felicidade depende de outras pessoas? Quanto de nossas expectativas é projetado nos outros? Vale a pena fazer essas perguntas diante do Seis de Ouros. Quando essa carta surge para orientar nosso percurso de desenvolvimento, devemos nos conscientizar dos tipos de esmolas que estamos oferecendo ou aceitando. Temos de avaliar as motivações por trás de nossas ações para percebermos se nossos esforços são genuínos ou motivados por pena.

Além disso, é importante considerar se tendemos a nos colocar em posição naturalmente inferior a outras pessoas; se nos vitimizamos, deixando de assumir nossa responsabilidade em determinadas situações e esperando sempre que a ajuda e a mudança venham do lado de fora. Como essa carta evidencia as desigualdades, temos de refletir sobre se estamos atribuindo a terceiros responsabilidades que deveriam ser nossas ou tomando para nós as responsabilidades e os deveres alheios.

O Seis de Ouros representa a necessidade da busca por equilíbrio. Isso não significa que não podemos dar ou receber ajuda, mas é um alerta para as situações de dependência, que podem acabar se desenvolvendo ao longo desse processo.

## Sete de Ouros

| NÚMERO | ELEMENTO |
|---|---|
| 7<br>Avaliação | TERRA<br>Resultado |
| *Persistência*. É preciso grande esforço para transpor os obstáculos. ||

**Ideia central:** espera; necessidade de concentração; atenção e esforços concentrados em um objetivo concreto. Se você cumprir suas tarefas com dedicação, será recompensado. Essa carta mostra que ainda não há fartura, mas o suficiente para a sobrevivência.

## Significados

Esse arcano indica um período de avaliação dos nossos resultados até o momento. É preciso mudar os planos para obter resultados ainda mais satisfatórios no futuro. Os primeiros frutos de nossos esforços já podem ser vistos. Apesar de ainda não termos conquistado tudo o que desejamos, sentimos que estamos no caminho correto. O Sete de Ouros nos diz que, para realizarmos plenamente nossos objetivos, temos de contar com tempo, paciência, atenção, disciplina e foco. Esse é o momento de buscar aprimoramento para que o desenvolvimento possa continuar.

O Sete de Ouros também pode indicar um sentimento de frustração, pois nem tudo caminha na velocidade desejada. Esse é um arcano de lentidão, que pede que demos um passo para trás e avaliemos tanto nossa própria postura quanto os resultados já conquistados.

Ao aparecer em uma leitura, essa carta nos diz que temos trabalhado duro e nos esforçado, mas é preciso mais. Por isso, ela pode ser compreendida como obstáculos que precisam ser transpostos para a realização de nossos desejos tanto externos quanto internos. O Sete de Ouros nos aconselha a reservar um tempo para avaliar a situação e ser mais precisos em nossas ações e atitudes, sempre considerando os objetivos de longo prazo e sem perder de vista o resultado que queremos conquistar.

## Simbologia

| | |
|---|---|
| **SETE MOEDAS** | Seis delas estão dispostas em alinhamento vertical, à esquerda da imagem e presas a um arbusto verde, que indica o potencial criativo e a manifestação dessa energia. A sétima moeda está no chão, em posição horizontal, diante dos pés da mulher, e simboliza o potencial que ainda deverá se manifestar. |
| **A MULHER** | Em atitude de observação, ela contempla os resultados de seus esforços, indicando tendência avaliativa. Reconhece o que já foi capaz de produzir e avalia o que fará em seguida. A roupa avermelhada indica o impulso energético para continuar a manifestação. |
| **O ARBUSTO** | Concentra em si a vitalidade da terra, simbolizando a manifestação dos planos e projetos, bem como os resultados que podem ser obtidos por meio do esforço, do comprometimento e da dedicação. |

| | |
|---|---|
| **O RASTELO** | Símbolo do trabalho, do esforço e do envolvimento. Pode arar a terra e prepará-la para um novo plantio. Indica a ação concreta para manifestar o potencial contido na carta. |
| **A PAISAGEM** | A terra marrom nos revela que ela está preparada para fazer a vida florescer. Indica as boas estruturas e a presença de recursos para impulsionar o crescimento e o desenvolvimento, se houver paciência e esforço. |

## Despertar interior

Você tende a abandonar planos e projetos quando surgem dificuldades e obstáculos? O Sete de Ouros é um arcano que trata das conquistas de longo prazo. Ele nos ensina que devemos conseguir superar as frustrações ou a ansiedade do presente, tendo em vista as conquistas futuras. O valor por trás dessa lâmina é a persistência como a chave para o sucesso. Contudo, persistência não significa teimosia; ela é dinâmica. Por isso, o Sete de Ouros também nos ensina a manter um olhar crítico sobre nossos esforços, para que possamos sempre melhorar e mudar nossa maneira de agir, quando necessário.

Os obstáculos ou as pequenas derrotas são sempre parte de grandes conquistas. Essa carta revela um importante momento de crescimento e amadurecimento em nossa caminhada rumo ao sucesso. A única maneira de ter uma boa colheita é cuidar, nutrir, proteger e alimentar os brotos que crescem no solo. Se formos muito apressados, eles serão colhidos antes da hora, e todo esforço empregado anteriormente terá sido em vão. Por isso, diante do Sete de Ouros, também devemos desenvolver a paciência necessária para podermos enxergar o amadurecimento dos frutos da vida. A combinação entre tempo e esforço nos fará chegar aonde desejamos. É preciso ter em mente uma imagem clara dos resultados esperados e todos os dias dar um pequeno passo nessa direção.

# Oito de Ouros

| NÚMERO | ELEMENTO |
|:---:|:---:|
| 8<br>Aprofundamento | TERRA<br>Trabalho |
| *Dedicação.* Começamos a colher os frutos de nossos esforços. ||

**Ideia central:** ação para investimento com retorno; construção; ganhos; merecimento; melhora; alívio; autonomia; início da fortuna; acúmulo de riquezas pelos próprios esforços; habilidades e ações voluntárias.

## Significados

O Oito de Ouros é uma carta de foco. Com ela, eliminamos todas as distrações para nos concentrarmos apenas em nossos objetivos. Por representar a ação executada com precisão e cuidado, esse arcano indica o refinamento das nossas habilidades e capacidades colocadas a serviço de um propósito. Além disso, sugere um período em que nos mantemos completamente focados em um projeto e começamos a colher os resultados dessa dedicação. Essa carta simboliza o aprimoramento e o trabalho executado com o melhor de nosso potencial. Também significa que devemos nos envolver ativamente para modificar uma situação ou desenvolvê-la ao máximo.

Em uma leitura, pode simbolizar ganhos, resultados positivos, sucesso, reconhecimento, admiração e talento, mas nos lembra de que nada disso pode ser obtido com pouco esforço. O Oito de Ouros representa um momento de expansão, crescimento e desenvolvimento.

Ele nos revela que estamos próximos do resultado e, por isso, temos de investir toda nossa energia nos objetivos desejados. Como um arcano prático e concreto, mostra que esse é um momento de execução e conquista.

## Simbologia

| | |
|---|---|
| OITO MOEDAS | Seis delas estão armazenadas à direita, indicando esforços passados. Uma delas é trabalhada no centro da imagem e representa o esforço presente. A última está à esquerda, no chão, esperando para ser talhada, o que indica a potência futura que espera para se manifestar. Unidas, são um símbolo da produtividade e da perseverança. |
| A ESTANTE | A capacidade de armazenar os recursos e frutos do esforço. Sua forma vertical indica a elevação, o crescimento e a conexão entre a terra e o céu. Seus pés se elevam do solo, mostrando um estado interior com bases seguras no plano material, mas que pode se projetar para além dele. |
| O HOMEM | Representa a mente focada e orientada a um objetivo concreto. Concentrado, combina a serenidade do olhar observador com o esforço das mãos para dar forma à moeda diante de si, simbolizando sua capacidade de prover a si mesmo. |
| AS FERRAMENTAS | A habilidade de criar, mudar e transformar. A ação ativa, firme e focada. A manifestação do potencial criativo que dá forma física ao que antes foi imaginado. O refinamento do trabalho. São usadas com ambas as mãos, indicando a integração interior. |
| A MESA | Quadrada e com quatro pés, representa a firmeza, a estruturação e o trabalho realizado de maneira concreta sobre as bases consolidadas do plano físico. |
| AS CASAS | Sobre a montanha, afastadas do homem, indicam o afastamento de todo tipo de distração, mas também sua ligação com estruturas sólidas e firmes. |

## Despertar interior

Como arcano que surge para orientar nosso desenvolvimento interior, o Oito de Ouros sugere que avaliemos não apenas a quantidade de esforço que colocamos em nossos objetivos, mas principalmente sua qualidade. Essa carta representa o trabalho do artesão, que precisa combinar tanto a força quanto a destreza, a precisão e a delicadeza. O Oito de Ouros é símbolo de tudo o que pode ser criado no mundo por nossas mãos; por isso, diante dele, temos de refletir sobre o que de fato cultivamos em nossa vida e no mundo. Onde concentramos nossa atenção? Qual é o nosso foco? Tudo aquilo em que colocamos nossa energia cresce – tanto o que é bom quanto o que é ruim. É hora de avaliarmos o que temos nutrido e alimentado.

Outro aspecto importante dessa lâmina é que ela representa o ato voluntário e ativo de criar e dar forma aos nossos sonhos. Esta é uma sabedoria que podemos transpor para os momentos de crise e dificuldade: é melhor nos empenharmos para criar soluções, pensando no futuro desejado, do que nos fixarmos mental ou emocionalmente em um problema. O Oito de Ouros é uma carta de inconformismo e nos lembra de que temos o poder de modificar a realidade se não estivermos felizes ou satisfeitos com ela. Devemos nos apropriar de nosso potencial criativo e colocá-lo em prática, transformando o que precisa mudar dentro e fora de nós.

# Nove de Ouros

| NÚMERO | ELEMENTO |
|---|---|
| 9<br>Plenitude | TERRA<br>Abundante |
| *Sucesso.* As intenções e os desejos se consolidam e se manifestam. ||

**Ideia central:** realização; obtenção de algo desejado; estabilidade material; destaque; generosidade; boa saúde; despojamento; investimentos importantes que renderão lucros; projeção; avanço e prazer.

## Significados

O Nove de Ouros indica o sucesso e a realização pessoal após um grande período de esforço e dedicação. Esta carta representa posição de independência e conquista, na qual nos sentimos autossuficientes, em estado de plenitude interior. Sugere estabilidade material e abundância, além de sofisticação, diplomacia, confiança e prestígio.

Quando surge em uma leitura, o Nove de Ouros anuncia posição de destaque, admiração e reconhecimento das outras pessoas, o que, inevitavelmente, pode nos levar a lidar com a inveja.

Além disso, há nessa lâmina uma ideia de prazer e autoestima. Devemos nos alegrar e celebrar nossas vitórias e conquistas sem falsas modéstias, reconhecendo e abraçando tudo o que consolidamos. O Nove de Ouros indica felicidade e mostra que estamos em equilíbrio com o ambiente à nossa volta, colhendo os melhores frutos da terra, obtidos graças a nossos esforços. Essa carta traz um sentimento de liberdade e poder pessoal, quando nos sentimos capazes de realizar tudo o que desejarmos.

Esse Arcano Menor comunica que temos tudo o que é necessário para atingir nossos objetivos. Só precisamos nutrir nossa confiança, sem medo de mobilizar todos os nossos recursos internos.

## Simbologia

| | |
|---|---|
| **NOVE MOEDAS** | Dispostas em ambos os lados da imagem e presas à videira, indicam a consolidação do potencial do naipe, que já rende frutos. |
| **A MULHER** | Representa a fertilidade da terra e a capacidade de manifestar fisicamente os próprios recursos. As vestes vermelhas, cor da vida e do estágio final do processo alquímico, *rubedo*, indicam o amadurecimento da consciência e sua soberania sobre o plano material. Além de simbolizarem o poder criativo da consciência, as flores em sua cabeça representam a capacidade de dar vida. Os cabelos castanhos representam o amadurecimento. Sobre o peito, traz o glifo de Júpiter, o que significa que ela é tanto regente quanto sacerdotisa nesta paisagem e é capaz de trazer florescimento e expansividade de um nível mais elevado de consciência. |
| **A VIDEIRA** | Símbolo da expansividade e do crescimento, seu fruto é considerado sagrado por diversas culturas e visto como veículo para união da consciência com o divino. O formato espiralado do caule remete aos processos de desenvolvimento da consciência, e a multiplicidade de seus frutos redondos de cor violeta, que representa a espiritualidade, revela a presença de uma infinidade de círculos, simbolizando o pleno desenvolvimento interior. |
| **A PAISAGEM** | Verdejante e equilibrada, indica o potencial manifesto do elemento Terra e a capacidade da consciência em prover a si mesma, encontrando-se em estado de equilíbrio, desenvolvimento e manifestação. |

## Despertar interior

Diante do Nove de Ouros, não devemos ter medo de assumir nosso poder pessoal. Esse arcano nos ensina a alcançar a soberania interior e nos convoca a nos tornarmos senhores de nossa vida. Por inspirar autonomia, essa carta nos convida a reconhecer nosso valor de maneira sóbria e equilibrada. Entretanto, também mostra a harmonia entre o pessoal e o coletivo, o interior e o exterior, e nos ensina que o verdadeiro poder não vem da dominação, mas da plenitude. Por meio das experiências passadas, representadas pelos Arcanos Menores anteriores do naipe de Ouros, conseguimos nos conscientizar de nossas capacidades e habilidades e somos confrontados com os desafios necessários ao nosso aprimoramento. Como resultado, obtivemos conquistas materiais, sucesso profissional e, sobretudo, o reconhecimento de nossas capacidades.

O Nove de Ouros representa não apenas um resultado, mas também um estado de espírito, no qual entramos em contato com o poder de criar e manifestar tudo o que desejamos, pois nos tornamos mestres na matéria externa do mundo manifestado e na matéria-prima do nosso espírito. Somos capazes de moldar a realidade exterior e interior.

Desse modo, somos capazes de nos tornar mestres de nós mesmos, desde que saibamos que esse caminho exige esforço, comprometimento, foco, trabalho árduo e dedicação – habilidades que aprendemos a desenvolver nos arcanos anteriores. Portanto, nossas conquistas materiais também expressarão nosso estado de espírito, e teremos plenitude dentro e fora de nós.

# Dez de Ouros

| NÚMERO | ELEMENTO |
|---|---|
| 10<br>Concretização | TERRA<br>Estrutura |
| *Legado.* As realizações e a prosperidade plena. ||

**Ideia central:** sucesso material; ponto máximo de realização; estabilidade; necessidade de buscar novos pontos de partida para conquistas futuras e riqueza. Heranças; recebimento de dinheiro; novidades a caminho e destino. Necessidade de não demonstrar e não ostentar. Em alguns casos, pode indicar um momento no qual alguém está observando o consulente.

## Significados

No último arcano numerado do naipe de Ouros, chegamos ao potencial máximo da realização – não apenas às conquistas pessoais e ao sucesso, mas também a tudo o que se consolida e pode ser transmitido como legado. Por isso, essa lâmina é conhecida como carta da família, do lar, das heranças, propriedades, posses e dos bens materiais. Indica que o trabalho chegou ao fim e que podemos desfrutar de todas as nossas conquistas. Anuncia um momento de estabilidade financeira, de realização profissional, de relacionamento duradouro ou mesmo de bases sólidas dos nossos projetos.

Como arcano repleto de generosidade, essa também é uma carta de doação e compartilhamento dos nossos ganhos. Pode representar alguém que assume o papel de provedor, capaz de fornecer recursos e sustento aos outros. É uma carta bastante auspiciosa, que nos aconselha a considerar os pontos mais seguros, a sabedoria dos mais velhos, nossas experiências passadas, a família e todo território onde nos sentimos protegidos e acolhidos. Nesse contexto, também pode indicar a necessidade de retorno às raízes. Como carta de preservação, pode nos aconselhar a guardar dinheiro e a usar nossos recursos com sabedoria e cautela.

## Simbologia

| | |
|---|---|
| **DEZ MOEDAS** | Quatro delas estão com o homem à direita, indicando sua posição segura e estável. Duas estão na parte superior e central da imagem e simbolizam o potencial integrador desse Arcano Menor. Quatro se elevam verticalmente à esquerda, indicando o crescimento e a criação de estruturas firmes. |
| **O CASTELO** | Além de ser o lar do rei, ou seja, da consciência elevada que há em nós, é o ponto de estabilidade e poder para o povo; por isso, representa o poder de manifestar e organizar e constitui o legado que será transmitido às próximas gerações. |

| | |
|---|---|
| O HOMEM | Mais velho, indica um estágio de maturidade da consciência que não só aprendeu com a experiência, mas também alcançou posição de prestígio e destaque. |
| O CÃO | A domesticação dos instintos e da potência interior que faz companhia e serve ao homem. Amizade, generosidade e lealdade. |
| AS CRIANÇAS | Na posição oposta ao homem e não completamente visíveis, são o futuro ao qual toda a estabilidade do reino será legada. Potencial da continuidade de tudo o que foi construído. Sobrevivência e permanência das obras. |
| O PORTAL | Símbolo da transição e da passagem, ou seja, da continuidade. Abertura para novos potenciais. Adornado com a videira, indica não apenas a consolidação do potencial do naipe e os frutos capazes de alimentar o povo, mas também a possibilidade de crescimento contínuo. |

## Despertar interior

Esse arcano representa as estruturas consolidadas em nossa vida e que se tornaram consistentes ao longo do tempo, como os bens materiais, o lar e a família, ou seja, as conquistas do passado. Ao nos conduzir por nosso desenvolvimento como seres humanos, o Dez de Ouros nos faz olhar para o futuro e nos pergunta sobre o legado que desejamos deixar para o mundo.

Se esse é um arcano de permanência, diante dele devemos contemplar as marcas de nosso esforço ao longo da vida e tudo o que transmitimos aos outros. O Dez de Ouros nos questiona sobre nosso projeto de vida, tanto do ponto de vista material e externo, representando o que queremos conquistar, quanto em sentido interno, ou seja, referente à grande obra que realizaremos e à nossa construção como seres humanos. Se o Nove de Ouros nos trouxe plenitude e autonomia, o Dez nos questiona sobre a satisfação. Você se sente satisfeito com a pessoa que é? O que ainda deve aprimorar e melhorar em si mesmo? Todos os Arcanos Menores de número 10 representam o fim de um ciclo; portanto, se você estivesse chegando ao fim do ciclo no plano material, estaria satisfeito com suas conquistas? Essas perguntas não precisam de respostas definitivas, mas podem nos colocar na direção certa para nossa realização pessoal.

Temas como carreira, família, lar, saúde e situação financeira, associados ao naipe de Ouros, devem expressar um estado de satisfação, como se fossem extensões de nossa riqueza interior. Por isso, ao contemplarmos o Dez de Ouros, temos de pensar no que nos falta para alcançar esse estado de paz interior com a vida e com tudo o que nela construímos ao longo do tempo.

# CARTAS DA CORTE

## Valete de Ouros

| CARTA DA CORTE | ELEMENTO |
|---|---|
| VALETE<br>Impulso | TERRA<br>Concretização |
| *Ambição.* A determinação para manifestar um novo projeto. ||

**Ideia central:** oportunidades de concretização imediata; habilidades latentes; ambição construtiva; início de algo promissor que trará frutos e colheita no futuro; boa saúde; prosperidade; aprendizado prático; curiosidade sensorial e generosidade.

## Significados

Primeira das cartas da corte, o Valete está relacionado ao fulgor original que nos traz o desejo de criar e manifestar algo novo. Indica que essa ainda é uma possibilidade muito incipiente, que exige esforço e dedicação, mas com grandes chances de ser bem-sucedida.

Cada Valete deseja obter o domínio sobre as temáticas do elemento de seu naipe; por isso, o Valete de Ouros é uma figura ambiciosa que, apesar de ter poucos recursos à disposição, deseja manifestar seu sucesso no mundo material, profissional e financeiro. Esta carta indica postura e atitude generosas, confiáveis, aplicadas, mas também sinceras e genuínas. Pode representar oportunidades ou novos projetos promissores, o envolvimento inicial com uma nova carreira ou os primeiros passos concretos para alcançar uma nova meta. Além disso, simboliza a necessidade de planejamento e pesquisa – é preciso sondar esse novo território para saber quais são suas reais possibilidades. É importante lembrar que a atitude desse Valete não é emocional nem apaixonada, mas voltada aos aspectos mais objetivos da realidade.

O Valete de Ouros age com praticidade e simplicidade, mas, por ser ainda muito jovem, falta-lhe a sabedoria que apenas a experiência pode conceder. Ele aprende e se desenvolve pela experiência direta. Cresce e amadurece mais com a prática do que com a teoria; por isso, ao aparecer em uma leitura, pode indicar a necessidade de maior envolvimento na situação analisada. Todo Valete é um alerta contra a ingenuidade e pede cuidado com as idealizações. Nesse caso, devemos estar atentos para perceber se o solo e as fundações nas quais estamos dando nossos primeiros passos são realmente tão firmes e sólidas quanto parecem.

## Simbologia

| | |
|---|---|
| O VALETE | Jovem, representa a possibilidade de recomeços, bem como uma atitude ingênua e pura. Tem expressão calma e serena, indicando positividade e otimismo. O chapéu com pluma representa a leveza, o movimento, a criatividade e a inspiração. Vestindo o verde da terra fértil, o vermelho cheio de energia potencial e o preto do solo escuro, traz em si o potencial criativo, capaz de se manifestar concretamente. |
| A MOEDA | Expectativas para o futuro, novas oportunidades, sonho, possibilidade de realização e presença de recursos iniciais para realizar os objetivos. |
| A PAISAGEM | Coberta de grama, com árvores e flores, é cheia de vitalidade, revelando a presença de muita energia e potencial na figura do Valete. |

## Despertar interior

Quando contemplamos a figura do Valete de Ouros, é para nossas metas e ambições que devemos voltar a atenção. Ele é o depositário de nossas motivações práticas, das aspirações profissionais e do êxito material que desejamos obter. É também o primeiro passo na jornada de amadurecimento por meio das figuras da corte no naipe de Ouros e surge para nos perguntar se realmente sabemos o que queremos. Sem um objetivo claro, concreto, realista e definido, é impossível empreender essa jornada. Por isso, diante dessa figura, é bastante apropriado perceber se conseguimos planejar nossas conquistas ou se, de alguma maneira, esperamos que elas simplesmente surjam diante de nós.

O naipe de Ouros, associado ao elemento Terra, também nos indaga se nossas expectativas são possíveis e reais ou se nos deixamos levar pelas fantasias e pela imaginação. Para que possamos avançar no sentido de nossos objetivos, é preciso pisar em terra firme, ou seja, devemos manter um olhar focado e claro sobre a realidade. Também temos de tomar cuidado com a falta de experiência prática sinalizada por esse arcano – em nossa busca pela independência e pela realização material, podemos acabar tendo certa dificuldade em perceber nossas limitações. Esse Valete nos diz que há um longo caminho pela frente.

Como símbolo do filho e da criança no universo material, ele representa todo potencial latente que ainda deverá se manifestar. É a promessa de tudo o que o naipe de Ouros significa: estabilidade, segurança, prosperidade e sucesso. Por isso, nos serve de inspiração para que entremos em contato com nossas habilidades e as utilizemos para modificar o mundo externo. Conhecer as ferramentas à nossa disposição é a primeira etapa para que isso possa ser feito.

## Cavaleiro de Ouros

| CARTA DA CORTE | ELEMENTO |
|---|---|
| CAVALEIRO<br>Progresso | TERRA<br>Objetivo |
| *Compromisso.* O movimento direcionado a um objetivo específico. ||

**Ideia central:** estabilidade; objetividade; pequenas oportunidades de ganhos; necessidade de manter o que já tem e não ousar; lentidão que gera resultados positivos; confiança e capacidade de manutenção de algo. Preservação e desejo de prosperar, porém ainda existe insegurança para novos investimentos.

## Significados

O Cavaleiro de Ouros tem relação com as conquistas pequenas e concretas do dia a dia. Cuidadoso e perfeccionista, está mais preocupado com a qualidade do resultado do que com a rapidez com a qual atingirá seu objetivo. Por isso, em uma leitura, representa o compromisso com uma causa, uma situação, uma pessoa ou uma oportunidade. Há nesse cavaleiro um senso de dever, e nada para ele é mais importante do que cumprir sua missão.

Ao surgir em uma tiragem, o Cavaleiro de Ouros nos aconselha a ter perseverança, paciência, coragem e obstinação, a dar um passo de cada vez e buscar maneiras sólidas e seguras de manifestar o que queremos. Também pode simbolizar a necessidade de levar a cabo o que se começa, sem abandonar os projetos no meio nem romper com compromissos e obrigações. Além disso, esse cavaleiro demonstra cautela, pois teme perder o que já possui; por isso, seus passos são milimetricamente calculados, e ele evita qualquer tipo de risco. O Cavaleiro de Ouros só viaja por estradas seguras.

Apesar da determinação, pode demonstrar certa rusticidade e dificuldade de expressar seus sentimentos, pois tem compreensão prática e objetiva de cada situação.

## Simbologia

| | |
|---|---|
| O CAVALEIRO | Determinado e otimista, usa uma echarpe amarela, representando as riquezas, a nobreza de espírito e as aspirações elevadas. Seus olhos verdes são o potencial de crescimento e estabilidade, e sua luva marrom indica a capacidade de manifestação. |
| A MOEDA | Elevada, são os ideais que motivam seu movimento e ação. A capacidade dinâmica de usar e aplicar os recursos para conseguir o que se deseja. |
| O CAVALO | Com olhar determinado, sua cor marrom nos diz que ele está orientado à manifestação concreta e objetiva. A sela dourada revela que ele é guiado pelas mesmas motivações do cavaleiro. |

## Despertar interior

Todo cavaleiro representa uma busca direcionada e está associado ao movimento. Já o naipe de Ouros revela a potencialidade do elemento Terra, relacionado à estabilidade, à forma fixa e à estrutura sólida. Combinando os dois princípios, podemos afirmar que o Cavaleiro de Ouros busca a totalidade e a realização máxima de seu ser no mundo manifestado, aplica de maneira prática o que sabe e se envolve direta e sensorialmente nas atividades que desempenha. É o movimento que flui na direção da estabilidade. A imagem do construtor é excelente para compreendermos a potência desse arcano: ele trabalha de forma árdua e prática, moldando sua matéria-prima, mas sempre tendo em vista uma imagem interna fixa, que deve ser alcançada e materializada.

Se com o Valete nos perguntamos sobre nossas verdadeiras intenções, com o Cavaleiro de Ouros é hora de nos comprometermos com essa causa e nos movimentarmos na direção correta, sem perder de vista nossa meta.

Esse cavaleiro tem de se esforçar para cumprir sua missão, vencer os impulsos inerciais e modificar a forma bruta e rígida do elemento Terra. Isso significa vencer os atributos desse elemento que impedem sua ação dinâmica: a preguiça, a fadiga e a paralisação. Esses obstáculos podem ser superados com a determinação e o comprometimento do cavaleiro.

Diante desse arcano, reflita sobre sua persistência e determinação. Talvez esse não seja o cavaleiro mais rápido, já que o elemento Terra não é móvel como os outros, mas uma de suas qualidades é o ritmo, e, embora seu movimento seja mais lento, ele é incessante e acontece em passos confortáveis e possíveis, fazendo com que o Cavaleiro de Ouros possa chegar muito longe, exatamente por nunca parar.

Seu movimento é cauteloso e preciso, e sua lição para nós são os pequenos passos dados dia após dia, que podem nos aproximar de qualquer conquista. De nada adianta vislumbrar um potencial distante e perfeito se não formos capazes de nos mover paulatinamente rumo à nossa meta.

# Rainha de Ouros

| CARTA DA CORTE | ELEMENTO |
|---|---|
| RAINHA<br>Contenção | TERRA<br>Posses |
| *Restrição*. Guardar e acumular o potencial criativo. ||

**Ideia central:** generosidade, tristeza, constrição, limitação, apego, desperdício de oportunidades, possessividade, desprazer, descontentamento, infelicidade, desconexão com o corpo, reavaliação de objetivos.

## Significados

A Rainha de Ouros representa o princípio da contenção e restrição da energia expressa pelo elemento Terra. Por isso, está associada a uma atitude de acúmulo, possessividade e dificuldade de compartilhar o que sente de fato. Apesar de agir com amabilidade, bondade e generosidade, sente-se infeliz, triste e frustrada porque remói as misérias que julga importantes. Precisa acreditar mais nos potenciais internos, nas habilidades e até mesmo resgatar a própria sensualidade. Esse arcano pode indicar atitude inflexível, não aberta a mudanças, e age de maneira exageradamente rígida.

Ao surgir em uma leitura, a Rainha de Ouros pode revelar frustração, tristeza, apego, ganância, perda de oportunidades, desinteresse, falta de prazer e infelicidade. Entretanto, de forma mais positiva, mostra a possibilidade de concretização e melhora, se houver disposição para mudar a situação. Seu princípio são a restrição e a insatisfação. A resistência precisa ser compreendida e superada para que o resultado possa ser favorável.

## Simbologia

| | |
|---|---|
| A RAINHA | O amadurecimento do potencial criativo, simbolizado pela presença da figura feminina que pode integrar, conter e controlar os recursos, dando a eles o direcionamento apropriado. O vestido vermelho cor de sangue lhe confere o poder e o controle sobre as forças da vida. A cor dourada está presente em sua coroa, em seu colar e na moeda que segura, três símbolos circulares que indicam não apenas sua soberania, mas também seu domínio sobre os ciclos. Ela é a guardiã da totalidade interna e externa. |
| O TRONO | Revela a posição de segurança, poder e autoridade da Rainha. A base quadrada é o mundo material manifestado sobre o qual ela repousa como a senhora da fertilidade. O prolongamento vertical de base arredondada indica os processos de elevação e declínio da vitalidade e o pilar capaz de conectar o céu e a terra. Sua cor representa a estabilidade do elemento Terra. |
| A MOEDA | Protegida no colo da Rainha, representa o potencial criativo guardado e preservado por essa figura, que precisa ser expandido para poder dar frutos. |
| A PAISAGEM | Com flores em ambos os lados do trono, a Rainha está em um campo fértil que expressa seu poder criativo e exuberante. |

## Despertar interior

Encarar a Rainha de Ouros nem sempre é tarefa fácil. Como princípio de contenção, ela indica que o potencial de realização e manifestação está represado. Para dar continuidade a seu fluxo, é preciso superar o que age como barreira na situação.

Ela é a guardiã do potencial de fertilidade existente no elemento Terra, o único que pode agir de acordo com sua vontade. Por isso, ao surgir como orientação para nosso desenvolvimento interior, a Rainha de Ouros nos questiona sobre todo tipo de paralisação que enfrentamos na vida. Está presente nas situações em que somos impedidos de prosseguir ou de nos mover em direção à maturidade perfeita dos objetivos concretos e materiais, representada pelo Rei de Ouros.

Entretanto, como carta da corte, é mais provável que as dificuldades encarnadas nesse Arcano Menor sejam experimentadas como forças internas, e não necessariamente externas. Esse é o momento em que devemos olhar para dentro e buscar compreender quais são as resistências e forças contrárias que precisam ser vencidas em nós mesmos.

A Rainha de Ouros é uma das manifestações terrenas da Imperatriz, ou seja, do arquétipo materno. Pode ser tanto a que concede a fertilidade e a base sólida para o desenvolvimento e a expansão da consciência quanto a mãe limitadora que impede o progresso e o desenvolvimento dos filhos, restringindo-os e aprisionando-os em seus domínios. Portanto, ela nos pede atitude de generosidade, doação e entrega, para que possamos vencer os obstáculos que se colocam entre nós e a realização de nossos verdadeiros objetivos.

Nesse momento, temos de encarar nossas verdadeiras motivações, que devem ser genuínas, e não egoístas. Essa é a prova final a ser superada para que possamos chegar ao último Arcano Menor do naipe de Ouros.

# Rei de Ouros

| CARTA DA CORTE | ELEMENTO |
|---|---|
| REI<br>Maturidade | TERRA<br>Concretização |
| *Sucesso*. A consolidação de metas e objetivos no plano material. ||

**Ideia central:** estabilidade; trocas justas no mundo material; retribuições de acordo com o merecimento; confiança e segurança. Em sentido mais negativo, pode demonstrar egoísmo, ignorância, materialismo, frieza, mesquinharia e falta de ação.

## Significados

O Rei de Ouros é um governante firme, de bases consolidadas, um grande preservador e provedor para todo seu povo. Tem domínio e maestria sobre o mundo material, conhece suas leis e trabalha em harmonia com elas para produzir bons frutos e resultados. Seu poder não é questionado, e sua liderança é apreciada e admirada. Opera pelo princípio da retribuição, o que significa que suas relações são baseadas em trocas benéficas e lucrativas para todas as pessoas.

Concentra-se no momento presente, é confiável e age com estabilidade e segurança porque é capaz de concretizar sua vontade, manifestando-a de maneira sólida. Exatamente por isso, também pode ser de natureza avarenta, mesquinha e não entregar seu ouro facilmente, pois protege seu legado e se sente responsável por manter a ordem e a estabilidade. Imediatista, deseja os prazeres da vida, é materialista e age com justiça, frieza, objetividade e praticidade. Por ser generoso, fornece a seu povo os recursos necessários para seu desenvolvimento.

Ao surgir em uma leitura, o Rei de Ouros aponta para o sucesso de longo prazo, com bases firmes e sólidas. Como princípio da consolidação, representa a manifestação plena e madura sobre o mundo material. Também pode significar os acordos bem-sucedidos e as posições de responsabilidade. Senhor da abundância e da prosperidade, ele nos traz riquezas, fortuna e a capacidade de manifestação. É o fundador e o protetor das bases sólidas; por isso, aconselha-nos a preservar a estabilidade e sugere que não é oportuno correr riscos, e sim apegar-se ao que já está estruturado.

## Simbologia

| | |
|---|---|
| O REI | Sentado no trono em posição de firmeza e estabilidade, carrega os símbolos dourados da autoridade, que representam a beleza e a riqueza do potencial criativo do elemento Terra. Sua vestimenta traz as três cores do processo alquímico: o preto, o branco e o vermelho, indicando sua consciência. |
| O TRONO | Coberto pela videira e pelos cachos de uva, simboliza a fertilidade da terra, a expansividade, os recursos que estão à sua disposição e todo seu poder de prover, guardar e alimentar. Seu formato não apenas une terra e céu, mas também se prolonga à frente do Rei, indicando a projeção de sua potência sobre o mundo manifestado. |
| O CETRO | Símbolo da autoridade e de seu domínio, tem na ponta uma esfera dourada, indicando que o Rei age de maneira alinhada com sua consciência superior e seu centro. É a investidura de poder que dá a ele posição privilegiada. |

| | |
|---|---|
| **A PAISAGEM** | Verdejante, é uma continuidade do poder do Rei de Ouros, que não apenas fertiliza a terra, mas também mantém e administra todos os seus recursos. |

## Despertar interior

O Valete de Ouros é como uma pequena semente plantada no solo; o Cavaleiro é o broto verde que rompe a terra e se eleva em direção ao sol; a Rainha é a resistência do caule que sustenta a planta; e o Rei é a exuberância do fruto maduro contendo as sementes que poderão dar origem a novos vegetais.

Esse Rei no elemento Terra traz uma das imagens do arquétipo paterno, que nos Arcanos Maiores se relaciona com o Imperador e no naipe de Ouros se expressa como o provedor.

Ele é paternalista e protetor, e sua atitude garante a estabilidade e a firmeza de seu reinado. Sábio, usa seus recursos com inteligência. Quando estamos diante de seu trono, devemos contemplar todas as estruturas verdadeiramente sólidas da vida e refletir sobre nossa capacidade de estabelecer bases firmes, estáveis e seguras.

O Rei de Ouros surge para nos ensinar a ter responsabilidade não só individual, mas também coletiva. Por isso, uma de suas temáticas se refere às nossas responsabilidades com as pessoas à nossa volta, em especial com aquelas que dependem de nós em nível material, prático, profissional ou financeiro.

Quão seguros nos sentimos do ponto de vista material e emocional? Nos momentos de crise e instabilidade, o que nos traz segurança? Responsabilizamo-nos por nossa situação financeira e material? Essas são perguntas que precisam ser feitas quando temos o Rei de Ouros como o condutor de nosso processo de crescimento.

Ele também pode representar nosso vínculo de subordinação e dependência em relação a outras pessoas. Em vez de manifestar nosso potencial, esperamos que os outros sejam nossos provedores e delegamos a eles o dever de solucionar qualquer problema nosso de ordem prática. Nesse sentido, o Rei de Ouros nos estimula a amadurecer para que nos tornemos independentes. Como última carta do naipe de Ouros, ele é um incentivo ao autoaperfeiçoamento e à busca do que há de mais firme dentro de nós.

# O naipe de Espadas

*"É vista quando há vento e grande vaga*
*Ela faz o ninho no rolar da fúria*
*E voa firme e certa como bala*
*As suas asas empresta*
*à tempestade*
*Quando os leões do mar rugem nas grutas*
*Sobre os abismos passa e vai em frente*
*Ela não busca a rocha o cabo o cais*
*Mas faz da insegurança a sua força*
*E do risco de morrer seu alimento*
*Por isso me parece imagem justa*
*Para quem vive e canta no mau tempo."*

– ***Procelária***, Sophia de Mello Breyner Andresen[56]

| | |
|---|---|
| **ELEMENTO:** Ar | **PRINCÍPIO:** racionalidade, projeção e contraste |
| **FUNÇÃO PSÍQUICA:** pensamento | **TEMÁTICA:** pensamento, percepção da realidade, comunicação, conflito, tomada de decisão |
| **ESTAÇÃO DO ANO:** inverno | |
| **PONTO CARDEAL:** Leste | **PERSONALIDADE:** lógica, fria, imparcial, estratégica, assertiva |
| | **SIGNOS:** Gêmeos, Libra e Aquário |

O naipe de Espadas, como o próprio nome sugere, tem como símbolo central a arma com lâmina de dois gumes usada nos combates pelos guerreiros. Tem relação profunda com o elemento Ar e os princípios da racionalidade, do pensamento e de todos os processos mentais, bem como com sua comunicação com o mundo exterior.

---

[56]. Sophia de Mello Breyner Andresen. *Obra Poética III, Caminho*. Lisboa: Editorial Caminho, 1991, p. 19.

O simbolismo fundamental da espada está na sua capacidade de corte e direcionamento, ambos representantes das funções da mente racional. Por isso, nas cartas desse naipe, tratamos das crenças e certezas que conduzem nossa vida e nos impulsionam à ação. Construir um raciocínio lógico é um processo que, invariavelmente, passa pela análise, pela crítica e pelo descarte das ideias. O naipe de Espadas também trata dos conflitos que devemos atravessar, bem como dos processos internos de mudança e transformação que enfrentamos em diferentes áreas.

Quando surgem em uma leitura, as cartas de Espadas nos conduzem por um caminho de crítica, avaliação e ponderação. Elas nos ensinam a encarar a vida de maneira estratégica, tal como deve fazer um exército ao entrar na guerra. Esse naipe nos revela a importância do planejamento e nos aconselha a tentar enxergar sempre ao longe, como um falcão no alto do céu que vislumbra sua presa e faz movimentos precisos para capturá-la.

Com sua energia mental, as Espadas também nos revelam as leis que regem o mundo, em especial o princípio de causa e efeito, ação e reação. Quando aprendemos a ler e a interpretar essa lei, somos capazes de atuar de maneira mais atenta para conseguir tudo o que desejamos.

Somos convidados a enxergar o mundo como um campo de batalha, com suas forças de impulso e oposição, e devemos lutar para conquistar nossos objetivos. A arma que carregamos nessa luta é nossa mente, que, assim como a lâmina da espada, deve ser afiada o bastante para cortar as forças contrárias e manter-se apontada para determinada direção.

Nesse momento da jornada por meio do tarô, o elemento Ar nos introduz no poder da palavra como força que pode se expressar tanto de maneira construtiva quanto destrutiva e que nos impele ao movimento constante. Diante do naipe de Espadas, devemos nos perguntar em que direção estamos seguindo e, com a mesma destreza de um comandante de exército, executar as mudanças necessárias para que a batalha possa ser vencida.

Esse é um naipe que sempre nos projeta adiante; por isso, revela que devemos ser conduzidos por um senso de propósito e clareza.

A avaliação, o julgamento e o discernimento relacionam-se ao elemento Ar e ao reino da mente racional. São esses os princípios pelos quais devemos nos orientar quando nos vemos diante das cartas desse naipe. O ar também está associado ao período do amanhecer, quando a luz vinda do Leste dissipa as trevas do medo e da ignorância. Por essa razão, o naipe de Espadas também é um chamado para ganharmos uma nova consciência e percepção da realidade. Temos de desfazer as ilusões e caminhar para longe das sombras obscuras de nossos medos e fantasmas interiores para agir de maneira prática, estratégica e assertiva. Nesse sentido, todos os processos lógicos e racionais da consciência estão associados aos arcanos desse naipe. A luz é o princípio que possibilita a visão.

Em um cenário apropriadamente iluminado, somos capazes não só de enxergar o mundo, mas também de estudá-lo, compreendê-lo e analisá-lo, percebendo com nitidez e precisão os limites e as definições de cada parte da realidade. O princípio do ar traz a potencialidade da definição. O pensamento filosófico e científico encontra, portanto, sua maior expressão graças ao naipe de Espadas, que também está associado aos estudos e à busca pelo conhecimento.

É muito comum que as cartas desse naipe sejam temidas, mas é sempre preciso ter em mente que todo conflito anunciado por esses arcanos serve às funções essenciais do tarô, ou seja, o crescimento humano e o encontro com a totalidade da alma. Os embates e desafios representados aqui devem ser encarados como possibilidade de refinamento do ser, e não como mero caos. Apenas quando a ordem estabelecida é perturbada pode haver *mudança*: palavra-chave para a compreensão desses arcanos.

Todos os cortes, separações e rompimentos provocados pela força da espada são convites ao constante crescimento interior, permitindo uma separação necessária para avaliarmos o que nos conduz de maneira genuína ao caminho da autorrealização. Para superar seus desafios, temos de aprender a desenvolver uma atitude crítica diante dos fatos. Empunhar a espada é tanto um ato de poder quanto de responsabilidade.

## A função Pensamento

Se o naipe de Espadas trata das funções analíticas e racionais da consciência, podemos naturalmente associá-lo à função *pensamento* na teoria dos tipos psicológicos de Jung.

Tanto o *pensamento* quanto o *sentimento* correspondem ao eixo do *julgamento* e dizem respeito à maneira pela qual as experiências são processadas e avaliadas, em contraste com as funções *sensação* e *intuição* do eixo da *percepção*, que descrevem a maneira pela qual as experiências são captadas. Como função de avaliação, o tipo *pensamento* está associado à interpretação lógica da realidade. Busca constantemente uma compreensão intelectual do mundo e classifica as experiências como verdadeiras ou falsas. O foco se coloca sobre fatos objetivos, ideias, teorias e hipóteses, excluindo a presença das emoções; por isso, quem tem o *pensamento* como função primária terá o *sentimento* como função menos desenvolvida.

Quem é do tipo *pensamento* busca compreender a realidade por meio de formulações teóricas e intelectuais, de maneira despersonalizada e calculista. Ao se voltar para fora, será caracterizado por um impulso científico e lógico, com ar investigativo e curioso, e buscará explicar o mundo. Contudo, se a atitude *pensamento* se voltar para dentro, o indivíduo será responsável pelo desenvolvimento filosófico das ideias e da coerência lógica de sua compreensão da realidade ou de qualquer teoria, paradigma ou sistema de crenças. O pensamento claro e estruturado é sua marca registrada. A pesquisa, a escrita e a comunicação são áreas de interesse e aptidão natural para quem é do tipo *pensamento*.

## A imagem arquetípica do naipe de Espadas

A espada assume lugar de grande importância no imaginário simbólico do Ocidente. Para que possa ser empunhada e manejada de maneira apropriada, essa arma exige prática e destreza, duas habilidades tipicamente associadas à mente lógica. Talvez sua imagem esteja mais presente para nós graças às lendas medievais de cavalaria, que podem nos ajudar a ampliar a compreensão de seu significado.

Para o cavaleiro medieval, a espada não era simplesmente uma arma de combate e destruição, mas um instrumento que lhe permitia lutar e defender seus mais nobres ideais. O cavaleiro mítico não lutava por ganância, sede de poder ou egoísmo, mas servia a um princípio maior, ao qual dedicava a vida, sob o risco de morrer em nome de uma causa. E o que é uma causa senão uma ideia?

Como disse Jung, não pode haver consciência sem a diferenciação dos opostos. A função analítica, discriminatória e limitadora da consciência é bem exemplificada pelo símbolo da lâmina de uma espada, capaz de cortar e separar, ou seja, discernir e diferenciar. Por isso, a espada é o *logos*, o princípio lógico e organizador, também associado às figuras divinas. Nossa capacidade discriminatória está intimamente relacionada ao desenvolvimento da linguagem – são nossas palavras, ditas ou pensadas, que nos fornecem as ferramentas de comunicação, compreensão, definição e entendimento da realidade. Por isso, em muitas mitologias, a criação não acontece simplesmente, ela é *falada*: a divindade ordena o surgimento de todas as coisas por meio da palavra criadora. Assim, diversos alfabetos antigos, como o *ogham* dos celtas, as runas dos nórdicos, e o alfabeto hebraico são não apenas um método de escrita, mas também uma ferramenta de contemplação espiritual capaz de explicar toda sua cosmologia. Nesses sistemas, o universo simbólico de cada povo está literalmente contido nas letras do alfabeto.

Como manifestação simbólica da linguagem e do poder da palavra, a espada também implica o princípio responsável pelo surgimento da consciência, que só pode ocorrer no contraste da oposição com o inconsciente. Encontramos esse simbolismo na Grécia Antiga, nos mitos de Urano e Gaia.

Conta a lenda que Urano, personificação do céu, permanecia deitado sobre o corpo da esposa, Gaia, deusa da terra, sem que houvesse entre eles qualquer separação. Por ser constantemente fecundada na união perpétua com Urano, Gaia não era capaz de dar à luz seus filhos. Incomodada e em grande sofrimento, pediu ajuda a Cronos, seu filho mais jovem, que usou uma foice para castrar Urano e, assim, separar o céu da terra, dando início ao tempo e ao espaço e permitindo que seus irmãos viessem ao mundo. Nessa história, vemos que apenas a ação da lâmina é capaz de separar céu e terra para que a consciência possa emergir do ventre escuro de Gaia.

Cronos lançou, então, os genitais de Urano no mar, e desse ato violento nasceram duas figuras. Quando o sangue de Urano tocou a terra, surgiram as Erínias, criaturas terríveis e vingativas que perseguiam e puniam os criminosos.

Contudo, misturado às águas do mar, seu esperma gerou Afrodite, deusa da beleza e do amor. Como veremos no naipe de Copas, essa força concilia todos os opostos por meio da união sagrada. Já no naipe de Espadas, entra em ação o princípio alquímico *solve et coagula*, unir e separar.

Nos mitos gregos, também podemos encontrar outro símbolo, cuja imagem cumpre a mesma função da espada e da lâmina: os raios de Zeus, filho de Cronos.

Senhor do ar, do céu e da tempestade, Zeus é o rei do Olimpo e de todos os deuses, o mais elevado entre os imortais. Porém, diferentemente de um rei medieval que empunha sua espada, Zeus é conhecido pelos raios fulminantes, com os quais mantém a ordem e a justiça entre homens e deuses. Seus raios são produzidos por seu filho, Hefesto, deus da forja, que se casou com a bela Afrodite graças a uma união arranjada. Também é no calor da forja que o metal bruto pode ser trabalhado para tornar-se espada, em uma metáfora semelhante ao processo alquímico e que envolve os quatro elementos da natureza.

O metal é retirado do interior da terra e aquecido nas altas temperaturas da forja para que perca a resistência e se torne maleável. Desse modo, não se quebra no processo. Então, sob os golpes duros e precisos do martelo, começa a assumir a forma da lâmina e pode ser trabalhado pelas mãos habilidosas do ferreiro. Por fim, deve ser temperado na água para recuperar a resistência e a força. Ao ser imerso ainda quente na água, o metal produz o vapor. Também a Espada pode surgir ao ser retirada da água, tal como a famosa Excalibur no fundo do lago, na lenda do Rei Arthur. Por isso, a espada representa não apenas a consciência bruta em estágio inicial, mas também a alma trabalhada e transformada por meio dos processos interiores.

# CARTAS NUMERADAS

## Ás de Espadas

| NÚMERO | ELEMENTO |
|---|---|
| 1<br>Potencial | AR<br>Intelectual |
| *Insight*. O surgimento de uma nova possibilidade no plano da mente. ||

**Ideia central:** inteligência; clareza mental; perspicácia; oportunidade, vitória carregada de lutas; cirurgias; coragem; tensão e força (mental) para atacar ou se defender de algo ou alguém.

## Significados

Todo Ás indica início, e no naipe de Espadas estamos diante de uma nova possibilidade mental.

O Ás de Espadas representa as novas ideias e o surgimento de uma nova compreensão racional diante de uma situação. Esta é a carta do *insight* – o momento em que repentinamente entendemos as coisas de maneira diferente. O Ás de Espadas também pode surgir quando descobrimos novas áreas de interesse que despertam nossa curiosidade e nos instigam a descobrir e aprender mais.

Este arcano nos aconselha a agir de forma calculada, sem nos deixar levar pelas emoções ou pela impulsividade. Nossos movimentos devem ser estrategicamente pensados, sempre antecipando as consequências. Em determinadas situações, essa carta evidencia a necessidade de tomar a iniciativa no diálogo e mostra que algo precisa ser dito para que a situação possa se resolver. Além disso, pode indicar uma fase da vida em que devemos nos dedicar aos estudos para adquirir novos conhecimentos e aprendizados.

Por fim, em situações de saúde, o Ás de Espadas pode sugerir que o tratamento ou a recuperação deve acontecer por meio de cirurgia.

## Simbologia

| | |
|---|---|
| UMA ESPADA | O intelecto voltado para o alto. A mente afiada, movida e sustentada por uma nova possibilidade mental. |
| A TERRA SECA | A ausência de possibilidades. A energia psíquica voltada para o interior. As pedras indicam a necessidade de se elevar acima dos obstáculos, assim como as montanhas rochosas ao fundo. |
| O CÉU | A mente estagnada, mas agora iluminada por um novo lampejo de consciência. |

## Despertar interior

Quando surge para conduzir nosso trabalho interior, o Ás de Espadas nos pergunta sobre o que instiga nossa mente e desperta nosso interesse e nossa curiosidade. Como um convite para tomarmos a espada da vida em mãos, ela também revela que é preciso enxergar a vida de maneira racional e lógica, pois toda ação produz uma reação. Operando a partir dessa lei, deixamos de ser carregados pelas marés da sorte para nos tornarmos protagonistas em nossa jornada. Esse é o momento de assumirmos nossas responsabilidades e nos colocarmos como agentes das mudanças que desejamos experimentar.

Além disso, o Ás de Espadas nos pede que reflitamos sobre nossos valores fundamentais. Avaliamos nosso código de ética, distinguimos o certo do errado e pensamos sobre o que inspira nossas ações. Tomamos consciência das grandes ideias e causas às quais nos dedicamos. Portar a espada deve ser uma atitude de honra; por isso, o Ás de Espadas também é um chamado para elevarmos nossa consciência aos princípios corretos. Diante dele, devemos avaliar nossas crenças e verificar se nossas ações correspondem a essas crenças.

# Dois de Espadas

| NÚMERO | ELEMENTO |
|---|---|
| 2<br>Dualidade | AR<br>Conflito |
| *Ponderação*. Necessidade de avaliar as possibilidades. ||

**Ideia central:** situação delicada, necessidade de inação, cautela, conflitos (internos e externos), impasse, indecisão, perigo iminente, espera, demora e confronto. Essa carta indica que qualquer movimento pode ser fatal; para os conflitos externos, traz uma mensagem de trégua.

## Significados

O Dois de Espadas representa o momento em que nos vemos divididos entre duas ideias, duas opções ou duas possibilidades. Muitas vezes, essa lâmina surge quando temos de tomar uma decisão, mas não sabemos exatamente para onde ir. Como carta de cautela, ela nos alerta para a necessidade da espera e da paciência. As ações não devem ser impulsivas, mas bem pensadas.

É preciso ponderar sobre os dois lados de uma situação antes de chegar a uma definição. Indica lentidão, ausência de movimento e obstáculos mentais a serem transpostos.

Com o Dois de Espadas não há clareza mental; é preciso buscar uma percepção mais nítida da realidade.

Em situações de conflito, essa carta indica que é necessário baixar a guarda e evitar brigas ou discussões, pois elas poderão piorar a situação. O momento não é de ataque, mas de cautela, pois fazer o movimento errado poderá ser fatal.

Seu conselho é para que silenciemos as vozes externas e nos voltemos para dentro. Desse modo, poderemos avaliar todas as possibilidades e encontrar a resposta necessária na quietude da mente reflexiva.

## Simbologia

| | |
|---|---|
| DUAS ESPADAS | A dualidade de ideias e pensamentos. A mente tensionada em duas direções opostas. A polarização do pensamento. |
| A MULHER | Vestida com uma roupa acinzentada, indica a estagnação da mente, incapaz de conciliar as duas ideias. A venda em seus olhos simboliza a impossibilidade de enxergar opções e caminhos. |
| O CÉU | Nublado e encoberto, representa o estado mental paralisado, enquanto o vento simboliza a agitação e a inquietação dos pensamentos. A Lua indica a confusão emocional e a falta de clareza na percepção da realidade. |

## Despertar interior

Diante do Dois de Espadas, aprendemos a rever nossas opiniões e nossos conceitos.

Se com o Ás de Espadas nos conscientizamos de nossos valores e crenças, com o Dois de Espadas refletimos sobre eles e aprendemos que sempre há outro lado para ser avaliado. Aqui, devemos fazer o exercício interior de entender como nossas opiniões são formuladas. Essa carta é um alerta para a rigidez e a inflexibilidade da mente, que não podem levar ao nosso desenvolvimento, mas apenas à estagnação, ou seja, a forças que não dialogam com as energias representadas por esse naipe.

Devemos nos conscientizar dos momentos em que agimos ou pensamos com intolerância e fazer o exercício de questionar nossos pontos de vista, não necessariamente para mudarmos de ideia, mas para que possamos, ao menos, amadurecer nossa forma de enxergar a vida. Temos de saber ouvir as opiniões contrárias e buscar compreender o que o outro tem para nos dizer, sem resistências.

Esse arcano ainda nos questiona se nosso modo de pensar é, de fato, próprio e original ou se estamos simplesmente repetindo o que o mundo nos impõe. Temos de fechar os ouvidos e nos voltar para dentro; assim, ganharemos uma nova compreensão sobre as ideias que conduzem nossos passos.

## Três de Espadas

| NÚMERO | ELEMENTO |
| --- | --- |
| 3<br>Síntese | AR<br>Pensamento |
| *Contrariedade*. A percepção de que nossa compreensão é imprecisa. ||

**Ideia central:** contrariedade, ação contra o coração, razão e sofrimento. Esse arcano pode indicar sofrimento quando o consulente se recusa a encarar algo sob um ponto de vista diferente ou a enxergar a realidade.

## Significados

O Três de Espadas simboliza processos de sofrimento quando adquirimos uma nova percepção diante de determinada situação. Pode indicar grande decepção, desapontamento ou dolorosa frustração das expectativas.

Nessa carta, descobrimos que nem tudo é como pensávamos. Ela pode indicar que algo oculto foi descoberto ou que uma nova informação rompeu nosso modo de enxergar os fatos. Como arcano da desilusão, sua experiência inevitavelmente vem acompanhada de um nível de dor emocional, cujo propósito é nos fazer amadurecer e expandir nossa percepção mental.

Também pode sugerir discussões, ressentimentos causados pelas palavras de terceiros ou sofrimento decorrente de perdas, traições ou separações inesperadas. Revela que estamos em estado de negação, pois nos recusamos a enxergar a realidade com medo das consequências.

Seu conselho é para que encontremos maneiras de expressar o que sentimos e pensamos, sem fugir das dores. Devemos nos abrir para viver os momentos difíceis, pois o único caminho possível é seguir em frente. Situações como essa devem ser atravessadas, não evitadas.

## Simbologia

| TRÊS ESPADAS | A conciliação dos opostos para criar uma terceira possibilidade, que fere e destrói as antigas estruturas de pensamento. |
|---|---|
| O CORAÇÃO | Desejos e expectativas. Também representa o apego às ideias e a compreensão de mundo carregada de emoções. |
| O HOMEM | A consciência abalada com a instabilidade das estruturas e certezas. |
| O CÉU | Nebuloso e chuvoso, indica sofrimento, tristeza e decepção. A catarse emocional que permite o processamento dos acontecimentos e das ideias. |

## Despertar interior

Nem todas as lições ou momentos da vida são agradáveis ou prazerosos, e assim também é nas cartas de tarô.

O aprendizado trazido pelo Três de Espadas pode ser bastante difícil, e, muitas vezes, podemos nos recusar a vivenciá-los, adiando esses processos sempre que possível.

Em um naipe que enfatiza a importância do pensamento e do planejamento, esse arcano nos lembra de que nem tudo está sob nosso controle, de que nunca saberemos todas as coisas e de que há sempre decepções e dores inevitáveis. O sofrimento e a desilusão fazem parte do imenso espectro de experiências humanas que todos nós, eventualmente, vivenciaremos.

Como arcano que evoca o despertar, o Três de Espadas pede que avaliemos todas as situações em que nos sentimos vitimados ou afetados pelos outros e nos retira da posição de inércia para nos perguntar: O que fazer com isso?

Se, por um lado, é verdade que não temos controle sobre todos os fatos da vida, por outro, sempre temos a oportunidade de escolher o que fazer, como agir ou reagir. Aqui também devemos nos conscientizar de como colaboramos, direta ou indiretamente, para que determinadas situações difíceis aconteçam conosco e evitar pegar o mesmo caminho no futuro.

# Quatro de Espadas

| NÚMERO | ELEMENTO |
|---|---|
| 4<br>Repouso | AR<br>Inércia |
| *Pausa*. Momento de retirada para reestabelecer as energias. ||

**Ideia central:** longa espera; inércia; descanso; inação; necessidade de parar no meio do caminho para poupar algo; exaustão; doenças; pouca vitalidade; internações e repouso.

## Significados

O Quatro de Espadas indica necessidade de recuperação e simboliza um momento de parada e inação. Todo movimento implica perda de energia, e sempre é importante reconhecer o momento de descansar.

Esse arcano representa longos períodos de espera para o reestabelecimento interior. Esse é o momento de se voltar para dentro, não para fora. Por outro lado, em uma leitura, pode indicar que o consulente tem dificuldade de agir e se encontra paralisado, impossibilitado de tomar iniciativa. Em momentos muito agitados da vida, sugere que poderemos chegar ao esgotamento se não fizermos uma pausa temporária.

Esse arcano nos pede que recuemos um passo e, assim, ganhemos novas perspectivas. Também nos aconselha a poupar nossas energias. Esse não é um momento de esforços, mas de recuo. O Quatro de Espadas pode indicar a necessidade de afastamento temporário de uma situação estressante ou desgastante, representar um período de férias ou descanso, ou, ainda, sugerir um momento de reclusão e introspecção.

Em leituras relacionadas à saúde, indica baixa energia vital, pedindo repouso para que possamos ter boa recuperação. Há também a possibilidade de internações e tratamentos longos, que afastam o consulente da vida cotidiana. A palavra-chave a ser pensada aqui é "relaxamento".

## Simbologia

| | |
|---|---|
| **QUATRO ESPADAS** | Fincadas no solo, representam o recolhimento da energia e da atividade mental. Dispostas ao redor da figura da mulher, indicam um momento de estagnação e bloqueio, no qual é impossível prosseguir. |
| **A MULHER** | Em repouso, representa a consciência buscando a integração entre novas ideias e percepções recebidas de maneira violenta no arcano anterior. |
| **O CÉU** | Aparecendo claro e límpido pela primeira vez, mostra a remoção das percepções incorretas que impedem a visão clara da realidade. A luz na linha do horizonte indica a elevação de um novo estado de consciência que começa a emergir do inconsciente. |

## Despertar interior

Uma das lições do Quatro de Espadas é o reconhecimento dos momentos em que devemos fazer pausas e voltar nossa atenção para dentro. Se o naipe de Espadas indica movimento, vale lembrar que todo movimento acontece com um ritmo, e que no ritmo sempre há uma fase de pausa e espera. Muitas vezes, nas obrigações do dia a dia, podemos nos concentrar demais nas atividades externas e nos esquecer de descansar, o que invariavelmente nos levará à exaustão.

No plano mental, esse arcano nos recomenda evitar os pensamentos repetitivos e nos lembra de que, muitas vezes, não seremos capazes de solucionar, de imediato, todos os desafios e problemas. É preciso cuidado para não sobrecarregar a mente. Com o Quatro de Espadas, avaliamos nossa saúde mental e nosso bem-estar psíquico, aprendendo a nos afastar temporariamente do mundo externo.

É muito comum que, antes de momentos criativos, a energia psíquica se retraia e sintamos certa aridez mental, sem saber que, longe do alcance da consciência, as ideias e os pensamentos estão em grande movimento para gerar algo novo. Além disso, o Quatro de Espadas representa a meditação e recomenda tranquilizar e silenciar a mente. Devemos usá-la como instrumento, sem nos deixar levar por seus movimentos. Em períodos de grande agitação mental, temos de assumir, mais uma vez, a responsabilidade e aprender a manejar a mente como poderosa ferramenta interior.

## Cinco de Espadas

| NÚMERO | ELEMENTO |
|---|---|
| 5<br>Conflito | AR<br>Opiniões |
| *Conflito*. Situações de oposição. ||

**Ideia central:** más intenções; mentira; traição; perdas; risco; tramas que geram ações maléficas, fofocas e intrigas. Necessidade de cautela para não ser enganado e não enganar a si próprio.

## Significados

O Cinco de Espadas indica momentos em que experimentamos o conflito de ideias não de maneira interna, mas externa; por isso, simboliza as más intenções das outras pessoas e os momentos em que somos enganados ou desviados de nossos propósitos.

Anunciando obstáculos, esse arcano nos pede que prestemos atenção aos riscos que se colocam diante de nós, às vezes sem que os percebamos. Essa lâmina também revela situações em que lidamos com opiniões ou intenções contrárias às nossas.

Pode simbolizar um momento de tensão nas relações e a dificuldade em chegar a acordos ou conciliações, pois o movimento acontece não de maneira harmônica, mas em sentidos opostos.

Seu conselho é a perspicácia, pois não se resolve um conflito com força bruta. De acordo com o Cinco de Espadas, uma mudança de atitude pode ser a melhor maneira de solucionar a situação. Também é providencial tentar antecipar os ataques e as agressões do oponente.

## Simbologia

| CINCO ESPADAS | Três delas nas mãos do homem indicam que o ego está pronto para o ataque e domina suas capacidades. As outras duas espadas caídas no chão representam o declínio da energia. |
|---|---|
| O HOMEM | O ego vitorioso sobre os padrões de comportamento e pensamento do passado carrega as espadas que representam seu desenvolvimento. A faixa no indica que, apesar de vitorioso em outros enfrentamentos, o ego não sairá intacto do confronto. |
| AS PESSOAS | Estruturas de pensamento que tentam dominar e subjugar o ego. |

## Despertar interior

Quando nos engajamos para alcançar nossos objetivos e vivemos nossa verdade no mundo, inevitavelmente enfrentamos conflitos. Aprender a lidar com oposições e desentendimentos é parte de nosso processo de amadurecimento. Contudo, nem sempre esse processo, intermediado pelos poderes do ar, que marcam o naipe de Espadas, significa embate direto e apaixonado, no qual somos movidos pelo ímpeto de nossos desejos e de nossas convicções. Ao contrário, esse processo representa o duelo inteligente de uma mente perspicaz.

Diante do Cinco de Espadas, também devemos nos perguntar como escolhemos nossas batalhas. Afinal, o conflito só pode ser benéfico e necessário se servir a um propósito maior. Quando não há razão para as batalhas da vida, elas se tornam experiências caóticas e sem significado. Esse arcano nos ensina que as batalhas não devem ser travadas apenas em prol da autoafirmação ou da sede de poder.

No movimento em direção a nossos objetivos, os obstáculos surgirão com uma armadilha: poderão desviar nosso olhar do objetivo final, da meta que nos propusemos a atingir. Por isso, ao lidar com o conflito, devemos tomar cuidado para não perder de vista a meta maior, de modo que a busca pela vitória não seja apenas um fim em si mesma, mas um meio para que possamos prosseguir em nossa jornada.

## Seis de Espadas

| NÚMERO | ELEMENTO |
|---|---|
| 6<br>Restauração | AR<br>Retiro |
| *Transição*. A busca por novos sentidos e partidas. ||

**Ideia central:** afastamento, partidas, medo do futuro, viagens ou situações vivenciadas a contragosto. O indivíduo tem clareza de uma situação e a enfrenta porque a razão indica o caminho.

## Significados

O Seis de Espadas indica momentos de mudança e transição necessários para nosso crescimento, quer eles aconteçam por nossa vontade, quer sejam impulsionados pelas intempéries do mundo.

Geralmente, essa carta aponta para a saída ou o afastamento de uma situação, cujo sentido ou significado não é mais satisfatório ou, de alguma forma, não permite que continuemos nosso processo de crescimento e desenvolvimento. Também pode representar viagens, mudança de casa, emprego, áreas de estudo ou distanciamento de algumas pessoas. Esse arcano trata das incertezas sobre o futuro, quando o destino se torna imprevisível; mesmo assim, temos certeza de que o movimento é necessário. Não sabemos como vamos chegar à outra margem do rio, mas temos de ir até lá.

Ele nos aconselha a abandonar tudo o que nos limita e aprisiona. À medida que nos desenvolvemos, as velhas estruturas naturalmente se tornam obsoletas, e a mudança deixa de ser apenas uma opção para tornar-se uma necessidade.

O Seis de Espadas sugere a busca genuína pela cura interior e por tudo o que tem sentido verdadeiro. Também nos lembra da necessidade de nos livrarmos de sentimentos negativos, para que o peso da jornada seja mais leve.

## Simbologia

| SEIS ESPADAS | Cinco delas, fincadas no barco, representam a energia mental paralisada, sem perspectivas de movimento. A sexta espada, na cintura do barqueiro, indica o poder criativo da psique, que cria o movimento compensatório sobre as águas. |
|---|---|
| O BARCO | Símbolo da jornada, da travessia entre a vida e a morte, a consciência e a inconsciência, mostra a perda dos referenciais conscientes e a busca por sentido nas imagens interiores, retratadas pelas águas sobre as quais o barco navega. |
| A MULHER | Triste, cabisbaixa e de olhos fechados, simboliza a consciência dessa travessia nada confortável. |
| O BARQUEIRO | A compensação criativa do inconsciente que traz o movimento reparador, compensatório e curador. |

## Despertar interior

O amadurecimento sempre trará a necessidade de mudanças internas, que, muitas vezes, precisarão se refletir também do lado de fora.

O Seis de Espadas trata desse tipo de experiência, quando sentimos necessidade de "trocar de pele". Nem sempre é um processo voluntário: muitas vezes, dependendo das situações da vida, a mudança é a única alternativa. Esse arcano trata das experiências de reconhecimento e busca interior por novos sentidos e possibilidades. Ele nos ensina que o olhar deve sempre se voltar para a frente. De nada adianta lamentar o passado ou as experiências antigas. As fases negativas devem ser atravessadas para que possamos encontrar águas mais calmas. Quando o mundo externo parece turbulento, é preciso saber cultivar a tranquilidade interior.

Essa lâmina também nos diz que mudar o rumo pode ser inevitável e importante. Devemos estar dispostos a reavaliar nossos objetivos e metas com a nova clareza mental que obtivemos ao longo da jornada.

Se a vida está em constante mudança e transformação, por que nossos propósitos também não poderiam ser transformados? Esse é um estágio necessário em nosso caminho rumo à autorrealização.

O afastamento e o distanciamento de pessoas e situações sugeridos pelo Seis de Espadas são caminhos muito dolorosos, mas importantes para que essa transição ocorra.

A viagem será solitária, e ninguém mais poderá nos fazer companhia nessa grande travessia de transformação. Contrariados e amedrontados, só nos resta seguir em frente.

## Sete de Espadas

| NÚMERO | ELEMENTO |
|---|---|
| 7<br>Ilusão | AR<br>Comunicação |
| *Traição*. Enganos e manipulação mental. ||

**Ideia central:** situações e pessoas aproveitadoras e oportunistas, fofocas, más intenções e desgastes. Pode representar uma cilada, uma armadilha ou alguém que acredita levar vantagem em tudo, mas que, no fundo, não leva vantagem nenhuma.

## Significados

O Sete de Espadas surge para anunciar situações nas quais os fatos não são de todo conhecidos e, de alguma maneira, há uma atitude negativa de enganação ou manipulação envolvendo o tema da tiragem. Esse comportamento pode ser tanto do consulente, que insiste em manter uma postura de autoenganação e ilusão, quanto de outras pessoas envolvidas. Esse arcano indica astúcia e premeditação; por isso, é sempre um alerta para que tenhamos muito cuidado e nos antecipemos para evitar qualquer tipo de armadilha. É preciso tomar cuidado com mentiras, traições, fofocas, sabotagens e dissimulações.

O Sete de Espadas nos aconselha a ter precaução contra qualquer tipo de problema, em especial em nossas relações. Também pede postura racional e consciente, para que não nos deixemos enganar. Temos de reavaliar onde depositamos nossa confiança. Além disso, esse arcano pode significar que devemos agir com astúcia, movendo as peças do jogo em nosso favor e agindo de maneira tática, lógica e racional. Pode indicar a necessidade de agir com discrição, sem anunciar os próximos movimentos.

## Simbologia

| | |
|---|---|
| SETE ESPADAS | As duas espadas fincadas no solo dão a entender que, originariamente, todas as sete estavam ali, o que indica a energia psíquica direcionada aos princípios do ego. Entretanto, cinco delas são carregadas pelo homem, o que representa o desvio da energia mental dos propósitos originais. |
| AS TENDAS | As ideias e os objetivos da consciência. A capacidade de atenção e concentração do ego. |
| O HOMEM | As ideias e tendências que atuam na contramão do ego e da percepção consciente, responsáveis pelo escape da energia psíquica. |
| O CÉU | Claro e azul, indica a percepção dos processos internos representados pela carta. |

## Despertar interior

Diante do Sete de Espadas, devemos contemplar nossas fraquezas mentais e tendências para o engano e a manipulação. Esse arcano pede que avaliemos as situações ou áreas em que temos mais chances de nos deixar iludir, seja por nós mesmos, seja por outras pessoas. Nas batalhas da vida, reconhecer as próprias fraquezas é um movimento muito importante para não se deixar abater nem cair nas armadilhas dos inimigos.

De maneira mais íntima, essa carta também aponta para as atitudes de autossabotagem que podemos adotar diante de diversas situações – o mais perigoso de todos os inimigos são os internos. Por isso, ao contemplarmos o Sete de Espadas, temos de olhar para o que se oculta sob a superfície e não é óbvio nem visível de imediato. Esse arcano nos ensina a perceber as camadas mais sutis e, muitas vezes, imperceptíveis que sempre influenciam nossa dinâmica e nossa relação com os outros. Esse é um chamado para que também enxerguemos o que insistimos em esconder de nós mesmos e evitamos de maneira direta. O grande desafio apresentado pelo Sete de Espadas é o da honestidade pessoal, para que sejamos capazes de olhar para dentro de nós sem as dissimulações ou as máscaras que usamos no cotidiano.

# Oito de Espadas

| NÚMERO | ELEMENTO |
|---|---|
| 8<br>Fixação | AR<br>Angústia |
| *Aprisionamento*. Imobilidade causada por bloqueios mentais. ||

**Ideia central:** sufoco; impotência; angústia; amarrações; julgar-se incompetente; a razão aprisiona e amarra o indivíduo, impedindo-o de enxergar o que está ao redor. Esta carta incentiva o consulente a seguir a intuição e encontrar um caminho.

## Significados

O Oito de Espadas indica um processo de sofrimento causado por um estado mental de fixação em determinadas ideias que nos impedem de prosseguir. A mente se torna nublada, incapaz de ganhar perspectivas e encontrar maneiras de se libertar de sua condição. Pode simbolizar as situações da vida às quais nos sentimos presos e atados, incapazes de nos desvencilhar, ou ainda as responsabilidades que, de alguma forma, nos sufocam. Também revela que a mente está fixa em pensamentos negativos, geralmente sobre nossas próprias habilidades, provocando um sentimento de impotência e incapacidade para avançar e causando grande angústia e confusão. Além disso, pode indicar sentimento de culpa, ansiedade ou medo.

O conselho do Oito de Espadas é a busca pela libertação das restrições em que nos encontramos. Este arcano nos diz que o aprisionamento vivenciado não é, necessariamente, uma realidade concreta e externa, mas uma atitude da mente. Quando surge em uma tiragem, devemos avaliar se não há tendência a agir de maneira vitimista, esperando que o resgate e a salvação venham do lado de fora, em vez de resultarem de uma atitude do próprio consulente. A situação só poderá ser solucionada por meio do enfrentamento consciente e da superação dos obstáculos internos e dos pensamentos limitantes.

## Simbologia

| | |
|---|---|
| OITO ESPADAS | Dispostas ao redor da mulher, indicam o bloqueio da percepção e o movimento da consciência. Sua disposição em círculo revela a tendência à repetição e às ideias fixas, que se concentram ao redor de um núcleo. Energia psíquica que se reúne em torno de um complexo constelado. |
| A MULHER | A consciência paralisada. A venda em seus olhos mostra a incapacidade de enxergar a realidade com clareza e nitidez; a atenção permanece voltada às imagens internas, vindas do inconsciente. Amarrada, é a consciência impossibilitada de se afastar dos pensamentos, das lembranças e das ideias que causam sofrimento. |
| O CÉU | Claro e límpido do lado de fora, em contraste com a cena abaixo dele, mostra que o processo psíquico experimentado pela consciência não corresponde à realidade externa. |

## Despertar interior

Quando o Oito de Espadas surge diante de nós, somos forçados a nos confrontar com nossos medos e nossas crenças limitantes. Sempre que nos vemos paralisados diante de situações externas, esse arcano nos pede que olhemos para dentro de nós e busquemos os reais empecilhos que atrapalham nossa caminhada. Esse é o momento de lidar com nossa percepção. O Oito de Espadas nos traz o difícil confronto com os falsos limites, os quais não têm a função de nos proteger, mas servem como formas de aprisionamento pessoal.

Nesse ponto da jornada pelo naipe de Espadas, temos de enfrentar as vozes em nossa mente que nos dizem que não somos capazes ou bons o bastante. Também temos de compreender que o medo tem função adaptativa em nossa vida: ele não existe para nos atrapalhar, mas é uma atitude de proteção. A melhor maneira de encarar os próprios medos é reconhecê-los, aceitá-los e acolhê-los, não negá-los nem minimizá-los, como se fossem menores do que realmente são. Nossos medos só poderão ser verdadeiramente superados por meio da integração. Por isso, diante de uma situação amedrontadora, devemos nos perguntar: do que realmente tenho medo? Esse medo que me ameaça é real? Do que ele tenta me proteger? Quando travamos um embate contra o medo, sem ouvir o que ele tem a nos dizer, ficamos paralisados e inertes. Para atravessar os obstáculos trazidos pelo Oito de Espadas, será necessário encontrar um estado de paz e aceitação interior. Assim, descobriremos que muitas das limitações que colocamos diante de nós mesmos são falsas, e o caminho se abrirá para que possamos prosseguir.

# Nove de Espadas

| NÚMERO | ELEMENTO |
|---|---|
| 9<br>Transição | AR<br>Sofrimento |
| *Ansiedade*. Sofrimento causado por ciclos mentais repetitivos. ||

**Ideia central:** culpa, peso na consciência, pesadelos, pessimismo, dores de cabeça, perda de sono e loucura. Esta carta também permite perceber que o indivíduo assume responsabilidades e culpas alheias e, por isso, carrega um fardo.

## Significados

O Nove de Espadas sugere tendência mental a repetir lembranças, pensamentos ou ideias que provoquem sofrimento, culpa e ansiedade. Simboliza um estado de desespero, quando estamos em processos de autoflagelação e autopunição e nossa energia se volta contra nós de maneira destrutiva. Pode indicar distúrbios do sono e pesadelos. Também simboliza atitude pessimista, negativa ou paranoica, da qual é difícil se libertar. Os problemas e obstáculos enfrentados são internos, não externos.

Representa a necessidade de lidar com situações mal resolvidas, incômodos ou traumas e bloqueios que impedem nosso avanço.

O Nove de Espadas nos aconselha o autocuidado. Não podemos negligenciar as dores nem as dificuldades do momento. É preciso ter atitude positiva que promova a cura, o restabelecimento e o bem-estar. Esse arcano surge como um alerta para situações prestes a se tornar insustentáveis e que precisam ser solucionadas. Para tanto, é necessário mudar internamente.

## Simbologia

| | |
|---|---|
| NOVE ESPADAS | Presas na parede, ao fundo da imagem, indicam a fixação mental na qual a consciência se encontra. Os pensamentos repetitivos que tomam a consciência. |
| O HOMEM | Cobrindo os olhos, não vê a realidade do momento presente ao seu redor, mas se volta para os processos internos, mobilizados pelas nove espadas. |
| A CAMA | A incapacidade de descansar, a constante tensão na qual a consciência se encontra, os pesadelos e as imagens que vêm do inconsciente e assombram a consciência. |

## Despertar interior

Perto do fim da jornada pelos dez arcanos numerados do naipe de Espadas, o Nove é a carta que traz o confronto com todas as imagens internas que causam medo e aflição. Nessa etapa, devemos nos conscientizar do poder e da influência que as experiências negativas do passado e os traumas exercem sobre nossa vida, provocando estagnação e sofrimento. Esse é o arcano dos pesadelos. Quando vivenciamos suas lições, somos forçados a entrar em contato com os monstros internos que espreitam na sombra.

Além do medo, a culpa é outro sentimento tipicamente associado ao Nove de Espadas. Quando somos tomados por ela, entramos em um ciclo repetitivo e vivemos várias vezes uma situação sem conseguirmos nos desvencilhar dela. O sentimento de culpa nos faz recorrer à autopunição constante, como correntes que nos mobilizam e impedem nosso avanço. Na mitologia grega, encontramos essa imagem expressa na figura das Erínias, nascidas do sangue de Urano, vertido sobre a Terra após sua castração, como já discutimos no texto de abertura deste naipe. As Erínias eram criaturas que personificavam a força da vingança e da culpa, perseguiam os criminosos e os atormentavam sem trégua, clamando por uma morte violenta. Quando permanecemos presos ao sentimento de culpa, submetemo-nos à punição simbólica por parte dessas terríveis criaturas.

## Dez de Espadas

| NÚMERO | ELEMENTO |
|---|---|
| 10<br>Finalização | AR<br>Padecer |
| *Término*. O encerramento das possibilidades. ||

**Ideia central:** sofrimento que chega ao extremo; aviso de que as coisas só poderão mudar para melhor. Pode demonstrar um histórico sofrido e de perdas que se encerraram. Não há mais perdas nem dores para serem vivenciadas. O sol nascerá em breve.

## Significados

O Dez de Espadas é uma carta que trata de finalizações, términos e fechamentos inevitáveis de ciclos. Este é o momento de encerrar uma situação, quando as possibilidades se esgotam e a única alternativa é seguir em frente. De maneira mais positiva, também anuncia o fim dos períodos de sofrimento e, respeitando as leis cíclicas da vida, revela-nos que tempos melhores virão. Este arcano corresponde ao ponto-final de uma fase, ao prenúncio de que um novo capítulo de nossa história poderá se iniciar depois das perdas e decepções.

De um ponto de vista mais subjetivo, o Dez de Espadas também pode nos revelar que o consulente é incapaz de enxergar novas alternativas e opções, sentindo-se derrotado e dando-se por vencido. Essa carta expressa, ainda, as consequências desastrosas que podem ocorrer quando a mente é usada de maneira desequilibrada ou para propósitos negativos. Nesse caso, sucumbimos aos impulsos destrutivos do plano mental, cuja força se volta contra nós mesmos.

O Dez de Espadas nos aconselha a esquecer as experiências desagradáveis e seguir em frente, pois não há mais nada a ser feito ou vivenciado. Nossa mente deve voltar-se para o futuro e as novas possibilidades, permitindo-nos iniciar um novo ciclo.

## Simbologia

| | |
|---|---|
| DEZ ESPADAS | Fincadas no solo e no corpo da mulher, representam os processos destrutivos em que a energia psíquica se volta contra a própria consciência. |
| A MULHER | Perda da energia de uma ideia, que deixa de exercer influência sobre a consciência. |
| O CÉU | Límpido, indica a percepção mais clara e desimpedida da consciência, que se abre para novos potenciais e novas possibilidades. |

## Despertar interior

O percurso pelas cartas numeradas do naipe de Espadas nos conduz a uma jornada de descobrimento das potencialidades da mente, que, como a espada, tem duas características: é uma lâmina que pode tanto defender e abrir caminhos quanto ferir os outros e a nós mesmos. Desse modo, o Dez de Espadas nos coloca diante do potencial destrutivo da mente, que pode acabar se voltando contra nós. Quantas vezes não nos sentimos subjugados por nossos pensamentos? A mente é um instrumento que deve estar a serviço das partes mais elevadas do ser, mas muitos são dominados por seus impulsos. Quando pensamos na mente como instrumento, devemos nos conscientizar de que, se ele for manejado incorretamente, poderá provocar consequências desastrosas.

Além disso, o Dez de Espadas também nos convida a uma reflexão sobre a experiência dos finais. Diante desse arcano, devemos nos perguntar se somos verdadeiramente capazes de nos desvincular de uma situação e perceber que todas possibilidades se esgotaram ou se, ao contrário, tendemos a evitar e fugir dos finais, negando-os e postergando-os o máximo possível.

O Dez de Espadas também é a carta da despedida, do luto, da elaboração das perdas e dos processos difíceis, pelos quais passamos ao longo da vida. No entanto, sua mensagem oculta, contida na simbologia do número 10, é que todo final nada mais é do que a possibilidade de um recomeço, desta vez mais maduro e esclarecido. Quando não nos permitimos viver os finais, outros inícios demoram a se abrir.

# CARTAS DA CORTE

## Valete de Espadas

| CARTA DA CORTE | ELEMENTO |
|---|---|
| VALETE<br>Impulso | AR<br>Conhecimento |
| *Curiosidade*. A descoberta de novos conhecimentos. ||

**Ideia central:** disposição para aprender algo, espertez, perspicácia, prepotência, ambição e arrogância intelectual, egoísmo, más notícias, intromissão, fofoca, intriga, calúnia e maldade.

## Significados

Abrindo as cartas da corte do naipe de Espadas, temos o Valete, que representa as primeiras manifestações conscientes do potencial do elemento Ar e, por isso, corresponde a uma pessoa no início da descoberta das capacidades da mente. O Valete de Espadas indica alguém naturalmente curioso e com sede de aprender, mas também sugere tendência ao comportamento autocentrado, ou seja, que pode usar o poder das palavras e da comunicação para fins egoístas, sem levar em consideração o ambiente à volta ou as outras pessoas. Astuto e sagaz, apesar de ingênuo e imaturo, o Valete de Espadas gosta de brincar com as palavras e tem consciência do poder delas, embora ainda não as domine plenamente. Suas atitudes podem ser motivadas por propósitos ocultos, que servirão apenas a ele, e sua atitude pode ser muito manipuladora, não porque ele tem natureza má, mas porque sempre pensa em si mesmo em primeiro – e às vezes exclusivo – lugar.

Há no Valete de Espadas grande desejo de descobrir e saber mais. O conhecimento é um valor importante para ele, que está disposto a aprender e exercitar suas habilidades mentais. Pode ter talento natural para a comunicação e sabe escolher as palavras certas para provocar nas pessoas as reações esperadas e conseguir o que deseja. Como todo valete, pede cuidado com o excesso de autoconfiança e a ingenuidade, pois lhe falta a experiência concreta, que conduz ao amadurecimento de seus potenciais. O Valete de Espadas pode simbolizar uma pessoa ou um objetivo com dificuldade de se manifestar e que permanece preso e restrito ao plano da mente, ou, ainda, tendência a discursos prontos e vazios, nos quais muito se fala e pouco se faz. Nesse Arcano Menor, a ideia ainda está desassociada da ação concreta e transformadora.

Essa carta também pode representar uma ideia inovadora e original, que carrega imenso potencial, mas precisa ser aperfeiçoada e desenvolvida com o tempo. O Valete de Espadas aponta para o pensamento revolucionário, que desafia a ordem estabelecida, mas ainda deve passar por um processo de refinamento para poder encontrar aplicações práticas.

## Simbologia

| | |
|---|---|
| O VALETE | A atitude pura, ingênua e imatura da consciência, retratada aqui como jovem. O ego em formação e desenvolvimento. Com semblante calmo e sereno, indica estado mental de tranquilidade. O olhar voltado para a direção oposta da espada revela a dispersão e a falta de foco características desse estágio de desenvolvimento. A pluma do chapéu representa leveza dos pensamentos, criatividade e inspiração. A calça marrom e a camisa alaranjada revelam o pensamento concreto e voltado para objetivos práticos. |
| A ESPADA | Atenção, concentração, memória e outras funções mentais, das quais o ego começa a se apropriar e a experimentar. O potencial intelectual e a racionalidade. |
| A PAISAGEM | Indica a fertilidade interna e o potencial criativo à disposição da mente. O pensamento otimista, despreocupado e livre de obstáculos. |

## Despertar interior

Do ponto de vista interior, o Valete de Espadas corresponde à mente infantilizada nos primeiros estágios de desenvolvimento, quando se deslumbra com o mundo e deseja explorá-lo e descobri-lo. Ele representa o início de nossas capacidades intelectuais, a fase em que nosso conhecimento ainda é superficial e intuitivo. Ao vivenciarmos o Valete de Espadas, somos tomados por ideias, pensamentos, teorias ou ideologias e permanecemos imersos em uma atitude racional e intelectual. Por isso, nesse ponto, devemos não só nos questionar sobre nossas crenças e nossos valores como também avaliar, de maneira sincera, se realmente conseguimos aplicá-los na prática.

Todo Valete representa um tipo de idealismo e carrega a imagem da realização plena de imenso potencial, embora ainda esteja no início de sua jornada. No naipe de Espadas, ele nos adverte a não confundirmos a ideia com a realidade concreta, pois, apesar das imagens e dos ideais que somos capazes de enxergar no plano da mente, temos de estar cientes de que eles ainda não ganharam aplicação prática. Nesse momento, devemos perceber quanto nossos discursos realmente são consistentes e condizentes com nosso estilo de vida e nossa maneira de nos relacionar com o mundo, as outras pessoas e nós mesmos. A fala não pode ser desconectada da ação. O trabalho do Valete de Espadas é encontrar formas de unir teoria e prática, palavra e ação no cotidiano.

# Cavaleiro de Paus

| CARTA DA CORTE | ELEMENTO |
|---|---|
| CAVALEIRO<br>Progresso | AR<br>Intelectual |
| *Desbravamento.* A ideia que impulsiona a ação e o movimento. ||

**Ideia central:** inteligência, ansiedade, tensão, precipitação, rapidez, pressa, agilidade, impaciência, mente aguçada, coragem e ímpeto. Em alguns momentos, poderá representar polêmicas, contestação, revolta, mania de perseguição, luta contra si mesmo, estresse e paranoias.

## Significados

O Cavaleiro de Espadas é ousado, destemido, bem-intencionado, inteligente, agressivo e determinado. Esse arcano representa a mente focada em uma ideia ou um valor, a busca pelo conhecimento e o movimento ativo em direção a uma conquista intelectual. Desbravador, ele percorre o mundo levando uma mensagem: é um comunicador nato e deseja ser ouvido. Sua mente é agitada e tempestuosa, movida por um senso de propósito e objetivo.

Sua energia e seu movimento criam uma atitude ansiosa, o que pode ser um obstáculo para ele, e sua falta de planejamento pode fazer com que nem sempre ele cumpra o que promete. Há, nesse caso, um alerta para que a pressa e a urgência não se tornem empecilhos para o progresso. Em algumas situações, esse arcano pode indicar estado de cansaço e exaustão mental pela dificuldade de encontrar quietude. Também pede cuidado com a unilateralidade do pensamento, que pode levar à obstinação, ao fanatismo ou à obsessão.

O Cavaleiro de Espadas nos aconselha a agir de maneira cautelosa, transformando a impulsividade em determinação e foco. O momento pede que sejamos assertivos e precisos em nossos movimentos. As palavras e a comunicação podem ser valiosos instrumentos para abrir caminhos e nos aproximar de nossos objetivos. É hora de expressar as ideias, dizer o que pensamos e investir no desenvolvimento intelectual.

## Simbologia

| | |
|---|---|
| O CAVALEIRO | Sua armadura indica a rigidez mental e a proteção contra os ataques externos, ou seja, as ideias, os discursos e as opiniões contrárias que possam tentar chegar à consciência. Os olhos castanhos enfatizam o foco em um objetivo concreto. |
| A ESPADA | A espada elevada é o poder da palavra, da comunicação e do pensamento que se coloca a serviço do ego. |
| O CAVALO | Seus olhos fixos, de cor igual aos do cavaleiro, indicam o domínio dos impulsos, que leva a consciência na direção de sua escolha e vontade. |

## Despertar interior

O Cavaleiro de Espadas combina agilidade e movimento, típicos de todos os cavaleiros, com a projeção e a expansividade do elemento Ar, tornando esse arcano muito dinâmico e rápido. Movido pelo sentimento de uma missão, sua mente está direcionada a um objetivo claro, que, muitas vezes, pode impedir que ele enxergue o próprio entorno. Suas grandes armas são o poder da comunicação e o pensamento lógico, que ele usa para desbravar o caminho e se livrar de todos os obstáculos. Ele é um desbravador nato e não tem medo de caminhar por territórios novos ou nunca explorados. Sua força e intensidade impulsionam as descobertas e a inovação.

Outra palavra profundamente associada à atitude dos cavaleiros é "comprometimento". Portanto, no naipe de Espadas, é chegado o momento de pensar com quais ideias, valores e princípios estamos verdadeiramente comprometidos. O Cavaleiro de Espadas responde a um intenso chamado, movido pelo propósito; por isso, pergunta-nos quais mensagens temos transmitido ao mundo, não apenas com nossas palavras, mas também com nossas ações. A busca por conhecimento é outro de seus valores; assim, esse arcano nos ajuda a reconhecer o que nos inspira a aprender mais, despertando nossa curiosidade para que nosso desenvolvimento intelectual nunca termine. Ele nos adverte a não perdermos de vista o que se passa ao nosso redor quando buscamos realizar nossos objetivos. Ao mesmo tempo que permanecemos com o olhar focado no destino da viagem, precisamos estar conscientes da realidade à nossa volta para evitarmos o isolamento ou a unilateralidade.

# Rainha de Espadas

| CARTA DA CORTE | ELEMENTO |
|---|---|
| RAINHA<br>Amadurecimento | AR<br>Pensamento |
| *Assertividade*. O pensamento eficiente. ||

**Ideia central:** independência, realização, estratégias, objetividade, praticidade, frieza emocional, eficiência, ceticismo e inteligência. De alguma forma, pode indicar traços calculistas, maquiavélicos e mordazes.

## Significados

Este Arcano Menor representa uma mulher forte e racional que com muito sofrimento aprendeu que o ideal é não demonstrar suas fraquezas ao mundo. Ela é inteligente, eficiente e estrategista e não prioriza o amor nem qualquer outro sentimento. A Rainha de Espadas quer sempre manter o controle de tudo. Suas ações são práticas, objetivas e frias, e ela pode até manipular as pessoas com os poderes da mente. Essa rainha tem muita classe e se comporta como dama de ferro da sociedade. Preocupa-se muito com a própria imagem, é bela e realizadora. Uma mulher independente e plena, que não teme a solidão e a busca ativamente como maneira de chegar ao melhor de seu potencial mental. Inspira respeito e, às vezes, temor nas pessoas à volta.

A Rainha de Espadas é uma excelente administradora e líder, pois toma decisões importantes usando a lógica e a racionalidade. Com ar frio e distante, não tem medo de usar seu poder e sua autoridade para fazer o necessário e cumprir suas funções e seus objetivos. Tem a capacidade de antecipar problemas e conflitos, não pela intuição, mas pelo raciocínio claro, que lhe permite enxergar longe, fazendo dela uma grande visionária. Com sua espada afiada, corta, edita e elimina de maneira direta o que se coloca em seu caminho. É movida por profundo senso de responsabilidade, dever e compromisso.

Ao surgir em uma leitura, pode indicar que o momento pede mais foco e sugere que eliminemos todas as distrações que nos fazem perder tempo. Ainda revela a necessidade de abrir mão de algo para que o objetivo seja conquistado. Também sugere que encaremos a situação de maneira menos emocional e usemos a racionalidade para ampliar nossa compreensão e tomar as decisões necessárias.

## Simbologia

| | |
|---|---|
| A RAINHA | Amadurecimento do potencial mental, lógico e racional, representado pela figura feminina; princípio interno, capaz de sintetizar e integrar. Também representa a energia psíquica voltada para dentro, em contemplação de si mesma. O vestido azul-celeste, da mesma cor do céu, mostra-nos seu estado de serenidade. Ela está em posição de firmeza e autoridade, indicando a mente no aspecto analítico e crítico. No peito, traz a borboleta, animal do elemento Ar que simboliza a elevação espiritual e a transformação interior para alcançar o mais alto potencial. A coroa de três pontas mostra o poder criativo de sua mente. |
| O TRONO | A concretude do poder da Rainha, que permanece ancorada na realidade e não se perde no plano mental. A base quadrada representa o mundo material, enquanto a elevação do trono e a lâmina da espada representam a sintonização com os princípios e valores aos quais a Rainha se dedica. |
| A ESPADA | A consolidação das habilidades mentais da Rainha, apontada para o céu, indicando que está pronta para o ataque e a defesa. É uma extensão dela própria. O *logos* a serviço da consciência feminina. |
| A PAISAGEM | Verdejante e cheia de vida, demonstra que o poder da Rainha se estende sobre a terra para criar um ambiente fértil. Seu poder não é estéril, mas capaz de preencher o ambiente com a vitalidade da mente. |

## Despertar interior

A Rainha de Espadas é uma professora dura que não aceitará de nós nada menos que os mais elevados resultados. Diante de seu trono de ferro, somos chamados a contemplar quanto as emoções, as expectativas e as ilusões nos atrapalham na busca de nossos objetivos. Com sua espada afiada, ela é capaz de cortar com movimentos rápidos e precisos as relações de dependência que criamos ao longo do tempo e nos impedem de assumir a verdadeira responsabilidade e poder sobre nossa vida. Entre seus frios ensinamentos está a compreensão de que, apesar de vivermos em comunidade e cercados por outras pessoas, só seremos capazes de realizar plenamente o que desejamos se nutrirmos certo nível de independência e distanciamento, não porque as outras pessoas são obstáculos, mas porque é apenas no silêncio da contemplação particular que poderemos descobrir nosso mais genuíno propósito. Senhora da separação, a Rainha de Espadas nos leva ao alto de sua torre para remover nossos referenciais coletivos e perguntar sobre nossa vontade individual.

Com as mãos geladas, ela nos ensina que não há grandes realizações sem sacrifício. Apontando a espada em nossa direção, pergunta-nos o que estamos dispostos a sacrificar na jornada da realização do eu. Tem em mente um firme propósito, que guia todas as suas ações, decisões e palavras e exige que sejamos capazes de nos comprometer com nosso objetivo. Estrategista e calculista, ela não tem medo de se comunicar nem de usar as palavras sempre que necessário. Sua comunicação é precisa, assertiva, prática e nada emocional, pois a Rainha de Espadas é especialista em discriminar entre certo e errado, bom e mau.

Em níveis interiores, a Rainha de Espadas representa a mente treinada que não sucumbe às agitações. É senhora de si, personificação da disciplina e do poder. Aprender com ela é necessário para quem deseja realizar grandes feitos e chegar à posição de poder que ela mesma ocupa.

## Rei de Espadas

| CARTA DA CORTE | ELEMENTO |
|---|---|
| REI<br>Autoridade | AR<br>Racional |
| *Especialista*. O domínio intelectual e lógico. ||

**Ideia central:** inteligência, frieza, ansiedade, prepotência, atividade mental elevada, articulação e desconfiança. Pode indicar alguém que se opõe como obstáculo.

## Significados

O Rei de Espadas é um grande conhecedor de sua área de atuação, o que faz dele um excelente líder. Por ter alcançado o máximo do conhecimento, consegue antecipar todas as variáveis de qualquer situação, agindo de maneira precisa para realizar seus objetivos. Mestre na arte da retórica, excelente conselheiro e orientador, domina a habilidade da persuasão e as palavras. Sua atitude pode ser reservada, o que, às vezes, o torna inacessível, mas ele mantém boas relações com as pessoas à volta, não necessariamente por desenvolver laços de afeto, mas porque sabe que a estabilidade de sua posição só pode ser mantida com a articulação apropriada dos que estão sob o comando de sua firme espada.

Sua atitude mental faz com que tenha postura naturalmente desconfiada e, muitas vezes, aja na defensiva. É imparcial e não toma decisões de maneira apaixonada. Raras vezes, poderá agir como conciliador para evitar algum tipo de conflito ou desentendimento, esforçando-se para preservar a ordem. Mestre estrategista, cada passo seu tem um porquê. Em uma leitura, pode indicar a necessidade de buscarmos aconselhamento com quem sabe mais do que nós. Também pode representar o reconhecimento e a chegada a uma posição de liderança e orientação para outras pessoas, ou mesmo o amadurecimento de uma ideia ou projeto. Além disso, ele aconselha uma atitude lógica e estratégica, planejada e calculada. O Rei de Espadas prefere evitar o conflito intenso e direto, mas não tem medo de usar seu poder de maneira precisa, quando necessário.

## Simbologia

| | |
|---|---|
| O REI | Sua posição indica força e domínio sobre o plano físico por meio das capacidades da mente, que são seu reino natural. As vestes azuis simbolizam os domínios elevados do céu e os altos propósitos, segundo os quais o rei governa. A capa púrpura, cor da realeza, revela sua austeridade como representante dos poderes invisíveis. Assim como o Imperador encarna a ideia do governo ideal, o Rei de Espadas também personifica as altas aspirações da mente. |
| O TRONO | O trono de pedra indica que seu poder, apesar de mental, estende-se à realidade objetiva. A base quadrada representa o plano físico, enquanto a elevação que se assemelha à lâmina de sua espada aponta para o céu e os princípios mais elevados. |
| A ESPADA | Representa o poder do intelecto, do planejamento, da astúcia e da racionalidade, com o qual o rei mantém seus domínios. É a capacidade criativa da palavra como *logos*, que sabe analisar e separar, mas também conciliar. |

| A PAISAGEM | A paisagem verdejante que se estende ao redor do Rei indica o poder fértil e criativo da mente, além de representar sua capacidade de manifestar no plano físico o que é vislumbrado nos olhos da mente. |
|---|---|

## Despertar interior

Se a Rainha de Espadas representa a maestria da mente no nível interior, o Rei de Espadas faz com que esse domínio se volte para o mundo externo, aplicado à realidade, em especial às nossas relações e interações sociais, atribuídas ao elemento Ar. Ele sabe como construir as relações corretas e importantes para assegurar o sucesso de seu reinado. De maneira negativa, isso poderá se expressar como autoritarismo e manipulação, mas, quando as qualidades do Rei de Espadas se manifestam positivamente, ele se torna um sábio mediador, cujas palavras são capazes de inspirar sabedoria e propósito a todos que o ouvirem. Por isso, uma das lições desse arcano é saber comunicar-se e construir as relações apropriadas para alcançar a realização dos propósitos. Nesse caso, não há afetividade, mas a capacidade de congregar sob o mesmo estandarte diferentes propósitos e princípios.

O Rei de Espadas nos ensina a colocar os objetivos acima das paixões e dos desejos, para que sejamos capazes de agir de maneira despersonalizada a serviço de uma causa, assim como um rei deve servir a seu povo. Isso lhe permite assegurar a estabilidade de sua posição e o crescimento próspero de seu reino. Há situações e momentos na vida em que devemos nos elevar acima de nossas emoções para ter sucesso. O Rei de Espadas nos permite substituir a paixão pelo dever no cumprimento de nossas responsabilidades e de nossos projetos.

# O naipe de Copas

*A água me contou muitos segredos*
*Guardou os meus segredos*
*Refez os meus desenhos*
*Trouxe e levou meus medos [...]"*

– ***Eu e Água,*** Caetano Veloso

| | |
|---|---|
| **ELEMENTO:** Água | **PRINCÍPIO:** conexão, dissolução, purificação |
| **FUNÇÃO PSÍQUICA:** sentimento | **TEMÁTICA:** amor, romance, relacionamentos, empatia, espiritualidade, sonhos |
| **ESTAÇÃO DO ANO:** outono | **PERSONALIDADE:** sensibilidade, criatividade, romantismo, idealismo |
| **PONTO CARDEAL:** Oeste | **SIGNOS:** Câncer, Escorpião e Peixes |

O símbolo do naipe de Copas é a taça, imagem muito popular em diversos mitos e representações artísticas de várias épocas. Está relacionado ao elemento Água e às experiências de amor e afeto, aos sonhos, às ilusões, expectativas e esperanças, bem como à força de atração que reúne as pessoas para formar elos, parcerias, relacionamentos e comunidades. A jornada por meio de suas lâminas nos conduz a um processo de purificação, pois, assim como a água sempre tende a se mover para baixo, o naipe de Copas é um chamado para a experiência da interioridade e abre os portais para o universo simbólico em nós.

Ao mesmo tempo, ao correr sobre a terra, a água tem a capacidade de contornar obstáculos e encontrar um caminho para seguir em frente. Assim como todo rio corre em direção ao oceano, as vivências associadas a esse naipe nos permitem transcender os limites de nossa existência individual para buscar o contato e a fusão com o outro. Por isso, todas as experiências de transcendência do eu pertencem aos domínios do naipe de Copas, o que inclui todas as experiências espirituais que promovem conexão com algo que está além de nós mesmos. De resto, a água é o elemento regente dos sonhos, dos desejos e das expectativas, moldando nossa imagem e percepção da realidade tal como fazem as ondas do mar ao se quebrar contra a rocha. No reino de Copas, somos chamados a nos perceber como seres desejantes e vulneráveis, o que inevitavelmente nos fará confrontar nossos próprios medos e monstros interiores. Contudo, assim como a água tem a habilidade única de limpar, lavar e purificar, as experiências emocionais trazidas por esse naipe também têm o poder de aliviar nosso coração das experiências do passado e permitir que permaneçamos fluindo, sempre em frente.

É do filósofo grego Heráclito a famosa frase de que é impossível se banhar duas vezes no mesmo rio, pois, na segunda vez, tanto o rio quanto o ser humano já são outros. Isso pode ser encarado como importante metáfora sobre a natureza das experiências que vivenciamos nos domínios do naipe de Copas: todas as nossas relações e experiências afetivas, sejam elas positivas ou negativas, são únicas e irrepetíveis, pois, assim como não há duas pessoas iguais na Terra, nós mesmos somos sempre transformados a cada contato humano.

Embora muitas vezes esse naipe seja associado ao romance, essa é apenas sua manifestação mais superficial. Entre as lições do naipe de Copas estão a empatia e compaixão. Ele remete não só ao amor passional que experimentamos no início de um relacionamento como também ao amor universal – a força de atração e conexão capaz de reunir tudo o que foi separado. Um dos princípios básicos da agua é a *solutio*, ou seja, a capacidade de dissolver, como bem expressava uma das operações alquímicas.

Dissolver significa ir além dos limites estabelecidos para que possamos nos misturar a algo maior, além de nós – isso pode ser experimentado em um relacionamento romântico, mas também em laços familiares, nas amizades ou de forma menos personalizada, como no amor pela humanidade e na busca espiritual. No entanto, para que possa haver *solutio*, o indivíduo tem de abdicar do controle. A experiência da água só pode ser plena e genuína quando nos rendemos a ela, assim como esse elemento se molda para preencher cada recipiente no qual é derramado. Quando nos dissolvemos na força primitiva da água, todos as nossas partes separadas podem ser reunidas mais uma vez, o que faz desse elemento um poderoso agente de cura e restauração da alma. Ao nos reunirmos ao todo, podemos ser inteiros de novo.

## A função Sentimento

Na teoria dos tipos psicológicos de Jung, o naipe de Copas está associado à função *sentimento*, polarizada pela função *pensamento*, que, por sua vez, é representada pelo naipe de Espadas. Ambas as funções constituem o chamado "eixo do julgamento", que explica a maneira como processamos e atribuímos valor às nossas experiências de vida, enquanto as outras duas funções, *sensação* e *intuição* (respectivamente, os naipes de Ouros e Paus), tratam da maneira pela qual vivenciamos e experimentamos o mundo. O tipo *sentimento*, como função avaliativa, funciona por um princípio simples de dualidade, baseado nas experiências de prazer e desprazer, agradável e desagradável. Os acontecimentos não são processados de maneira intelectual, fria e destacada da experiência humana, mas corporificados, e recebem um peso avaliativo não pelo que representam ou significam, e sim pelos afetos que provocam em nós. A ênfase do tipo *sentimento* não está no *significado* de uma coisa, mas em *como* essa coisa nos faz sentir. Desse modo, quem tiver o *sentimento* como função primária terá o *pensamento* como função menos desenvolvida. Interpretar a realidade por meio da função *sentimento* não é um processo linear e lógico. Por essa razão, as pessoas que têm essa função como primária muitas vezes sentem dificuldade em explicar ou comunicar o que sentem. O reino da função *sentimento* é simbólico e abstrato e escapa dos limites e das definições das palavras.

## A imagem arquetípica do naipe de Copas

Para que todas as experiências proporcionadas pelo elemento Água sejam possíveis, antes precisamos de um instrumento capaz de contê-la. Nossas mãos podem tocá-la, mas não conseguem sustentá-la por muito tempo, pois a água sorrateiramente escorre por entre nossos dedos. Para que possamos explorar os mistérios desse elemento, temos de contê-lo. Por isso, a taça e por excelência, o símbolo desse naipe: oferece um ambiente separado e controlado, no qual a água pode ser experimentada.

Todos os recipientes são imagens arquetípicas desse mesmo princípio: o vaso da alquimia, o tubo de ensaio de um cientista, o caldeirão de uma bruxa, as panelas de uma cozinheira, as xícaras de chá de uma vidente etc.

O primeiro recipiente com o qual temos contato é o ventre materno, no qual permanecemos imersos enquanto nosso corpo ganha forma. O corpo da mulher é, por excelência, o símbolo do cálice, o que torna esse naipe essencialmente feminino e receptivo. Por essa razão, o naipe de Copas também está associado à maternidade, ao nascimento, renascimento e potencial criativo inerente à alma humana.

Do ponto de vista psíquico, o inconsciente é percebido como feminino quando contrastado com a consciência, pois também cumpre a função de conter experiências, memórias e informações, no caso do inconsciente pessoal, ou as formas primordiais e os arquétipos, ao tratarmos do inconsciente coletivo. Isso faz com que o naipe de Copas também se refira à interioridade, quando caminhamos pelas vias simbólicas, ilógicas e irracionais das forças inconscientes. Nossos sonhos, nossas representações e imagens psíquicas estão submersos no domínio desse elemento, atuando como as forças da maré no fundo do oceano, que, invisíveis, provocam os movimentos aparentes na superfície do mar.

Na mitologia, esse poder pertence aos domínios da deusa Afrodite. Nascida do oceano primordial, ela ganha vida quando Cronos castra seu pai, Urano, e lança seus órgãos genitais no mar. Da espuma formada sobre as águas, a deusa emerge, nua. Como símbolo das águas primordiais do ventre, o oceano é o ambiente onde a própria vida começou. Ao emergir das águas do mar, Afrodite se apresenta como a detentora de todos os poderes reprodutivos femininos que permitem a continuidade da espécie e de todo ser vivo. Quando caminha pela terra, as flores nascem em todos os lugares tocados por seus pés e revelam seu poder fertilizador. Foi a única divindade que os gregos representaram em completa nudez, evidenciando a ausência de traços e elementos sociais – ela é corpo, a espontaneidade do desejo e do sentimento que se mostra à flor da pele. Nessa deusa, encontramos a primeira imagem mitológica do cálice, oculta no interior do corpo feminino, como o ventre gerador da vida.

Afrodite é não apenas a regente dos oceanos e da reprodução, mas também a deusa do amor. A união amorosa é uma das representações da experiência alquímica da *solutio*, quando dois seres se dissolvem um no outro para tornarem-se um único. Na obra *O Banquete*, o filósofo grego Platão discorreu sobre a existência não de uma, mas de duas Afrodites: uma, chamada Afrodite Pandemos, que significa "pertencente a todos", regente do amor carnal e do desejo meramente sexual, instintivo e reprodutivo, e a outra, chamada Urânia, que significa "celestial", é a doadora do amor desinteressado, altruísta, elevado e espiritual. Isso nos mostra os vários modos como podemos experimentar o naipe de Copas.

Podemos encontrar ainda outras manifestações mitológicas da taça no mundo grego. No Olimpo, onde habitavam os mais importantes deuses gregos, havia uma divindade menor, responsável por servir aos outros a ambrosia e o néctar – respectivamente, o alimento e a bebida dos imortais. Essa divindade, conhecida como "a copeira dos deuses", era Hebe, deusa da eterna juventude, responsável por administrar no plano celestial as substâncias da imortalidade.

Hebe foi representada nas estátuas e na iconografia segurando uma ânfora e um cálice, no qual vertia o néctar sagrado. Isso nos revela outro potencial presente no naipe de Copas: o poder da regeneração, simbolizado pela juventude eterna da deusa, e a possibilidade da experiência de eternidade. Hebe também nos ensina como os mistérios da taça devem ser experimentados: com espírito sempre jovial, ou seja, puro, genuíno, inocente, imaculado e livre de segundas intenções. Como copeira dos deuses, ela não era dona dos cálices de néctar, mas apenas quem os servia. Não buscava controlar nem tomar para si o poder da taça, porém se colocava humildemente a seu serviço, assegurando a imortalidade de todos os deuses do Olimpo. A juventude de Hebe parece ser um fator fundamental para essa experiência, uma vez que a mesma temática é encontrada em uma série de outras narrativas mitológicas, como as histórias sobre a fonte da juventude.

Por fim, encontramos a imagem e a representação do cálice nos mitos de cavalaria da Idade Média, que narram a busca dos cavaleiros pelo Santo Graal, a taça usada por Jesus na Santa Ceia e que era dotada de inúmeros poderes sobrenaturais, como a cura das aflições e a realização dos desejos. Quem bebe do cálice se torna inteiro mais uma vez. As origens dessa história são, entretanto, muito mais antigas, chegando aos mitos celtas relacionados ao caldeirão. Nessa mitologia, o caldeirão representa o ventre capaz de trazer os mortos de volta à vida, oferecer alimento em abundância, curar os feridos em batalha e conceder a divina inspiração. Aqui encontramos uma nova manifestação do poder de fertilidade do naipe de Copas, desta vez não sobre o corpo, mas sobre a alma. Como fonte de todo potencial criativo e regenerador do inconsciente, esse recipiente é, igualmente, doador de sabedoria. Encontramos esse mesmo simbolismo na imagem de Sofia, personificação grega da sabedoria, também representada segurando um cálice.

# CARTAS NUMERADAS

## Ás de Copas

| NÚMERO | ELEMENTO |
|---|---|
| 1<br>Potencial | ÁGUA<br>Intensidade |
| *Abertura emocional.* Novo fluxo positivo de emoções. ||

**Ideia central:** transbordamento de emoções, sensibilidade em demasia, sentimentos à flor da pele. Pode representar o início de um relacionamento, porém não garante durabilidade. Caridade, auxílio e bondade. Muitas vezes, esta figura indica estado emocional intenso, que ajuda ou atrapalha uma situação.

## Significados

Abrindo o naipe de Copas, o Ás traz em si todo potencial de expressão do elemento Água. Nesse caso, estamos no território dos desejos, dos sonhos, das expectativas e dos sentimentos. Ao surgir em uma leitura, este arcano indica que há um novo fluxo de energia emocional presente na situação, que pode simbolizar não apenas um novo romance (como esta carta costuma ser interpretada), mas também um estado de conexão profunda com as forças não racionais que regem e movimentam a vida: a inspiração, a nutrição afetiva, a compaixão e o amor desinteressado.

Na imagem, vemos uma taça transbordando, e é exatamente esse o movimento interior representado nessa carta: a necessidade de transcender os limites e as barreiras que nos separam, para que possamos nos conectar ao outro.

Indica atitude de doação e entrega, bem como a necessidade de se vincular a algo ou a alguém em níveis mais íntimos. Por isso, também pode revelar que os sentimentos são experimentados com muita intensidade, de maneira exagerada. Pode ainda mostrar uma pessoa ou um estado de espírito com grande sensibilidade e empatia. Como arcano dos inícios, revela estado interior de renovação emocional e espiritual, além do começo de um novo relacionamento ou de uma nova amizade. Como todo Ás, o alerta desse arcano é para que não tomemos o início nem os vislumbres das possibilidades como a realização final. É preciso tomar cuidado com a ingenuidade e o excesso de confiança.

## Simbologia

| | |
|---|---|
| UMA TAÇA | A cor dourada representa o potencial elevado do naipe, revelando que sua origem é divina. O coração cor-de-rosa indica que ela contém as emoções profundas. A taça transborda, vertendo a água sobre a terra, o que revela não apenas a plenitude emocional, mas também o fluxo criativo que emerge de dentro para fora, representando a conexão livre com os potenciais da alma. |
| O RIACHO | Ao fundo, à esquerda, um pequeno riacho corre sobre as rochas, representando o movimento das emoções e a desobstrução entre a consciência e o inconsciente. |
| A TERRA VERDE | A grama e as flores revelam que a taça é a fonte da vida natural, animando a terra e compartilhando da sua totalidade. Também indica a fertilidade das imagens psíquicas interiores que se tornam vívidas e cheias de energia. |
| O CÉU | Azul como a água, mostra que as origens do líquido da taça não são terrenas, mas celestes, fluindo a partir dos níveis mais elevados de consciência. |

## Despertar interior

Ao voltarmos nossa atenção para o Ás de Copas em busca de seus significados interiores, contemplamos os mistérios da unidade. Sabemos que o elemento Água foi chamado de "solvente universal", e isso vale não só para as substâncias físicas como também para todos os processos da alma.

A natureza desse elemento está em ligar, vincular, misturar e unificar o que antes estava separado. Por isso, esse também é o naipe do amor: quando amamos, os limites entre nós e o ser amado tornam-se difusos e confusos. Não sabemos onde termina um e começa o outro. Todos temos um desejo íntimo de retornar a um estado de unidade com todas as coisas. Quando experimentamos o amor nas diversas manifestações, somos capazes de transcender nossa individualidade para nos unir a algo maior.

De maneira mais simples, podemos pensar nesse sentimento de unidade nas relações de amor humano; porém, do ponto de vista simbólico, esse mesmo processo acontece em nível espiritual. Muitos mitos relacionados à criação mencionam a água. Tudo existia em estado de mistura e união perpétua, até que o ato de criação gerou os limites e a separação para dar forma definida às coisas. O sentimento de êxtase espiritual sempre foi descrito como um processo de união mística com o divino. Por isso, contemplar o Ás de Copas é estar frente a frente – ou melhor, imerso – na conexão com o que supera o indivíduo.

Em termos psicológicos, a água que vem das profundezas da taça e transborda sobre o mundo também representa os fluxos criativos do inconsciente, que podem se expressar de alguma maneira. Nesse momento, ficamos fascinados com as imagens interiores de nossa alma, animadas por intensas emoções. Dando um passo para longe da realidade exterior, experimentamos com intensidade nosso mundo interno e as paisagens que o compõem. Nesse caso, o Ás de Copas também pede cuidado para que não nos percamos nos sonhos e nas ilusões e nos esqueçamos do mundo concreto.

Por todas essas razões, esse arcano trata da inspiração artística e simbólica, que pode se expressar nas artes, nos sonhos ou em nosso estado emocional. Novamente, vemos o tema da unidade, dessa vez entre a consciência e o inconsciente, que, trabalhando juntos, podem transbordar seu potencial criativo em nossa vida. Por fim, o estado de unidade e unificação representado no Ás de Copas também pode tratar dos processos de cura interior, nos quais, mais uma vez, nos sentimos seres inteiros e nos renovamos após um período de cisão psíquica interior.

# Dois de Copas

| NÚMERO | ELEMENTO |
|---|---|
| 2<br>Dualidade | ÁGUA<br>Relacionamento |
| *Vínculo*. A conexão emocional entre o eu e o outro. ||

**Ideia central:** parcerias, bons acordos, acerto de contas, ótimos relacionamentos, igualdade, harmonia, alteridade, alianças, comprometimento, namoro ou casamento. Indica o amor elevado de almas gêmeas.

## Significados

Todo número 2 indica a polaridade e a dualidade da vida, e o naipe de Copas trata de nossa capacidade de estabelecer relações. Portanto, o Dois de Copas é o arcano das parcerias, da harmonia, dos vínculos e das conexões sinceras. Sempre que esta carta surge em uma leitura, sugere que não estamos sozinhos na busca por nossos propósitos e que devemos procurar nos relacionar com pessoas que nutrem objetivos semelhantes aos nossos. Representa estado de equilíbrio, comprometimento e respeito. Por isso, também dizemos que essa é a carta dos compromissos, dos acordos felizes e dos relacionamentos equilibrados.

Como arcano das parcerias, pode indicar o surgimento de intimidade nas relações românticas, o estreitamento de laços de amizade ou a formação de parcerias genuínas em projetos emocionalmente significativos para nós. Com ele, há profunda compatibilidade entre os envolvidos. O Dois de Copas sugere que há um fluxo afetivo de mão dupla em andamento: dar e receber, ouvir e ser ouvido, amar e ser amado, cuidar e ser cuidado. De toda maneira, simboliza que há um tipo de atração mútua e unificada. Revela a existência de confiança, empatia e cuidado entre as partes em uma relação. Por esse motivo, essa também é a carta das alianças, do amor e do casamento.

## Simbologia

| | |
|---|---|
| **DUAS TAÇAS** | A dualidade das emoções. O encontro entre dois corações dispostos a compartilhar. Entretanto, eles estão vazios, indicando a busca pela totalidade e as expectativas depositadas no parceiro. |
| **O CASAL** | Todas as experiências dualistas e emocionais. O homem e a mulher representam os pares de opostos complementares, capazes de formar a totalidade, indicando a harmonia entre as polaridades. As roupas cor-de-rosa revelam seu estado emocional de afeto, mas também as projeções feitas por ambos os parceiros. |
| **A PAISAGEM** | A terra verdejante e cheia de flores revela estado de plenitude interior. Os sentimentos são intensos e vívidos. As rochas ao fundo indicam os obstáculos que devem ser ultrapassados, mas também a atenção focada um no outro. |

## Despertar interior

As melhores palavras para expressar a experiência do Dois de Copas de um ponto de vista interior são "intimidade" e "alteridade". Enquanto no Ás experimentamos um sentimento de completa fusão e mistura, o Dois de Copas nos permite enxergar com mais clareza os limites que definem o eu e o outro. Quem já se apaixonou sabe bem disso: o tempo e a convivência naturalmente nos tiram da sensação de total unidade para que possamos ganhar mais clareza sobre nós mesmos e a pessoa amada. Nesse segundo passo da experiência amorosa, o número 2 nos traz o contraste: os amantes são capazes de perceber não apenas o que os une, mas também o que os diferencia, e reconhecem as necessidades e expectativas particulares de cada um; no entanto, ainda assim, permanecem unidos por um vínculo de afeto.

Desse modo, o Dois de Copas nos questiona sobre o equilíbrio saudável em todas as nossas relações. Somos capazes de reconhecer nossas necessidades e as do outro? Somos capazes de nutrir da mesma maneira que esperamos ser nutridos? Ou temos tendência a nos anular em subserviência total e de forma desequilibrada? O Dois de Copas nos ensina que uma relação afetiva, seja ela qual for, só pode ser sustentada por um esforço de conciliação das diferenças, feito por ambas as pessoas. Aqui, não há espaço para o egoísmo.

Além disso, do ponto de vista individual, o Dois de Copas pode revelar que estamos experimentando dentro de nós um processo de conciliação das polaridades, e que esse é um momento de harmonia entre as forças da consciência e do inconsciente, que podem produzir dinamismo e criatividade para nossa vida. Nesse sentido, esse arcano indica a expansão da consciência, capaz de abraçar e integrar conteúdos que antes permaneciam ocultos no inconsciente.

## Três de Copas

| NÚMERO | ELEMENTO |
|---|---|
| 3<br>Expansividade | ÁGUA<br>Afetiva |
| *Festejo*. O compartilhamento dos sentimentos positivos. ||

**Ideia central:** celebração, colheita, comemoração, festa, alegria, satisfação, sucesso e plenitude. Também pode representar superficialidade afetiva e necessidade de sair da rotina.

## Significados

Se o Dois de Copas é a carta das parcerias, o Três de Copas indica a felicidade emocional vinda de nossas ligações com os grupos e a comunidade estendida. Este arcano representa não apenas nosso vínculo com outra pessoa, mas também nossa participação em núcleos sociais que nos trazem algum tipo de realização interior e nos quais somos capazes de compartilhar ideais e visões de mundo. Esta lâmina é sempre um lembrete de que nunca estamos sós e pode simbolizar a necessidade de nos abrirmos para compartilhar nossas experiências, tanto positivas quanto negativas, com as pessoas que nos amam de fato.

O Três de Copas também é um prenúncio de festas, comemorações e eventos sociais que marcam eventos significativos em nossa vida, pois aponta para momentos de descontração e alegria. Pode significar, ainda, uma fase em que estaremos mais sociáveis, conhecendo novas pessoas ou ingressando em novos grupos. Além disso, pode indicar a necessidade de sair da rotina e buscar momentos de lazer e descontração.

Por outro lado, dependendo do contexto de nossas leituras, esse arcano pode significar que determinadas relações estão sendo vividas de maneira superficial, sem o estabelecimento de uma conexão verdadeira. Como carta de movimento social, pode revelar falta de compromisso ou desejo de não estabelecer vínculos mais profundos no momento. De todo modo, esse é um arcano que nos diz para aproveitarmos cada situação e buscarmos a felicidade com as pessoas ao nosso redor.

## Simbologia

| | |
|---|---|
| **TRÊS TAÇAS** | Elevadas em sinal de saudação, representam o compartilhamento dos bons momentos e a união das partes individuais que compõem o coletivo. Aponta para o potencial criativo e expansivo presente na carta. |
| **AS TRÊS MULHERES** | Os cabelos de cores diferentes representam a diversidade e a autenticidade em cada elemento do grupo, ao passo que os vestidos de cores quentes expressam o potencial do arcano. As flores e os frutos aos seus pés mostram o potencial criativo de cada uma delas e que a inspiração e a criatividade fluem para se manifestar no plano físico. Esse fluxo está representado pelo detalhe espiralado em cada vestido. |
| **A TERRA** | Verdejante apenas na base de cada vestido, mostra que o poder criativo que traz vida ao mundo flui a partir do poder das taças carregadas pelas mulheres. Indica a necessidade interior de ampliar a energia vital. |
| **A ÁGUA** | Contida em uma poça à direita da imagem, aponta para o potencial criativo represado e contido pelas estruturas do grupo e que se torna disponível para as três mulheres. |

## Despertar interior

Como carta das relações sociais, o Três de Copas é um arcano que nos questiona sobre nossa capacidade de estabelecer vínculos e conexões com as pessoas ao nosso redor. Diante dessa carta, devemos avaliar a forma como construímos nossas relações e o papel que desempenham em nossa vida.

Esse é o arcano da comunidade, e sua pergunta básica é: a que tipo de pessoas desejamos nos conectar?

O elemento associado ao naipe de Copas é a Água, que indica o fluir e refluir das energias emocionais dentro e fora de nós. Por isso, esse é um naipe de movimento, mudança e transformação. A água, que muda de forma de acordo com o recipiente que a contém, altera seu estado físico conforme as condições do ambiente e nos ensina que nada é permanente nem estático. Em nossos relacionamentos, também experimentamos esse fenômeno, pois eles mudam à medida que nos transformamos. Alguns deixam de fazer sentido e encerram seu ciclo natural, ao passo que nos abrimos para novas possibilidades no campo afetivo. Nesse elemento, nada permanece estático por muito tempo.

Em nível mais profundo, o Três de Copas nos indaga se somos capazes de nos sentir pertencentes a uma comunidade que compartilha de nossos ideais e de nossa visão de mundo e que pode apoiar nossos sonhos e desejos. Como esse é um arcano de compartilhamento da alegria, também devemos perceber que as pessoas estão à nossa volta e o que, de fato, nos conecta a elas. A única maneira de experimentarmos vínculos profundos com uma comunidade é termos consciência de nós mesmos. Se formos incapazes de olhar para dentro, criaremos relações superficiais, cujos alicerces serão mais frágeis e poderão ser corroídos pelo tempo com mais facilidade.

## Quatro de Copas

| NÚMERO | ELEMENTO |
|---|---|
| 4<br>Estagnação | ÁGUA<br>Represada |
| *Descontentamento*. Bloqueio no fluxo das emoções. ||

**Ideia central:** falta de disposição para o amor; espera; situações paralisadas; insatisfação; esgotamento; amargura; pessimismo; não conseguir enxergar o lado bom da vida. De alguma forma, revela que existe tristeza em relação às coisas passadas e, portanto, incapacidade de enxergar o que está sendo oferecido no momento.

## Significados

Ao surgir em uma leitura, o Quatro de Copas indica um momento de estagnação emocional, que pode se manifestar de muitas maneiras distintas. Este arcano pode trazer à tona um sentimento de tédio generalizado com o dia a dia e a rotina, quando perdemos o entusiasmo, ou tristeza intensa quando atravessamos situações difíceis e precisamos voltar nossa atenção não para o mundo externo e as outras pessoas, mas para nosso interior. De maneira mais específica, indica que nos sentimos paralisados em determinado setor da vida, no qual o fluxo afetivo foi interrompido, e, por isso, somos incapazes de agir. Este Arcano Menor denota estado de insegurança e apatia ou atitudes não tomadas por medo do que pode acontecer. O Quatro de Copas também pode revelar pessimismo e incapacidade de enxergar o lado positivo de uma situação.

Esta carta nos aconselha a compreender o que nos incomoda e provoca nosso bloqueio emocional. Temos de tentar entender quais são os medos, as expectativas não correspondidas ou as insatisfações em nossos relacionamentos, olhando não apenas para o que sentimos, mas também para a origem desses processos em nosso interior.

## Simbologia

| | |
|---|---|
| **QUATRO TAÇAS** | Três delas estão diante do homem, mas não o atraem. Representam o potencial criativo do número 3, que se torna inacessível ao rapaz. Atrás dele está a quarta taça, indicando todos os sentimentos e afetos dos quais ele ainda não tem consciência e que provocam seu estado emocional. |
| **O HOMEM** | Aos pés da árvore, permanece paralisado, segurando as pernas. Indica a estagnação da consciência. |
| **A PAISAGEM** | O rio ao fundo mostra que há um fluxo emocional do qual o homem não tem consciência. A cor dourada no horizonte indica que o sol também não está visível, o que representa a consciência turva e tomada pelos afetos e impulsos emocionais do inconsciente. A árvore com galhos secos é símbolo da escassez interior que agora se torna perceptível para a consciência. |

## Despertar interior

Até o momento, experimentamos diversas manifestações positivas do amor: o Ás de Copas trouxe o sentimento de totalidade, o Dois de Copas nos ensinou a construção de laços de intimidade, o Três de Copas tratou do nosso pertencimento aos grupos e às comunidades. Mas, diante do Quatro, somos levados a contemplar um fato bastante desagradável: todas as experiências afetivas trarão problemas, dificuldades e algum nível de sofrimento e descontentamento.

Existem várias maneiras de passar pela experiência do Quatro de Copas. Ele pode nos surpreender quando estamos em um relacionamento romântico e a paixão começa a dar espaço para que enxerguemos outros aspectos de nosso parceiro. Percebemos, então, que nem tudo o que imaginávamos ou desejávamos é real. Por outro lado, também podemos vivenciar esse arcano quando um relacionamento humano traz à tona inseguranças, traumas ou frustrações. O número 4 representa a estrutura basilar, a forma estabelecida e a própria realidade concreta. Sempre que esses elementos parecem se sobrepor à experiência dos sentimentos, estamos no território do Quatro de Copas. Deixamos, por um momento, de voltar nossa atenção para o outro e olhamos para nosso interior, buscando compreender o que precisamos fazer para que o relacionamento possa amadurecer e prosseguir. Por meio dessa vivência, somos convidados a buscar nosso crescimento, revendo nossa história de vida, nossas crenças e esperanças em relação ao amor.

# Cinco de Copas

| NÚMERO | ELEMENTO |
|---|---|
| 5<br>Rompimento | ÁGUA<br>Luto |
| *Decepção*. Sofrimento emocional. ||

**Ideia central:** tristeza; luto emocional; o "leite derramado"; tentativa de reconstrução que não progride; situação ou relacionamento ruim que, por persistência, ainda não terminou; aprisionamento no sofrimento e nas experiências negativas do passado.

## Significados

Quando o Cinco de Copas surge em uma tiragem, revela estado de sofrimento emocional que pode ser consequência de perda, decepção, luto ou conflito. Indica estado de grande sofrimento emocional, no qual a pessoa representada se vê incapacitada de prosseguir. É a tristeza que todos sentimos quando uma situação não se desenvolve exatamente da maneira como desejávamos. Este Arcano Menor mostra que existem emoções que precisam ser elaboradas e vivenciadas e aponta para a necessidade de um momento de cura. Além disso, pode simbolizar prolongamento excessivo de dores e do luto, evidenciando tendência ao pessimismo, que alimenta constantemente uma visão negativa do mundo.

De acordo com o Cinco de Copas, essas emoções negativas não devem ser ignoradas. Temos de acolhê-las e encontrar maneiras de processá-las. Essa carta também pede que evitemos o outro extremo: alimentar o pessimismo e as emoções negativas, mantendo-nos em um tipo de aprisionamento emocional. O aparecimento desta carta significa que nossas feridas emocionais estão abertas e expostas; por isso, temos de nos cuidar. Sua grande lição é que as emoções não devem ser represadas, tal como fazemos quando negamos a dor ou nos habituamos ao sofrimento. As emoções devem fluir, provocando uma experiência natural de purificação interior.

## Simbologia

| | |
|---|---|
| CINCO TAÇAS | As três taças caídas representam o potencial criativo que não consegue se manifestar e tem o fluxo interrompido, mantendo a atenção da consciência fixada e enrijecida. As duas taças atrás do homem apontam para o potencial criativo de que ele ainda dispõe e para os recursos inconscientes que utilizará para enfrentar a situação. |
| O HOMEM | Com a cabeça baixa, indica estado interior de contemplação e fixação. Ele olha para as três taças derramadas, mostrando que a consciência permanece fixa nas experiências do passado. |
| A PAISAGEM | O céu noturno indica a consciência turva, tomada pelos impulsos do inconsciente. A terra seca na qual o homem se encontra representa o estado de aridez interior, mas as plantas ao fundo revelam que há um potencial criativo oculto que flui do inconsciente. |

## Despertar interior

A dor emocional é uma parte inevitável dos relacionamentos humanos, e o Cinco de Copas, ao surgir para guiar nosso processo de desenvolvimento interior, pede-nos que avaliemos nossa maneira de lidar com as experiências dolorosas ao longo da vida. Todo número 5 indica rompimento de estruturas; portanto, o Cinco de Copas representa todos os processos de decepção, desapontamento, separação e término de relações. Esse Arcano Menor simboliza as feridas emocionais que, inevitavelmente, os outros provocarão em nós e que nós também provocaremos nas pessoas com as quais nos relacionamos. A difícil lição transmitida pelo Cinco de Copas mostra que o sofrimento é parte inerente à experiência do amor. Quanto mais intensas são nossas relações, maior será seu potencial para nos ferir em algum momento. Pessoas sem importância para nós são incapazes de nos atingir emocionalmente. Se no coração há dor, é porque nele também há amor. O Cinco de Copas nos diz que amar só é possível quando há vulnerabilidade. Esta lâmina representa o sofrimento diante da ausência de controle. Nas palavras de Jung: "Onde impera o amor, não existe vontade de poder; e onde o poder tem precedência, aí falta o amor. Um é a sombra do outro"[57].

Diante do amor, sentimo-nos vulneráveis e incapazes de prever ou controlar as ações das outras pessoas. Mesmo assim, podemos voltar a atenção a nós mesmos e pensar em como desejamos lidar com todas as situações difíceis que podem ocorrer em nossas relações. O Cinco de Copas é um poderoso instrumento de amadurecimento, pois nos convida a aprender mais sobre nós mesmos, as outras pessoas e as maneiras saudáveis e doentias de amar e estabelecer vínculos afetivos. Com ele, somos chamados à nossa responsabilidade perante o sofrimento trazido pelo amor.

---

[57]. Carl G. Jung. *Psicologia do Inconsciente*. In: *Obras Completas de Carl G. Jung*, vol. VII/1. Petrópolis: Vozes, 2011, p. 45.

# Seis de Copas

| NÚMERO | ELEMENTO |
|---|---|
| 6<br>Restauração | ÁGUA<br>Memória |
| *Nostalgia*. A busca pela harmonia do passado. ||

**Ideia central:** ingenuidade e divagação. Falta de compromisso; infantilidade; memórias e lembranças do passado; agrados; presentes e falta de objetividade.

## Significados

O Seis de Copas é um arcano que anuncia a reparação do estado de rompimento vivenciado na carta anterior, o Cinco de Copas. Nesse momento, a atenção e o coração se voltam ao passado, buscando nas antigas experiências o conforto e a inspiração necessários para que possamos progredir em nosso caminho. Por isso, este Arcano Menor é visto como prenúncio de restauração da harmonia perdida nas relações, de reconciliação após brigas e discussões e da reintegração do que antes estava separado. Esta carta anuncia um momento de paz e conforto, mas pede que tomemos cuidado com esse movimento de regressão, para que não nos percamos nos sonhos e nas esperanças do passado e nos tornemos incapazes de lidar com o presente.

Pode indicar que estamos nos comportando de maneira idealista e idealizada, com atitude quase infantil. Por isso, seu conselho é para que resgatemos os bons sentimentos e as lembranças do passado, mas que evitemos nos perder nas imagens interiores, que podem acabar nos desviando de uma percepção mais concreta da realidade. Esta lâmina também pode significar que vivenciaremos determinados reencontros com pessoas queridas de nosso passado ou o resgate de uma lembrança positiva e feliz. O Seis de Copas pede que resgatemos um olhar ingênuo, mas não imaturo, da vida e da situação em que nos encontramos.

## Simbologia

| | |
|---|---|
| **SEIS TAÇAS** | Preenchidas com flores, símbolo da fertilidade e do florescimento do potencial oculto no interior dos recipientes, revelam o poder restaurador e vivificante do arcano. |
| **A MULHER** | Representa a atitude integradora da consciência. Os olhos fechados mostram que ela está em estado de contemplação, voltando sua energia para dentro de si. A cor laranja do vestido indica a criatividade. |
| **AS CRIANÇAS** | Lembranças e emoções positivas do passado. A conexão com a espontaneidade pessoal, as forças opostas da consciência e do inconsciente trabalhando juntas para restaurar o ser. |
| **A PAISAGEM** | A terra verdejante indica que a consciência recuperou sua vitalidade após as perdas do arcano anterior. A casa ao fundo mostra o sentimento de pertencimento, estrutura e segurança. As águas cristalinas na parte inferior da imagem reforçam o caráter reflexivo da carta. |

## Despertar interior

Quando nos vemos diante desse Arcano Menor, devemos deixar que nosso coração se lembre de tudo o que um dia foi significativo para nós. O Seis de Copas nos pede que revisitemos o passado e resgatemos os sonhos e as esperanças que um dia foram deixados de lado, para que agora possam ser reavaliados e encarados sob um olhar mais maduro e experiente. Após o processo de limpeza e purificação emocional, desencadeado pelo Cinco de Copas, é hora de encarar a verdade e resgatar o contato com a própria alma. Muitas vezes, isso é representado pela figura da criança, poderoso símbolo que nos coloca em contato com a parte de nós capaz de desejar e sentir da maneira mais autêntica possível. Nesse momento, devemos nos lembrar de tudo o que é verdadeiramente importante em nossa vida.

No entanto, esse movimento de resgate e contato com nossa criança interior sempre traz um risco: o de nos voltarmos ao passado com medo de encarar o presente. A atitude do Seis de Copas só poderá ser experimentada de fato quando esse movimento emocional não tiver como objetivo a fuga da realidade, mas a integração entre as partes rompidas de nosso ser. Por isso, esse arcano representa estado interior de restauração e reconexão, no qual as partes separadas de nosso ser podem ser reunidas, e os laços, internos ou externos, ser refeitos. Esse arcano indica a necessidade de resgatar tudo o que foi perdido.

# Sete de Copas

| NÚMERO | ELEMENTO |
|---|---|
| 7<br>Avaliação | ÁGUA<br>Sonhos |
| *Ilusão*. A fascinação pelas expectativas e imagens interiores. ||

**Ideia central:** acredita em tudo e em todos; fantasia; alimenta os "dragões" da própria cabeça; gosta de se enganar e vê a realidade sempre distorcida. Indica que as dificuldades são ilusórias e há capacidade de vencer os obstáculos.

## Significados

Ao surgir em uma leitura, o Sete de Copas revela que nossa percepção da situação está comprometida por nossas expectativas, nossos sonhos e desejos. Somos incapazes de enxergar a realidade com clareza, pois ela é anuviada por nossas imagens internas. De acordo com este arcano, nem tudo é exatamente o que parece, e, dessa forma, é preciso ter cuidado antes de dar os próximos passos. Nesse momento, há que se buscar a consciência dos próprios enganos e evitar repetir os erros do passado. Esse Arcano Menor também pode simbolizar um momento de vida em que é necessário fazer determinadas escolhas ou dar um direcionamento mais específico aos projetos. Entretanto, estamos incapacitados de fazê-lo, porque permanecemos absortos nas possibilidades de futuro.

Ele nos aconselha a ter discernimento. Talvez nossas expectativas não estejam de acordo com as possibilidades que se colocam diante de nós ou prefiramos viver em um mundo idealizado e de fantasia em vez de encarar a realidade. O Sete de Copas representa o plano dos sonhos e da imaginação, indicando que, em vez de percebermos o mundo concreto à nossa volta, vemos nele a projeção de nossos interesses e nossas esperanças. Nossa compreensão racional se turvou, e somos incapazes de pensar de maneira prática, lógica ou racional.

## Simbologia

| | |
|---|---|
| **SETE TAÇAS** | Pairando ao redor do homem, representam as imagens internas que mantêm a consciência paralisada. A casa representa o desejo de segurança; a máscara é a personalidade social; a serpente refere-se aos desejos inconscientes; a coroa de louros é o desejo por reconhecimento; as joias são os desejos materiais; o dragão remete aos medos interiores; e o fantasma são as lembranças do passado. |
| **O HOMEM** | Sentado, indica o estado de paralisia e imobilidade em que a consciência se encontra. A camisa exibe o símbolo de Netuno, indicando sua atitude sonhadora e revelando que a consciência é tomada pelos desejos e pelas fantasias interiores. O olhar voltado para o alto evidencia seu estado contemplativo. |
| **A PAISAGEM** | O céu acinzentado representa a percepção turva e obstruída. A terra árida sobre a qual o homem reflete indica ausência de vitalidade. As águas que o circundam são as forças do inconsciente que aprisionam a consciência. |

## Despertar interior

O Sete de Copas é uma das grandes armadilhas da qual precisamos aprender a nos desvencilhar em nosso processo de desenvolvimento interior. Após as experiências dolorosas trazidas pelo Cinco, somos levados a buscar um estado de restauração da harmonia no Seis, que nos colocará em contato com o passado e nosso eu emocional, representado pela imagem da criança interior. Ao voltarmos nossa energia psíquica para o mundo interno, corremos o risco de nos ver imersos nas imagens psíquicas que encontramos e ter nosso progresso externo paralisado.

Esse Arcano Menor indica que fugimos da realidade para buscar segurança nos sonhos e nas fantasias. O Sete de Copas representa todos os momentos da vida em que preferimos retirar nossa atenção e nossa energia do mundo concreto para permanecer em estado de contemplação ou ponderação. Também simboliza a consciência dominada pela projeção das imagens psíquicas no mundo, tornando-se incapaz de se relacionar com os outros como genuinamente são. Desse modo, esse arcano nos faz as seguintes perguntas: Que ilusões têm atrapalhado meus relacionamentos e planos? Como tenho me enganado ou me deixado manipular pelos desejos e pelas expectativas que nutro em relação aos outros e a mim mesmo?

Desse maneira mais íntima, o Sete de Copas também nos questiona sobre nossas motivações. Se nos virmos aprisionados emocionalmente em uma situação ou relação, teremos de nos aprofundar para entender o que provoca esse movimento interno. Se tivermos dificuldade em lidar com algum aspecto da realidade, deveremos nos perguntar o que realmente tememos. Ao fazer isso, poderemos perceber que, muitas vezes, os monstros, os medos e as paranoias que alimentamos dentro de nós não são reais, mas meras fantasias de nossa mente. Talvez os obstáculos que enfrentamos em determinado momento não sejam externos, mas essencialmente internos.

## Oito de Copas

| NÚMERO | ELEMENTO |
|---|---|
| 8 Aprofundamento | ÁGUA Sentimental |
| *Afastamento*. Necessidade de escolher novos rumos e caminhos. ||

**Ideia central:** desilusão; abandono; necessidade de percorrer outro caminho; sofrimento e resistência para largar situações extintas. Se aceitar os fatos e partir, terá vida nova e descobrirá novos horizontes.

## Significados

Ao surgir em uma leitura, o Oito de Copas anuncia um movimento de retirada e afastamento de uma situação dolorosa ou emocionalmente difícil. Nesse momento, conscientizamo-nos da falta de algo importante para que possamos ser felizes. Isso indica a necessidade de deslocamento físico ou emocional para que essa busca possa acontecer. De maneira prática, o

Oito de Copas representa um período de recolhimento, no qual é preciso se desprender de uma situação. De acordo com a sabedoria popular, não podemos nos curar no mesmo ambiente em que adoecemos, e isso é bem representado por esse Arcano Menor.

O Oito de Copas traz a necessidade de realizar uma mudança de percurso. Temos de escolher novas direções para podermos seguir. Isso pode implicar determinados sacrifícios conscientes de projetos ou esperanças, para que possamos concentrar nossa atenção em algo diferente. Desse modo, esse arcano nos aconselha o desapego. Também pode simbolizar uma situação de abandono, na qual nos sentimos desamparados e nos vemos longe de nosso porto seguro. Ao percebermos que o passado já não nos serve, é hora de voltarmos nossa atenção para o futuro e buscarmos nas novas possibilidades o caminho para a verdadeira felicidade.

## Simbologia

| | |
|---|---|
| **OITO TAÇAS** | As oito taças derrubadas, com a água escorrendo para a terra, representam a impossibilidade de sustentar as emoções, as perdas, o esvaziamento e o estado de sofrimento em que a consciência se encontra. |
| **O HOMEM** | Cabisbaixo, ele segue pelo caminho, indicando a necessidade de movimento e deslocamento da consciência, mesmo que se encontre em estado de infelicidade no momento. Para que possa prosseguir, deve atravessar o caminho com as taças caídas, indicando o enfrentamento do sofrimento. |
| **A PAISAGEM** | A terra por onde o homem caminha, quase sem vegetação, indica que a consciência se encontra em momento de baixa vitalidade, mas o verde ao longe sugere que o caminho por onde ele segue leva a um estado de plenitude. A chuva mostra que o cenário está tomado por emoções de tristeza e revela que a consciência atravessa um momento de purificação e renovação. O lago à esquerda reforça a natureza emocional do processo representado no arcano. |

## Despertar interior

Em nível interior, o Oito de Copas representa a experiência emocional da falta, que acontece como consequência da quebra das ilusões trazidas pelo

Sete. Após superarmos as fantasias e os sonhos que estávamos projetando em determinada situação, vivenciamos um processo de esvaziamento, no qual percebemos que nossas expectativas e nossos desejos não eram necessariamente reais. Quando notamos que o objetivo, a situação ou o relacionamento ao qual nos dedicamos não poderá ser satisfatório nem nos preencher do ponto de vista emocional, temos de nos perguntar que rumos devemos tomar para encontrar a verdadeira realização.

Internamente, o Oito de Copas representa o aprofundamento na relação com nossa alma. Superados os obstáculos dos falsos desejos e das falsas esperanças, ganhamos nova clareza para conseguir entrar em contato com as verdadeiras expectativas e anseios de nosso ser. Essa jornada pelo descobrimento de nossa essência foi simbolizada nos mitos antigos como a jornada dos cavaleiros e encontrou significado mais profundo nas histórias medievais da busca pelo Graal, o cálice sagrado capaz de curar todas as doenças e feridas e de realizar todos os desejos. Essa mesma busca arquetípica pode ser vista nos mitos celtas que envolvem a procura por um caldeirão mágico, que seria capaz de conceder inspiração, curar as feridas ou ressuscitar os mortos.

De maneira mais prática, vivenciamos o Oito de Copas sempre que sentimos grande necessidade de mudar de rumo e efetuar transformações significativas. O que era importante torna-se desinteressante, e percebemos que os caminhos que tomávamos já não podem nos conceder felicidade genuína. O Oito de Copas leva à busca do autoconhecimento, que, muitas vezes, pode se expressar externamente como o início de um processo terapêutico, nosso aprofundamento em determinado caminho espiritual ou qualquer outra atividade que possa promover o encontro com nossa alma.

## Nove de Copas

| NÚMERO | ELEMENTO |
|---|---|
| 9<br>Realização | ÁGUA<br>Alegria |
| *Felicidade*. Estado interior de satisfação emocional. ||

**Ideia central:** realização; amor em segredo, mas que pode ser revelado; reserva afetiva (não demonstra facilmente os sentimentos); satisfação pessoal; alegria interior; autoestima fortalecida e bom futuro.

## Significados

O Nove de Copas indica estado de plenitude emocional, no qual nos sentimos completamente realizados em nível afetivo. Quando surge em uma leitura, representa um momento de imensa felicidade, pois nos permite concretizar nossos desejos. Esta carta mostra que a realização da nossa vontade é capaz de nos nutrir não apenas materialmente, mas sobretudo do ponto de vista emocional, e simboliza a abundância e a alegria. A palavra-chave para descrever a experiência deste arcano é "satisfação".

A presença do Nove de Copas indica autoestima em alta e que esse é o momento de compartilhar com o mundo tudo o que nos faz bem. Também pode sugerir atitude individual e autossuficiente, por exemplo, quando se tem dificuldade em expressar os sentimentos e se mantém postura mais reservada e focada em si mesmo. O Nove de Copas nos aconselha a buscar em nós o potencial para a realização de todos os nossos objetivos.

## Simbologia

| | |
|---|---|
| **NOVE TAÇAS** | Formando um círculo ao redor do homem, representam o estado de totalidade. Todas estão preenchidas com água, evidenciando seu estado emocional de plenitude e nutrição emocional. |
| **O HOMEM** | De braços e pernas abertas, representa a abertura da consciência para o potencial criativo do inconsciente. Sua postura indica a conexão com os três níveis da realidade: o mundo inferior, simbolizado pelas pernas; o mundo convencional, simbolizado pelos braços na posição vertical; e a cabeça direcionada ao céu. |
| **A PAISAGEM** | Reflete o estado de abundância e fertilidade em que a consciência se encontra preenchida de vitalidade. O arco-íris, com as sete cores, simboliza a conexão entre céu e terra e a experiência da totalidade. |

## Despertar interior

O Nove de Capas simboliza o estado interior de plenitude e satisfação, quando nos sentimos realizados em nível pessoal. A pergunta que esse arcano nos faz é: Onde buscamos a experiência da plenitude? Entre as muitas lições que o naipe de Copas tem para nos ensinar ao longo da vida, está o difícil aprendizado de que tudo o que não pode ser conquistado e encontrado em nosso interior jamais será alcançado com nossas conquistas externas. A tentativa de dar sentido à vida e de realizar os potenciais de nossa alma só pode acontecer por meio de uma vivência de interioridade. Para que possa ficar cheia, a taça deve ser preenchida dos níveis mais baixos e íntimos até a superfície: a plenitude só pode ser vivenciada de dentro para fora. É exatamente este o simbolismo desse Arcano Menor: a taça cheia, a ponto de transbordar. Por isso, diante dessa lâmina, devemos nos questionar sobre o que pode preencher a taça de nossa vida, para que experimentemos a plenitude.

A experiência do Nove de Copas passa, invariavelmente, por reconhecer, com sinceridade e equilíbrio, todos os nossos potenciais e elevá-los ao máximo da expressão. Nessa tarefa, fracassará quem se deixar enganar por falsas imagens de poder e soberania, bem como for incapaz de reconhecer o próprio valor. Esse Arcano Menor nos convida a experimentar a felicidade de sermos quem somos e aponta para a possibilidade de nos tornarmos cada vez mais autênticos ao longo da jornada da vida, como uma taça plena e abundante.

# Dez de Copas

| NÚMERO | ELEMENTO |
|---|---|
| 10<br>Consolidação | ÁGUA<br>Relações |
| *Desfrute*. A realização afetiva consolidada e compartilhada. ||

**Ideia central:** casamento; união; harmonia; família; contentamento; concretização do sonho de vida; melhoria; investimento com retorno; equilíbrio emocional; disposição para um compromisso sério e felicidade. Mostra o momento de compartilhar com os outros suas realizações. Paz, trégua, desfrute do que foi construído, plenitude e representação máxima do amor.

## Significados

O Dez de Copas representa a expressão máxima da plenitude emocional, indicando que ela não se limita à nossa experiência individual, mas é vivenciada e compartilhada com as outras pessoas. Por isso, esta carta indica os vínculos felizes e duradouros e representa a família, o casamento e a união capaz de gerar frutos. Simboliza períodos de paz, harmonia e desfrute do sucesso. Nesse momento, nossos sonhos e nossas expectativas tornam-se plenamente consolidados.

Este Arcano Menor sugere relacionamentos generosos, expansivos e nutridores. Representa os compromissos de longa duração e as parcerias férteis. Também significa sentimento de completude, não mais em nível abstrato, como no Ás, mas baseado na realização física de nossos objetivos. No Dez de Copas, experimentamos a totalidade por meio de nossas conquistas com outras pessoas. Esta carta nos aconselha a não nos contentarmos com pouco, e, mesmo que leve tempo e esforço para que nossos sonhos sejam alcançados, a situação será favorável para que sejamos bem-sucedidos e felizes.

## Simbolismo

| | |
|---|---|
| **DEZ TAÇAS** | Espalhadas pela paisagem, representam a expansividade da energia emocional. Envolvendo individualmente cada membro do casal, indica estado de totalidade e plenitude pessoal, mas integrado e compartilhado com o outro. |
| **O CASAL** | De mãos dadas, mostra o equilíbrio e a união dos opostos. As taças ao lado de cada um deles indicam que ambos são capazes de reconhecer as emoções um do outro. |
| **AS CRIANÇAS** | As manifestações do potencial criativo que acontecem quando os opostos são reunidos. Representam a continuidade e o sentimento de eternidade proporcionados pela energia amorosa. |

| A CASA | A família, a segurança, a estabilidade, a intimidade. |
|---|---|
| O SOL | A luz da consciência, o poder criativo, a vitalidade que vem dos planos superiores. |
| A PAISAGEM | Verdejante, indica abundância. O caminho que leva até a casa representa a noção de continuidade, a permanência e o legado contidos no arcano. |

## Despertar interior

Ao chegarmos ao número 10, experimentamos um retorno ao início do naipe (1 + 0 = 1), ou seja, ao sentimento de totalidade, mas, dessa vez, de um ponto de vista pautado na manifestação concreta de nossos desejos. Na vida prática, experimentamos o Dez de Copas sempre que concluímos um projeto que demandou esforço e dedicação e agora alimenta emocionalmente nós mesmos e os outros. Esse Arcano Menor trata das conquistas coletivas que realizamos com outras pessoas e que nos permitem transcender as barreiras e os limites do eu. Podemos sentir o Dez de Copas de maneiras mais explícitas, como quando constituímos uma nova família ou temos um filho, ou, ainda, de formas mais abstratas, como as conquistas simbólicas realizadas ao longo da vida. Além disso, pode indicar estado de plenitude espiritual, alcançado não apenas por meio da fé ou de uma religião, mas também de nossa conexão profunda e genuína com o que preenche nossa vida de sentido e significado.

Quando surge para nos conduzir pelo caminho de descoberta interior, talvez as perguntas apresentadas pelo Dez de Copas sejam as mais difíceis que o naipe nos propôs até agora: O que, de fato, pode nos tornar plenos? Que obras e conquistas representam a realização do potencial de nossa alma? Somos ensinados a medir o sucesso e a felicidade por meio de conquistas materiais, mas, no reino de Copas, todas elas são vazias se forem desprovidas de sentido simbólico, capaz de promover uma ligação íntima com nossa alma. O Dez de Copas representa nossos propósitos mais íntimos e profundos, vistos no mundo à nossa volta, quando somos capazes de desfrutar da máxima realização. Com ele, somos capazes de experimentar um sentimento de eternidade.

# CARTAS DA CORTE

## Valete de Copas

| CARTA DA CORTE | ELEMENTO |
|---|---|
| VALETE<br>Contemplação | ÁGUA<br>Reflexão |
| *Autoapreciação*. O sonho e o desejo de experimentar o amor. ||

**Ideia central:** jovialidade; alegria; curiosidade; criança interior; oportunidade afetiva; novo relacionamento; curiosidade em relação aos sentimentos; disposição para amar ou notícias de amor.

## Significados

Todo Valete tem relação especial com o início do desenvolvimento da consciência na temática do seu naipe. No de Copas, ele representa o potencial para o amor, a compaixão e a felicidade. Representa uma pessoa sensível, jovial, leve, carismática e capaz de conquistar naturalmente o carinho das pessoas à sua volta. Também representa o início de todas as experiências afetivas, como novas amizades ou um romance, bem como as boas notícias e mensagens românticas. Entretanto, a atitude de todo Valete é interior, ao passo que a Água é o elemento da contemplação. Isso faz com que a taça carregada por ele se transforme em um espelho, no qual o Valete observa a própria imagem. Por isso, este arcano também pede cuidado com o narcisismo negativo, o egoísmo e a dificuldade de enxergar as outras pessoas. Fascinado pelos reflexos, ele tem tendência a enxergar a realidade de maneira idealizada e imaginativa.

O Valete de Copas está em conexão íntima com seus sonhos e desejos. É o símbolo da própria criança interior e, por isso, tem consciência dos impulsos e das imagens vindos da própria alma. Isso pode fazer dele uma figura inspirada, criativa, sensível e empática, consciente das próprias necessidades e expectativas. Ele se comporta de maneira sedutora e envolvente. Sente-se movido pelo que tem significado simbólico e pode ter relação especial com a espiritualidade. Seu espírito é curioso, disposto a conhecer e descobrir todo seu potencial emocional, e sua atitude pode ser excessivamente idealista e sonhadora, encarando a vida como um sonho e pouco conectada com os temas práticos e objetivos do cotidiano. O Valete de Copas está imerso em seu mundo interior. Para ele, o caminho do amadurecimento está na construção de relações equilibradas, nas quais ele possa reconhecer não apenas a si mesmo, mas também os outros.

## Simbologia

| | |
|---|---|
| **O VALETE** | Jovem, representa a possibilidade de recomeços, bem como atitude ingênua e pura. Tem expressão calma e serena, indicando positividade e otimismo. O chapéu com uma pluma representa a leveza, o movimento, a criatividade e a inspiração. Ele veste o vermelho das emoções intensas, o marrom do contato com a realidade concreta e o dourado, que indica sua conexão com os planos superiores e da consciência elevada. Os olhos azuis fazem referência ao elemento Água. |
| **A TAÇA** | Cheia de água, representa seus sonhos, desejos e aspirações. Revela que ele está em contato com as imagens psíquicas, fonte de inspiração e criatividade. |
| **A PAISAGEM** | A terra árida mostra que, apesar da proximidade com os impulsos vindos da alma, esse contato é interno, e não externo. O Valete está absorto em seu próprio mundo interno. A água corrente ao fundo indica o intenso fluxo emocional. O peixe é símbolo da fertilidade e da abundância presente no mundo interior. |

## Despertar interior

Quando nos vemos diante do Valete de Copas, temos de contemplar nossos sonhos e desejos mais íntimos, bem como todos os aspectos interiores, que nem sempre somos capazes de compartilhar com o restante do mundo. Ao experimentarmos essa carta, nossos olhos se fecham para que possamos vislumbrar tudo o que se passa do lado de dentro. O Valete de Copas pode ser encontrado espreitando entre nossos sonhos e chamando-nos pelo nome, para nos conduzir cada vez mais para dentro. Experimentá-lo significa dar um passo para longe do mundo concreto e das situações práticas do dia a dia e, assim, mergulhar nos impulsos criativos da alma.

A taça que ele nos oferece é capaz de nos tornar conscientes de nossas verdadeiras esperanças, mostrando o reflexo não só de nossa face, mas também dos aspectos de nosso ser que, ao longo do tempo, foram esquecidos e deixados de lado. O Valete nos faz as seguintes perguntas: Quantos dos nossos sonhos são legítimos e quantos deles são apenas expectativas externas que aceitamos e buscamos satisfazer? Estaríamos esperando que nossa felicidade se baseie apenas nos parâmetros de outras pessoas ou respondendo a um chamado interior? Ele nos ensina a separar o que de fato faz parte de nossa busca pela totalidade do que é vazio de sentido e significado íntimo, mesmo que tenha valor externo. Sabe que a verdadeira realização não está nas meras conquistas materiais, e sim na expressão genuína de nossa alma. Sempre que abandonarmos a trilha que nos conduz à realização de nossos sonhos, o Valete de Copas deverá ser lembrado para que possamos resgatar esse caminho.

## Cavaleiro de Copas

| CARTA DA CORTE | ELEMENTO |
|---|---|
| CAVALEIRO<br>Movimento | ÁGUA<br>Afetivo |
| *Sedução*. Envolvimento em novas experiências amorosas. ||

**Ideia central:** conquista afetiva; propostas; sensibilidade; relacionamento a caminho; encantos; sedução; histórias e encontros intensos, não duradouros; alguém que surge para ajudar e acolher.

## Significados

O Cavaleiro de Copas representa o movimento que fazemos em direção às relações afetivas em nossa vida. Galanteador e romântico, sabe como ser envolvente e conquistar as pessoas à sua volta, mas, de modo diferente da atitude do Valete, que atrai a todos de forma indistinta e genérica, o Cavaleiro tem sempre um objetivo e um alvo em vista e busca o verdadeiro amor. Assim, pode simbolizar em uma leitura um novo envolvimento emocional, a chegada de um amor ou uma atitude de conquista, na qual buscamos novos relacionamentos e temos postura mais direta, aberta e determinada.

Ele nos aconselha a agir com o coração, confiando em nossos instintos e desejos. O Cavaleiro de Copas não guarda as emoções para si, mas dá vazão a elas com criatividade e harmonia. Nossas atitudes devem ser guiadas menos pela racionalidade e mais pelo sentimento. Esse arcano também pode significar que devemos nos comunicar de maneira mais afetuosa, trazendo carinho e empatia às nossas palavras. Seja qual for o projeto no qual estejamos envolvidos, a presença do Cavaleiro de Copas indica que devemos manter postura amorosa e acolhedora.

Esse Arcano Menor é sempre indício de intensidade. Ele se entrega a tudo o que se propõe a fazer e costuma vivenciar cada situação buscando seus aspectos mais profundos e íntimos. Além disso, pede cuidado: todo Cavaleiro representa um processo de busca, mas, no naipe de Copas, ele deve aprender a difícil lição de encontrar o que procura no mundo interno, não apenas no externo. Se o Cavaleiro de Copas colocar as expectativas da própria felicidade em qualquer elemento externo a si mesmo, falhará em sua jornada.

## Simbologia

| | |
|---|---|
| O CAVALEIRO | Gracioso e sedutor, usa um pingente de peixe, que mostra seu domínio sobre os impulsos criativos e o poder da fertilidade interior. Carrega em sua jornada o poder expansivo do inconsciente. Os olhos azuis revelam que ele mantém o foco nos aspectos emocionais da vida. O fato de não usar luvas significa o contato direto com a força criativa vinda de sua taça. |
| A TAÇA | Os recursos emocionais que estão à sua disposição, e ele os usa em sua jornada. A taça indica sua capacidade de nutrição emocional. |
| O CAVALO | O branco representa pureza. Ele caminha com a mesma leveza e graciosidade do cavaleiro. Carrega o símbolo do coração, mostrando que os impulsos estão a serviço da busca emocional. |

## Despertar interior

O Cavaleiro de Copas busca o romance, a beleza e o amor, e está em contato íntimo com sua sensibilidade. Deseja expressar todo potencial que sente em seu interior, apesar de nem sempre saber como fazê-lo. Com ele, devemos contemplar quanto também somos capazes de nos expressar com graça e gentileza. Sua atitude é delicada e suave, e ele se movimenta sem pressa.

Diante dele, somos convidados a pensar a respeito da maneira como buscamos não apenas o amor, mas também a realização emocional de maneira mais ampla. Somos capazes de agir e nos mover em direção aos nossos sonhos com iniciativa, coragem e determinação? Esse Cavaleiro surge quando precisamos deixar de esperar que nossos sonhos se realizem para nos envolvermos ativamente na busca por sua materialização.

Experimentamos o Cavaleiro de Copas sempre que nos sentimos inspirados, fecundos, capazes de gerar algo novo. Ele é motivado pelos impulsos artísticos, simbólicos e idealistas. Representa a busca por sentido que todos enfrentamos e nos ensina que algo só pode ter propósito quando, antes, é sentido. De maneira instigante, esse arcano surge para nos perguntar o que faz nosso coração bater. Ele não se envergonha de seus desejos, mas procura a maneira correta de satisfazer a todos eles.

# Rainha de Copas

| CARTA DA CORTE | ELEMENTO |
|---|---|
| RAINHA<br>Plenitude | ÁGUA<br>Sentimento |
| *Preenchimento*. O contato profundo com as emoções. ||

**Ideia central:** maternidade; desejos que visam ao benefício próprio; docilidade; criatividade; mistério; emoções profundas; acolhimento e intuição. Também pode representar alguém que "esconde o jogo", que nem sempre é bem-intencionado e não assume o que fala ou faz. Fofocas e chantagens emocionais, intrigas e falsidade.

## Significados

A Rainha de Copas representa o alcance da plenitude no desenvolvimento da consciência do elemento Água, ou seja, das emoções e da sensibilidade.

Toda Rainha traz o potencial de restrição e contenção; por isso, no naipe de Copas, essa figura revela o estado interior de preenchimento, saciedade e abundância. Ela é uma figura maternal, que carrega na taça a água capaz de nutrir e alimentar o mundo. Desse modo, pode simbolizar um momento de doação e concentração em um projeto ou uma tarefa que tenha grande significado emocional para nós. Além disso, pode representar uma atitude altruísta, movida por altos ideais. Como a Água também é o elemento do nascimento, a Rainha de Copas trata de um momento de profunda transformação interior.

Ela é a regente do mundo dos sonhos, e seu sexto sentido é aflorado. A atitude da Rainha de Copas é sempre contemplativa, o que faz dela uma pessoa mais reservada, que nem sempre expõe tudo o que pensa ou sente. Ao surgir em uma leitura, indica que estamos lidando com um tema extremamente significativo do ponto de vista emocional, capaz de saciar nossa sede e realizar nossos desejos. Contudo, como a água também tem relação com os sonhos, a Rainha de Copas é uma excelente ilusionista: sabe usar as imagens para conseguir o que deseja. Do ponto de vista negativo, esse Arcano Menor pode revelar relacionamentos de dependência, estagnação e paralisação. Por se tratar de um momento de contemplação e avaliação, ela nos aconselha a ter atitude emocional e afetuosa e a nos mover na direção de nossos sentimentos, seguindo nossa intuição e as imagens simbólicas que nos inspiram em nossa jornada.

## Simbologia

| | |
|---|---|
| **A RAINHA** | A figura feminina indica o amadurecimento interior e a integração de todo potencial criativo, trazendo direcionamento e receptividade. A Rainha e a taça são duas representações simbólicas do mesmo princípio: a capacidade de conter e nutrir. O vestido branco demonstra seu estado de pureza, em que a consciência se vê livre de todas as influências externas. A capa vermelha faz referência ao poder da vida, do sangue e da criatividade. Os cabelos pretos representam a sabedoria e o conhecimento, pois essa cor é a combinação de todas as outras. Juntas, as três cores fazem referência aos estágios do processo alquímico, que só pode acontecer por intermédio da Rainha, receptáculo da transformação da alma. |
| **O TRONO** | Revela a posição de segurança, poder e autoridade da Rainha. A base quadrada é o mundo material manifestado sobre o qual ela repousa como a senhora das emoções, enquanto o prolongamento vertical de base arredondada indica os processos de elevação e declínio da vitalidade e o movimento da energia emocional. |
| **A TAÇA** | Mantida na altura do coração da Rainha, é uma manifestação externa de seu poder interior. É o vaso sagrado que contém a água criativa da vida, capaz de nutrir o corpo e o espírito. Também é símbolo de seu ventre criativo e o recipiente alquímico no qual a transmutação pode acontecer. |
| **A PAISAGEM** | Ela reina entre os domínios do céu, da terra e da água. Os peixes simbolizam o renascimento e a fertilidade no plano emocional. |

## Despertar interior

Nem sempre percebemos a aproximação da Rainha de Copas. Lentamente, ela chega com a água que nos envolve por completo, até que, de repente, nos vemos dentro de seu cálice. O mundo exterior não é mais visível. A figura da Rainha de Copas é a personificação do vaso da transformação: ela é tanto o útero aquático e nutridor, no qual a vida se inicia, quanto o recipiente alquímico e escuro, no qual, longe de olhares curiosos, nossas verdadeiras mudanças podem acontecer. Por isso, em algumas representações do tarô, esse é o único arcano em que vemos a taça fechada, com conteúdo invisível. Como senhora da dissolução, ela é capaz de desfazer os limites rígidos e fixos de nossa personalidade para que os impulsos criativos do inconsciente possam ser integrados e misturados à nossa consciência.

Apesar de extremamente intenso, o potencial representado por esse Arcano Menor é dualista em essência, e somente quem estiver de fato preparado poderá vivenciar as lições da Rainha de Copas e renascer de sua taça. Quem falhar permanecerá preso em sua armadilha. Quando caminhamos por seus domínios sem estarmos prontos para o encontro com as imagens que repousam nas profundezas de nossa alma, somos incapazes de vê-las. Em seu lugar, somos capturados pelas fantasias de nossa consciência e aprisionados em um mundo onírico que nos mantém imersos, fixos e incapazes de escapar de seu labirinto. Essa verdade psicológica é bem representada nos contos de cavalaria sobre o Graal, nos quais o herói deve não apenas encontrar a taça sagrada, mas também fazer a ela a pergunta correta. Assim, todo potencial curador e restaurador do Graal é ativado e flui tanto para ele próprio quanto para todo o reino. No entanto, se o herói não fizer a pergunta correta, o Graal e seu castelo desaparecerão, e ele deverá reiniciar sua busca.

O encontro com a Rainha de Copas não pode garantir que ela nos concederá seu mais precioso presente: a integração. Antes disso, devemos vivenciar os processos representados pelos arcanos numerados desse naipe, que nos conduzirão por uma experiência de purificação: valor essencial ao elemento sobre o qual essa Rainha exerce seu domínio. Apenas dessa maneira, purificados pelas águas da vida, poderemos finalmente beber do conteúdo do cálice que a Rainha de Copas tem em mãos. Diante dela, poderemos, então, repetir a pergunta capaz de fazer com que suas dádivas fluam para nós, curando todas as feridas da alma e nos preenchendo com o néctar da totalidade: a quem serve o Graal?

## Rei de Copas

| CARTA DA CORTE | ELEMENTO |
|---|---|
| REI<br>Maturidade | ÁGUA<br>Sentimento |
| *Empatia*. A capacidade de nutrir a si mesmo e ao mundo. ||

**Ideia central:** ferida aberta (ainda não superou uma perda ou frustração); medo de amar; romantismo; bons sentimentos; acolhimento; palavras que curam; calor afetivo; carinho; dedicação amorosa; um bom amigo ou conselheiro; conhecedor profundo de algo que já vivenciou e, por isso, tem condições de ajudar os outros que passam por situação semelhante.

## Significados

O Rei de Copas é um governante zeloso e dedicado ao bem de seu povo. Seu principal traço é a empatia, pois ele é capaz de transformar suas experiências em sabedoria, tornando a vida mais harmônica. Como exerce domínio sobre o plano das emoções, não se permite controlar por elas: ele as abraça e as integra a si mesmo, mantendo um estado de tranquilidade e serenidade. De todos os Reis, é o mais humanizado, pois está em contato com o núcleo de sua personalidade. Por isso, em uma leitura, indica uma pessoa que já passou por diversas experiências emocionais e conseguiu tirar o melhor delas, tornando-se madura e plena. Não tem medo de demonstrar suas emoções. Sua grande habilidade está em transformar o próprio sofrimento em cura, não apenas para si, mas também para o seu povo. É sensível às dores do mundo e conhece os remédios para aliviá-las. Tem a capacidade de perceber o que está oculto e conhece as verdadeiras motivações e os interesses das outras pessoas.

Símbolo da inteligência emocional, o Rei de Copas é um excelente conselheiro e pode representar um processo terapêutico de cura ou autoconhecimento. Em uma leitura, aponta para a possibilidade de vivenciarmos experiências que nos farão amadurecer, trazendo crescimento interior e realização pessoal. Como uma das funções da taça que carrega é conter, ele também está consciente das próprias limitações. Não luta contra elas, mas as integra como parte de si mesmo. Isso não significa que em seus domínios não haja experiências dolorosas, muito pelo contrário: o Rei de Copas está em contato íntimo com sua sensibilidade e fragilidade, o que, paradoxalmente, é a fonte de sua força. Seu conselho para nós é que apenas abraçando nossa totalidade poderemos nos realizar de fato.

## Simbologia

| | |
|---|---|
| O REI | Sentado no trono, em posição de firmeza e estabilidade, carrega a taça da plenitude emocional. A roupa alaranjada indica criatividade, enquanto o manto vermelho representa o *rubedo*, último estágio do desenvolvimento alquímico e aperfeiçoamento da consciência. |
| O TRONO | Sobre as águas, revela que a consciência é capaz de se elevar além dos fluxos emocionais, observando-as de cima sem se deixar levar por seus movimentos. Representa um ponto de estabilidade, paz e clareza para a consciência. |
| A TAÇA | Carrega as emoções e experiências fornecidas por todas as lâminas anteriores do naipe, reunindo-as e transmutando-as em sabedoria para que o Rei possa governar. |
| OS PEIXES | A abundância do potencial criativo do inconsciente, que agora emerge livremente como fluxo de inspiração para a consciência. |

## Despertar interior

No fim do naipe de Copas, encontramos o último Rei segurando o cálice da totalidade, capaz de saciar todos os desejos da alma. Nos contos e nas histórias, o Rei de Copas foi retratado como o Rei Pescador, que, ferido na perna, já não consegue se movimentar com autonomia. Não apenas o Rei Pescador sofre diariamente com seu ferimento, mas também todo reino, e a terra torna-se incapaz de produzir frutos. O Rei de Copas possui o Graal, cálice mágico, capaz de curar todas as feridas e satisfazer todos os desejos; porém, por estar ferido, não é contemplado pelas dádivas desse recipiente sagrado. Incapaz de curar a si mesmo, o Rei deve esperar até que um jovem cavaleiro encontre seu castelo e lhe faça a pergunta que poderá curar sua ferida. O Rei de Copas não sofre com a espera. Ele aprendeu a estar em paz com as dores que o afligem e não permite que elas o privem dos bons momentos enquanto aguarda, pacientemente, o mensageiro que poderá libertá-lo.

Nesse sentido, o Rei de Copas expressa uma condição humana essencial, com a qual devemos aprender a lidar: todos nós somos Reis Pescadores, pois caminhamos pelo mundo com as feridas de nossas histórias. Carregamos na alma as marcas e as dores que nos são próprias, mas que arquetipicamente nos ensinam as lições desse Arcano Menor. Nem todas as feridas podem ser curadas, mas, assim como o Rei de Copas, cabe a nós transformar as experiências difíceis em bálsamo, talvez não para nós mesmos, mas para as pessoas ao nosso redor. Nossas dores nos humanizam e nos lembram de nossa verdadeira condição. Ao fazermos isso, descobrimos o segredo que esse Rei silencioso esconde no olhar enquanto ergue um brinde para nós com a taça da qual agora pode beber: ele não é mestre do Graal, mas seu servo. Apenas quando nos colocamos a serviço da alma suas bênçãos podem chegar até nós.

# CAPÍTULO 7

## Interpretação e Métodos de Tiragem

### Iniciando a leitura

É chegada a hora de discutir e aprender algumas técnicas para realizar a leitura de tarô. Por ser uma arte prática, a melhor maneira de compreender esta ferramenta profunda é pelo contato direto com ela. Quanto mais você a estudar e praticar, mais naturalmente poderá fazer suas interpretações, além de sempre aprofundar e desenvolver sua compreensão a respeito dos arcanos.

Uma boa leitura de tarô pode ser pensada como a narração de uma história na tiragem. Cada carta revelará tendências, acontecimentos, emoções e pensamentos que estão em ação na temática da pergunta ou de acordo com o método escolhido dentro de determinados prazos apontados. Por isso, é importante entender que todas as cartas estão conectadas. Até o momento, exploramos cada arcano do ponto de vista individual, mas apenas com a prática das tiragens é possível aprender a estabelecer relação entre cada uma delas e formar uma espécie de quebra-cabeça da vida do consulente e de suas questões mais importantes.

## Como conduzir a leitura de tarô

- Embaralhe o tarô e coloque-o no centro da mesa, com as figuras voltadas para baixo.
- Peça ao consulente que o corte em três montes, formando uma linha reta em sua direção.
- Ainda mantendo as cartas voltadas para baixo, reúna os três montes e abra um leque diante do consulente.
- Escolha um método de tiragem apropriado à questão (veremos alguns deles mais adiante). Diga ao consulente o total de cartas que ele deverá escolher do leque. Oriente-o a escolher uma lâmina por vez e entregá-la a você. Disponha cada carta na posição indicada de acordo com o método de tiragem escolhido por você, sempre com as figuras voltadas para baixo.
- Depois disso, você começará a interpretação.
- Vire a primeira carta e relacione a resposta com a posição da tiragem e os significados da lâmina, explicando-os em voz alta. Faça isso com cada carta, virando as lâminas à medida que a interpretação prossegue.
- Quando sentir necessidade de compreender melhor um arcano ou tema na tiragem, tire você mesmo do baralho uma carta complementar, coloque-a ao lado da carta que deseja aprofundar e interprete a relação entre ambas.
- Ao finalizar sua interpretação, pergunte ao consulente se ele tem alguma dúvida a respeito da leitura. Use as cartas da própria tiragem para tentar responder às perguntas e esclarecer algum aspecto da leitura. Se necessário, tire uma carta para complementar suas respostas.

## Começando a interpretar

Para muitas pessoas que estão dando os primeiros passos nesse oráculo tão profundo, a grande dificuldade ao iniciar uma leitura e fazer as interpretações está justamente na riqueza de cada carta, que, na maioria das vezes, oferecerá diferentes possibilidades e nuances.

Contudo, se o tarô é o receptáculo da riqueza de toda a experiência da humanidade, não devemos esperar que sua interpretação seja apenas objetiva e direta. Tudo tem muitas camadas de significado. Com o tempo e a prática, você será capaz de aprofundar cada vez mais sua compreensão de cada arcano e aprimorar sua interpretação. Entretanto, algumas dicas podem ajudar quem está começando.

## Orientações de interpretação para o tarólogo iniciante

- Tenha certeza de que a pergunta é clara e sem ambiguidades.
- Escolha uma tiragem apropriada à questão e com a qual você esteja familiarizado.
- Concentre-se no sentido geral e nas palavras-chave de cada carta.
- Relacione a temática da carta com a posição do jogo em que ela aparece.
- À medida que for abrindo cada casa da tiragem escolhida, tente estabelecer relação entre os significados das cartas, prestando atenção à relação entre os símbolos que surgem em cada uma delas.
- Perceba a predominância de naipes (ou a ausência total de um ou mais deles) para analisar o tipo de energia mais atuante em uma leitura.
- Você também pode manter um diário com suas leituras e interpretações pessoais e, depois de algum tempo, consultá-lo para que possa ver quanto sua interpretação condiz com os acontecimentos. Lembre-se: é importante estudar, e o conhecimento disponível sobre o tarô é infinito; porém, apenas ao combinar teoria e prática você poderá desenvolver suas habilidades com esse oráculo.

## Métodos de tiragem

Nesta seção, você encontrará diferentes sistemas de tiragem para a interpretação das cartas de tarô. Use o que for mais apropriado à questão. Mais adiante, você encontrará informações específicas sobre como iniciar e finalizar uma leitura.

Você também poderá criar o próprio método de tiragem, de acordo com sua intuição e suas necessidades. Para tanto, defina um número de cartas a ser tirado do baralho e o que cada uma delas representará na sua interpretação.

# Mandala astrológica

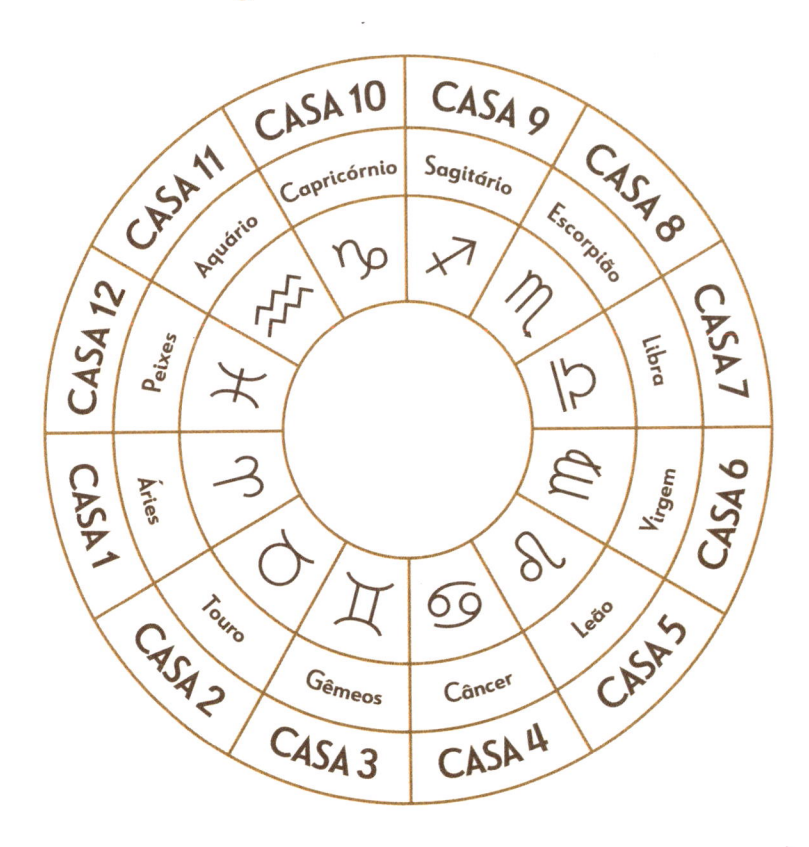

Esta é uma tiragem bastante apropriada para que possamos ter um panorama geral dos diferentes aspectos da vida. Sua estrutura é a mesma das 12 casas zodiacais do mapa astral. Cada uma delas trata de um setor da experiência humana; assim, teremos um arcano para cada temática.

Do ponto de vista arquetípico, essa tiragem é capaz de revelar tanto as forças psíquicas atuantes em cada setor da vida quanto as energias e os desafios a serem integrados a eles. Para cada casa astrológica, a mandala revelará uma imagem arquetípica que estará ativada e regerá nossa vivência; por isso, também nos indicará a lição que devemos integrar a cada uma delas.

Isso significa que, para essa tiragem, precisamos de um conhecimento básico sobre o tema de cada uma das doze casas astrológicas. Como uma ampla explicação sobre cada uma delas fugiria da proposta desta obra, sugiro que você utilize como material de apoio meu livro *Os Astros Guiam o seu Destino*[58], que traz um capítulo inteiramente dedicado ao estudo das casas astrológicas. Nele você também encontrará diversas referências sobre astrologia que poderão ajudá-lo a compreender melhor a personalidade de seus consulentes. Mas, de modo geral, podemos pensar e compreender as casas astrológicas da seguinte maneira:

| POSIÇÃO/CASA ASTROLÓGICA | SIGNO | ELEMENTO | QUALIDADE | ASPECTO DA VIDA |
|---|---|---|---|---|
| 1 | Áries | Fogo | Cardinal | Personalidade, o corpo, o temperamento e o humor. |
| 2 | Touro | Terra | Fixo | As posses materiais, as finanças, os talentos e as habilidades. |
| 3 | Gêmeos | Ar | Mutável | Comunicação, aprendizado, aspectos intelectuais e viagens curtas. |
| 4 | Câncer | Água | Cardinal | O lar e as questões do passado que ainda influenciam o presente. |
| 5 | Leão | Fogo | Fixo | Os romances, a criatividade e o lazer. |
| 6 | Virgem | Terra | Mutável | O exercício do trabalho, a rotina e a saúde. |
| 7 | Libra | Ar | Cardinal | Relacionamentos duradouros, casamentos, parcerias e contratos. |
| 8 | Escorpião | Água | Fixo | Sexualidade, transformação, perdas e processos de regeneração. |
| 9 | Sagitário | Fogo | Mutável | Os ideais, as aspirações, os ideais, as motivações e a vida religiosa e acadêmica. |

---

58. São Paulo: Pensamento, 2020.

| 10 | Capricórnio | Terra | Cardinal | O resultado dos negócios, o prestígio social e a carreira. |
| 11 | Aquário | Ar | Fixo | Amizades, grupos sociais e projetos pessoais. |
| 12 | Peixes | Água | Mutável | Lições espirituais, altruísmo, psiquismo e sacrifícios pessoais. O que ainda permanece oculto. |

Você pode usar o roteiro apresentado para interpretar cada área da vida do consulente e as energias que se expressam em seus diferentes setores. Para aprofundar sua interpretação, você pode ainda estabelecer uma relação entre as lâminas, observando dois padrões: as cartas relacionadas ao mesmo elemento e aquelas relacionadas à mesma qualidade.

## Correspondências elementais

- As casas 1, 5 e 9 correspondem ao elemento Fogo e dizem respeito à identidade pessoal, à autonomia e à capacidade de ação.
- As casas 2, 6 e 10 correspondem ao elemento Terra e dizem respeito ao trabalho, ao sustento, aos projetos e à capacidade de realização.
- As casas 3, 7 e 11 correspondem ao elemento Ar e dizem respeito às relações sociais e à capacidade de comunicação.
- As casas 4, 8 e 12 correspondem ao elemento Água e dizem respeito à afetividade, aos sonhos, aos desejos, às esperanças e à capacidade de nutrir.

## Correspondências da qualidade

- As casas 1, 4, 7 e 10 correspondem à qualidade cardinal e tratam da capacidade de agir, ter iniciativa e empreender.
- As casas 2, 5, 8 e 11 correspondem à qualidade fixa e tratam da capacidade de sustentar, manter, preservar e conservar.
- As casas 3, 6, 9 e 12 correspondem à qualidade mutável e tratam da capacidade de aprender, amadurecer e evoluir.

# Como montar a mandala astrológica

Depois de embaralhar as cartas, deve-se pedir ao consulente que corte os montes. Em seguida, disponha o leque com as figuras voltadas para baixo. Peça ao consulente que retire 12 cartas aleatoriamente e entregue a você uma a uma.

Monte um círculo no sentido anti-horário da seguinte forma:

Depois de dispor as cartas no círculo, comece a interpretar a mandala astrológica casa por casa. Inicie pela primeira carta e termine na décima segunda, sempre relacionando o significado de cada arcano ao tema da respectiva casa.

Ao final dessa leitura, você poderá pedir ao consulente que retire uma carta para a mensagem final ou uma síntese de toda a leitura feita na consulta. Em seguida, recolha as cartas, embaralhe-as e, se tiver dúvidas e novas questões, abra um método específico para perguntas e respostas.

## Pergunte ao tarô: passado, presente e futuro

Esta é uma tiragem com três cartas que nos permite analisar uma situação particular da vida. Cada posição corresponde a um momento em nossa história:

1. **Passado**: quem eu fui e como lidei com a situação.
2. **Presente**: como sou agora e como me comporto.
3. **Futuro**: o resultado e a consequência para o futuro.

A mitologia conta com inúmeras figuras triplas que regem o destino e a história de vida dos seres humanos. Na mitologia romana, encontramos as Parcas; na grega, as Moiras; e na nórdica, as Nornes – três irmãs responsáveis por tecer, medir e cortar o fio do destino.

Do ponto de vista arquetípico, a *posição 1* revelará as reminiscências, lembranças e influências do passado que ainda carregamos e exercem interferência direta sobre a questão que desejamos analisar. A *posição 2* mostrará nossa relação presente com a situação – como estamos pensando, sentindo e nos comportando em relação à questão analisada – e nos auxiliará a ampliar nossa autopercepção. Aqui, será preciso avaliar se estamos agindo de acordo com o que desejamos. Essa posição também pode revelar motivações ocultas e inconscientes das nossas atitudes no momento presente. Já a *posição 3*, que representa a consequência natural das nossas ações, revelará o resultado mais provável, caso as influências do passado não sejam purificadas e nossa postura no momento presente não se altere.

# Respostas objetivas: o tarô e as chaves de reflexão

Também é possível tirar apenas uma carta para obter respostas objetivas e focadas em uma situação ou temática específica. Esta tiragem é bastante apropriada para as seguintes situações:

1. Compreender as forças atuantes em determinada questão no momento presente.
2. Revelar aspectos que ainda não são percebidos plenamente dentro de uma situação.
3. Aprofundar o entendimento de como o consulente lida ou se relaciona com determinado tema.
4. Obter um conselho de como agir.
5. Buscar a compreensão das lições que devemos aprender com uma situação ou um acontecimento.

Para fazer essa tiragem, peça ao consulente que enuncie sua pergunta e oriente-o a retirar uma única carta do baralho. Vire-a e interprete-a, estabelecendo relação entre a temática da pergunta e o simbolismo expresso pela carta. Esse método simples revelará a energia que atua na questão.

# As previsões e a contagem do tempo no tarô

É muito comum que, durante uma leitura, o consulente nos pergunte sobre quanto tempo levará para que determinados acontecimentos se manifestem. Os arcanos do tarô nos oferecem diversos simbolismos capazes de indicar a passagem do tempo, como associações com as estações do ano e correspondências astrológicas ou numerológicas, pois cada lâmina está relacionada a um número. Além disso, há os que preferem usar a própria intuição na interpretação do jogo para determinar o tempo.

Seja qual for o método utilizado para a contagem do tempo, isso nos leva a pensar na seriedade com a qual uma leitura deve ser feita; afinal, o consulente espera encontrar um direcionamento e um esclarecimento para tomar suas decisões e repensar suas atitudes diante dos fatos da vida.

Por isso, precisamos tomar muito cuidado e agir com disciplina, ética, bom senso e responsabilidade.

## Tempo dos acontecimentos com cartas da corte

- Valetes indicam tempo de espera menor e mais rapidez nos acontecimentos (semanas).
- Cavaleiros indicam tempo mediano de espera, mas agilidade no movimento e desenrolar dos fatos (meses).
- Reis e Rainhas indicam tempo de espera maior para que os resultados sejam alcançados (anos).

## Tempo dos Arcanos Maiores

- Também é possível usar a correspondência numérica das cartas para prever o tempo, em meses, que o evento levará para acontecer. Para fazer isso, some o número de todos os Arcanos Maiores que surgiram na sua tiragem, ignorando os valores numéricos dos Arcanos Menores. Em seguida, some os algarismos do resultado para obter um número de 1 a 12, correspondendo aos 12 meses do ano.
- Por exemplo: considere que em uma tiragem surgiram os arcanos 9 (o Eremita), 4 (o Imperador) e 19 (o Sol).
- Some os valores: 9 + 4 + 19 = 32.
- Como o número obtido é maior que 12, reduza mais uma vez, somando os algarismos do resultado.
- 3 + 2 = 5
- Se o valor numérico obtido for menor ou igual a 12, não é mais necessário reduzir o resultado. Nesse caso, o número 5 significa que o evento se concretizará no quinto mês do ano, ou seja, em maio.

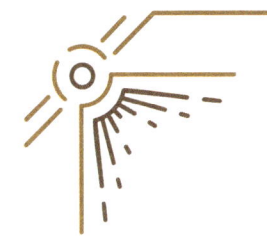

# CAPÍTULO 8

## Aspectos Práticos Para a Leitura do Tarô

### Consagração do tarô

O termo "consagração" vem do latim *consacrare*, que significa "tornar sagrado". Em termos simbólicos, o ato de consagrar um objeto significa atribuir-lhe um novo significado, fazendo com que ele deixe de ser percebido como mero item do cotidiano para se tornar um participante e um instrumento para o numinoso.

Portanto, consagrar um tarô significa preenchê-lo de sentido e ampliar a consciência de que suas cartas não expressam meras trivialidades do dia a dia, mas são depositárias de infinita sabedoria.

O ser humano sempre teve a necessidade de ritualizar passagens, mudanças e transformações importantes da vida. Entretanto, ao contrário do que pode parecer ao senso comum, o ritual é não apenas mágico ou religioso, mas também um conjunto de ações executadas de maneira cerimoniosa, com a finalidade de criar sentido. É comum vivenciarmos rituais na sociedade: uma festa de aniversário, um noivado, uma formatura, um chá de cozinha, um jantar especial de despedida para alguém que vai se mudar para longe – todos são exemplos de rituais que realizamos cotidianamente para marcar momentos de mudança de consciência e de uma nova percepção do mundo e de nossas relações, que substituem ou trazem significado diferente para seus participantes.

Da mesma maneira, quando pensamos na consagração de um tarô, não precisamos, necessariamente, fazer isso por meio de um ritual esotérico envolvendo o uso de velas, cristais e incensos, por exemplo – a menos, é claro, que isso já faça parte de suas práticas e crenças pessoais. Qualquer ação que afirme seu significado simbólico, marcando que esse baralho é usado para fins específicos, é o bastante para criar o estado de consciência adequado para a leitura.

Práticas esotéricas de consagração costumam envolver, de algum modo, representações dos quatro elementos da natureza (a Terra, o Ar, o Fogo e a Água). Entretanto, os próprios naipes do tarô já representam essas forças e esses princípios. Por isso, o que propomos para afirmar o significado do tarô e estabelecer uma conexão entre nossa mente e sua simbologia é um exercício de contemplação que evidenciará essas potências dentro da própria estrutura arquetípica do baralho.

## Exercício de contemplação das lâminas do tarô

Sempre que adquirir um novo baralho de tarô, você poderá fazer esse exercício como uma atividade de contemplação dos seus símbolos ou quando sentir necessidade de estabelecer uma conexão com suas lâminas. Se desejar, faça-o antes de uma leitura ou de uma série de atendimentos para provocar um estado de consciência de receptividade para as imagens e os símbolos do tarô.

## Etapa 1: separando e organizando o baralho

Realize essa prática em uma mesa ou outra superfície plana. Comece separando a carta do Louco. Contemple-a por alguns instantes; depois, coloque-a de lado. Em seguida, organize o restante do baralho em cinco montes, cada um deles virado para cima. O primeiro deve conter os Arcanos Maiores de 1 a 21, de maneira que o Mago esteja visível no topo do monte, e o Mundo seja a última carta.

Cada um dos outros quatro montes deve ser organizado com um dos naipes dos Arcanos Menores, começando pelo Ás visível no topo, seguido pelas cartas numeradas de 2 a 10 e, por fim, com as cartas da corte: o Valete, o Cavaleiro, a Rainha e o Rei.

## Etapa 2: estabelecendo o centro da mandala

Depois de organizar o baralho em cinco montes, você usará as cartas para construir um tipo de mandala, ou seja, uma figura esférica e geometricamente harmônica.

O primeiro passo para construir uma mandala é determinar seu centro, ao redor do qual toda imagem é organizada de maneira equilibrada. Pegue o monte dos Arcanos Maiores e retire a última carta, o Arcano 21 (o Mundo). Ela representa a integração e a busca pela totalidade. Coloque-a à sua frente, posicionando-a no centro da superfície, e organize a mandala ao redor dela. Isso fará com que você tenha em mãos um conjunto de cartas com Arcanos Maiores, que começa com o Arcano 1 (o Mago) e termina com o 20 (o Julgamento).

## Etapa 3: formando o círculo com os Arcanos Maiores

Esse conjunto de 20 cartas o ajudará a compor sua mandala. Imagine um círculo com uma cruz de braços iguais no centro, dividindo a esfera em quatro quadrantes. Você verá que é necessário dispor cinco cartas em sequência para formar cada uma dessas quatro porções. Comece com a lâmina do Mago, colocando-a no ponto superior do círculo, e siga em sentido horário, distribuindo as outras cartas e finalizando com o Arcano 20, o Julgamento, posicionado à esquerda do Mago, para fechar a mandala. Enquanto posiciona cada carta, diga o nome do respectivo arcano em voz alta. Se necessário, organize o espaçamento entre as lâminas para tentar formar um círculo perfeito.

Ao dispor as cartas de maneira harmônica, você perceberá que um Arcano Maior marcará cada um dos quatro pontos cardeais desse círculo: o Mago acima, no ponto do Norte, os Enamorados (Arcano 6) à direita, no ponto do Leste, a Força (Arcano 11), no Sul, e a Torre (Arcano 16), à esquerda, no Oeste. Contemple por alguns instantes esse círculo de 20 cartas organizado ao redor do Arcano do Mundo.

# Etapa 4: formando a cruz no interior do círculo

É chegado o momento de transferir os quatro montes dos naipes dos Arcanos Menores para o interior da mandala, posicionando-os nos pontos cardeais correspondentes ao seu elemento dentro do círculo, de maneira que cada um deles fique entre o círculo dos Arcanos Maiores e o Mundo.

Inicialmente, pegue o monte do naipe de Paus. Ele deverá ser colocado na parte inferior da mandala, entre as lâminas do Mundo e da Força. Para tanto, disponha uma carta de cada vez, começando pelo Ás e finalizando com o Rei de Paus, que ficará no topo do monte, representando a maestria sobre os domínios desse elemento. Ao colocar uma lâmina sobre a outra, diga em voz alta o nome do Arcano Menor que está sendo incluído na mandala. Ao terminar, diga:

*O naipe de Paus. Fogo. A intuição.*

Repita esse procedimento com os outros montes dos Arcanos Menores. O próximo conjunto de cartas a ser incluído no interior do círculo é o naipe de Ouros, que deverá ser posicionado entre a carta do Mago e a do Mundo, no quadrante norte da mandala. Disponha as lâminas do naipe de Ouros uma a uma, começando pelo Ás e finalizando com o Rei. Diga em voz alta o nome de cada Arcano Menor e, ao final, as seguintes palavras:

*O naipe de Ouros. Terra. A sensação.*

Depois de formado o eixo norte-sul da mandala, devem-se usar os outros dois naipes dos Arcanos Menores para simbolizar o eixo horizontal. Pegue o monte do naipe de Espadas e disponha as cartas no círculo, na ponta do quadrante leste, entre o arcano dos Enamorados e o do Mundo. Diga em voz alta o nome de cada carta à medida que as posiciona uma sobre a outra. Finalize com o Rei de Espadas e pronuncie as seguintes palavras:

*O naipe de Espadas. Ar. O pensamento.*

Em seguida, repita o procedimento com as cartas do naipe de Copas, dispondo-as no interior do círculo, no quadrante oeste, entre a lâmina da

Torre e a do Mundo. Comece pelo Ás, dizendo o nome de cada arcano em voz alta, e finalize com o Rei de Copas, com as palavras:

*O naipe de Copas. Água. O sentimento.*

Como resultado, você terá um círculo formado pelas 21 cartas dos Arcanos Maiores e, dentro dele, quatro montes de cartas posicionados nos quatro quadrantes do círculo – norte, sul, leste e oeste –, com seu respectivo Rei no topo de cada um. Contemple por alguns instantes a imagem diante de você.

## Etapa 5: incluindo o Louco

Depois disso, pegue a última carta, o Louco, responsável por ouvir e responder ao chamado para percorrer os mistérios de todas as lâminas do tarô, colhendo delas lições e significados. Em nossa busca pelo eterno aprendizado e pela sabedoria contidos no tarô, somos como o Louco refazendo essa jornada. Sua busca é pela totalidade. Por isso, ele também deverá ser posicionado no centro da mandala, na posição horizontal, cruzando a carta do Mundo. Assim, estabelecemos que o centro é o início e o destino.

Contemple por alguns instantes a mandala diante de você e, quando se sentir pronto, recolha as cartas. Se for realizar uma leitura em seguida, embaralhe o monte e prossiga como de costume.

## Preparando o ambiente para as consultas de tarô

Existem alguns cuidados que podemos tomar com o espaço onde realizamos as leituras, para que ele se torne um lugar harmônico e equilibrado, principalmente quando compreendemos e utilizamos o tarô como ferramenta de autoconhecimento e reflexão. À primeira vista, isso pode parecer uma preocupação sem importância ou um elemento secundário para as consultas com o tarô, mas zelar pelo espaço que será utilizado para essa atividade poderá trazer mais tranquilidade durante a consulta.

Os ambientes transmitem sensações, informações e sentimentos e podem causar diversas reações nas pessoas. Para entender a importância dessa etapa na preparação dos atendimentos, basta pensar que existem lugares onde nos sentimos acolhidos e protegidos, e outros que nos provocam tensão e estranhamento. Desse modo, a preparação do ambiente é uma etapa prévia fundamental para uma leitura e uma consulta bem-sucedidas, pois ela ajudará a colocar tanto o consulente quanto o tarólogo em estado mental e emocional mais apropriado, confortável e concentrado.

Você pode escolher um lugar em sua casa, em uma sala, um consultório ou em outros espaços para realizar a leitura. É importante que o local esteja limpo, seja aconchegante e acolhedor, com o menor número possível de distrações, onde a leitura não será interrompida. Falar de autoconhecimento é sempre tratar do que há de mais íntimo nas pessoas, e preocupar-se em oferecer um ambiente seguro e confortável também é uma atitude de respeito com o ofício do tarólogo e seu consulente.

Se desejar, use um tecido ou uma toalha na cor que mais lhe agrada para realizar suas leituras. Além de proteger seu tarô de qualquer tipo de danificação, ele ainda poderá ajudar a compor o ambiente da leitura. Alguns tarólogos costumam dispor sobre a mesa um cristal de sua preferência, um incenso ou outros objetos e amuletos, mas saiba que eles não são obrigatórios nem necessários. Se optar por utilizá-los, eles poderão colaborar com a composição do seu espaço. Esses símbolos e estímulos visuais (ou olfativos, no caso do incenso) poderão facilitar a receptividade do consulente e ajudar a criar uma atmosfera de paz. Contudo, se optar por não os utilizar, lembre-se de que seu acolhimento pode provocar os mesmos efeitos.

## Início e término de uma leitura de tarô

O primeiro cuidado que um tarólogo ou estudante de tarô deve ter antes de uma leitura é sobre si próprio. É muito importante que você esteja em estado de equilíbrio e serenidade para realizar uma consulta, evitando a interferência de qualquer preocupação ou tensão do cotidiano. Não existem restrições específicas do que pode ou não ser feito por você no período que antecede a leitura, mas, com o tempo, você criará a própria maneira de se preparar para os atendimentos oraculares.

Outro ponto que merece atenção é a postura do tarólogo ao receber o consulente. Ela deve ser acolhedora e respeitosa. As pessoas não procuram aconselhamento oracular de maneira leviana, mas buscam direcionamento, esclarecimento e conforto para suas dúvidas e preocupações, seus dilemas e suas angústias. Do mesmo modo, não trate o tarô como algo banal ou corriqueiro nem use juízos de valor para avaliar ou julgar a situação colocada diante das cartas. As respostas devem vir delas, não de nós. Mantenha atitude de neutralidade e busque compreender a situação usando os arcanos da leitura como lentes que poderão revelar e indicar aspectos obscuros ou incertos, dos quais talvez o próprio consulente não tenha conhecimento.

Isso nos faz pensar que a maneira como nos expressamos e comunicamos as mensagens trazidas pelas lâminas também deve ser cuidadosa. Fale com segurança e evite expressões que transmitam dúvida ou incerteza. Devemos evitar tornar a leitura fantasiosa ou exagerada, tomando cuidado com qualquer tipo de fatalidade ou notícia negativa que possa desestimular o consulente ou provocar excesso de preocupação ou expectativa. Lembre-se de que, ao final do atendimento, essa pessoa levará consigo suas palavras e os sentimentos provocados por ela. Isso não significa que devemos evitar transmitir-lhe determinadas mensagens, mas que é importante pensar bem sobre a melhor maneira de fazê-lo. Agir com ética e responsabilidade é essencial para quem deseja se tornar um bom tarólogo.

Assim, antes de finalizar sua leitura (ou ao final de cada tiragem feita durante um atendimento), pergunte ao consulente se ele tem dúvidas ou se há algum ponto que precisa ser esclarecido. Ouça-o com atenção e concentre-se nas cartas à sua frente para buscar a resposta, elaborando sua interpretação a partir das lâminas que compõem a tiragem. Se achar necessário, tire mais uma carta do baralho para complementar sua interpretação.

Quando perceber que a leitura está perto do final, preste atenção no estado mental e emocional do consulente. Se necessário, termine o atendimento virando uma última carta de conselho. Procure trazer aspectos positivos ou um esclarecimento final quando a leitura for muito nebulosa ou negativa. É de vital importância não apenas esclarecer os problemas e as dificuldades aos consulentes, mas também mostrar-lhes as ferramentas à sua disposição, de acordo com as cartas que surgirem durante a interpretação, para que eles possam lidar com todas as situações apresentadas.

# CAPÍTULO 9
## Esclarecendo Dúvidas – As Perguntas Mais Comuns Relacionadas à Leitura do Tarô

### Tarô é adivinhação?

Diversos sistemas oraculares, como é o caso do tarô, são conhecidos como ferramentas para prever acontecimentos futuros, mas essa é uma visão superficial sobre eles. Os oráculos, formados por um conjunto de símbolos, expressam diferentes experiências compartilhadas pela humanidade. Quando utilizamos essa linguagem simbólica e arquetípica em uma leitura, abrimo-nos para uma sabedoria ancestral desenvolvida, acumulada e depositada nesse conjunto de símbolos. O futuro não deve ser pensado como mero produto do acaso ou do destino. Somos participantes e temos papel ativo na construção do nosso futuro. Como ferramenta divinatória, o tarô nos proporciona uma experiência de clareza e traz uma nova percepção para nossa realidade.

## A leitura de tarô anula o livre-arbítrio de uma pessoa?

O tarô é um instrumento de orientação e aconselhamento. Não serve para determinar o que devemos ou não fazer, mas nos oferece uma nova leitura da realidade. Sabendo disso, podemos tomar decisões que estejam em harmonia com nossos propósitos e objetivos, compreender as dificuldades e os obstáculos que precisam ser superados e identificar as forças e potenciais que temos à disposição em cada situação.

## O tarô está ligado a alguma religião?

O tarô nunca esteve nem estará vinculado aos princípios de qualquer religião. Existem diversos sistemas religiosos e espirituais receptivos ao uso desse e de outros métodos oraculares, mas também há os caminhos espirituais que condenam seu uso. Como vimos ao longo desta obra, o tarô é compreendido como uma ferramenta que impulsiona e auxilia o autoconhecimento e o desenvolvimento humano, para que tenhamos uma vida mais feliz e equilibrada.

## Uma consulta de tarô pode ser cobrada?

Quando queremos nos aprimorar em algum conhecimento, temos de nos dedicar muito, e isso sempre requer tempo para estudar, além de dinheiro para comprar livros e fazer bons cursos. Por isso, a leitura de tarô pode ser cobrada. Se você não usa o tarô como ferramenta profissional para assegurar seu sustento, poderá usar o dinheiro arrecadado em suas leituras para investir em mais conhecimento e continuar seu desenvolvimento como estudante dessa arte. Mas isso não significa que você é obrigado a cobrar por uma consulta de tarô. Esta é uma decisão particular, que só você poderá tomar.

## Mulheres menstruadas ou grávidas podem consultar o tarô?

Não há nenhum problema em consultar o tarô nesses casos. A sessão ocorrerá normalmente, sem nenhum problema.

## Pode-se consultar o tarô para si mesmo?

Sim, o tarô é uma ferramenta de orientação que não se limita às consultas feitas para terceiros; também pode ser empregado para nosso desenvolvimento. Todo tarólogo deve estar comprometido, em primeiro lugar, com o próprio crescimento pessoal antes de decidir dedicar-se à orientação de outrem. Algumas pessoas, entretanto, enfrentam certa dificuldade para interpretar as leituras pessoais. Esse obstáculo pode ser vencido com o estudo de cada lâmina. Devemos ser coerentes e aceitar as mensagens, mesmo que sejam negativas, e fazer disso um exercício não apenas de interpretação das cartas, mas também de honestidade consigo mesmo. Os melhores tarólogos são os que vivenciam as propostas de cada arcano no dia a dia.

## As fases da Lua interferem na leitura de tarô?

De maneira prática e objetiva, não há nenhuma influência das fases da Lua sobre uma leitura de tarô. Em toda minha experiência com esse oráculo, nunca senti esse fator como determinante. Apesar de algumas pessoas considerarem que a lua minguante as torna menos receptivas e intuitivas para interpretar o tarô, essa é uma experiência particular e pessoal. De modo geral, devemos saber em que momentos e situações nos sentimos confortáveis e aptos a realizar uma leitura.

## Ler o tarô pode ser considerado um dom espiritual?

O tarô em si não é um dom espiritual com o qual nascemos. Trata-se, antes, de um estudo que requer sensibilidade, dedicação e prática. Todos podem se tornar bons tarólogos. Como qualquer outra habilidade humana, entretanto, podemos ter mais facilidade ou dificuldade para aprender a ler o tarô, e só seremos capazes de nos desenvolver e aperfeiçoar com a experiência.

## Podemos fazer leituras de tarô para amigos e familiares?

As consultas que realizamos para familiares e amigos podem ser de grande utilidade, desde que nos desvencilhemos de emoções e desejos pessoais que possam interferir nas interpretações. Ler para quem conhecemos pode ser um desafio, pois, de certo modo, estaremos familiarizados com as histórias e situações ou com a personalidade dessas pessoas. Cabe ao tarólogo fazer disso um exercício pessoal, para que não se deixe contaminar por essas impressões na hora de fazer sua leitura.

## Os acontecimentos e as situações reveladas pelo tarô são inevitáveis?

Não. Como instrumento de autoconhecimento, o tarô nos dá a oportunidade de ampliar nossa percepção sobre a forma como construímos a realidade. Muitas vezes, ao longo da vida, agimos sem de fato perceber o que nos motiva e respondemos de maneira inconsciente e automática aos impulsos e estímulos do mundo. Como ferramenta que possibilita a ampliação da consciência, o tarô enfatiza nossa autonomia e responsabilidade na produção do futuro que desejamos e mostra que somos os protagonistas de nossa história. Embora ele alerte sobre acontecimentos inevitáveis e que não dependem de nossa escolha, podemos refletir sobre como vivenciar e reagir a cada um deles.

## Deve-se manter abstinência sexual e evitar ingerir carne vermelha ou bebidas alcoólicas antes de uma leitura de tarô?

De maneira geral, não há nenhum tipo de preparação obrigatória a ser observada antes de uma leitura de tarô. Todas essas decisões são pessoais e particulares. Entretanto, é importante que estejamos equilibrados e concentrados para que a leitura aconteça da melhor maneira possível. Portanto, o uso de substâncias que comprometam a percepção e a atenção não é recomendado antes da leitura das cartas. Com o tempo, você desenvolverá sua rotina e saberá identificar o que facilita ou atrapalha o trabalho com esse oráculo.

## Podemos emprestar o tarô para que outras pessoas façam consultas?

Esta é uma escolha muito individual. Alguns acreditam que cada pessoa precisa ter o próprio baralho, a fim de respeitar e preservar o vínculo energético e afetivo formado entre o tarô e o oraculista. No entanto, se você se sentir confortável para emprestar o seu, não há razões para não o fazer.

## Cada carta tem inúmeros significados. Como saber qual resposta é a mais adequada à pergunta feita?

O mais difícil para quem dá os primeiros passos no estudo e no uso do tarô é saber detectar qual significado é o mais correto em determinada situação. Entretanto, a única maneira de desenvolver esse tipo de percepção é por meio da prática constante. No Capítulo 7, há várias orientações sobre como tornar sua interpretação mais específica. No entanto, você só poderá desenvolver essa habilidade com o treino.

## É possível realizar uma leitura de tarô para uma pessoa ausente?

Sim. Nem sempre as pessoas que desejam fazer uma leitura de tarô estarão disponíveis para uma consulta presencial, mas isso não impede que ela aconteça. Você poderá obter as respostas necessárias e transmitir a interpretação das lâminas mesmo a distância.

## Consultas de tarô por telefone ou internet são confiáveis?

Sim. Hoje existem diversas ferramentas tecnológicas à nossa disposição que nos permitem superar as barreiras da distância física. Como ferramenta contemplativa que se vale de uma linguagem simbólica universal, o tarô funciona sem que haja a necessidade do contato direto ou da presença física.

## A leitura de tarô precisa ser realizada em algum horário apropriado ou em um dia específico?

Não existem regras nesse sentido. Cada um escolhe o melhor dia ou horário para realizar suas consultas.

## De quanto em quanto tempo deve-se fazer uma consulta de tarô?

É importante tomar cuidado para que um vínculo negativo de dependência não seja desenvolvido entre o consulente e o tarô. Antes de uma nova consulta para analisar a mesma situação, o ideal é esperar pelos desdobramentos explorados na leitura anterior.

## Existe a possibilidade de captar energias negativas durante uma consulta de tarô?

Todas as interações humanas nos influenciam de alguma maneira e podem deixar suas impressões ou seus efeitos em nossa consciência. Como em qualquer atividade que envolva o contato com outras pessoas, suas vulnerabilidades, suas angústias e seu sofrimento orbitam por todo o ambiente. O tarólogo também deve ser capaz de desenvolver uma rotina de autocuidado, evitando absorver eventuais cargas emocionais ou espirituais do consulente durante a consulta.

## O que fazer quando uma carta sai invertida no meio de uma leitura?

Basta desvirá-la e interpretá-la normalmente. Na metodologia usada neste livro, cartas invertidas não são interpretadas com significado especial.

## Em uma consulta, é aconselhável que esteja presente somente a pessoa que vai se consultar?

O ambiente onde acontece a consulta de tarô deve ser acolhedor e seguro para o consulente. A presença de outras pessoas pode inibir ou provocar desconforto ao longo da leitura. Por mais intimidade que o consulente tenha com seu acompanhante, é importante preservá-lo de qualquer tipo de constrangimento ou incômodo durante a consulta. Por isso, é mais adequado que não haja observadores nesse momento. Isso demonstra atitude de respeito e responsabilidade.

## O que fazer com o tarô caso não se queira mais consultá-lo?

Você poderá presenteá-lo a alguém especial ou se desfazer dele da maneira que achar mais apropriada.

## Quanto tempo, aproximadamente, dura uma consulta de tarô?

Esse tempo pode variar muito para cada pessoa. Acredito que um tempo suficiente para esclarecer as dúvidas do consulente e não sobrecarregar o tarólogo seja de uma hora, no máximo.

## O baralho de tarô pode ser comprado ou deve ser ganhado de presente?

Existe uma crença popular infundada de que o tarô deve ser ganhado de presente para que realmente funcione, mas, na verdade, isso não interfere, de maneira nenhuma, na qualidade das leituras. O baralho pode ser recebido de presente ou adquirido, sem que isso comprometa seu funcionamento.

# CONSIDERAÇÕES FINAIS

*"Sua visão se tornará clara somente quando você olhar para dentro do seu coração. Quem olha para fora, sonha; quem olha para dentro, desperta."*

– Carl G. Jung, *Letters*, Volume 1: 1906-1950[59].

A jornada pelos Arcanos Maiores e Menores do tarô é misteriosa e paradoxal, cíclica e circular. A cada final aparente, há sempre um convite para o recomeço. Portanto, ao chegarmos às últimas palavras desta obra, eu não poderia deixar de reforçar ao leitor que, a essa altura, não se trata de uma despedida, mas de uma saudação de boas-vindas!

A única maneira de continuarmos a beber da inesgotável fonte de sabedoria que cada lâmina do tarô nos oferece é estarmos eternamente abertos para ela: se em algum momento acreditarmos que esgotamos as possibilidades de aprendizado ou que nos tornamos grandes mestres detentores desse conhecimento, acabaremos por nos fechar para as infinitas oportunidades que essa ferramenta de autoconhecimento tem para nos oferecer.

Como um caminho iniciático que nos conduz ao difícil objetivo da busca pela totalidade, o tarô deve ser vivido não apenas durante uma leitura ou consulta. Mesmo nos momentos mais simples da vida, também temos de ser capazes de enxergar os arcanos com sua força arquetípica à nossa volta, enquanto oferecem suas lições e nos desafiam ao aprendizado e à transformação.

---

59. Nova York: Routledge – Taylor & Francis Group, 2015, p. 33.

O tarô é um instrumento de sabedoria que nos permite aprender a ler a linguagem simbólica da vida. O eterno caminho do aprendiz está muito além dos limites do baralho físico. Se realmente desejamos compreender o tarô como uma possibilidade arquetípica, ou seja, como um depositário das experiências coletivas da humanidade, um mapa da alma capaz de orientar o sentido de nossa caminhada, todos os dias devemos nos relacionar com seus símbolos, não apenas como metáforas pintadas em cartas de papel, mas também como experiências reais no mundo em que vivemos. Por isso, ao concluir este livro, espero ter conseguido abrir seus olhos para que você possa contemplar cada lâmina que atua dentro e fora de você. Muito mais do que um simples oráculo, o tarô é uma lente que nos permite enxergar a vida de maneira simbólica, ou seja, preenchida de significado.

Há muitos outros títulos que poderão enriquecer sua compreensão sobre o tarô e ajudar você a desenvolver a capacidade de ler e dialogar com essa linguagem simbólica. É impossível depositar em um único título tudo o que o tarô pode nos oferecer. Por isso, diferentes obras lhe mostrarão diferentes perspectivas no trabalho com essa ferramenta de instrução espiritual e de autoconhecimento. Para tanto, consulte a bibliografia ao final deste livro, na qual você encontrará outros volumes que o ajudarão a se aprofundar e a aumentar seu vocabulário e sua fluência no idioma pictórico dos arcanos.

Embora o estudo contínuo seja essencial para o aperfeiçoamento do tarólogo, vale lembrar que desvendar os segredos do tarô também é olhar para dentro de si e explorar o universo existente no interior de todo ser humano. Esse conhecimento jamais poderá ser descrito em livros; é visceral e para toda a vida. Aprender a sabedoria do tarô significa escolher, todos os dias, trilhar o caminho do Louco, permanecendo aberto e receptivo para as lições e experiências cotidianas, enquanto nos tornamos mais conscientes das diferentes partes de nosso ser. O verdadeiro tarô está nos sonhos, nos sorrisos, nas lágrimas, nos desejos, nos medos, nos impulsos, nas conquistas, no trabalho duro, nos encontros, nas despedidas e na existência que pulsa em nosso coração. Suas imagens misteriosas movem a vida e nos convidam a despertar. Ele é a memória do passado e as sementes lançadas no futuro. Estudar o tarô é um compromisso com as forças da vida e uma entrega aos mistérios da alma.

– ANDRÉ MANTOVANNI
primavera de 2021, ao som de *Motriz*, na voz de Maria Bethânia

# BIBLIOGRAFIA

AMICHAI, Yehuda. *Terra e Paz: Antologia Poética*. Organização e tradução de Moacir Amâncio. Rio de Janeiro: Bazar do Tempo, 2018.

BANSHAF, Hajo. *As Chaves do Tarô*. São Paulo: Pensamento, 1993.

_____. *Guia Completo do Tarô*. São Paulo: Pensamento, 1998.

_____. *Manual do Tarô – Origem, Definição e Ilustrações para o Uso do Tarô*. São Paulo: Pensamento, 1991.

_____. *O Tarô e a Viagem do Herói*. São Paulo: Pensamento, 2003.

BEM-DOV, Yoav. *O Tarô de Marselha Revelado – Um Guia Completo para seu Simbolismo, Significado e Métodos*. São Paulo: Pensamento, 2020.

BENNKER, Sophia & MANTOVANNI, André. *Tarô das Bruxas*. São Paulo: Madras, 2004.

BONDER, Nilton. *A Alma Imoral: Traição e Tradição Através dos Tempos*. Rio de Janeiro: Rocco, 1998.

BRANDÃO, Junito de Souza. *Mitologia Grega*. Volumes I, II e III. Petrópolis: Vozes, 2019.

BURT, Kathleen. *Arquétipos do Zodíaco*. São Paulo: Pensamento, 1997.

CAMPBELL, J. *As Máscaras de Deus: Mitologia Primitiva*. São Paulo: Palas Athena, 2005.

_____. *O Poder do Mito*. São Paulo: Palas Athena, 2007.

CHEVALIER. Jean & GHEERBRANT, Alain. *Dicionário dos Símbolos – Mitos, Costumes, Gestos, Formas, Figuras, Cores, Números*. Rio de Janeiro: José Olympio Editora, 2012.

CROWLEY, Aleister. *The Book of Thoth*. York Beach: Samuel Weiser, 1995.

_____ & REUSS, Theodor. *O. T. O. Rituals & Sex Magick*. Aurora, CO: Pentacle Enterprises, Inc., 1999.

DECKER, Ronald & DUMMETT, Michael. *A History of the Occult Tarot, 1870 –1970*. Londres: Duckworth, 2002.

DELL, Christopher. *Mitologia – Um Guia dos Mundos Imaginários*. São Paulo: Edições Sesc, 2016.

EDINGER, Edward F. *A Criação da Consciência*. São Paulo: Cultrix, 1996.

_____. *Anatomia da Psique*. São Paulo: Cultrix, 2002.

ELIADE, Mircea. *História das Crenças e das Ideias Religiosas: Da Idade da Pedra aos Mistérios de Elêusis*. Rio de Janeiro: Zahar, 2010, vol. I.

_____. *História das Crenças e das Ideias Religiosas: De Gautama Buda ao Triunfo do Cristianismo*. Rio de Janeiro: Zahar, 2011, vol. II.

_____. *O Sagrado e o Profano*. São Paulo: Martins Fontes, 1992.

FARLEY, Helen. *A Cultural History of the Tarot: From Entertainment to Esotericism*. Londres: Bloomsbury Publishing Plc, 2019.

GAREN, Nancy. *Tarot: Made Easy*. Nova York: Fireside Book, 1989.

GILBERT, R. A. *Revelações da Aurora Dourada (Golden Dawn): O Esplendor de Uma Ordem Mágica*. São Paulo: Madras, 1998.

GRAY, Eden. *A Complete Guide to the Tarot*. Nova York: New American Library, 1970.

GREENE, Liz. *Astrologia Mítica – Os Deuses Planetários Que Definem os Principais Traços da Nossa Personalidade e os Nossos Relacionamentos*. São Paulo: Pensamento, 2013.

_____ & Sharman-Burke, Juliet. *Tarô Mitológico*. São Paulo: Siciliano, 1996.

GUTTMAN, Ariel & JOHNSON, Kenneth. *Astrologia & Mitologia: Seus Arquétipos e a Linguagem dos Símbolos*. São Paulo: Madras, 2005.

GWAIN, Rose. *Descobrindo o seu Eu Interior Através do Tarô: Um Guia Junguiano para os Arquétipos e os Tipos de Personalidade*. São Paulo: Cultrix, 1996.

HAGGARD, Henry Rider. *She*. São Paulo: Axis Mundi, 1995.

HOLLIS, James. *Os Pantanais da Alma: Nova Vida em Lugares Sombrios*. São Paulo: Paulus, 2006.

HOPCKE, R. H. *Guia para a Obra Completa de Carl G. Jung*. Petrópolis: Vozes, 2011.

HOUDOUIN, Wilfried. *O Código Sagrado do Tarô – A Redescoberta da Natureza Original do Tarô de Marselha*. São Paulo: Pensamento, 2013.

HUSON, Paul. *Mystical Origins of the Tarot: From Ancient Roots to Modern Usage*. Rochester: Destiny Books, 2004.

JODOROWSKY, Alejandro & COSTA, Marianne. *O Caminho do Tarot*. São Paulo: Chave, 2004.

JUNG, C. G. *A Dinâmica do Inconsciente*. In: Obras Completas de Carl G. Jung, vol. IX/2. Petrópolis: Vozes, 2011.

_____. *A Natureza da Psique*. In: Obras Completas de Carl G. Jung, vol. VIII/2. Petrópolis: Vozes, 2011.

_____. *Aion – Estudos sobre o Simbolismo do Si-mesmo*. In: Obras Completas de Carl G. Jung, vol. IX/2. Petrópolis: Vozes, 2011.

_____. *Letters, Volume 1: 1906-1950*. Nova York: Routledge – Taylor & Francis Group, 2015.

_____. *Memórias, Sonhos e Reflexões*, compilação e prefácio Aniela Jaffé. Tradução Dora Ferreira da Silva. Rio de Janeiro: Nova Fronteira, 1985.

_____. *O Eu e o Inconsciente*. In: Obras Completas de Carl G. Jung, vol. VII/2. Petrópolis: Vozes, 2011.

_____. *O Homem e seus Símbolos*, 3ª ed. Rio de Janeiro: Harper Collins Brasil, 2016.

_____. *Os Arquétipos e o Inconsciente Coletivo*. In: Obras Completas de Carl G. Jung, vol. IX/1. Petrópolis: Vozes, 2011.

_____. *Psicologia do Inconsciente*. In: Obras Completas de Carl G. Jung, vol. VII/1. Petrópolis: Vozes, 2011.

_____. *Psicologia do Inconsciente*. Petrópolis: Vozes, 1980.

_____. *Símbolos da Transformação*. In: Obras Completas de Carl G. Jung, vol. V. Petrópolis: Vozes, 2011.

_____. *Sincronicidade*, 13ª ed. Petrópolis: Vozes, 2005.

_____. *Tipos Psicológicos*. In: Obras Completas de Carl G. Jung, vol. VI. Petrópolis: Vozes, 2011.

KAPLAN, Stuart R. *Tarô Clássico*. São Paulo: Pensamento, 1999.

_____. *The Encyclopedia of Tarot*. Stanford; U. S. Games Systems, 2006.

KAST, V. *Jung e a Psicologia Profunda: Um Guia de Orientação Prática*. São Paulo: Cultrix, 2013.

KYNES, Sandra. O *Livro das Correspondências Mágicas – Um Guia Prático de Referências Cruzadas Sobre Tarô, Runas, Astrologia, Pedras, Mantras, Deusas e Muito Mais*. São Paulo: Pensamento, 2016.

LEMER, Isha & LEMER, Mark. *O Tarô da Criança Interior*. São Paulo: Cultrix, 2001.

LÉVI, Éliphas. *A Chave dos Grandes Mistérios*. São Paulo: Martins Fontes, 1991.

LOUIS, Anthony. *O Livro Completo do Tarô – Um Guia Prático de Referências Cruzadas com a Cabala, Numerologia, Psicologia Junguiana, História, Origens, os Vários Tipos de Tarô e Muito Mais*. São Paulo: Pensamento, 2019.

LUFT, Lya. *Para não Dizer Adeus*. Rio de Janeiro: Record, 2005.

MANTOVANNI, André. *Tarô – O Jogo da Vida*. São Paulo: Ghemini Editora, 2006.

_____. *Os Astros Guiam o seu Destino – Astrologia Prática para Descobrir o Propósito da sua Vida*. São Paulo: Pensamento, 2020.

MOORE, Barbara. *The Gilded: Tarot Compilation*. St. Paul: Llewellyn Wordwide, 2005.

MOORE, R. & GILLETTE, D. *Rei, Guerreiro, Mago, Amante: A Redescoberta dos Arquétipos do Masculino*. Rio de Janeiro: Campus, 1993.

NEUMANN, E. *A Grande Mãe: Um Estudo Fenomenológico da Constituição Feminina do Inconsciente*. São Paulo: Cultrix, 2006.

_____. *A Criança*. São Paulo: Cultrix, 1991.

_____. *História da Origem da Consciência*. São Paulo: Cultrix, 1990.

NICHOLS, Sallie. *Jung e o Tarô: Uma Jornada Arquetípica*. São Paulo: Cultrix, 1997.

PESSOA, Fernando. *Mensagem*. Lisboa: Parceria António Maria Pereira, 1934 (São Paulo: Ática, 10ª ed., 1972).

_____. *Poesias de Álvaro de Campos*. São Paulo: Ática, 1944 (imp. 1993).

PLACE, Robert M. *The Tarot: History, Symbolism and Divination*. Nova York: Tarcher Perigee, 2005.

PLATÃO. *O Banquete*. São Paulo: Edipro, 2017.

POLLACK, Rachel. *Seventy-Eight Degrees of Wisdom: A Tarot Journey to Self-Awareness*. Nova York: Weiser Books, 2019.

PRAMAD, Veet. *Curso de Tarô: O Tarô e seu Uso Terapêutico*. São Paulo: Madras, 2003.

REGARDIE, Israel. *The Complete Golden Dawn System of Magic*. Arizona: Falcon Press, 1990.

SASPORTAS, Howard. *As Doze Casas – Uma Interpretação dos Planetas e dos Signos Através das Casas*. São Paulo: Pensamento, 2009.

SCHOLEM, Gershom. *A Mística Judaica*. São Paulo: Perspectiva 1972.

SICUTERI, Roberto. *Astrologia e Mito – Símbolos e Mitos do Zodíaco na Psicologia Profunda*. São Paulo: Pensamento, 1998.

SILVEIRA, N. *Jung: Vida e Obra*. Rio de Janeiro: Paz e Terra, 1988.

STEIN, M. *Jung – O Mapa da Alma*. São Paulo: Cultrix, 2006.

_____. *Sincronizando Tempo e Eternidade – Ensaios sobre Psicologia Junguiana*. São Paulo: Cultrix, 2021.

SUTIN, Lawrence. *Do What Thou Wilt: A Life of Aleister Crowley*. Nova York: St. Martin's Press, 2000.

URBAN, Paulo. *O Que é o Tarô: Uma Visão Oracular*. São Paulo: Brasiliense. 2004.

VON FRANZ, Marie-Louise. *A Sombra e o Mal nos Contos de Fada*. São Paulo: Paulinas, 1985.

_____. *Adivinhação e Sincronicidade: A Psicologia da Probabilidade Significativa*. São Paulo: Cultrix, 1980.

_____. *Mistérios do Tempo: Mitos, Deuses, Mistérios*. Rio de Janeiro: Del Prado, 1997.

_____. *Mitos de Criação*. São Paulo: Paulus, 2003.

_____. *Reflexos da Alma*. São Paulo: Cultrix, 1992.

_____ & Boa, Fraser. *O Caminho dos Sonhos*. São Paulo: Cultrix, 1993.

WAITE, Arthur Edward. *O Tarô Ilustrado de Waite*. Porto Alegre: Kuarup, 1999.

_____. *The Pictorial Key to the Tarot*. Whitefish: Kessinger Publishing, 2010.

WAITE, Edith. *O Tarô Universal de Waite*. São Paulo: Isis, 2004.

WANG, Robert. *O Tarô Cabalístico*. São Paulo: Pensamento, 1999.

WILHELM, Richard. *I Ching – O Livro das Mutações*. São Paulo: Pensamento, 1993.

ZALEWSKI, Chris & ZALEWSKI, Pat. *The Magical Tarot of the Golden Dawn*. Londres: Aeon Books, 2008.

ZOCCATELLI, Pierluigi. *Aleister Crowley: Un Mago a Cefalù*. Roma: Edizioni Mediterranee, 1998.

ZWEIG, Connie & ABRAMS, Jeremiah (orgs.). *Ao Encontro da Sombra*. São Paulo: Cultrix, 1994.

Contatos com o autor para cursos, workshops, eventos e consultorias:

INSTAGRAM: @andremantovanni
YOUTUBE: andremantovannitv
SITE: www.andremantovanni.com.br